星行客
PLANET SEEKER

中国旅行体验指南

云 南

星行客编辑部 著

何望若 袁亮 丁子凌 钱晓艳
撰文

中国地图出版社 北京

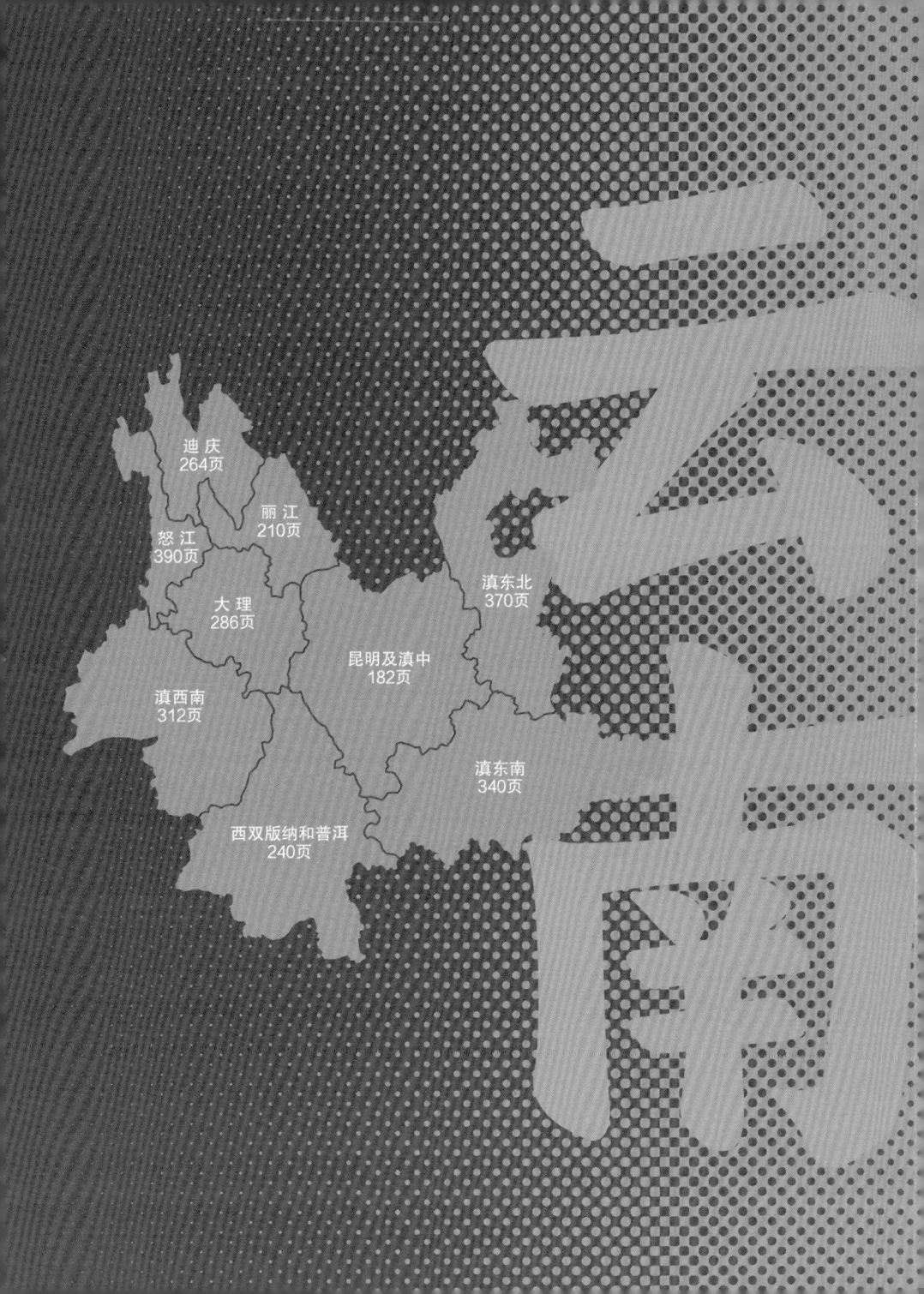

云南

- 迪庆 264页
- 丽江 210页
- 怒江 390页
- 大理 286页
- 滇东北 370页
- 滇西南 312页
- 昆明及滇中 182页
- 滇东南 340页
- 西双版纳和普洱 240页

云南·初印象

- 云南亮点 ... 6
- 旅行月历 ... 8
- 实用信息 ... 10
- 新线报 ... 12
- 旅行者在云南 ... 14
- 负责任的旅行 ... 16

云南·灵感

缤纷色彩 ... 20

元阳梯田　普者黑
罗平　梅里雪山

少数民族风采 ... 44

纳西族/摩梭人　傣族
藏族　白族

生态户外 ... 72

徒步　骑行　登山　攀岩
漂流　潜水　马拉松

神奇动植物在哪里 ... 90

海鸥　杜鹃花
热带雨林　黑颈鹤

边境多元文化 ... 114

河口　磨憨　瑞丽

茶咖酒品鉴 ... 136

普洱茶　云南咖啡
葡萄酒

温泉巡礼 ... 154

泡滇西　泡大理

体验级住宿 ... 170
体验级美食 ... 174
必入手信 ... 178

云南·探索

昆明及滇中 ... 182

滇池　昆明植物园　元谋土林
路南石林　东川红土地

丽江 ... 210

虎跳峡　泸沽湖
黎明丹霞　大研古城

西双版纳和普洱 ... 240

景迈山　曼听公园　中国
科学院西双版纳热带植物园

迪庆 ... 264

梅里雪山　南极洛
哈巴雪山　茨中教堂

大理 ... 286

大理古城　苍山　洱海
喜洲古镇　沙溪古镇

滇西南 ... 312

腾冲火山地热国家地质公园
和顺古镇　高黎贡山

滇东南 ... 340

元阳梯田　建水古城
普者黑

滇东北 ... 370

罗平油菜花田　大山包
会泽古城

怒江 ... 390

老姆登　重丁天主教堂
独龙江

云南索引 ... 406
地图图例 ... 409
本书作者 ... 410

目录

云南·初印象

上图：云南泸沽湖双彩虹

云南的生活很慢，但地貌、气候的过渡极快，从高冷的雪山冲入干热的河谷，2个小时就够了，从高原杀进雨林，也不过半天时间。大自然在北边的横断山脉，使尽洪荒之力进行着山与水的拉扯；而在南边，热带的望天树奋力向太阳靠拢。这片超过39万平方公里的土地，既有藏区文化，又兼具东南亚风情，还分走了一部分贵州的喀斯特地貌。它倚山枕"海"，既能让茶、咖啡、葡萄酒共存，也能令26个民族自由生长，又无比和谐。你很难找到比云南更多元的地方。

实用信息

支付
支付宝和微信支付通用,如果打算深入山区,需要随身准备点现金。

通信网络
山区和偏远村镇联通信号很差;如果去山野徒步,所有运营商都可能会"罢工"。

网络资源
微信公众号"文旅云南""红河文旅",App"两步路户外助手"。

快速了解

简称: 云或滇

方言: 属于西南官话,各地带有口音的普通话并不难听懂,但在一些偏远、仅有老年人居住的少数民族村落,沟通会有障碍。

世居少数民族: 25个

气候特点

较为炎热,其他大部分地区气候温和

- 4月和5月是热季
- 6月至9月是雨季
- 10月中至次年3月是旱季

秋冬季早晚温差大

日照强烈

旅行安全

旅游投诉 电话96301,微信小程序"游云南"。

保险 建议购买一份保险防患于未然,尤其是打算在云南开展徒步、登山、攀岩等户外运动的旅行者,应购买有针对性的特殊户外险种。

危险和麻烦 警惕低价团以及报价格外便宜的拉客司机,这些团队游通常都有强制消费;身处边境口岸要看好自己的行李,不要答应替陌生人带货(可能是毒品);"深山老林"大多没有信号,户外探险务必做足万全准备,并聘请向导。

高海拔地区提示

香格里拉	平均海拔为3459米
泸沽湖	约为2690米
玉龙雪山	最高峰海拔为5596米
飞来寺	约为3400米

省钱这样玩

避开"人从众"
避开"十一""五一"和春节、暑假等公共假期出行,旅游旺季机票、住宿的价格都会飙升。

用小吃填饱肚子
米线、饵丝随处可见,好吃又便宜,虽食材单一,但做法花样百出,可以天天不重样换着吃。农贸市场和集市都有本地人光顾的实惠小吃摊。也可以找提供厨房的青旅、客栈、民宿入住,自己买菜做饭。

免费景点一大把
收费的玉龙雪山、免费的哈巴雪山,收费的拉市海、免费的文海,收费的观景台、几百米外免费的拍摄点……几乎所有同类景点都能找到平替,景色不一定逊色,有时可能还更胜一筹。

多个平台比价
门票、住宿、交通、演出娱乐等,网购可能比现场支付便宜。各平台优惠力度不同,可在淘宝、携程、大众点评、美团、飞猪、同程、去哪儿、滴滴、高德等App上挨个比价。

景区直通车
景区直通车的价格含门票和往返车费,对于一些地处"交通死角"的景点,比你自己找车前往要便宜,而且没有"领队"跟着,不影响游玩的自由度,是省钱、省事又省时的性价比之选。

不买纪念品
纪念品多是义乌流水线产品,其实没什么纪念意义,日渐泛滥的文创产品也在走向同质化。如果对少数民族特色的手工艺品感兴趣,可以直接从村民手中购买。

交通信息
若非前往太偏远、太小众的景点,基本能依靠公共交通玩遍云南。

抵离方式

- **航空** 昆明、丽江、大理、西双版纳是云南最繁忙的机场,腾冲、香格里拉、芒市、普洱等与少量城市通航;
- **铁路** 成昆线、沪昆线、南昆线是进入云南的3条铁路线,终点都在昆明,省内动车最远已通至香格里拉、保山、蒙自等地,并有发往老挝的跨国动车;
- **公路** 京昆高速、银昆高速、广昆高速、汕昆高速是入滇的几条主要高速。

边境口岸
河口(至越南)、磨憨(至老挝)以及打洛、姐告(至缅甸)

新线报

1 弥蒙高铁和丽香铁路

这两条铁路的建成将香格里拉和弥勒、蒙自都带上了"快车道",从昆明坐动车至弥勒仅需33分钟,从丽江坐城际列车去香格里拉仅需1小时10分钟。(如图:丽香铁路隧道段)

2 景迈山古茶林申遗成功

2023年,"普洱景迈山古茶林文化景观"被联合国教科文组织列入《世界遗产名录》,这是中国第57个世界遗产。这次申遗成功填补世界三大非酒精饮品(茶、咖啡、可可)中以"茶"为主题的世界文化遗产空白。(如图:俯瞰景迈山)

3 "网红"弥勒和沙甸

弥勒的东风韵(左图)是一组万花筒般的红砖建筑群,围绕这组核心建筑,周围已发展得颇具规模,文化创意层出不穷,它越来越上镜,夜景更是迷人。沙甸的大清真寺(右图)其实已经屹立在个旧300多年了,翻修后的它拥有漂亮的拱窗和拱廊,其形制、细节丝毫不输伊斯兰国家那些精巧的建筑,哪怕只能站在门口,拍下一张斜阳穿透玻璃拱窗在光洁大理石上留下梦幻光影的照片,也让人感觉不虚此行。

4 坐火车去老挝

中老铁路(如图)已通车,从昆明发往老挝的D87次动车,沿途停靠玉溪、普洱、西双版纳、磨憨、磨丁、孟赛、琅勃拉邦、万荣,目前终点设在万象,朝发夕至,车程9个半小时,早上吃完米线上车,傍晚已身处异国风情中。去程火车票可以直接在12306购买,但需要取纸质车票检票,中途在磨憨、磨丁需要下车,分别办理出境和入境手续。

5 南极洛与阿布吉措商业化

2024年，曾经风靡户外圈的南极洛正式开放，每天仅开放200名额，景区统一安排越野车和徒步向导。另一处高山海子阿布吉措也开始收费，最简单的一日往返徒步路线需通过微信小程序"徒步香格里拉"预订，含交通和领队费用。未来，哈巴雪山、尼汝、九湖一山等徒步路线可能都会采用这种模式，这也许会成为迪庆户外徒步的新业态。（如图：南极洛的徒步游客）

6 公路升级

德贡公路（如图）孔雀山隧道贯通，结束了一年中仅半年可通行的历史。从怒江丙中洛去西藏察隅的丙察察公路原是最险的进藏公路，目前云南境内已是柏油路，但过了滇藏界后还在修路，每天分时段限行，预计2028年能实现全程铺装路。

7 西当至雨崩封闭施工

2024年6月，西当至雨崩村修路，预计关闭1年，越野车不可进。目前你可以从西当徒步进雨崩，但有消息称徒步也将禁止。而尼农村暂时不开放进，只允许出。最好在出发前向雨崩村客栈了解最新信息。

8 "采菌团"火了

"雨季的云南人，不是在吃菌子，就是在捡菌子。"近几年，随着菌子市场的火热，以采菌为主题的暑假研学团、亲子团日益火爆，越来越多的人愿意在行程中安排一天，化身马里奥，去山里寻找菌子，学习辨认野生菌。（如图：云南丰富的菌子）

旅行者在云南

云南几乎是对所有人都极具吸引力的目的地，这里景色多样，文化多元，饮食口味易接受。得益于旅游发展成熟，各项配套设施都很完善，可以说，任何人都能在云南找到属于自己的玩法和路线。家庭出游的话，自驾可以避免老人和小孩舟车劳顿。

地铁无障碍旅行

昆明市区的无障碍设施是全省最好的，你甚至可以顺利完成一次City Walk，记得将手机设置为"无障碍模式"。机场、四星级以上酒店和4A级以上景区，大多也有无障碍通道，可提前联系航空公司预订轮椅服务。最主要的麻烦来自地面交通，除却昆明，大多数城市的火车站、长途汽车站没有无障碍通道，民宿、客栈类住宿也不见得有电梯。建议残障人士在云南尽量挑选旅游业开发成熟的目的地，带上可折叠的电动轮椅，选择飞机出行，租车自驾选车型较大的商务车，只选带电梯的酒店入住。

独自旅行者

云南是中国最早的背包客目的地之一，在这里独自旅行毫无问题。青年旅舍和提供床位间的客栈、旅馆分布广泛，非常方便约伴、咨询旅行信息。近90%的目的地和景点可通过公共交通抵达，还有景区直通车这类"便民服务"，结伴拼车也很容易。

云南仍有不少信号差甚至没有信号的地方，记得在"失联"前向亲友报备。不要只身探索非成熟的徒步路线，一个好的向导是安全保障。独自旅行者要小心丽江酒吧的"艳遇"陷阱，女性最好不要独自去泡吧。

昆明地铁站的无障碍通道

露营的独自旅行者

带孩子旅行

暑假是亲子游高峰季,去普者黑坐船打水仗能让每个孩子玩到疯,一些民俗节日也能让孩子们跟着狂欢,例如普者黑佤族的"摸你黑",以及彝族各村和大理、丽江的火把节。寒假出行的话最好选择西双版纳,探索热带雨林的新奇万物,走走望天树的悬空吊桥,看看有没有机会遇到野象,玩一玩南腊河漂流。冬天去元谋土林也很合适,还可以顺便温习下书本上学过的"元谋人"。任何时候带孩子来云南,你都可以陪他去塔城看滇金丝猴,去禄丰恐龙谷假想侏罗纪公园。如今也有不少户外爱好者带孩子来云南徒步,虎跳峡、雨崩等成熟的路线都是可行的,有助于激发孩子的潜能和培育毅力。

需要注意的是,云南日照强烈,滇南地区雨林蚊虫多,要给孩子做好防晒、防蚊的准备。

在罗平油菜花田骑车的亲子旅行者

老年旅行者

云南四季如春、空气清新,餐桌上多为原生态食材,适合老年人前来养生、度假。不过,若前往高海拔的迪庆,还是要多加小心,这里温差大,应随时注意添减衣物,更要为可能发生的高原反应做好万全的应对措施。老年旅行者相对时间更充裕、自由,大可避开旅游旺季,错峰出行,去大理、丽江悠闲享受几日,去腾冲泡泡温泉(患糖尿病、心血管疾病的老人不宜久泡,最好咨询医生);雨季来吃菌子,冬天去西双版纳避寒、疗养。

老年人出行务必带足药品,将止泻药、感冒药、肠胃药、晕车药、消炎药、过敏药、助眠药物、电子体温计、便携式血氧仪等塞进行李中,长期服用的药品尤其要准备充足。

登山的老年旅行者

负责任的旅行

洱海、抚仙湖都曾爆发过严重的生态危机，我们每一次不经意的粗暴之举，都会日积月累，变成对环境的严重破坏。山野里的路径走着走着就"走样"了，因为走的人多了才有了路，也因走的人多了而产生了大量垃圾。我们总是抱怨目的地变得越来越商业化，殊不知正是我们在旅途中的一些不当行为，成了推波助澜的帮手。旅行是发现，不是破坏，也非冒险，"可持续发展"不只针对环境，对当地文化和我们个人同样适用。

迪庆的滇金丝猴

不给环境添负担

垃圾不落地　无论在城市、乡村、山野都不要乱扔垃圾。徒步者和露营者应践行"无痕山林"，不违规用火，将自己产生的垃圾带走。处于生理期的女性尤其不能将废弃的卫生用品丢在山里，应带走或挖地深埋，因为牛、羊、马等动物吃了会致命。

节约能源　住酒店时，洗漱、洗澡不要用水无度，不要在离开房间时继续保持通电状态。步行、骑行、搭乘公共交通既省钱，又低碳。

保护珍稀动植物　不要购买用国家保护动植物制成的纪念品。不要食用野生动物。拒绝观看违反动物天性的表演。不要触摸、投喂野生动物，始终与野生动物保持"社交舒适距离"。

不顺手牵羊　不做"采花大盗"，不带走大自然的一草一木一石。

少用一次性产品　最好能自带洗漱用品和餐具。

云南大理璞真扎染博物馆

尊重当地习俗

接受差异化 云南有25个少数民族，各民族在文化、信仰、习俗方面存在不同程度差异，有的甚至可能有悖于你的常识，不要带着猎奇心理追根问底，更不要随意评判。在"存在即合理"的前提下，摒除偏见，学会尊重，做一个安静的观察者。出发前多读点相关读物将对旅行大有帮助。

真正帮到当地人 从当地村民手里购买农产品、手工艺品等，既能确保买得货真价实，也能让当地人真正受益，并鼓励传统手艺的传承。在原产地购物时，不要过分压价，尤其不应砍完价不买。越贫穷的山地民族往往越热情，如遇邀你去家里做客、吃饭，切勿抱着占便宜的心理，建议带上小礼物作为回馈。搭当地人的车应主动提出支付车费。

不偷拍 征得对方同意后再拍摄，而不是没礼貌地把镜头伸到对方面前。云南野温泉众多，不少山地民族依然保留裸泡的习惯，别把当地人当模特。

保护好自己

不冒险 云南山路十八弯，不建议新手来云南自驾，如遇危险路段、不明路况，要懂得进退。自驾者不要在危险路段随意停车拍照。没人走过的、没开发的徒步路线，不要涉险前往。云南西部与南部都与邻国接壤，不要靠近边境线，特别是中缅边境，常有武装冲突发生。

不贪便宜 无论跟团、包车，或请徒步向导，都要时刻警醒"便宜无好货"。丽江、西双版纳等地曾经是低价团的"重灾区"，如今经过整顿，旅游市场规范了许多，但不规范现象并未绝迹。如果需要跟团，尽量选择口碑好的旅行社，签订正规的旅行合同。去纳帕海、拉市海的私营车辆，报价便宜的大多会有连环骗局的后手。

不做"菇勇者" 吃了见手青不一定会"见小人"，但你若不加辨别，什么菌都采、什么菌都吃，就不好说了。

"不要和陌生人说话" 别误会，仅限于边境城市，若是有陌生人热情和你搭讪，一定要看好行李，若对方希望你可以帮忙捎带东西，尤其要多长个心眼，毒贩惯用此招。

云南·灵感

缤纷色彩 ... 20
元阳梯田　普者黑
罗平　梅里雪山

少数民族风采 ... 44
纳西族/摩梭人　傣族
藏族　白族

生态户外 ... 72
徒步　骑行　登山　攀岩
漂流　潜水　马拉松

神奇动植物在哪里 ... 90
海鸥　杜鹃花　热带雨林
黑颈鹤

边境多元文化 ... 114
河口　磨憨　瑞丽

茶咖酒品鉴 ... 136
普洱茶　云南咖啡　葡萄酒

温泉巡礼 ... 154
泡滇西　泡大理

体验级住宿 ... 170
体验级美食 ... 174
必入手信 ... 178

缤纷色彩

彩云之南，七彩大地，一起追逐这色彩缤纷的四季。

彩云之南 花开成海

云南的底色，是湛蓝的天空与洁白的云朵。初春的罗平坝子，油菜花铺陈出金色的海洋，樱花与桃树再来点缀上一树树粉白。暮春初夏，云南各地杜鹃花次第开放，处处都是五彩斑斓的花海。夏季到来，普者黑荷塘清荷摇曳，高山草甸上花开成海。待到秋高气爽，云南又换上最为浓郁的秋色，腾冲江东村的3000多株银杏捧出铺天盖地的金黄，纳帕海湖水退去，现出金色草海，这时候的梅里雪山，正是守候卡瓦格博峰"日照金山"的最佳时段。当大地沉入冬日的寂静，东川红土地却迎来了红土地与农作物的拼色作品，而冬天也是元阳梯田最美的季节，放满水的梯田倒映出蓝天云海。

云南的色彩，仅靠这几条旅行路线，只能是挂一漏万，我们希望你能从中获得灵感，去捕捉更多更绚丽的彩云之南，让你的色彩之旅收获无数大片。

上图：元阳梯田

元阳梯田
哈尼人的天梯

元阳梯田的美是流动的，一年四季色彩变幻。冬季到初春灌水季，蓄满水的梯田银光闪动，水面倒映出天光云影、烟雨迷蒙，胜似一幅水墨画卷。四五月间犁田插秧，层层叠翠。夏日水稻抽穗，风吹稻花飘香，秋来稻谷丰收，金色稻浪翻滚。水稻收割之后，浮萍的出现，又为梯田渲染上艳丽的赤红。无论你在何时造访元阳，都能遇见仙境般的风景。

是谁最早开出了梯田

哈尼族民歌中唱道，是哈尼的祖先哈海和伍兴两弟兄最早开垦出了梯田……而事实上，大约在1300年前，哈尼族的祖先沿着藏彝走廊辗转来到了元阳。这是海拔1400—2000米的山区，没有一块平地，但勤劳的哈尼人因地就势，靠着锄头和犁耙将山坡层层凿平，经过几十代人的努力，大小水田依山连片，从15°的缓坡到75°的峭壁，都有哈尼人开出的梯田。

梯田间的民族风情

哈尼人的节日很多，矻扎扎节是哈尼族祈求丰收的节日，也是最重要的节日，每年农历六月举行，持续3天。届时，人们穿上艳丽的民族服装，杀牛举行祭祀活动。十月年是哈尼人另一个重要的节日，相当于汉族的春节，在公历11月至12月，人们杀猪设宴、走亲访友，每个村寨里都会摆出热闹的长街宴。元阳梯田周边的村寨都有自己固定的集市，赶集的日期大多是根据哈尼历中日子的属相而定的，只要问问当地人，就不会错过赶大集。

1.夕阳夕照下的元阳梯田
2.元阳梯田村寨里的哈尼族人

右页图：丰收时节的元阳梯田

梯田摄影时间表

- 11月至次年2月的冬季灌水季，是拍摄梯田云天倒影的最佳时节。

- 元阳梯田最靠近东边的多依树景区，适合拍摄日出；晴朗的夜间，月出东山，月光下的梯田分外美丽；如遇满月，在这里还能拍到月亮跌落田中的唯美画面。

- 老虎嘴最适合拍摄日落，最好用长镜头拍摄谷底梯田优美的线条。

- 红梯田一般出现在12月至来年开春前，由水面生长的红色浮萍造成，箐口观景台、多依树村、老鹰嘴都能看到红梯田。蓝梯田则通常在下午5点左右出现于向东的梯田间。

3天
玩转元阳梯田之旅

元阳梯田面积广阔，看点众多。想要一一领略梯田之美，至少要留出3天时间，这足够你将冷门、热门景点都走个遍，而且时间充裕，遇到天气变化，也可适当调整行程顺序。（见27页示意地图）

第1天

☀️ ☀️ 从 ❶ **新街镇** 出发，先来到 ❷ **箐口梯田**，在游客中心买好门票，然后去哈尼小镇梯田文化博物馆（8:00—17:00）看看，大致了解接下来的梯田行，顺便在小镇简单解决一顿午饭。下午尽量在16:00以前赶到 ❸ **老虎嘴梯田**（见345页），抢占观景台上的好机位，拍摄日落美景——常见的元阳梯田经典日落大片多数都出自这里。

🌙 前往 ❹ **多依树梯田**（见344页），在黄草岭找间能看到梯田的民宿住下。透过入夜之后的落地玻璃窗向外看，月光下的梯田波光粼粼，如梦似幻。

> **贴士** 元阳梯田景区门票70元，包含箐口、老虎嘴、多依树、坝达四处景区，三日内有效，检票口一般设在观景台。元阳梯田各景点之间的距离也就几公里至十几公里，往返容易，可以根据实时天气灵活安排四处景区的行程，也可以跟当地人打听一下附近村寨的集市时间，就近去赶个集。如果你需要包车，一定要跟司机讲清楚是否会临时更改目的地。

第2天

☀️ 多依树梯田以日出最美，大清早起来在民宿外就能拍到梯田日出、云海胜景。接下来，沿着田埂行走于梯田之间，前往梯田最高处的多依树村观景台，欣赏霞光云影倒映于层层水面的景象。

☀️ 中午去 ❺ **阿者科古村**（见349页）逛逛，这里还保留着哈尼族的传统民居蘑菇房，以及神木、神水、祭祀台等，也可品尝哈尼族地道美食。接下来去 ❻ **大瓦遮村**，这里的梯田景致不逊老虎嘴，同样也是拍日落的好地方，而且游人比老虎嘴少。

🌙 回到民宿，品尝地道哈尼族美食，这里的民宿通常都提供腊肉、红米饭、稻田鲤鱼等本地菜。饭后再去梯田间散个步。

> **贴士** 在梯田间行走要注意，沿着水渠走比走田埂安全，在田埂上可能会因杂草掩盖路面而踏空坠田。

第3天

☀️ ☀️ 前往 ❼ **坝达景区**（见345页），在观景台欣赏如天梯般壮观的梯田从海拔900米的河谷一直延伸到2000多米高的山顶。接下来不妨来一次短途梯田徒步，从坝达村观景台向右穿过坝达村，看看哈尼人的日常生活，在梯田边偶遇农人耕田的田园牧歌，经过元阳最大的麻栗寨，最后到达悬崖上的 ❽ **老鹰嘴**（见345页）。从这里俯瞰层层梯田的感觉很棒，如果再遇到一场绝美的日落，那就是此次梯田行的完美收梢。

🌙 不妨赶到 ❾ **蓝色梯田**，住进稻田理想·蓝色梯田民宿，在餐厅和楼顶都能看到整片蓝色梯田，晚上还可以在楼顶架起相机拍摄星轨。民宿老板喜爱摄影，可以为你推荐梯田各私密景点及摄影角度。

> **贴士** 想拍到更多好照片，就住在景区内。多依树的住宿最为集中，不少民宿的房间就能看到梯田。如果单纯想住得好一点，箐口哈尼小镇有设施一流的度假酒店。

左页图：多依树梯田
上图：老鹰嘴梯田
下图：阿者科古村

5天
元阳梯田之旅
延长线

前三天路线同玩转元阳梯田之旅。整个红河哈尼族彝族自治州约有2.4万公顷梯田，分布于红河南岸的红河、元阳、绿春及金平等县。元阳梯田是红河梯田的代表，而其他地区同样有壮观的梯田景观和浓郁的哈尼族风情。

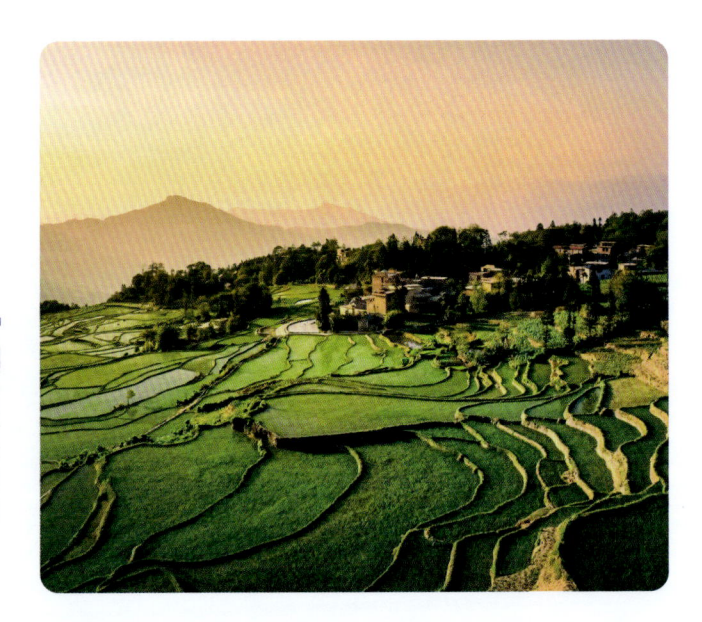

摄影器材TIPS

广角镜头 能更好地将梯田、花海、喀斯特地貌等宏大场面收入画面。

长焦镜头 在远距离拍摄时能突出主体和细节，尤其适合拍摄花海、云海。

滤镜 紫外线滤光镜（UV）可隔绝紫外光，也能保护镜头；灰镜（ND）和中灰渐变镜（GND）能延长快门时间；圆偏振镜（CPL）能消除反光，还能使色彩饱和度更高。

三脚架 有助于稳定相机，提升画质，可用低速快门获得特殊效果。

无人机 从空中俯瞰云南，获得"上帝视角"。

第4天

☀️🌙 前往125公里外的红河县 ⑩ **撒玛坝万亩梯田**（见345页）。这片海拔600—1880米的干热河谷，竟开垦出了4300多层梯田，田坎间种植有杨柳、棕榈树等，拍出来的田间树影层次感更加丰富。往南约10公里的杨柳梯田植柳护埂的"无心插柳"之举，也为这里的梯田景致增添了看点。

🌙 回到红河县城，可去 ⑪ **东门马帮古城**逛逛。东门楼、姚肇宗故居、钱万兴家宅、李氏古民居等曾是当年马帮兴盛之时的见证。

> **贴士** 红河梯田较为分散，如果时间来得及，也可去桂东梯田、他撒梯田和俄垤水库等地看看。

第5天

☀️🌙 从红河县向南去 ⑫ **绿春**，县城周边的腊姑梯田、桐株德玛梯田没有什么名气，但观赏性其实不亚于元阳和红河，可以花点时间去看看。不过，绿春最出名的还是长街宴，最高纪录是4000多桌，连绵长达数公里。不要错过绿春县博物馆，陈列的200多款哈尼族以及分支服饰足以让你大开眼界。

> **贴士** 如果你正好在周六来到绿春，记得去当地赶集，凑个热闹。

左页图：绿油油的元阳梯田
左图：东门马帮古城
右图：哈尼族小女孩

普者黑
湿地中的喀斯特仙界

  300余座喀斯特峰丛与4万亩湿地的组合,发生了奇妙的化学反应,最终造就了罕见的高原喀斯特山水田园风光,它就是普者黑,在当地彝语中意为"盛满鱼虾的湖泊"。普者黑的美是立体的,你可以荡舟湖面,欣赏峰林奇观,也可以登上峰顶,俯瞰万亩荷田。湖光山色间又有彝族村寨散落,人们在这里找到属于自己的桃源,开田耕作,撑船捕鱼。而对旅行者来说,这里则是跌落尘世的仙界。

上图:普者黑落日时分
右页上图:普者黑的荷花
右页下图:静谧的普者黑

青丘之山 世外桃源

奇特的喀斯特地貌

普者黑是滇黔桂喀斯特地貌的核心地带，经过亿万年的风化剥蚀，这片溶蚀性石灰岩形成了发育成熟的岩溶地貌，溶洞、天坑、岩溶台地等喀斯特地貌景观随处可见。更奇妙的是，普者黑虽为喀斯特地貌，却能积水成湖，普者黑湖、摆龙湖、天鹅湖、落水洞湖和仙人洞湖等湖泊组成了丰富的湿地生态环境系统，星罗棋布的喀斯特峰林耸立在湿地之中，既为人们奉献了山水相连的风景，也为水生生物的物种多样性提供了生存空间。

仙境青丘就在这里

青丘，即《山海经》中描述的青丘之山，经常出现在玄幻小说中，前几年热播的《三生三世十里桃花》中的白浅，以及近年走红的《长相思》中的涂山璟，都来自青丘的九尾狐世家。而《三生三世十里桃花》中青丘的取景地，就在普者黑，独特的喀斯特岩溶地貌和美丽的田园风光，完美契合人们对世外桃源般的青丘的想象。青龙山下的菜花箐村、舍得高原草场的草原风光、神秘的仙境螺丝洞等都在剧中反复出现。

赏花观鸟的乐趣

普者黑拥有全球最大的荷花园，在面积2万多亩的水面上生长着近200种荷花，整个夏天都美不胜收。开双色花朵的野生小洒锦和野生大洒锦仅在普者黑才有，一半雪白一半绯红，非常漂亮。除了赏花，还能加入摘莲蓬、夜赏荷花、品尝荷花宴等活动中。

与花交相辉映的是生活在普者黑湿地生态系统中的鸟类，数量超过了200种，常见的鸟类有斑嘴鸭、紫水鸡、白鹭、白骨顶、苍鹭、钳嘴鹳、斑头雁等，而东方白鹳更是国家一类保护鸟类。鸟在天上飞，人在画中游，在普者黑就能体会到这样美妙的意境。

4天
普者黑
峰林仙境行

　　想尽情游玩普者黑，要至少留出两天时间。景区开发了大环线、小环线、东线纵情水乡游、中线浪漫山水游、西线逍遥西荒游等游览路线，你可以逐一打卡，也可以选择自己喜欢的景点前往。

第1天

☀ ☀ 抵达 ❶ **普者黑**（见346页），可以乘坐观光车先去普者黑村预订的民宿放下行李，也可在蒲草塘码头直接跳上柳叶小舟，一路荡舟至仙人湖，沿途都是荷叶田田，上岸来到仙人洞村（彝族撒尼民俗村），闲逛的同时也可顺道解决午饭。游船的终点是青龙山码头，这里离普者黑村非常近。登上青龙山顶，四个方向的观景台可以将整个普者黑湖景收入镜头。下山后可去附近的菜花箐苗族村逛逛，如果你是二三月间到来，沿途的十里桃花景区花开成海。摄影爱好者也可在山顶耐心等待日落时分的美景。

🌙 入住普者黑村，这里的民宿和精品酒店已成规模，通常都提供当地特色的荷叶炒鸡蛋、油炸鱼虾等。综艺节目《爸爸去哪儿》取景地的老屋已成打卡点，正好去逛逛。

> **贴士** 建议购买环线观光日票（92元/人），可无限次乘车到达各个景点。打水仗是坐船游览的快乐，但仅限夏天，上船前先买足塑料桶、水枪和雨衣等"战斗装备"。

第2天

☀ 今天将范围扩大到景区周边，上午先去天鹅湖（见346页），走在徒步栈道上，远处是喀斯特峰丛，近处有候鸟嬉戏。每年12月至次年1月，能看到来此过冬的天鹅群。也可以参加西线逍遥西荒游，乘坐电动竹筏船游览西荒湿地。

☀ 前往距景区约48公里的 ❷ **舍得草场**（见347页），草甸上野花盛开，云海翻腾，胜似仙境，而《三生三世十里桃花》中的翼界正是在这里取景。

🌙 今晚不妨换到仙人洞村，入住临湖栈桥沿线的民宿，湖光山色就在你的窗外。

> **贴士** 普者黑是彝族聚居地，花脸节是当地彝族最重要的节日。每年7月18日至8月18日景区有长达一个月的狂欢活动，普者黑村和仙人洞村是住宿集中地，花脸节期间房价暴涨且一房难求，建议预订。

左页图：普者黑湖面的小船
上图：壮族特色五色花米饭

第3天

☀️ ❄️ 前往170公里外的 ❸ 坝美（见347页），乘船穿过幽长的水洞，上岸后地势豁然开朗，坝美村被喀斯特峰丛环抱，眼前一切如同陶渊明笔下《桃花源记》的复刻版。继续坐船驶过怪石嶙峋的猴爬岩，再换乘电瓶车穿过河岸长满桃树的汤那河谷，最后再次坐船穿过汤那洞，告别世外桃源。

🌙 可以在坝美村找家民宿住上一晚，品尝壮族特色五色花米饭，也可以连夜前往八宝。

第4天

☀️ ❄️ ❹ 八宝有"高原小桂林"之称，乘船沿八宝河穿过河野村，两岸都是以青翠稻田为底色的圆锥形喀斯特山峰风景，的确像是桂林漓江山水的"平替"。接下来去八宝镇东边的三腊村，落差高达120多米的三腊瀑布一波三折地从悬崖倾泻而下，气势磅礴。

> **贴士** 春天的坝美最美，有桃花与油菜花盛景。夏季如遇暴雨，溶洞出入口可能会关闭，请提前咨询景区或关注公众号"坝美世外桃源旅游景区"。

> **贴士** 八宝的景色在夏季丰水期最值得期待，如果在冬季前往，观感会大打折扣。

罗平
春天的第一抹亮丽色彩

当中国绝大多数地区还处于寒冬时,从2月下旬开始,云南罗平的油菜花田已经为中国人带来了春天的第一抹亮丽。在这片吉尼斯认证的"世界最大的自然天成花园"中,点缀着成片的喀斯特峰林,蓝天白云下油菜花延绵无边,324国道穿越其中,为旅行者带来驰骋花海的快感。登临高处,俯瞰脚下,铺陈在你眼前的是绚丽的大地色彩。

上图:罗平油菜花田

千姿百态的峰海景观

罗平是《中国国家地理》评出的"中国最美五大喀斯特地貌"之一。罗平有着复杂的地质构造，中部的罗平坝子一带因受河流侵蚀和岩溶的共同作用，又经历多次地壳运动，形成了溶洞、峰丛、峰林、孤峰、溶斗等千姿百态的岩溶地貌。其中的喀斯特峰林最为壮观，面积达数百平方公里，山峰有塔形、尖锥形、浑圆形等多种形态，群峰叠翠，奇突挺拔，在无边油菜花海的衬托下，呈现出一幅壮丽的画卷。

花海的前世是古老的海洋

在大约3.64亿年前，罗平油菜花海的前世是一片古老的海洋，生活着无数海洋生物。2007年，地质工作人员在罗雄镇大洼子村附近地层中发现了大量鱼类、爬行类及其他动植物化石，保存得极为完整，生物门类极其多样。这一发现随即被命名为"罗平生物群"，它是云南的重大古生物发现之一，在不到40万平方公里的云南地层里，保存了从太古代生命起源到新生代人类出现的各时期丰富而完整的化石记录。随后，在化石原发地建起了罗平生物群国家地质公园，化石陈列馆内展出了100多种珍贵的海洋生物化石。（下图：罗平喀斯特）

前世古海

3天
罗平追逐花海之行

罗平仿佛是油菜花海的代言，但这里不仅有油菜花，喀斯特峰林与河流瀑布也有很多看点。以罗平城区为据点，可以向北向南分别追逐花海，甚至一路去到相邻的贵州兴义万峰林。

上图：金鸡峰丛
右页图：九龙瀑布群

第1天

☀ 一早从 ❶ **罗平**出发，先向北去距城区约12公里的 ❷ **牛街螺丝田**。这里是典型的喀斯特地貌，登上制高点往下看，一圈圈弧形梯田与油菜花的组合，呈现出动感十足的线条与色块。接下来赶到 ❸ **金鸡峰丛**（见373页），以金鸡岭为首的喀斯特孤峰丛散落在金色花海中。在金鸡村背后的大黑山观景台上，可以拍到官方宣传海报同款画面，金鸡山金鸡庙旁也有不错的拍摄金鸡峰丛的机位。

☀ 离开金鸡峰丛向东北行，约22公里后到达 ❹ **九龙瀑布群**（见375页）。由西向东流淌的九龙河在长约4公里的河道上顺地势跌落，形成了形态各异的十级瀑布，可先乘索道到山顶，居高临下拍摄瀑布群全景。夏季的瀑布群最为壮观，春天水量稍逊，但沿途油菜花田加分不少。

🌙 回到罗平城区，可以去逛逛布依风情街，记得来一碗当地特色乌鸡米线。摄影玩家也可以住在金鸡村，以便有充足时间拍摄早晚的峰丛花海美景。

> **贴士** 来到罗平，更多免费风景就在路上，但如果你想走进花田或登上位置最好的观景台，就要购买相应门票。金鸡岭上最宜拍摄花海日出；拍摄牛街螺丝田则适合用长焦镜头收进更多线条，最佳拍摄时间是16:00到日落前后。注意拍摄油菜花时不要踩坏农作物，如果镜头里有布依族妇女，也请经过对方允许后再拍照。

- ① 罗平
- ② 牛街螺丝田
- ③ 金鸡峰丛
- ④ 九龙瀑布群
- ⑤ 罗平生物群国家地质公园
- ⑥ 十万大山观景区
- ⑦ 多依河景区
- ⑧ 那色峰海
- ⑨ 鲁布革小三峡

黄泥河　贵州省　天生桥水库　广西壮族自治区

第2天

☀ 从罗平向南出发，经过 ❺ 罗平生物群国家地质公园可以进去看看，标本展示馆内有不少珍贵的化石标本，在化石出土原址还能看到不少裸露于地面的古生物化石。往东约10公里就是 ❻ 十万大山观景区（见376页），核心景点棠梨凹村有浓郁的苗族风情，沿着玻璃栈道来到观景台，可以俯瞰连绵起伏的峰林和如涟漪般扩散的油菜花田，古老的民族村寨点缀其间。

☀ 下午前往 ❼ 多依河景区（见376页），沿多依河漫步至布依族风情园，沿途可见钙华漫滩、布依族吊脚楼等景致，也可体验竹筏、橡皮艇漂流等水上项目。多依河沿岸是布依族聚居地，可顺道逛逛布依族集市，尝尝特色小吃。

☽ 回到罗平城区，今晚尝尝当地人爱吃的铜锅牛肉。

> **贴士** 摄影爱好者也可连夜前往那色峰海，在大补董村找家民宿住下来，傍晚的峰林落日风景很美，也方便次日一早起床拍摄峰海日出。特别提醒，罗平油菜花季通常与春节相连，当地房价大幅上涨且一房难求，越早预订越好。

第3天

☀ 又是一大早起床，赶往50公里外的 ❽ 那色峰海（见376页）。沿栈道登上最高处的观景台，眼前是如海洋般的峰林云海和蜿蜒流淌的多依河水。晴日早晨看到云海的概率很大，但通常上午11:00之前云海便会散去。

☀ 前往 ❾ 鲁布革小三峡（见377页），乘船欣赏鲁布革水电站大坝在黄泥河峡谷截流蓄水形成的"高峡出平湖"，壁立千仞的峡谷另一侧就是贵州省兴义市。接下来，可前往兴义万峰林，继续追逐油菜花海之行。

> **贴士** 南昆铁路途经罗平，每逢油菜花季，昆明至罗平会加开普速列车，不妨乘坐这趟开往春天的列车，以另一种方式驶进花海里。

左页图：多依河风光
上图：那色峰海
左下图：鲁布革小三峡
右下图：金鸡峰丛油菜花海

日照金

梅里雪山
最后的秘境

雄伟的横断山脉—怒山山脉，位于怒江与澜沧江之间，一系列平均海拔在6000米以上的雪峰横亘天边，主峰卡瓦格博峰海拔6740米，是云南的最高点，也是藏传佛教神山之一，被藏族人称作"太子雪山"。奇妙的干热河谷、巍然壮观的雪山和经幡环绕的寺庙并列出现，与小说《消失的地平线》中描述的人类最后的秘境香格里拉奇异吻合，吸引着无数旅行者前来朝圣。

日照金山的诱惑

多少人千里奔赴来到梅里，只为一睹日照金山。这种自然奇观，只有在特定的时间和地点才能看到，而且还需要一定的运气加持。在日出时分或者傍晚，万丈金光从天而降照射在雪山之巅，山峰化身为一座金色的"布达拉宫"，那种壮丽与神秘，瞬间震撼人心。

雾浓顶观景台和飞来寺都是观赏、拍摄日照金山的最佳去处。最佳时间则是冬季，这个季节太阳的高度角较低，阳光更容易照射到雪山的峰巅，日出和日落时分，太阳的光线柔和而温暖，更容易形成日照金山的奇观。若想捕捉照射在卡瓦格博峰上的第一缕曙光，一定要提前确认当天的日出时间，并尽早赶往观景台占据机位。

一个简单的技巧是，在拍摄时加入周围的云雾作为陪衬增加画面感。如果以冷蓝色的天空为基调，拍摄时适当增加曝光补偿，雪山看起来更洁净，可以获得"银山"的效果。

徒步爱好者的天堂

梅里雪山是藏地圣山，藏族人把梅里雪山转山视为一生的修行。藏历羊年是梅里雪山的本命年，转山一周，功德远胜其他年份，因此，每逢羊年，梅里雪山都会迎来转山高峰。

梅里转山分为内转和外转，内转是从曲登阁出发，经飞来寺到雨崩村进行巡礼朝拜；外转则需要围绕着梅里雪山绕行一周，途中翻越数座海拔4000米以上的垭口，跨越金沙江、澜沧江、怒江三条大江，全程预计10天左右，徒步距离超过150公里。

上图：梅里雪山卡瓦格博峰
下图：梅里十三峰

2天
梅里雪山行摄之旅

梅里雪山的诱惑难以抵挡，秋天是朝拜梅里雪山的最佳季节，层林尽染的秋日森林和晴空下的雪山完美融合。如果只为拍摄日照金山而来，留出两天时间即可。

上图：从飞来寺遥望梅里雪山
右页上图：雨崩冰湖的嘛呢堆
右页下图：雨崩林中

第1天

☀ 朝圣梅里雪山的起点通常是❶**德钦**。多数旅行者都会迫不及待地前往距城区约10公里的❷**飞来寺**（见277页），先在飞来寺观景台上尽情远眺梅里雪山群峰，然后沿8公里的环形道变换角度细细欣赏梅里群峰，澜沧江大峡谷和山谷中的田园风光尽在眼前。观景台旁的飞来寺正殿中供奉着一尊据说从印度飞来的佛祖像。飞来寺一带已被打造为梅里雪山摄影小镇，有不少餐馆和民宿，可在这里解决午饭。

☀ 下午去往❸**雾浓顶**，十三座白塔在梅里雪山前面一字排开。这里的观景台角度稍偏，但视角更广，同时又可以看到白马雪山，来这里煨桑朝拜的藏族人也能丰富你的拍摄内容。

🌙 回到德钦县城好好休息，如果预算充足，也可以入住雾浓顶的既下山梅里SUNYATA酒店，在景观房的卧室和浴室就能看到梅里雪山。

有更长假期？深度体验见42页

贴士 德钦城区住宿相对便宜，但没有任何景观。飞来寺和雾浓顶的酒店和民宿位置更佳，但就算同一家酒店，也有景观房和普通房的区别，预订时一定要问清楚。

第2天

☀ ☁ 乘坐越野车进入 ④雨崩（见267页），这个曾经与世隔绝的村落最大限度地接近卡瓦格博峰。从雨崩上村出发可徒步前往冰湖，往返约6小时。也可从雨崩下村徒步至神瀑，往返约11公里，这是梅里"内转经"的必经之处，信徒来朝拜梅里必定要来雨崩沐浴神瀑。没有徒步经验的旅者不妨就在上村与下村间来次短途徒步，欣赏峡谷中的田园村寨风光，在下村的山野Bistro咖啡馆静静消磨时光。

🌙 在雨崩村住一晚，享受世外桃源般的宁静，也可以体验一下住在帐篷酒店的感受。

> **贴士** 若逢大雨请勿前往雨崩，以免遭遇泥石流和山间落石。雨崩徒步需要一定户外运动经验，切勿冲动出发，更不要独自徒步前往冰湖、神湖等偏僻景点。

5天
梅里雪山行摄之旅延长线

前两天路线同**梅里雪山行摄之旅**，后三天向南去往梅里雪山的金沙江大湾景区，在纳帕海遇见秋日草海，最终到达香格里拉。

第3天

☀ 离开德钦，向南来到 ❺ **奔子栏**，这里是西南入蕃古道和滇藏茶马古道的必经之地。之后沿盘山公路缓慢爬升9公里，进入 ❻ **金沙江大湾**（见272页），站在观景台上，对面就是著名的"Ω"形的大湾，由金沙江围绕对岸的日锥峰形成。

☀ 接下来可以去拜访 ❼ **噶丹·东竹林寺**（见275页），它与香格里拉的噶丹·松赞林寺同列"藏区十三林"，大殿中陈列着制作精美的酥油花和酥油雕像。

🌙 很有必要在奔子栏住上一晚，由法国女建筑师主持设计的土路客栈（Tulu Lodge）和松赞奔子栏酒店都值得尝试，窗外是美丽的河谷风光，还提供可口的餐食。

第4天

☀☀ 继续向南，来到 ❽ **纳帕海**（见269页）。这里有"湖在草原上，草原在湖中"的独特美景，尤其是在秋冬旱季，湖水退去，现出一片斑斓的金色草海，黑颈鹤、斑头雁和野鸭等候鸟在此嬉戏，是摄影师最爱的画面。纳帕海北部的 ❾ **香格里拉高山植物园**（见279页）值得一去，能看到上千种高原植物，春夏有漫山的杜鹃和其他野花，秋天的植物则变成五颜六色。纳帕海南部的从古草原有片狼毒花花海，夏秋时节拍照非常出片。

🌙 抵达香格里拉，晚上可以去 ❿ **独克宗古城**（见273页）走走，来一顿地道的藏式大餐。

贴士 从奔子栏瓦卡大桥（金沙江大桥）过去就是四川境内的瓦卡镇，从这里去往四川乡城、德荣很方便。

贴士 有时间也可以去蓝月山谷，山顶观景台可以看到梅里雪山、玉龙雪山、哈巴雪山、白马雪山、碧罗雪山以及稻城亚丁的三座神山仙乃日、央迈勇和夏诺多吉。

左页图：金沙江大湾
上图：纳帕海

第5天

☀ 今天可以轻松一下，睡个懒觉，去迪庆藏族自治州博物馆（见274页）了解迪庆藏族历史、藏族文化和藏传佛教，再找家咖啡馆发发呆。

☀ 沿214国道向南行驶30公里去 ⑪ **小中甸花海**，5月下旬至6月中旬杜鹃怒放，7月和8月各色野花遍地盛开，9月下旬以后狼毒花叶变得血红，各有各的美。

🌙 晚上可以住在香格里拉最著名的青旅香格里拉背包十年青年公园（见234页），体验建塘藏族传统民居。

> 贴士 迪庆有许多由百年藏式老宅改造而来的咖啡店以及手工艺品店，不如在城区走走停停。

在云南，集齐自然的色彩

景迈山云海 普洱景迈山古茶林文化景观已被列入《世界遗产名录》，这里的冬季云海更是迷人，每年11月至次年1月，景迈山间云海翻腾，可从早晨持续至午后。景迈山沿途的多个观景台都能拍到云海，近景则是粉色野樱花点缀于茶园间，分外美丽。

元谋土林 时间与流水共同塑造出这片千奇百怪的土林，不管是蓝天白云还是落日夕照，都有一种苍凉神秘的感觉。物茂土林景观集中，造型多变，适合拍摄日出美景；浪巴铺土林胜在颜色丰富，日落夕照更上镜，夜晚的土林星空拍出来也十分壮美。

陆良彩色沙林 彩色沙林由多色彩沙汇聚成沙峰、沙柱、沙屏等不同的立体景观，或似骆驼在沙海中负重前行，或似将军身披金色战袍。在不同季节及阳光角度变幻的照射下，沙林据说可以呈现出多达12种彩色，对摄影师来说是可遇不可求的画面。

东川红土地 当地人在红土地上种植麦子、荞麦、土豆和油菜花，也在无意间把这里变成了七彩的童话世界。乐谱凹的层层梯田几乎互相平行，最好在黄昏时分拍摄。

腾冲银杏村 黑色火山石与金黄银杏叶的强烈撞色，已经成为腾冲银杏村的标志秋色，吸引无数旅行者前来打卡。每到11月中旬至12月初，整个村子满树满地金黄，登上后山观景台，可将整个银杏秋色收进镜头里。

少数民族风采

非凡民族文化风情体验,赋予你与这片多元大地的独特连接。

云南地处西南边陲，是通往喜马拉雅的大地阶梯，长江与澜沧江穿境而过，北有梅里雪山巍然耸立，南有西双版纳苍茫雨林，多样的居住环境和气候，孕育了多元多彩的民族文化，同时也让云南成为中国少数民族分布最为集中的地区之一。

云南共有25个世居少数民族，人口约有1500万人。他们在文化传统、宗教信仰和生活习俗上各具特色，浓郁的少数民族风情让这里一年四季节日不断，傣族的泼水节、白族的本主节、彝族的火把节、壮族的铜鼓节都为你的云南之行增加了别样的趣味。更别提还有口味独特、食材丰富的各地美食，万物皆可入菜在这里得到充分体现，景颇族的手抓饭、阿昌族的过手米线、白族的生皮和喜州粑粑，都是旅行者不可错过的美食体验。

云南的各色村寨，更散落着许多非物质文化遗产和古老的手工技艺，比如白族的扎染、纳西族的东巴造纸、西双版纳贝叶经的制作和慢轮制陶，还有勐腊雨林有趣的象脚鼓舞，值得一提的是这些少数民族技艺都欢迎旅行者现场学习体验。参与当地的非遗工艺制作，从当地人手中直接购买极具意义的非遗纪念品，既有利于非遗文化的传承与发展，也将成为你难忘的旅行记忆。

在这趟少数民族风采之旅中，你可以依照自己的时间和兴趣，选择合适的线路，无论是近距离领略纳西族东巴文化、沉浸式体验傣族风情，还是深入山水间探访藏族民俗、感受白族热情，总能蔓生出你与这片多元大地的独特连接，完成一次属于你的难忘之旅。

上图：松赞林寺的跳神仪式
右图：云南佤族背包

云南有趣的少数民族

数量众多的少数民族在云南这片土地上相互融合、交流、发展，共同创造了云南的多元文化。

哈尼族

集中聚居于滇南红河两岸的哀牢山区，是云南高原上典型的梯田稻作农耕民族，他们依山就势，创造了令世界称奇的梯田文化。如果想深入了解哈尼族，可以前往红河州的元阳、红河、绿春、金平及玉溪的元江等地。

纳西族

纳西族聚居程度极高，绝大部分居住在滇西北的丽江市，在文字、建筑、服饰风格上都独树一帜。

拉祜族

主要聚居于澜沧拉祜族自治县，是中国最古老的民族之一。拉祜族原先没有文字，他们的历史、习俗全靠民间口耳相传。

基诺族

基诺族是中国最后一个被官方确认的单一民族，主要聚居在西双版纳的基诺山寨（见251页）。

白族

　　白族的历史最早可以追溯到新石器时代，这一民族经历了南诏国和大理国等地方政权的更迭，在明清时期又受到汉文化的影响，形成了独特的民族文化。

傣族

　　傣族源于古代的百越族群，他们依水而居，以"水的民族"而闻名，也是最早栽培水稻、使用犁耕的少数民族。

藏族

　　云南的藏族人集中聚居于迪庆藏族自治州，他们使用康巴藏语南路次方言，在文化上受到周边少数民族如纳西族和傈僳族影响较多。

独龙族

　　独龙族是中国人口较少也是云南省人口最少的少数民族，居住在云南西北部的独龙江边。独龙族妇女擅长编织带彩色条纹的独龙毯，她们也有文面的习俗，因而史书称其为"绣面部落"。

傈僳族

　　主要聚居于云南西北部的怒江傈僳族自治州。手不离弩弓，是傈僳族汉子勇武勤劳的写照。

纳西族/摩梭人
世居地：丽江

纳西族历经多次迁徙，在西南地区的山水古镇间繁衍千年。传统的东巴文和围腰、披肩服饰以及可爱的木结构瓦楞房，都让纳西族成了一个独特的世居民族。

中国唯一存在的母系氏族社会，让作为纳西族支系的摩梭人声名鹊起。"男不娶，女不嫁"的走婚制度如今依旧延续，摩梭人独特的生活方式吸引着更多旅行者前往泸沽湖。

丽江是体验纳西族风情的最佳去处。旅行者可以在中国唯一一个以少数民族为主体的世界文化遗产地丽江古城中，聆听纳西古乐，研习东巴文字。而入住纳西村落传统的木楞房，荡舟泸沽湖看晨雾迷蒙，也不失为一种沉浸式民族文化体验。

三朵节

三朵节是纳西族独有的为祭祀"三朵神"而举行的传统节日。相传"三朵神"曾是丽江木氏土司麾下的战神，死后化作玉龙雪山的山神，也是纳西族的本主神灵和最高保护神。

东巴纸

有1000多年历史的东巴纸制作工艺是世界上最古老、最原始的手工造纸术之一。这种颜色米白、表面略有褶皱的纸张，经历过浸泡、蒸煮、打浆等工序，可长期保存，成为东巴文化传承的重要载体。

东巴文

纳西语有两种传统文字，一种是象形文字东巴文，另一种是音节文字哥巴文。其中，东巴文由纳西先民创制并沿用至今，通过象形、会意、假借等手法，兼具表意和表音成分，被用来记录事件、书写古籍经典。

1. 纳西语里的东巴文
2. 东巴纸

纳西族服饰

纳西族服饰因地域不同而风格各异,以黑、白为基调,其中妇女服饰以腰间系着百褶长围腰,身披既可抵御风寒又可背负重物的羊皮披肩为特色。

木楞房

纳西族先民曾有穴居习俗,之后经历游牧生活,改居羊毛毡制帐篷,随后演变为以农耕为主的民族,开始建造木结构民居。

上图:纳西族小女孩

2天
纳西族精华之旅

这条精华线路浓缩了丽江城区与郊区最为著名的纳西族风情景点，适合停留时间不长的旅行者。景点间相距不远，可适当放慢节奏，好好享受纳西族人悠闲的生活。

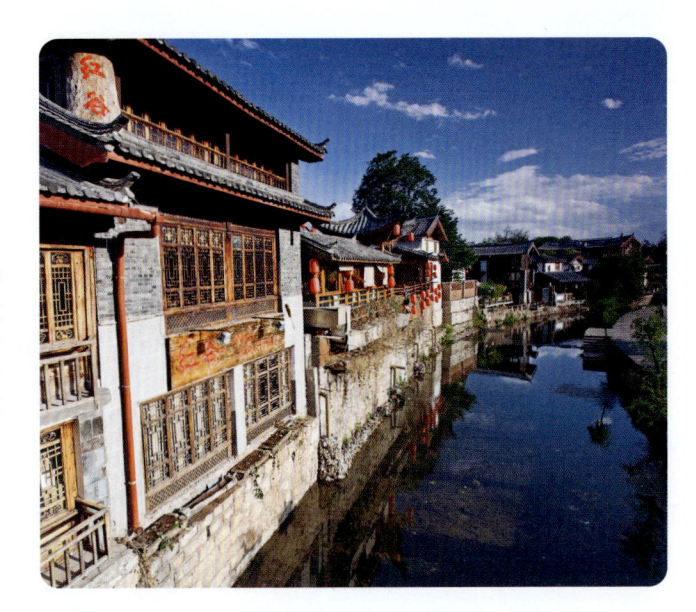

第1天

☀ 丽江古城是你体验纳西族风情的第一站。丽江古城由❶ **大研古城**（见219页）、❷ **束河古镇**（见221页）和❸ **白沙古镇**（见222页）组成，建议初次到访的你上午先逛大研，若有行李可暂存至大研古城门口的自助行李寄存处（收费）。

☀ 在大研古城内的阿婆腊排骨品尝美味后，如果你想探访更古老的纳西族聚落，可以前往束河古镇；若是你更向往历史遗迹和文化遗存，可以前往质朴的白沙古镇，细细观赏白沙壁画。

☾ 晚上可以住在束河古镇或白沙古镇。束河古镇有许多设计感很强的民宿；白沙古镇坐落在玉龙雪山脚下，天气晴好的清晨，可以看到日照金山。

> **贴士** 除了相似的古城格局、民居建筑和纳西族风情，三个古城各有特点。大研位于丽江城区中心，就是我们熟知的丽江古城，这里开发得早，各类设施完善，相对而言也更加商业化。束河古镇距大研西北约4公里，是滇西北传统皮革业中心，像一个缩小版的大研古城。更加自然恬静的白沙位于大研以北约8公里，距玉龙雪山更近。

第2天

☀ ☀ ❹ **玉龙雪山**（见214页）是这趟旅程中当仁不让的另一位主角，这座纳西族神山十三峰相连，宛若巨龙，传说是纳西族保护神"三朵"的化身。掐准时间早早进山，先去甘海子看日照金山，随后可以选择前往冰川公园、云杉坪、牦牛坪、蓝月谷等景区游览。游客中心有不少用餐选择，若是时间来得及，还可以看一场由张艺谋主导的大型户外演出《印象丽江》。

有更长假期？深度体验请翻页

> **贴士** 101路玉龙雪山专线（15元；7:00—17:00）往返于大研古城和玉龙雪山，但若想赶早去甘海子看日出，建议提前包车或拼车前往。玉龙雪山海拔超过4000米，攀登时可能会出现高原反应，建议关注身体状况，做好应急准备。

左页图：束河古镇
上图：玉龙雪山
下图：清晨的大研古城

四川省
草海和走婚桥 ⑪
小洛水 ⑩
泸沽湖 ⑧
大洛水 ⑨
四川省
金沙江
金沙江
玉龙雪山 ④
玉湖村
文海村 ⑦ ⑥
⑥ ③ 白沙古镇
束河古镇 ②
黑龙潭公园 ⑤ ① 大研古城
丽江

6天
深入纳西族风采之旅

前两天路线同纳西族精华之旅，若你为丽江预留了更多时间，想深入领略纳西族风情，可将精华之旅"扩容"，再前往泸沽湖感受摩梭人与众不同的风俗文化。

上图：黑龙潭公园
右页左图：草海
右页右图：泸沽湖里格半岛

第3天

☀ 继续在丽江逗留，去 ❺ **黑龙潭公园**（见220页）欣赏从丽江各地迁建而来的古建筑，或去狮子山顶的万古楼俯瞰古城全景，中午去忠义市场吃顿地道的丽江小吃。

☀ 在大研古城参与造纸体验坊的东巴造纸活动，也可以去白沙古镇体验纳西东巴扎染。

☾ 晚上去听一场纳西古乐会，在独特的民族旋律中找到共鸣。

第4天

☀☀ 让这天的行程慢下来，早上睡到自然醒，再去探访玉龙雪山脚下的 ❻ **玉湖村**（见222页），了解探险家洛克与丽江的故事，途中可顺道游览三朵阁、文峰寺和玉水寨。也可前往更为原生态的 ❼ **文海村**（见218页），深入纳西村落，感受当地的日常生活。

你还可以体验……

从丽江出发，你还可以前往大理，体验白族风采（见68页），加入三月街的热闹之中，或是前往香格里拉，漫步独克宗古城，花上2天时间任意搭配你的下一站云南行程。

贴士 白沙古镇旅游专线公交车（5元）可串起大研、束河、白沙三个古镇。在丽江市内游览，可选择乘坐公交车或出租车。

贴士 前往玉湖村可乘坐公交车，但文海村较为偏远，建议包车前往。文海的最佳游览时间为6月至9月丰水期，其他时间很难看到村里的季节湖。

第5天

☀ 从丽江城区出发，前往 ❽ 泸沽湖（见215页）。

☀ 在当地村寨 ❾ 大洛水（见216页）体验猪槽船，从 ❿ 小洛水乘船前往媳娃娥岛，也可以前往四川境内的 ⓫ 草海和走婚桥（见217页）。

🌙 在落脚的村子里参与一场摩梭人的篝火晚会，顺便期待一下第二天清晨伴着湖上薄雾在木楞房中醒来的惬意瞬间。

第6天

☀ 可以花半天时间，体验经典的包车环游泸沽湖，途中会经过里格半岛、格姆女神山、泸源崖等景点，环湖一周大约需要5小时。

☀ 离开泸沽湖，结束丽江民族风情之旅，前往你的下一站。

> **贴士** 丽江城区至泸沽湖约200公里，自驾约需3小时。从大研古城前往泸沽湖有景区直通车，可在"丽江交运"小程序中查询站点、时间和票价。

> **贴士** 提前和包车司机商议价格和路线需求。若时间充裕不着急离开，也可以尝试从四川境内的达祖到走婚桥的近20公里徒步线路，这趟行程用时视脚力不同而变化，通常约需8小时。

傣族
世居地：西双版纳

傣族，这个古老而又充满魅力的民族，源于古代的百越族群。他们视孔雀、大象为吉祥物，依水而居，以"水的民族"闻名，也是最早栽培水稻、使用犁耕的少数民族。很多傣族人信仰南传上座部佛教，但也有部分民众信仰原始宗教。傣族妇女通常身着窄袖短衣和宽摆筒裙，尽显窈窕身姿。

漫步傣族村落，穿梭于低矮的竹楼间，傣族人色彩鲜艳的服饰、优美动人的歌舞和热情好客的氛围，能让你真实体验这份独属于西双版纳的民族风情。

傣文

傣族文字是傣族人民在长期历史发展过程中创造并使用的一种独特文字系统，起源于古代印度婆罗米字母，随着历史的演变，逐渐形成了自己独特的书写体系和语法结构。傣族文字不仅在傣族地区广泛使用，还对周边国家的文字发展产生了深远的影响。

傣族服饰

傣族服饰是傣族文化的重要载体，款式多样，具有适应不同气候和劳动需求的实用设计。傣族女性常穿着窄袖上衣和宽摆筒裙，色彩明快，以红、绿、蓝等为主要色调，点缀精美的刺绣图案。

1. 傣家竹楼
2. 傣族服饰
3. 傣文

百越族群

泼水节

　　泼水节是傣族地区最盛大的节日，每年4月中旬举行。节日期间，人们手持清水，相互泼洒，寓意祝福，同时还会分享美食。歌舞表演是节日的一大亮点，男女老少身着色彩斑斓的民族服饰，尽情地欢唱起舞。

傣家竹楼

　　傣家竹楼是傣族人民的传统居所，以竹子为主要建材，轻盈稳固，通风透气，屋顶采用斜面设计，适应热带多雨气候。

上图：勐泐大佛寺

3天 傣族精华之旅

这条精华路线围绕景洪展开，行程不算辛苦，你将有更多时间体验热闹的夜市，品尝地道傣族美食。

第1天

☀ 睡个懒觉，再悠闲前往西双版纳最古老的公园 ❶ **曼听公园**（见247页），这里前身是傣王宫，游览时间需2—3小时。

☀ 之后吃顿地道的傣族午餐，接着参观西双版纳等级最高的佛寺 ❷ **西双版纳总佛寺**（见250页）。寺庙和曼听公园相互连通，可一并游览。

🌙 夜晚在烟火气十足的市区感受如火如荼的 ❸ **老城夜市**，不论是金碧辉煌的佛塔还是小米辣加柠檬的蘸水，都渗透着浓浓的东南亚气息。

> **贴士** 如果在泼水节（一般为4月12日至15日）期间来到西双版纳，整个景洪城区都变身为热闹非凡的泼水节主场。

第2天

☀☀ 留出一天时间好好逛逛 ❹ **中国科学院西双版纳热带植物园**（见244页），在20个不同主题的小植物园中欣赏你从未见过的奇花异木，记得寻找明星植物大王莲。

🌙 晚上去 ❺ **星光夜市**，告庄西双景围绕大金塔延展，是如今旅行者的新宠，餐厅、酒吧、服装、百货等吃喝玩乐场所应有尽有。还可以去六国水上市场逛逛，这里分区域售卖澜沧江沿线各国特产。

> **贴士** 景洪的夜市一般从19:30开始，持续到次日凌晨4:00左右。小吃烧烤、服饰首饰、玉石珠宝是标配。

第3天

☀☀ 前往 ❻ **傣族园**（见247页）欣赏古老的傣族非遗技艺，了解傣族服饰、银饰、竹编等手工艺品的制作过程。这里原本是5个傣族自然村寨，不少居民至今仍生活在这里。遇上重大节日，傣族歌手会表演传统曲艺。

> **贴士** 园里最值得一看的是几座古老的寺庙，勐罕春满大佛寺建筑群精美大气，保留了清代原貌。

左页图：曼听公园
左图：中国科学院西双版纳热带植物园
右图：傣族园

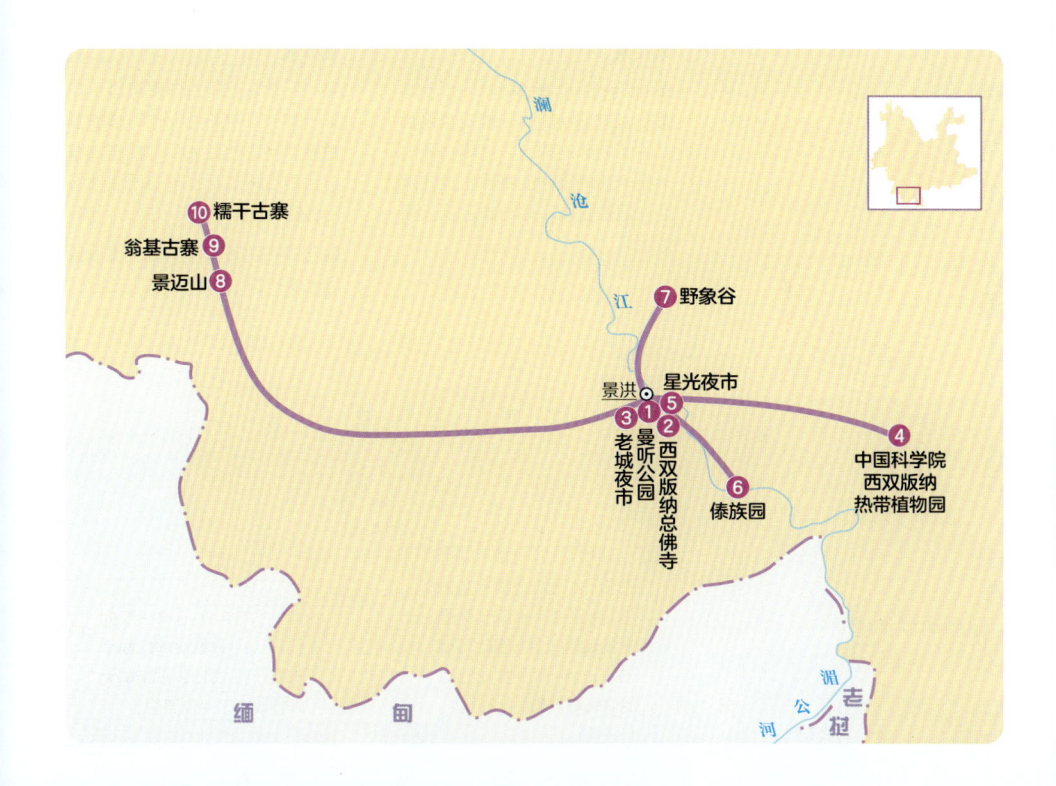

5天
深入傣族风情之旅

前三天路线同傣族精华之旅，之后深入游览西双版纳，体验傣族多彩文化。

上图：野象谷
右页上图：翁基古寨
右页下图：景迈山

第4天

☀☼ 前往 ❼ **野象谷**（见245页）。这是中国唯一能安全见到野生亚洲象的地方，宣传栏随时上新近期拍摄到的野象出没的照片，但是否能一睹野象真容还得看运气。

第5天

☀☼ 前往澜沧的 ❽ **景迈山**（见245页），在茶山上走访 ❾ **翁基古寨**（见245页）和 ❿ **糯干古寨**（见245页），了解布朗族独特的民族风情。

🌙 当晚在古寨住下，泡杯普洱茶静候次日日出云海。

你还可以体验……
从西双版纳出发，你还可以一路向北去大理，体验白族风采（见68页）。

贴士 没见到野象不必失望，真正让人神清气爽的是走在原始森林里的高空栈道上，呼吸清新空气，欣赏雨林风光。

贴士 可以原路返回景洪，或者从澜沧的景迈机场直接离开。

59

藏族
世居地：迪庆

云南省的藏族主要集中于迪庆。香格里拉到梅里雪山一线是康巴藏族的传统聚居区，他们使用康巴藏语南路次方言，在文化上受到纳西族和傈僳族的影响。

迪庆藏族有自己独特的饮食习惯，酥油、茶叶、糌粑、牛羊肉被称为西藏饮食"四宝"，青稞酒和各式奶制品也是藏族饮食文化的重要组成部分。藏历年是藏族的传统节日，人们会通过"耍林卡"（郊游野餐）、跳锅庄舞、藏戏表演等形式庆祝，节日期间，还有跑马射箭、摔跤等体育活动。

藏族服饰

藏族服饰通常以金银珠玉作为饰品，例如嵌有玛瑙和葱玉的金制、银制耳环以及雕有吉祥八宝、六字真言的佛盒（噶乌）等，其设计往往蕴含丰富的宗教色彩。

香格里拉木碗

香格里拉木碗的历史可追溯至1000多年前，传说随文成公主进藏的汉族手工艺人留居此地后，根据当地藏族居民的生活习俗及生活需要，就地取材，制成了实用的木碗、糌粑盒、酒杯等生活用具。

林卡节

林卡节是藏族人民的传统娱乐日。节日期间，藏族群众全家出动，带上食品、青稞酒、酥油茶以及各种娱乐用具和乐器，来到幽雅恬静的"林卡"（园林、花园）中，支起帐篷，围坐弹唱野餐。

1.藏族服饰
2.香格里拉木碗
3.酥油茶
右页图：俯瞰香格里拉

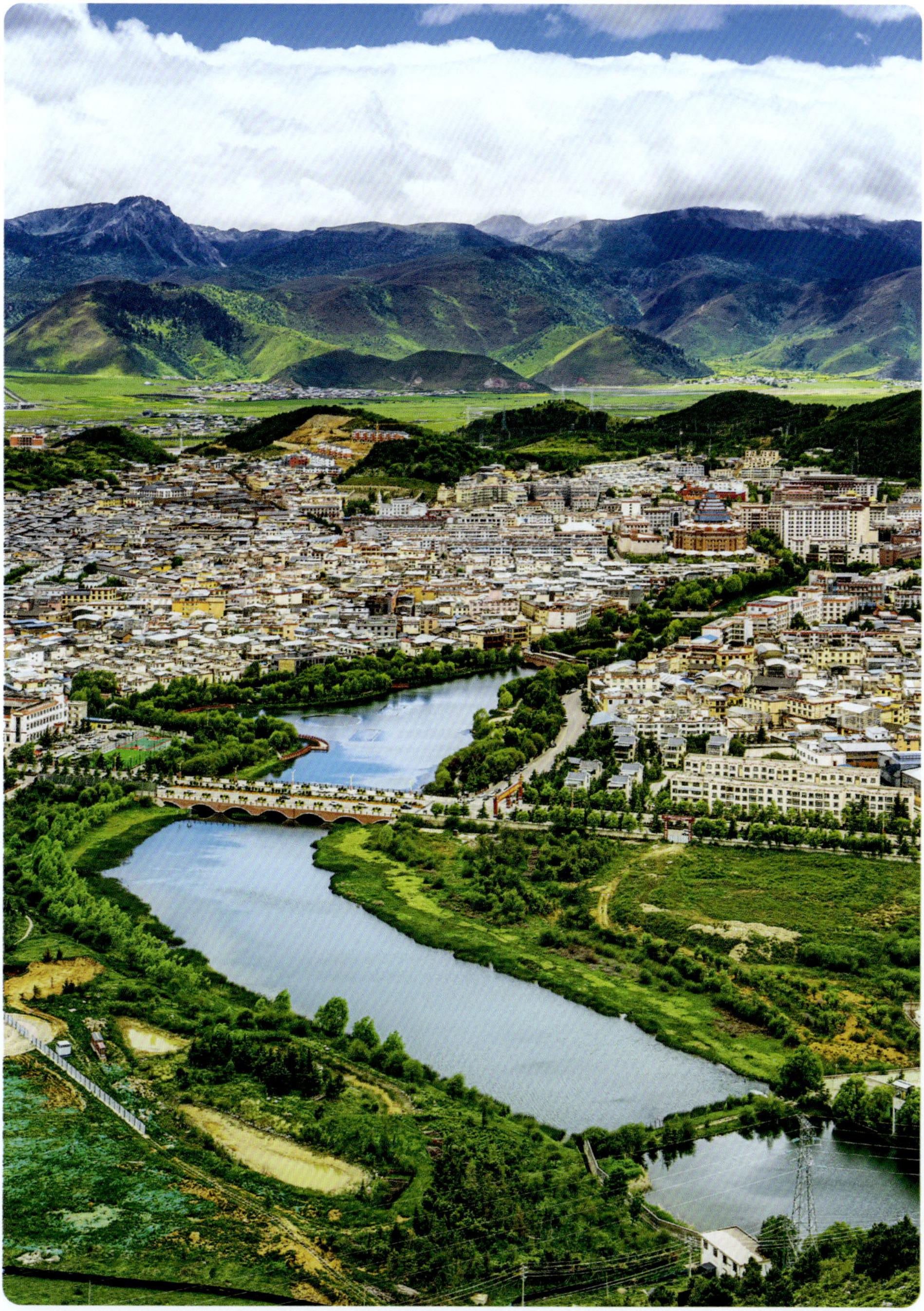

2天 藏族精华之旅

这条精华线路浓缩了香格里拉城区附近的藏族风情景点，城区海拔平均3300米，初到高原的旅行者注意适当休息。

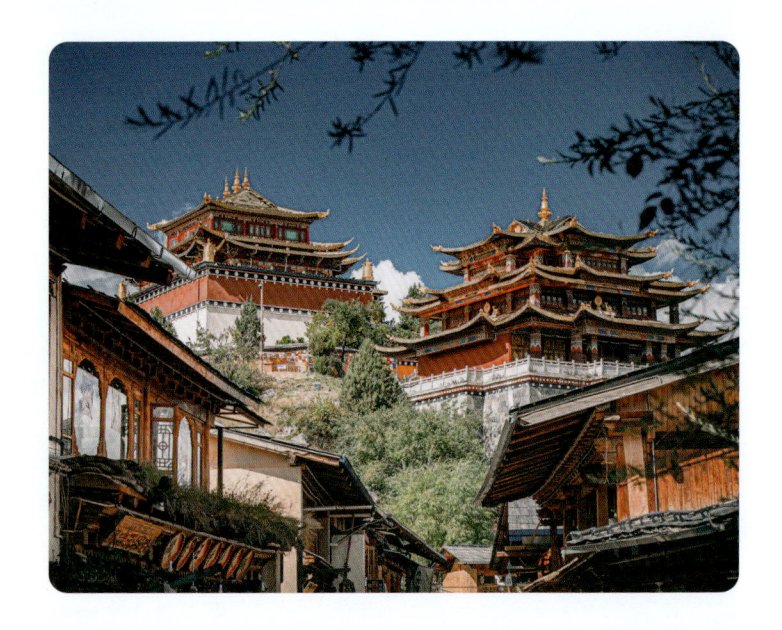

上图：独克宗古城
右页图：噶丹·松赞林寺

第1天

☀ 第1天可以漫步香格里拉城区，逛逛❶**独克宗古城**（见273页），在❷**中心镇公堂**（见274页）欣赏集藏、汉、纳西风格为一体的古朴建筑，在❸**迪庆藏族自治州博物馆**（见274页）了解迪庆藏族历史、藏族文化和藏传佛教。

☀ 去❹**龟山公园**（见274页）跟着人流转一转世界上最大最重的镏金纯铜转经筒，然后登上城西的独克宗古城守护神山，在❺**百鸡寺**（见277页）一览香格里拉全貌。

☾ 晚上可以住在香格里拉最著名的青旅❻**香格里拉背包十年青年公园**，体验藏族传统民居。

> **贴士** 初到香格里拉注意不要剧烈运动，以免高反，并做好防晒。本日景点均可步行到达，且均免费。

第2天

☀ 朝拜有"小布达拉宫"之称的❼**噶丹·松赞林寺**（见274页），游览三大主殿、八大康参，若是赶上藏历正月十五的迎佛节，或者藏历十月二十六日至二十九日的格冬节，可以参与热闹的法会。

☀ 下午可以去藏服妆造店体验传统藏服，非常出片，建议预约。

> **贴士** 噶丹·松赞林寺距城区5公里，可乘3路公交车、打车或自驾前往，到景区停车场后换乘区间车可达。寺庙有免费讲解员，大约每20分钟可以等到一位。

地图

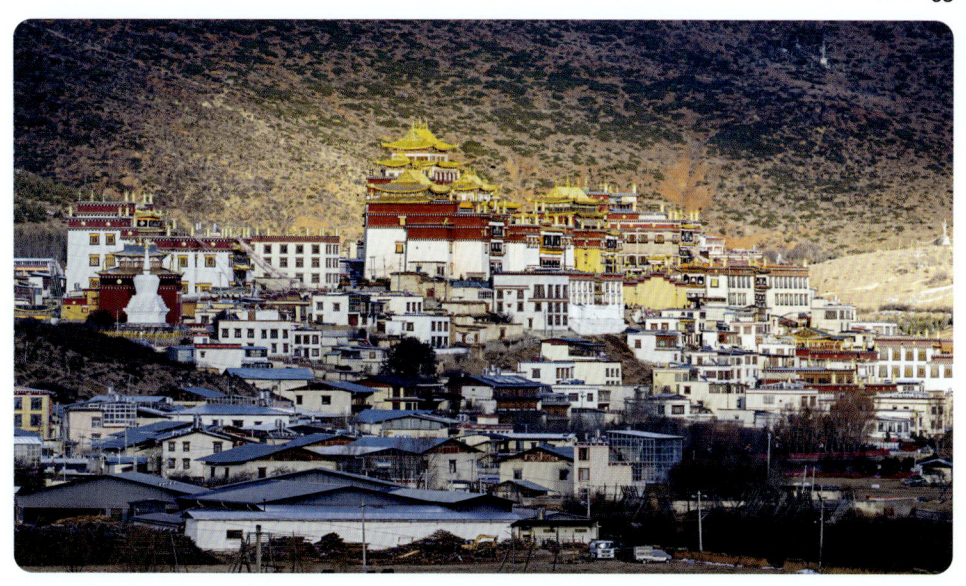

- 飞来寺 ⑪
- 飞来寺观景台 ⑫
- 噶丹·东竹林寺 ⑩
- 巴拉格宗 ⑧
- 茨中村 ⑬
- 巴东村 ⑭
- 尼西 ⑨
- 噶丹·松赞林寺 ⑦
- 百鸡寺 ⑤
- 香格里拉
- 龟山公园 ④
- 迪庆藏族自治州博物馆 ③
- 独克宗古城 ①
- 中心镇公堂 ②
- 香格里拉背包十年青年公园 ⑥

西藏自治区　四川省

澜沧江　金沙江　怒江

6天 深入藏族风情之旅

前两天路线同藏族精华之旅，之后深入香格里拉周边的小众村寨，这里除了民族风情和藏族非遗，还可欣赏沿途或壮观或秀美的风景，藏在峡谷深处信仰天主教的藏族村落更是值得一探。

第3天

☀️ ☼ 前往 ❽ **巴拉格宗**（见272页），乘景区观光车体验沿途52个发夹弯，在主景点回音壁可以远眺高山峡谷风光，香巴拉佛塔令人惊艳。巴拉村是一个新建的"藏式古村"，能找到不错的咖啡馆歇脚。

第4天

☀️ 从香格里拉向北前往 ❾ **尼西**探秘传统非遗。可以先在汤堆村体验尼西黑陶制作，中午去品尝因《舌尖上的中国》出名的尼西土鸡。

☼ 可以去上桥头村体验尼西木碗漆绘，藏康达木制手工艺作坊曾获得联合国教科文组织颁布的"杰出手工艺品徽章"，在这里可以体验上漆过程，并带走自己制成的木碗。

第5天

☀️ 从香格里拉前往德钦的途中，可以参观 ❿ **噶丹·东竹林寺**（见275页）。这座格鲁派寺院是迪庆第二大佛寺，有很多漂亮的酥油花和酥油雕像，游人较少，是体验云南藏区寺院的理想之地。

☼ 到德钦后，可以游览 ⓫ **飞来寺**（见277页），在 ⓬ **飞来寺观景台**（见267页）远眺梅里雪山。

贴士 最方便的交通方式是在香格里拉古城乘坐开往巴拉格宗的大巴，再换乘景区观光车，去香巴拉佛塔需要额外购票。

贴士 尼西一般当天即可游完，推荐住在香格里拉或奔子栏镇。

贴士 若非自驾，前往噶丹·东竹林寺需要从奔子栏镇或德钦包车，前往飞来寺可以乘坐香格里拉客运站的直达班车。

第6天

☀ 前往以信仰天主教闻名的藏族村落 ⑬ **茨中村**（见150页），参观茨中教堂，聆听汉语和藏语结合的弥撒。

☀ 之后可以去与茨中村相邻的 ⑭ **巴东村**，那里保留了数座天主教堂，还有一座法国人投资的酒庄。

贴士 德钦汽车站有开往茨中、巴东方向的班车，也可乘坐开往维西的过路车到茨中桥，下车过桥即是茨中村。

你还可以体验……

如果想体验纳西、摩梭风情，可从迪庆前往邻近的丽江（见50页），开启下一段旅程。

左页图：巴拉格宗
上图：独克宗古城
下图：尼西黑陶

白族
世居地：大理

聚居于苍山脚下、洱海之滨的白族拥有悠久的历史，最早可以追溯到新石器时代，后来经历了南诏国和大理国等地方政权的更迭，在明清时期又受到汉文化的影响，最终形成了独特的白族文化。白族信仰"本主"，意为某一自然村落或某一地区的护卫之神，大理古城及周边村落仍然散落着许多白族本主寺庙。

近几十年来，白族和大理的新移民文化相互交融，使得大理成为"诗与远方"的代名词。从四十年前带着香蕉煎饼前来寻找乐土的西方嬉皮士，到如今来此追求理想生活的新移民，大理一直都用博大的胸怀接纳不同地方的来客。

白族三道茶

三道茶是白族特有的招待宾客的方式，最大的特点是头苦、二甜、三回味。第一道茶为"苦茶"，色如琥珀，闻来焦香扑鼻，滋味苦涩。第二道茶为"甜茶"，放入少许红糖、乳扇、桂皮，香甜可口。第三道茶是"回味茶"，加入适量蜂蜜，令人回味无穷。

本主节

当汉族人在过春节的时候，白族人也忙着欢庆属于自己的春节——本主节。本主崇拜是一种白族独有的宗教敬仰，崇拜对象亦神亦人。本主节又称为本主会，是一年之中最为隆重的迎神社火。本主节举办日期因各村本主不同的身份和生辰而不同。

三月节（街）

三月节（街）是白族盛大的节日，每年农历三月十五至二十日在大理城西的苍山脚下举行。最初它带有宗教活动色彩，后来逐渐变为盛大的物资交流会。明清时期，四川、西藏、江南各省都有商人到此交易。

白族民居

白族民居是白族建筑艺术的一大景观，三坊一照壁是其独有格局，可以组合成"四合五天井""六合同春"等套院，山墙屋角均有水墨山水花卉图景和古典诗词。整体建筑白墙青瓦，典雅大方。

1.白族民居
2.白族三道茶
右页图：苍洱之间

苍山洱

3天
白族精华之旅

可以先用三天时间探索大理古城和苍山，感受古城的闲适和丰富的夜生活，之后可以乘坐索道登顶苍山，一览这里的地质奇观。

第1天

☀ 前往大理地标建筑 ❶ 崇圣寺三塔（见294页），游览大约需要2小时。

☀ 回到大理古城吃顿白族午餐，再去参观大理市博物馆（见300页）、大理非物质文化遗产博物馆（见300页），傍晚去三月街（见298页）逛逛，可以买些特色小吃和有趣的白族纪念品。

☾ 晚上在大理古城的洱月小厨野生菌吃顿丰盛的晚饭，再去囍客厅（见306页）泡泡，体验当地年轻的夜生活文化。

贴士 从大理高铁站可以直接打车（全程约40元）至大理古城，也可乘坐公交8路或三塔专线至大理古城附近。古城内景点较为紧凑，可以步行游览。

第2天

☀ 乘坐索道登顶 ❷ 苍山（见290页）。参观苍山自然中心的标本展，或沿玉带云游路步道欣赏沿途地质奇观。

☀ 回到古城后，可以逛逛大理古城墙（见295页）和大理床单厂艺术区（见299页）。

☾ 晚上在向月球飞去吃顿西餐（见306页），看看大理的新移民带来了什么融合菜式。

贴士 上下苍山有三条索道，中和索道离大理古城最近，但设备较老；通感索道游客最多；洗马潭索道受天气影响较大，秋冬季节如遇大风天气往往关闭运营，请提前联系景区咨询。

第3天

☀ 逛逛大理农村电影历史博物馆（见300页）、天主教堂（见295页）。

☀ 中午去博爱路的一然堂素食馆品尝一顿独特的素食，之后前往洱海（见290页）骑行、漫步，然后结束大理白族精华之旅。

贴士 如果想在大理古城买一些手信，可以选择复兴路的杨记乳扇和赵记梅子。另外也可以前往大理各处的特色市集（三月街、四季街市、南门菜市场等）购买雕梅、野生菌干片、甲马版画、扎染和民族服装等。

石宝山 ⑦
⑥ 沙溪古镇
金沙江
漾
濞
喜洲古镇 ③
④ 双廊古镇
⑤ 南诏风情岛
洱海
崇圣寺三塔 ①
②
苍山
大理
⑧ 凤阳邑茶马古道
⑨ 东莲花村
⑩ 巍山古城

左页图：三月街
上图：苍山和洱海
下图：大理天主教堂

9天
深入白族风情之旅

前三天路线同白族精华之旅，之后沿洱海深入游览，体验白族多彩文化。

上图：俯瞰喜洲古镇
右页图：巍山古城

第4天

☀ 可以选择租一辆自行车或共享电动车，从才村码头出发，沿设施齐全的海西生态廊道骑行前往 ❸ **喜洲古镇**（见292页），沿途的洱海美景会让你大饱眼福，有专门的停车点方便驻足拍照。

☀ 在喜洲古镇的稻田边找一家咖啡厅，悠闲地喝杯咖啡。逛逛古镇的四方街（见299页）、稼穑集喜洲农耕文化艺术馆（见301页）、苍逸图书馆（见296页），不要忘了买个喜州粑粑尝尝。

🌙 晚上可以住在喜洲古镇的喜林苑（见172页），享受宁静安逸的古镇一夜。

第5天

☀☀ 从喜洲古镇前往 ❹ **双廊古镇**（见293页），游览 ❺ **南诏风情岛**（见292页），漫步滨海廊道，在海景咖啡馆对着洱海发发呆。

你还可以体验……

大理和丽江相距仅150公里，如果你还想去丽江体验纳西族的精彩文化，可以多花两天前往大研古城（见219页）。如果你对茶马古道感兴趣，可用两天时间前往藏匿在苍山西北角的诺邓古村（见294页），欣赏村中保存完好的古建筑，顺便品尝诺邓火腿。

贴士 如果行李较多，可以选择打车从大理古城前往喜洲古镇，全程20公里。

贴士 从喜洲古镇至双廊古镇驾车约33公里，打车可能是最实惠的交通方式。如果是独自旅行者，可以询问民宿、青旅或客栈能否帮你寻找拼车的搭子一同前往双廊。

环游沙溪古镇
- 3小时
- 约20公里

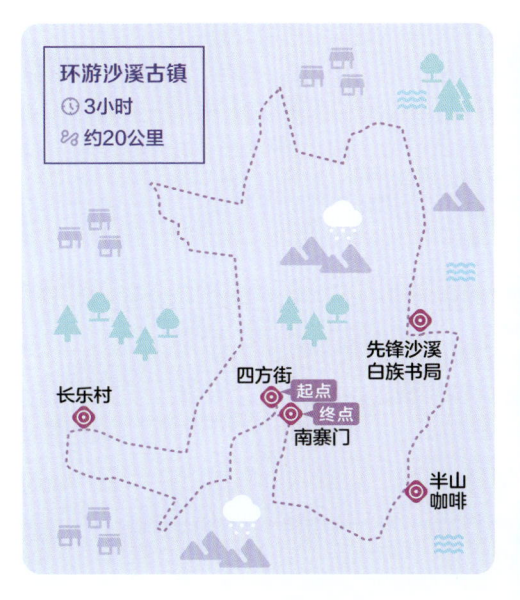

第6天

☀️🌙 从双廊古镇出发，包车或租车前往 ❻ **沙溪古镇**（见293页）。游览先锋沙溪白族书局（见301页）、兴教寺（见297页）、寺登街（见300页）和玉津桥（见297页）。

🌙 晚上住在大猫驿客栈，体验沙溪古镇精致的民宿文化。

第7天

☀️ 从沙溪古镇打车前往 ❼ **石宝山**（见292页），游览石钟山石窟，欣赏石宝山歌会。

☀️ 返回沙溪古镇，可以租自行车环游沙溪坝子（见上图），从**四方街**（见299页）出发，一路在**半山咖啡**、**先锋沙溪白族书局**、**长乐村**、**南寨门**逛逛停停。

第8天

☀️ 从沙溪古镇包车回到大理古城，逛逛 ❽ **凤阳邑茶马古道**（见302页），之后前往才村方向，漫步洱海生态廊道。可以考虑租辆自行车沿生态廊道骑行，欣赏洱海边的美丽风光。

🌙 晚上逛逛大理古城的龙泉巷（见299页），买一些特色手工艺品。

第9天

☀️🌙 前往 ❾ **东莲花村**（见294页）游览，之后来到 ❿ **巍山古城**（见294页），在古城小巷中闲逛。

🌙 晚上住在巍山古城，在清芳餐厅品尝地道云南菜。

贴士 从双廊古镇至沙溪古镇全程约83公里，驾车约需1.5小时。

贴士 石宝山石窟分散在山中，需徒步前往，最好带足饮用水。

贴士 洱海生态廊道全线禁止机动车驶入，你可以租借电动车或自行车游览。

贴士 东莲花村距大理古城28公里，建议打车前往。

生态户外

云南的魅力山川河湖占了一半,东边的云贵高原、西边的横断山脉、南边的热带雨林——光从字面上看就充满野性。得益于造物主的偏爱,这里错落的地貌和景致,成就了一流的户外探险胜地。

  山是云南永远的主题,哈巴雪山、梅里雪山、碧罗雪山、高黎贡山……纵切的横断山脉间,峡谷呼应着雪山,冰川融水成溪流,穿越峡谷,汇入著名的三条大江——金沙江、澜沧江、怒江,一齐奔向更远大的前程。从云端到河谷,那些人迹罕至处仍保持着大自然初始的状态,你可以通过徒步去触摸山的纹理,倾听水的声音。当你闻着青草与松针的清香,走过扎人的荆棘与松软的苔藓,在悬崖边步步惊

上图:玉龙雪山徒步

开启户外活动前,你需要了解

云南的高海拔山区承载了大部分户外运动,无论是徒步、登山还是骑行,与美景并存的,始终有高原反应。它阻碍着你行进的速度,还会让你的脑袋仿佛遭了重锤,即便身体疲惫至极,依然失眠到天亮,其他如胸闷、心慌、乏力、恶心、呕吐等症状也会因人而异地找上门来。

- **应对高反** 一般来说,惯于生活在平原地区的人到达3000米左右,就会出现"高反",因为气压、含氧量发生了变化,以上提到的症状都是身体为适应环境而产生的反应,属于正常现象。抱着既来之则安之的心态,给身体一点时间,通常短则睡一觉、长则一两天,症状自会缓解,如果仍在加重,就需要下撤到海拔较低处。

- **出发前准备** 就算你觉得已经适应了,在高海拔地带运动依然比平地更辛苦,出发前有必要加强体能锻炼和力量训练。

- **装备方面** 速干内衣+保暖抓绒衣+防风防水防刮蹭的冲锋衣是合理的组合;零食选择以高卡路里和能量棒为主;头灯、登山杖、保温杯、护膝、魔术头巾、防晒霜等也都需要准备。

进阶一点的话,轻薄且便宜的户外急救毯在极端恶劣天气下能预防失温,呋塞米片等利尿类药物可以有效抑制水肿。

初上高原,一定要多休息、多喝热水、避免剧烈运动、戒烟戒酒,第一天最好不要洗澡,以免着凉感冒。

如果头痛得厉害,可以吃止痛片,并适当补充葡萄糖。

吸氧会让你瞬间感觉神清气爽,但无助于身体适应海拔。

心,为了登上垭口手脚并用;当你从遮天蔽日的森林走到视野广阔的牧场,当你枕着浩瀚星空入眠,在晨雾的拥抱中醒来,你会发现,靠双脚亲近的自然美景,远远比依靠车轮坐享其成的景观要丰富得多。你还可以尝试登一次雪山,哈巴雪山是攀登5000米级雪山的敲门砖,努努力,你也能站上空气稀薄的山巅,然后明白,过程远比终点更有意义。

户外运动不只是体能拉练,当你一次次向身体的极限发起挑战,也一点点唤醒了因现代高科技而遗忘的生存本能。当然,也不是非要把自己逼到极致才算是体验户外运动,除了相对专业的攀岩、潜水等运动,还有人人都能上手的骑行,同样可以带你采菊东篱下,走进山水相依的淳朴生活。环洱海一圈,想想它曾经承受的生态之殇,再把目光移向陪我们跋山涉水、探索荒野的山民向导,他们看似落后于时代节拍的行为法则,实则正是人与自然的和谐之道。

我们走向山野,也在山野中反思,大自然接纳了我们,我们也应敬畏自然,以"无痕山林"的态度和方式为环境可持续出一份力。

徒 步

没有哪里比横断山脉更适合迈开步子，这里有古老的茶马驿道，有传教士走过的森林小径，也有放牧人走的羊道、马道。前人开辟的山路逐渐为公路所取代，又被今天的徒步者重新拾起，并不断开辟新线路，从入门级到骨灰级，从世界级经典到小众私藏，选择颇丰。

云南徒步路线并不局限于以下所列，在"探索云南"章节中也提到了不少短程路线，本着对自己负责的态度，中高难度的路线一定要请向导，野外徒步经验丰富者可以借助"两步路户外助手"App，提前下载好离线轨迹。

山路被公路取代

又被徒步者重新拾起

4天
雨崩

起点:	西当温泉
终点:	尼农桥
需时:	4天
最高海拔:	3700米
最佳季节:	4—6月，9—11月
难度等级:	★★★☆☆

　　经典的雨崩徒步与梅里转山的"内转经"路线部分重合，1天从西当温泉进，1天从尼农桥出，中间以雨崩村为大本营，各花1天时间去探索冰湖和神瀑，共用4天完成，资深徒步者可以给自己"加餐"，多花1天去神湖。这条路线很成熟，也没有特别陡峭难走的路段，让人受累的主要是高海拔，加上距离比较长，需要一定的体力支撑。如果你走不动，第2天、第3天的行程可以在雨崩村里租马代步。

　　理论上，雨季和冬季都不适合徒步，前者可能遭遇泥石流，后者可能会大雪过膝，不过雨季若逢天气不错，你将行走在五彩的杜鹃花丛中。遗憾的是，随着车辆可以驶入雨崩村，这条徒步路线自带的神圣光环已渐渐褪去。2024年，西当至雨崩村封闭修路，未来进出雨崩是人车分离，还是走在柏油马路上与车辆并肩，或就此告别徒步方式，目前还很难说。

你还可以体验……

　　如果你想虔诚地转山，不妨顺时针绕梅里雪山一圈，也就是"外转"，时间、路程、强度都是雨崩徒步的好几倍，但可以一次性看全金沙江、澜沧江和怒江，部分路段可以靠车轮子串联，但徒步总路程依然达到150公里，至少得走上10天。平常"外转"的藏族人也不多见，每逢羊年，朝圣者就会蜂拥而至，因为梅里雪山属羊，藏族人普遍认为羊年转山功德无量。

第1天

西当温泉—那宗拉垭口—雨崩上村

　　如果你打算效仿转经者，用朝圣的心态对待这次徒步，那么在开始徒步前，先去趟曲登阁（见277页）"取钥匙"，然后打车到❶**西当温泉**，正式进山。前半程一路迂回，缓慢上升，没什么风景可看，4小时左右会走到❷**那宗拉垭口**。从垭口下到❸**雨崩上村**约1.5小时，今晚就投宿于此。

左图：雨崩徒步

第2天

雨崩上村—笑农大本营—冰湖—雨崩下村

今天的目的地是冰湖，从❸**雨崩上村**出发，爬升720米，沿途经过曾经的登山大本营——❹**笑农大本营**。雨崩上村往返❺**冰湖**约需6小时。你可以继续住在上村，但为了方便明天的徒步，我们建议你再多走45分钟，住到❻**雨崩下村**去。

第3天

雨崩下村—神瀑—雨崩下村

从❻**雨崩下村**徒步到❼**神瀑**往返不到5小时，爬升约400米，坡度较缓，强度比前一天去冰湖要小些。接近神瀑时，沿途有很多朝圣者挂起的经幡，切忌踩踏经幡，遇到嘛呢堆要从左边绕行。

第4天

雨崩下村—尼农桥

最后一天全程下坡，一边是峭壁，一边是悬崖下奔腾的雨崩河，有些路段陡而滑，学会使用登山杖会轻松很多。接下来，雪山将在身后渐渐隐去，气候越发干燥，当你看到澜沧江时离终点已不远，可以打电话给司机来接你了。约4小时后抵达❽**尼农桥**。

上图：梅里雪山徒步

梅里雪山还有哪些走法?

雨崩徒步越来越大众化,外转又太费时,是不是感觉差了点意思?资深玩家早已在梅里雪山开辟出了新路线,这些路线都很野,每条都有不一样的走法,意味着你得请向导,沿途基本无补给,需要扎营。除了以下几条相对热门的线路,还有梅里东南坡、南坡小环线、东坡牦牛线和长达250公里的梅里新外转。

梅里北坡 北坡路线近年来在户外圈热度很高,完整的走法是亚贡村—坡均峡谷—次丁垭口(4732米)—坡将营地—滇藏垭口(5188米)—说拉垭口(4800米)—尼玛牧场—梅里水村,需时5天。你将近距离欣赏乃日顶卡、狮子座峰等多座6000米以上的雪山,一路走过森林、草甸、峡谷、流石滩,脚边可能出现龙胆等高山植物。

梅里东坡虫草线 目前公认的最美路线,可同时看到面茨姆峰、卡瓦格博峰、乃日顶卡、五冠峰。完整的虫草线是西当—上雨崩村—南争垭口—虫草平台—崩格顶—南主牧场—明永山脊平台—明永村—明永冰川山脊营地—斯农河谷—斯农村,需要走6—7天,最高海拔4500米,也可以压缩一半,只走到明永村。这条线比较恼人的是会遭遇蚂蟥。

梅里之心 这条路线主要绕面茨姆峰西侧走,可以看到卡瓦格博南坡。从永支村进,途经多克拉营地—多克拉垭口(4474米)—真舒通营地—大黑山垭口(4650米)—翡翠湖营地—神树垭口(4500米)—原始森林营地—尼色拉古垭口(4660米),最后从雨崩出,需时5天,几乎每天都有陡攀、陡降,比北坡和虫草线都难走。

2天

虎跳峡

这是一条世界级的徒步路线，它拥有一流的风光：峡谷深邃，江水咆哮，两岸绝壁如刀劈斧砍。它又是一条大众化的徒步路线，几乎不存在准入门槛，路线成熟，耗时不长，海拔适宜，安全性高，沿途有客栈可以落脚，有土鸡、可乐、啤酒犒劳你疲惫的身体。每一个徒步爱好者都不愿意错过虎跳峡，"老外"尤其中意它——看看沿途那些客栈里的"多国留言簿"就知道了。

第1天从桥头出发，始终走在金沙江西岸，前半段穿行于哈巴雪山的山间与崖壁，后半段下到金沙江边，即中虎跳，快则1天、慢则1天半就可以走完。走到这里你可以选择结束，也可以继续走到下虎跳，有始有终，将峡谷完整贯穿。

起点：桥头镇
终点：中虎跳/核桃园村
需时：1.5—2天
最高海拔：2670米
最佳季节：10月至次年5月
难度等级：★☆☆☆☆

第1天

桥头镇—纳西雅阁客栈—二十八道拐—茶马客栈—本地湾/中途客栈

坐车到丽江与香格里拉中间的❶**桥头镇**，从长胜村高路入口进，先上后下，约2小时后抵达❷**纳西雅阁客栈**。向东经"茶马古道二十四道拐段"文物保护碑后，向上走1小时左右，好戏才正式开始：你将进入全程最费力的❸**二十八道拐**，高度陡然攀升，弯道一个接一个，而且非常晒，爬得人叫苦不迭。争取用1小时征服它，攀上最高点——2670米的"干岩房"，对面是玉龙十三峰，还可以眺望上虎跳景区里的虎跳石。

看完风景后下山，又是1小时脚程，来到❹**茶马客栈**。走过约1公里的水泥路后，再度进入山路，这段路少有爬升，但山体越来越陡峭，脚下的羊肠山路半挂在悬崖边，需贴着山壁小心行走，2小时后走到❺**本地湾**，村口的水泥路可下至低路14公里处。村里的中途客栈拥有建在悬崖上的"天下第一厕"和景观无敌的"爽死你"大露台，可投宿于此。愿意奢侈一把的话就向下走到秘境·半山酒店，集装箱式的外观、轻奢风的内置，是目前峡谷里条件最好的住宿处。

第2天

中途客栈—Tina's客栈—中虎跳—下虎跳—核桃园村

绕过"一线天"，穿过2座瀑布，经一小段上坡，再下坡，出现岔路时注意寻找"Tina's"标志，一直下到低路20公里处的❻**Tina's客栈**，约需2小时。

去往江边的❼**中虎跳**有3条路可选，都需要支付一定的"过路费"：张老师客栈的"张老师小路"距离最长；168级呈45°的"勇者梯"，上比下容易；"天梯"距离最短，但阶梯几乎直上直下。

欣赏完中虎跳的风景后，再换条路回到低路，大多数人会在这里结束行程。如果还想继续，从"一线天"出来后，看到"听涛雅阁"的标志，沿右手边的小路走，约2小时后走到❽**下虎跳**。下虎跳有明显的路径上行到公路上的❾**核桃园村**。

贴士 最好避开6月至9月的雨季，崖边小路湿滑危险，还可能遭遇塌方、泥石流等。如果你想进一步缩短路线，起点可设在茶马客栈、中途客栈、张老师客栈、Tina's客栈中的任一处。

左图：虎跳峡景区栈道

你还可以体验……

将虎跳峡和太子关连线是目前流行的走法，在中虎跳或下虎跳结束徒步后，需要包车去大具乡或下一程的徒步起点上柳青村投宿一晚。次日的路线经90米洞、太子关、60米洞、老虎嘴，抵达宝山石头城，约12公里，一天能走完。

3天
碧罗雪山

相对于雨崩、虎跳峡，翻越碧罗雪山的徒步路线要低调得多，每年来此徒步的人不过寥寥，但你可别低估它，百年前，洛克就走过这条路，法国传教士们也走过，他们当年深入碧罗雪山传播福音，所走的放牧道、狩猎道被称为"传教士之路"，就是这条路。

花三四天翻越碧罗雪山，从迪庆切换到怒江（或反向操作），从澜沧江峡谷到迪麻洛峡谷，你行走在森林幽谷、高山草甸、峡谷溪流间，沿途有漂亮的棕尾虹雉等美丽精灵为你缓解疲劳，春天一路山花相伴，每天徒步结束，还有机会喝一杯本地自酿的葡萄酒，那是一百多年前法国人留下的酿酒工艺，与这条路线一样意义非凡。

起点：茨中村
终点：迪麻洛村
需时：3天
最高海拔：4300米
最佳季节：8—11月
难度等级：★★★☆☆

第1天
茨中村—日夏通牧场

起点海拔仅1900米，终点已在3300米之上，头一天就是高强度的连续攀升，整体爬升超过1400米，徒步能人5小时就能走完，不常走高原、体能又差的人可能要花8小时。从 ❶ **茨中村** 出发后，溯峡谷溪流而上，约2小时后进入原始森林，留意沿途经过的一棵大树，树中有神龛，供奉着耶稣，丛林中还有木刻十字架。今晚住在 ❷ **日夏通牧场**，可选择露营或睡木屋。

第2天
日夏通牧场—杜瓦扎楚牧场—色拉腊卡垭口—色洼隆巴牧场

这一天有上有下，行走距离与前一天相当。早上出发后，经过 ❸ **杜瓦扎楚牧场**，这里有一座昔日传教士住过的石头房子。接下来在森林中持续向上，攀上海拔4300米的 ❹ **色拉腊卡垭口**，这里可以眺望到碧罗雪山之巅，周围群山绵延不绝。不要在垭口兴奋狂呼，你的释放说不定会换来老天爷赏赐的一场大雨。之后下到3200米的 ❺ **色洼隆巴牧场**，同样是露营、木屋二选一。

你还可以体验……

从澜沧江边的峡谷出发，翻越碧罗雪山去怒江的传统路线有2条，除了这条从茨中到迪麻洛的，还有一条从永支村到迪麻洛，只不过后者如今已为德贡公路所取代，而这条线上最精彩的孔雀山垭口又被孔雀山隧道绕开了。不过，你依然可以体验其中的一段，从阿鲁腊卡北边的新科牧场出发，翻越3900米的孔雀山垭口，可找迪麻洛村的阿洛（联系方式见右页）带队。

上图：碧罗雪山

第3天

色洼隆巴牧场—色拉贡垭口—白汉洛—迪麻洛村

依然是漫长的一天，先努力攀爬4小时，翻上3900米的 ❻ **色拉贡垭口**，站在垭口上看，碧罗雪山和高黎贡山分别在你左右两侧。然后一路向下，抵达迪麻洛峡谷里最高的村庄 ❼ **白汉洛**，再一鼓作气下到 ❽ **迪麻洛村**，就可以找车出山了。

贴士 向导是必须的！这条路线没有清晰路径，多数时候没有信号，如果从茨中出发，可找村里的张红星（联系方式：13523158069）做向导，如果从迪麻洛出发，就找阿洛（联系方式：13988672792）做向导。雨季路上可能会有蚂蟥，务必扎紧领口、袖口、裤脚，如被蚂蟥叮咬，可用盐或烟烫，不要强行拉扯，否则吸盘会紧附在皮肤上造成感染。

传教士之路

大约从19世纪中叶开始，法国传教士在横断山脉的边缘进行传教活动，他们在阿墩子（德钦）和打箭炉（四川康定）建教堂、发展教民，随后开始翻越碧罗雪山开辟新教区，从澜沧江边的茨中村到怒江北部的迪麻洛峡谷，十字架出现在了每个村子里。

自古以来，任何一种宗教试图开辟新战场，都不可能顺风顺水，尤其在闭塞的山区，它无疑会侵犯到本地传统宗教信徒的利益，而招致当地人的不满，进而引发冲突。1895年，察瓦龙的僧侣和当地群众联合起来，赶走了两位传教士。次年，又一位传教士任安守进入碧罗雪山，他在白汉洛、茶腊村一带修建了数座教堂。1905年，碧罗雪山两侧频频爆发"教案"，最著名的就是白汉洛教案和维西教案，佛教徒烧毁教堂、打伤打死教士，清政府赔款给洋教士，洋教士不挠继续重修教堂、开辟新教区，最终令天主教教堂在碧罗雪山深处遍地开花。如今当你在碧罗雪山里重走昔日的"传教士之路"，会发现藏传佛教的白塔与天主教的十字架和谐为邻。

走不过瘾？
还有这些路线

灌木丛林　黄草岭
怒江　黑海湖
原始森林　碧罗雪山
杜鹃　鸢尾　高山牧场

阿布吉措

- 最高海拔：约4200米
- 天数：1—3天
- 距离：约28公里

新晋网红阿布吉措除了商业化十足的旧线，还有多条徒步路线。新线难度不大，全程缓坡上下，约28公里，视体力可以一天往返或露营一晚。这条线可以坐摩托车、越野车上下，所以你会吸足尾气，非常恼人，但体力不支时这种方式可以帮到你。新旧结合线取两线精华，约18公里，可以一天上下，新线部分主要都在爬升，抵达湖边后，换旧线下坡。新旧结合线穿越难度大些，要翻越4个垭口，穿过5个牧场，约46公里，分3天走完，途中需要露营。这几种走法的起点都在洗脸盆垭口，香格里拉至白水台的班车途经起点。

九湖一山

- 最高海拔：约4500米
- 天数：2—4天
- 距离：约27公里

起点在维西巴迪乡洛通社村，村背后的农布格切神山周围有9座高原湖泊，走的是一天环线，全长27公里，一路穿越原始森林、高山牧场、灌木丛林，还可眺望梅里雪山全景。村里统一收取进山费并配备向导，具体路线是药材基地—第一牧场—第二牧场—1—3号湖—农布格切垭口—4—9号湖—第一牧场—洛通社，视你想看几个湖，用时2—4天不等。

哈巴雪山

- 最高海拔：约4100米
- 天数：1—3天
- 距离：约16—38公里

哈巴雪山下最流行的徒步路线是去黑海湖，路线为德拉牧场—羊房牧场—兰花坪—黑海湖，若原路返回约10小时，速度快的话一天能往返，你也可以经哈巴大本营回哈巴村，走一条环线，需要2天，既然都到大本营了，不妨考虑冲顶，打卡人生中第一座雪山。另一条徒步路线是去双湖，第一天从哈巴洛客栈进山，沿哈巴雪山西坡到双湖扎营，第二天翻2个垭口到黑海湖营地，第三天反走黑海湖路线到哈巴村。

迪麻洛至雾里

- 最高海拔：约4100米
- 天数：3天
- 距离：约45公里

　　碧罗雪山的又一条徒步路线，你需要向导，也要露营。第一天从迪麻洛北边的新科牧场出发，走到3300米的戈玛多仁牧场；第二天翻越4100米的垭口，抵达3500米的犹他牧场；第三天再翻一个垭口，下到3000米的西扎牧场；最后一天走出山谷，回到怒江边。

阿纳果

- 最高海拔：约3600米
- 天数：1天
- 距离：约15公里

　　鲜有人知道石鼓镇附近的阿纳果，这条徒步路线沿着金沙江的支流小溪前行，春看杜鹃、秋赏鸢尾。早上从丽江驱车前往阿纳果接待站，签好承诺书后，由向导带你进山，来回15公里，爬升800米，太阳下山时你已经回到丽江了。

元阳梯田

- 最高海拔：约2000米
- 天数：1天
- 距离：约15公里

　　从黄草岭出发，经岩子脚—小寨村—平安村—猴子寨—多依树村到阿者科，这条乡间小路不只能让你观赏梯田，还将深入梯田，不必攀高，路也好走，顶多就是深入田间，一个白天就够了。

哈巴雪山

骑 行

洱海、泸沽湖、抚仙湖都有路况不错的环湖公路，很适合骑行环湖。环抚仙湖难度最低，环洱海骑行最经典，每年还有环湖赛。泸沽湖虽然面积最小，一天就能骑完，但海拔高，前半程山路起伏很大，比较辛苦。另外，骑行串联丽江坝子上的景点也是很受欢迎的方式，沿途风景很美，但坡陡路窄，要注意安全，出发前要检查刹车等装置。

清风徐来
水波不兴

2天 环洱海骑行

环洱海公路全长约120公里，公路很平整，用2天顺时针环湖一圈，从西边的田园诗意，到北岸的湿地风光，再到东岸居高临下赏湖，你将充分领略洱海的魅力。图轻松还可以租电瓶车环湖，沿途村庄能找到充电站，不用担心电量耗尽，但还是要选续航力持久的电瓶车。

右页上图：洱海骑行
右页下图：洱海旁的村庄

第1天
大理古城—才村码头—喜洲—周城蝴蝶泉—桃源码头—沙坪村—罗时江生态湿地—北海观音阁—双廊

出 ❶ **大理古城** 向东骑到 ❷ **才村码头**，正式开启环洱湖骑行。沿环海西路向北，公路两边尽是田园风光，骑到深江村路口往西就是 ❸ **喜洲**，继续往北可去欣赏 ❹ **周城蝴蝶泉** 和著名的白族扎染。环海西路在 ❺ **桃源码头** 结束，接下来并入大丽路，快到 ❻ **沙坪村** 前，可停车看看南诏国留下的龙首关遗址。

过了沙坪村后有个三岔路口，往北不远是 ❼ **罗时江生态湿地**。回到环海东路，贴着洱海北岸骑行，一路都是湿地风光，你会路过 ❽ **北海观音阁**，寺内有一棵长在岩石上的大榕树。最后转入洱海东岸，在 ❾ **双廊** 结束今天的骑行。

第2天
双廊—鹿鹅山—挖色—海东—下关—三圣岛—龙龛村—大理古城

今天的前半程骑行有不少上坡路，比较耗费体力，但始终紧贴洱海，景色不错。从 ❾ **双廊** 往南，翻过 ❿ **鹿鹅山**，就是 ⓫ **挖色** 了。直到海东前都是悬崖公路，从高处近看洱海、远眺对面的苍山，视野极佳。过了 ⓬ **海东** 后景色趋于平淡，车流量也变大，一路骑到洱海南岸，穿过 ⓭ **下关**，回到环海西路上，经过 ⓮ **三圣岛**、⓯ **龙龛村** 后，返回 ❶ **大理古城**。

85

北海观音阁
罗时江
生态湿地 7 8
沙坪村 6
周城蝴蝶泉 4 5 桃源码头 9 双廊
喜洲 3
洱 10 鹿鹅山
11 挖色
海
才村码头
龙龛村
起点/终点 1 2 15 12 海东
大理 14 三圣岛
古城
N 11 km
13 下关

登顶

登山

　　哈巴雪山主峰海拔5396米，是云南省内的第四高峰，也是云南唯一一开放攀登的雪山，它在1995年由哈巴村的村民首登成功，一直是国内登山新手的试炼场。

　　哈巴雪山的攀登难度不大，山脚下的哈巴村海拔2700米，大本营海拔4100米，有木屋可住，不用扎营，不用负重，雪崩风险几乎没有，也因此，哈巴雪山特别适合成为你人生中征服的第一座雪山。最佳攀登时间是3月至6月和9月至12月，在天气稳定的情况下，登顶率接近80%，七八月会封山。第一天在哈巴村住下；第二天从哈巴村徒步到登山大本营，适应海拔；第三天凌晨3点开始冲顶，6点前能到达雪线，8点左右登顶，中午之前就能下撤到大本营，当日返回哈巴村。

　　尽管如此，这依然是一趟相当辛苦的爬山行程，不要轻信网传的"有腿就能上"，你需要克服高原反应，提前训练体能，掌握一定的登山知识，冰爪、冰镐等登山设备也会使用到。有几点需要注意：选择有资质的登山俱乐部，不要贪便宜，一个好的向导非常重要；如遇极端恶劣天气，不要硬闯，利用"Mountain-Forecast"App掌握山上的天气和风速；上山时合理分配体力，下山切忌"屁降"。

上图：登上哈巴雪山
右页图：黎明攀岩

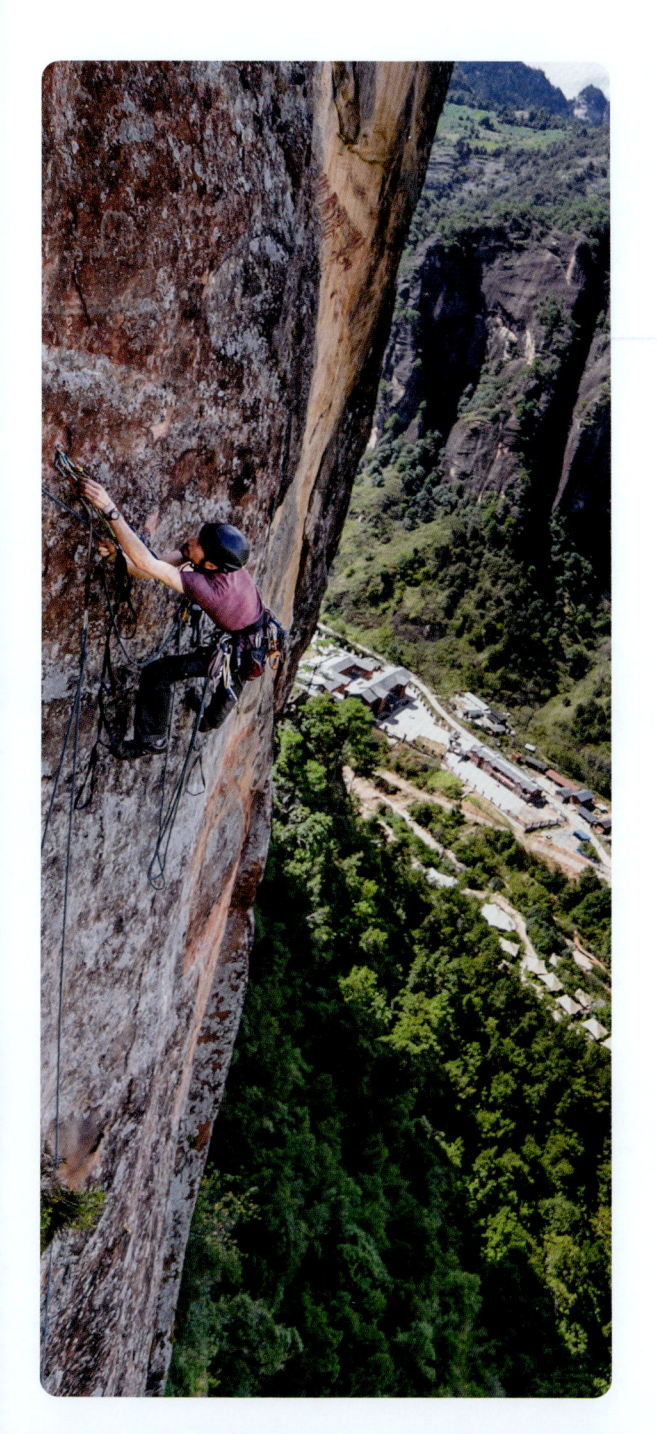

攀 岩

攀岩是近十几年来在云南兴起的运动，攀岩场集中在丽江，黎明丹霞是国内一流的传统攀岩场，每年还会举办传统的攀岩节，石鼓岩场则适合运动攀岩。

黎明

这里的红色砂岩壁以及岩壁上天然的岩窝、裂缝，与美国传统攀岩圣地Indian Creek非常相似，所以传统攀岩是这里的主流。传统攀岩不同于运动攀岩，是在不破坏岩壁的基础上攀爬，也就是说岩壁上没有提前打好的固定挂片，需要边攀边设置保护点——说白了就是扒着裂缝往上爬。传统攀岩的危险性更大，对攀登者的综合能力要求更高，使用的装备也不太一样，例如传统攀会手脚发胀，需要专门的手套，快挂一般使用长扁带快挂。

自2010年起，以美国人Michael Dobie为首的攀岩爱好者们，在黎明周边的岩壁开发了300多条线路，难度级别从5.5—5.13不等，也有需要传统攀岩与运动攀岩相结合的路线。经验丰富的攀岩老手，可以去黎明乡的千里之外客栈买本Michael Dobie撰写的《黎明攀岩指南》路书，自行去崖壁上探索，新手最好还是在黎明找个攀岩向导。

石鼓

相对于黎明的传统攀岩，石鼓镇的石灰岩壁是开展运动攀岩的好地方，更适合入门级攀岩爱好者练习。除了6—9月的雨季，其他时候都比较适合攀爬。岩场位于大麦地村，为收费岩场（120元/天）。

漂 流

山水并行的横断山区造就了中国最好的白水资源，怒江在360公里间有约200个白滩，澜沧江段在德钦县的百公里内，密集分布着3—6级难度的"白水"，金沙江虎跳峡段是1986年首漂长江时的最难点。只可惜，如今对游客开放的漂流江段，多是水流平缓的休闲漂，你甚至没什么机会湿身。

南腊河野趣漂流

南腊河是澜沧江的一条支流，这里开发了一段全年可漂的密林漂流河段，全长6公里，兼具野趣与刺激。玩法也很多，除了轮胎漂流、皮划艇漂流，位于勐腊县曼龙勒村的大本营内还有滑索跳水、水上跳床等娱乐设施。

普者黑漂流

丘北官寨乡有不少漂流基地，包括最热门的青龙湾瀑布群极限漂流。这些河段的落差多为人造的，俯冲下去有点刺激，但还不至于刺激到肾上腺素飙升，打水仗是在平缓河道的保留节目。

上图：虎跳峡激流

潜 水

云南虽然不挨着海，但抚仙湖就能体验fun dive（需获得OW级别以上潜水证书的潜水）。6—10月水温比较合适，冬季水温太低。

抚仙湖的水下能见度比海水差，因是淡水，又比海水浮力小，加上海拔高，很适合练潜水技术，如果你在抚仙湖水下已游刃有余，到了海里就会更加如鱼得水。抚仙湖周围有一些潜水机构，例如博怡潜水。你可以学习水肺潜水、自由潜，考OW和AOW潜水证，由于高原水温偏低，可同步学习干衣潜水。抚仙湖周边有十来个潜点，包括禄充、立昌、樱花谷、孤山等，立昌潜点有一处断崖，很适合自由潜。

马拉松

云南的马拉松赛事也很丰富，除了昆明、楚雄等城市马拉松赛，还有一些赛事举办地本身就是风光胜地，例如抚仙湖半程马拉松、泸沽湖女子半程马拉松（微信公众号：火热集团）、澜沧江—湄公河合作大理马拉松（活动官网：lmcdm.saihuitong.com）等。可以通过"数字心动""马拉马拉"等微信小程序关注马拉松赛事和报名信息。

左图：抚仙湖水下古城遗迹
右图：昆明马拉松

神奇动植物在哪里

这片高原，为动植物提供生息的家园，也是你探寻神秘动物在哪里的天然乐园。

　　3000万年前的一场喜马拉雅造山运动，诞生了今天的世界屋脊，东南面同时形成了南北纵列的横断山纵谷，云南就位于世界屋脊与纵谷之间，东面是平均海拔2000米的云贵高原，西边有云岭、怒山、高黎贡山纵贯南北，金沙江、澜沧江、怒江、独龙江奔流出谷，带来了下游开阔的河谷盆地和广袤的平原。

北回归线横穿云南，为其带来四季如春、降水丰沛的气候。从海拔6740米的卡瓦格博雪峰，到奔腾向南的怒江大峡谷，从鲜花盛开的高黎贡山，到植被葱郁的热带雨林，这片高原大地，亘古以来就是生物多样性的天然宝库。

云南总面积39.4万平方公里，在全国各省中面积不算很大，但境内各类群生物物种数却接近或超过全国的一半。据相关统计数据显示，云南现记录有11个生物类群、25,426个物种，其中，国家重点保护野生植物151种、国家重点保护野生动物242种，亚洲象、印支虎、滇金丝猴、蜂猴、长臂猿等都是全国珍稀动物。云南因此也有了"植物王国""动物王国"和"世界花园"等诸多美誉。

每年11月到次年2月，红嘴鸥会从遥远的西伯利亚飞来，在这片温暖的高原度过漫长的冬季。春天到来，高黎贡山的密林之中，独有的大树杜鹃漫山遍野怒放，樱花、山茶、丁香、报春花和金莲花相继盛开，将云南大地点缀成五彩花海。而在南方的西双版纳热带雨林中，亚洲象自由穿行，望天树野蛮生长，还有无数奇花异草、鸟兽鱼虫不为人知。神奇动植物在哪里？这一切，都将在我们的寻访之旅中找到答案。

上图：西双版纳的亚洲象
右图：滇金丝猴

海鸥海鸥
我们的朋友

红嘴鸥

主要栖息地：滇池、翠湖、抚仙湖、洱海

有确切记载表明，第一批从西伯利亚飞来的红嘴鸥到达云南昆明的时间，应当是在1985年11月12日，它们在滇池、翠湖等水域越冬，又于1986年3月陆续离开。从那以后，每年11月，红嘴鸥便如精灵般翩跹而至，与昆明人友好相处。为此，当地政府还授予它们"昆明荣誉市民"的头衔。到2023年冬季，飞临昆明的红嘴鸥已经增加到4万多只。

刚刚来到昆明的红嘴鸥全身披着洁白的羽毛，两翼灰色，眼后有黑色的斑点，喙及脚为红色，它们也因此而得名。细心者会发现，春节过后，红嘴鸥就开启了"换装"模式，头部的羽毛慢慢变黑，看上去就像披上了黑色的头纱，腿和脚趾也会由此前的红色变成深红色。这表明红嘴鸥逐渐成熟，即将回到家乡繁殖后代。

红嘴鸥迁徙之路

云南大学生态与环境学院以及昆明鸟类协会专家对红嘴鸥长达6000公里的漫长迁徙进行了数年的追踪研究。他们在92只红嘴鸥身上安装了形似微型小背包的北斗卫星追踪器，仪器由太阳能供电，能够定时回传红嘴鸥所在的环境温度、飞行速度和位置信息。

专家分析出红嘴鸥南北往返的三条迁徙路线。从昆明出发后，沿东线迁徙的红嘴鸥中途会在黄河中下游以及呼伦湖附近休息，然后到达俄罗斯西伯利亚地区的贝加尔湖栖息繁殖；西线的终点是在新疆的博斯腾湖附近；中线的终点大致是蒙古国的乌布苏湖。

爱鸥护鸥有法可依

针对一些不文明的观鸥行为，云南出台了保护红嘴鸥的地方性法规。2023年11月，《昆明市文明观赏红嘴鸥规定》正式实行，明确倡导人们在观赏红嘴鸥时保持适当距离，文明拍摄，避免直接接触；投喂红嘴鸥时，应当在陆地区域投喂符合标准的鸥粮。

上图：红嘴鸥
右页图：滇池附近的红嘴鸥

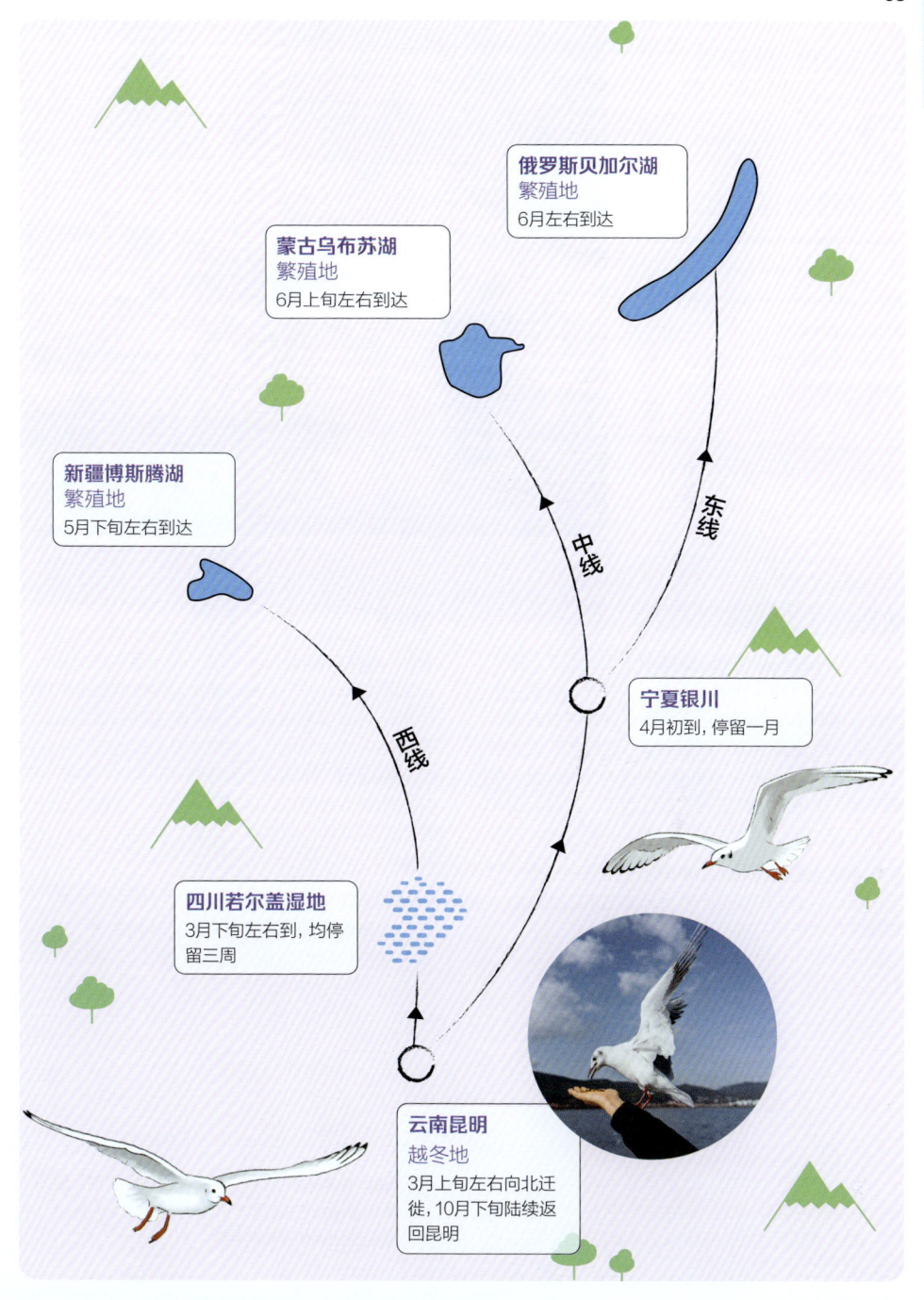

俄罗斯贝加尔湖
繁殖地
6月左右到达

蒙古乌布苏湖
繁殖地
6月上旬左右到达

新疆博斯腾湖
繁殖地
5月下旬左右到达

东线

中线

西线

宁夏银川
4月初到,停留一月

四川若尔盖湿地
3月下旬左右到,均停留三周

云南昆明
越冬地
3月上旬左右向北迁徙,10月下旬陆续返回昆明

2天
红嘴鸥观鸟之旅

红嘴鸥的主要越冬地就在昆明滇池及翠湖，这条观鸟线路不但能追逐红嘴鸥的身影，还能尽享昆明这座春城的美景美食，尤其适合家庭出游。

第1天

☀ ☼ 不妨花一天时间沿 ❶ **翠湖**（见185页）来一次City Walk。翠湖西畔坐落着云南陆军讲武堂，南侧是云南解放纪念馆，东岸有不少环境清幽的咖啡馆，向北则是有中国"最美大学"之称的云南大学（见191页）。翠湖公园里南北纵贯湖面的阮堤上是燕子桥，这是观赏红嘴鸥的最佳地点，可以近距离看到在空中翻飞的红嘴鸥。

🌙 在翠湖边的茴香熙楼（翠湖店）占个湖景位，品尝一顿地道的云南菜肴，再去云南艺术剧院欣赏一场原生态歌舞《云南映象》吧。

第2天

☀ ☼ 前往 ❷ **滇池**（见185页）寻觅更多红嘴鸥吧。总面积约330平方公里的滇池如今植被覆盖率超过80%，为红嘴鸥提供了足够的栖息地和食物。滇池东岸的海埂大坝是红嘴鸥聚集最多的地方之一，对面又有西山"睡美人"为背景，非常适合拍照。沿环湖路绕滇池而行，草海湿地公园、捞渔河湿地公园、海洪湿地公园等都可以看到红嘴鸥觅食嬉戏的身影。

🌙 想吃到正宗的过桥米线，上坐过桥米线是不二之选。如果喜欢热闹，饭后不妨去斗南花市（见187页）看看人头攒动的鲜花交易场景。

贴士 红嘴鸥的越冬时间为11月至次年3月，其他时段来翠湖很难见到它们的身影。另外，不要用含油、含糖量高的面包、蛋糕等喂食红嘴鸥。

贴士 冬季来滇池观鸟，可以乘坐海埂大坝片区的免费观鸥专线。周末和节假日昆明也会开通两条公交地铁免费观鸥专线。

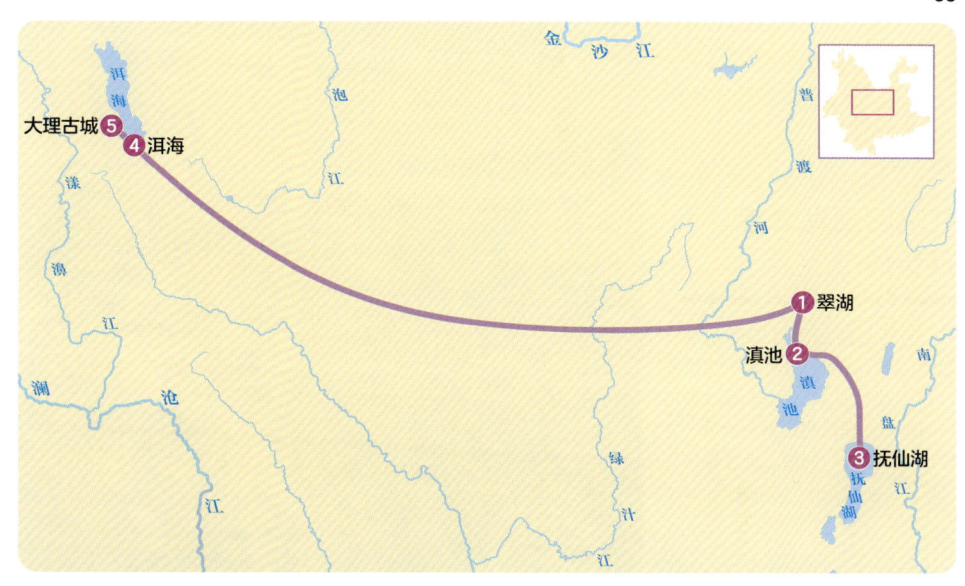

① 翠湖
② 滇池
③ 抚仙湖
④ 洱海
⑤ 大理古城

左页图：翠湖公园
左图：云南陆军讲武堂
右图：昆明滇池越冬的红嘴鸥

4天
红嘴鸥观鸟之旅延长线

前两天路线同红嘴鸥观鸟之旅，除了昆明，红嘴鸥也会出现在玉溪抚仙湖、大理洱海等广阔水域。在昆明逗留两天后，你也可以向南、向西，继续观鸟之旅。

上图：洱海
右页上图：抚仙湖粉红沙滩
右页下图："社交距离"观鸟

第3天

☀ ☾ 离开昆明，向南前往60公里外的 ❸ **抚仙湖**（见189页），这片湖水也是红嘴鸥在云南的越冬目的地。抚仙湖的冬天并不寒冷，在广龙抚海湾湿地公园的湖畔长廊上、湾子沟开阔的石滩上、粉红沙滩水边，都能与红嘴鸥近距离相遇。

🟣 晚餐可以品尝当地特色的铜锅鱼与洋芋焖饭，在孤岛找家带露台的民宿，静静欣赏夜色中的抚仙湖景。

第4天

☀ ☾ 继续向西去大理，在 ❹ **洱海**（见290页）边与红嘴鸥来一场浪漫邂逅。在磻溪S湾、兴盛大桥、挖色码头等地，能看到一群群红嘴鸥或在半空中迎风飞翔，或在水面上嬉戏打闹。逛累了，就在东岸找家湖景咖啡馆，坐下来好好欣赏风景吧。

🟣 回到 ❺ **大理古城**，在金鸡饭店吃顿丰盛的晚饭，再去洋人街找家小酒馆，像当地人那样喝喝小酒，度过一个悠闲的夜晚。

你还可以体验……

从大理出发，你还可以向北前往剑川古城（见293页）和香格里拉，欣赏高山杜鹃的盛况；或者向南去昆明，沿途寻觅杜鹃花海的缤纷。

贴士 抚仙湖沿湖景点较多，建议自驾环湖。

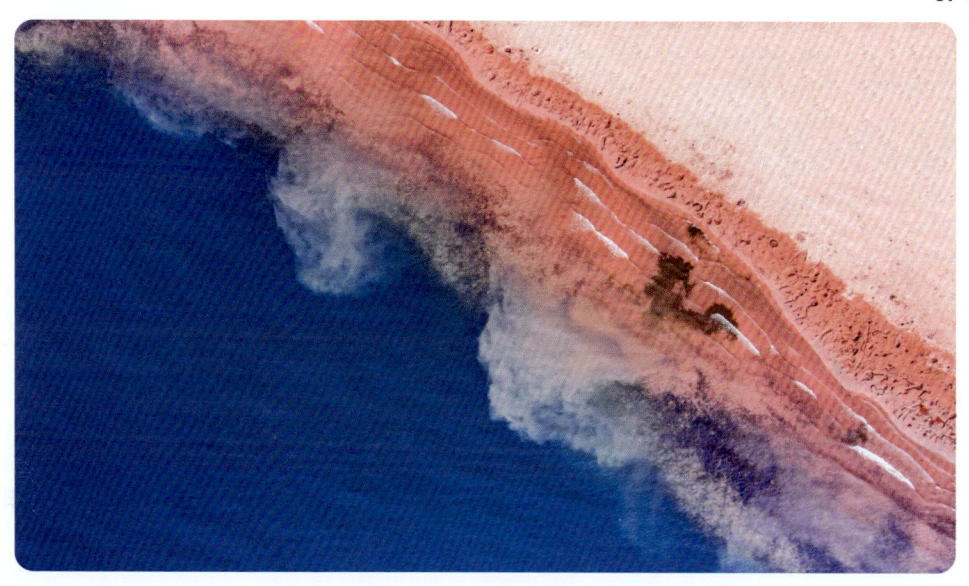

观鸟拍鸟TIPS

云南观鸟拍鸟的最佳季节 每年的11月至次年3月,大批候鸟飞临此地越冬,除了红嘴鸥和黑颈鹤,也包括棕头鸥、绿头鸭、赤麻鸭、白骨顶、赤膀鸭等,对观鸟拍摄爱好者来说是不可多得的机会。

带上合适的观鸟装备 高清高倍率望远镜必不可少,长焦镜头至少400毫米。不要嫌弃三脚架笨重,它能帮你支撑起高倍率大口径望远镜和沉重的相机,更持久地观察鸟类。

换上合适的服装 鸟儿羽毛绚丽,但你的衣服不要太过鲜艳,拒绝红、黄、白等颜色的衣服,尽量穿与自然颜色接近(绿、灰、迷彩色)的衣服。

拍鸟时不要使用无人机 避免惊扰鸟类。

观鸟时请保持适当距离 不要进入鸟类繁殖区域,不要干扰它们的正常活动。同时请保持安静,动作轻缓。

出发前了解天气情况 带足食物与饮料。离开时带走所有垃圾,不破坏一草一木。

高山之巅
杜鹃花的故乡

高山杜鹃

主要生长地：滇西北，高黎贡山

杜鹃花是享誉全球的观赏花卉，位列世界三大野生高山花卉之首，因具有花型美丽、色彩丰富和花期较长等特点，一直以来备受园艺学家的青睐。中国是杜鹃花属的起源与分化中心，而云南所处的喜马拉雅—横断山地区是世界上杜鹃花种类最多的地域。全球有杜鹃花1140余种（包括亚种和变种），中国有571种（其中409种为特有种），占全球的50%，而云南就有320种（包括亚种和变种），是名副其实的世界杜鹃花资源宝库。

云南处处可赏花

云南杜鹃主要生长在滇西高山地区，尤其是海拔2400—4000米的高山冷湿地带。花期从2月持续到6月，绵延数里的杜鹃花海随处可见。

> 五六月间山野红棕杜鹃、亮叶杜鹃盛开，花香遍野。

🌸 **尼汝**
🌸 **迪庆香格里拉洗脸盆垭口**

> 有不少特有的杜鹃品种，包括苍山杜鹃、大理杜鹃、阔叶杜鹃等，随时间推移，一层层向山上渲染。

> 大树杜鹃2月开始绽放，近200种杜鹃花扎根于此，陆续盛开。

🌸 **高黎贡山**

🌸 **大理苍山**

🌸 **楚雄牟定**

🌸 **保山昌宁天堂山**

> 凸尖杜鹃是杜鹃花中的巨叶型选手，5月枝头就绽放出一簇簇浅黄色的花朵。

> 马缨杜鹃被彝族尊为圣物，每逢3月就漫山遍野开放。

"世界之王"大树杜鹃

这是全世界杜鹃花属中最高大、最古老的常绿乔木,拥有"世界杜鹃之王"的美誉。而它被世人所知,仅有百年历史。英国植物猎人乔治·弗瑞斯特(George Forrest)在1919年从高黎贡山一棵大树杜鹃树干上锯下的圆盘标本和腊叶标本,现在仍被陈列在大英博物馆里。

生长在高黎贡山深处的大树杜鹃,最高可达20—25米,直径可达3.3米,每到二三月开花时节,高大的树冠间开满一团团的蔷薇紫花朵,美不胜收。1982年,植物学家在这里发现了40多棵大树杜鹃组成的群落,其中最大的一棵树龄超过630岁,是当今世界上最大的一棵大树杜鹃,被誉为"大树杜鹃王"。

左页图:高山杜鹃
上图:苍山的杜鹃

2天
杜鹃花精华之旅

神奇壮美的高黎贡山，是杜鹃花科植物主产区之一，有230多种杜鹃花。每到春季，杜鹃花竞相盛开，正适合来一场高山深处的寻花之旅，并拜访大树杜鹃王。

第1天

☀️ ☀️ 高黎贡山范围很大，保山 ❶ **百花岭**（见315页）是最容易亲近高黎贡山自然保护区的地方。从百花岭村出发，徒步前往 ❷ **澡塘河温泉**，经过旱龙寨保护站高黎贡山宣教中心（生物多样性博物馆）（见316页）时，可以进去了解一下高黎贡山区动植物现状。沿途都是穿行于高山密林之间，野生杜鹃花丛随处可见。

🌙 回到百花岭村，找家农家乐品尝当地土菜，住进灵芝家民宿的星空套房，仰头便能看到夜幕中闪亮的银河。

第2天

☀️ ☀️ 前往高黎贡山的另一面，到访腾冲 ❸ **界头镇**。这个腾冲最北处的乡镇是真正属于高黎贡山的地方，生长着古老的大树杜鹃。从大塘村大河头护林点进入森林，徒步约5公里来到 ❹ **大树杜鹃王**（见317页）前。这株大树杜鹃王高达28米，据测算已有630多年树龄。

🌙 回到 ❺ **腾冲**，去文星楼前的福萍小吃店尝尝花样繁多的腾冲小吃，再前往北海乡玛御谷温泉小镇的悦椿温泉村，在星空下泡泡露天温泉，洗去徒步山间的疲惫。

贴士 进入高黎贡山之前，可提前在高黎贡山保山管理局（咨询0886-2196539）办理入山许可证明，也可在百花岭由民宿主人带领前往百花岭分局办理。

贴士 进山后切记不可留下任何垃圾，不可违规用火。山中没有补给，记得带足食物和水。

左页图：百花岭的黑短脚鹎
上图：百花岭村当地土菜
下图：高黎贡山的红尾笑鸫

5天
深入欣赏杜鹃花

滇西北是杜鹃花分布最多的地区,从昆明出发,一路向西向北,沿途都能欣赏到不同品种、不同色彩的杜鹃花海。

上图:昆明植物园
右页图:彝人古镇夜景

第1天

☀ 吃一碗建新园过桥米线,从 ❶ **昆明植物园**(见187页)开启此次寻花之旅。这里的羽西杜鹃园引种栽培了云南各地近百种杜鹃花,总数超过1万株。如果你在三四月到来,正好能赶上植物园举行的杜鹃花展。

☀ 前往距昆明最近的 ❷ **轿子山风景区**(见189页),这是一座巨大的高山花园,每年5月前后,大黑箐—花溪一带杜鹃怒放,花开成海,漫步其中,景致如画。

第2天

☀☀ 每年农历二月初八是楚雄彝族一年一度传统的马缨花节。来到 ❸ **紫溪镇**,投身到当地热闹的节庆活动中,看板凳山上马缨花竞相绽放,整个山野化身红色花海。

🌙 在 ❹ **彝人古镇**(见200页)停留一晚,品尝彝人饮食文化街的各色小吃,逛逛彝族手工艺品店和文创店,再投入毕摩广场彝族大妈大叔的广场舞热浪之中吧。

你还可以体验……

如果你还想欣赏更多的高山植物,可以前往香格里拉白马雪山、轿子山(见189页)找找绿绒蒿和雪兔子。

贴士 轿子山景区内可以住宿,但条件一般。你也可以连夜自驾赶往下一站楚雄牟定,但要注意安全,不能疲劳驾驶。

贴士 马缨花就是马缨杜鹃,在楚雄牟定、南华等地也有大面积的马缨花海,如果时间充裕可前往欣赏。

103

① 昆明植物园
② 轿子山风景区
③ 紫溪镇
④ 彝人古镇
⑤ 苍山
⑥ 大理大学
⑦ 喜洲古镇
⑧ 剑川古城
⑨ 哈巴雪山
⑩ 香格里拉

第3天

☀ 一路向北来到大理。春末夏初，❺ **苍山**（见290页）杜鹃竞相开放，乘坐索道上升至海拔近4000米的洗马潭，这个高山冰碛湖因忽必烈洗马的传说而得名，5月底至6月初还有盛放的高山杜鹃将其环抱。

☀ 逛逛坐落在苍山山坡上的 ❻ **大理大学**（见299页），校园内栽种有不同品种的杜鹃，处处可见七彩花海。在学校附近的弘圣路找家咖啡馆，眺望洱海风光。

☾ 去 ❼ **喜洲古镇**（见292页）住一晚，静静享受洱海边的宁静。

贴士 自驾者可前往大理漾濞石竹村的西坡杜鹃园，欣赏原生态杜鹃，3月到5月都是赏花期。

第4天

☀ ☀ 从大理出发，前往剑川，在马登镇至象图乡的乡村公路两旁，万亩高山草甸上盛开着大片野生杜鹃，层层翠绿的叶片衬托着上百朵五瓣的杜鹃花，让人沉醉其中，流连忘返。

☾ 逛逛 ❽ **剑川古城**（见293页），欣赏保存完好的明清古建筑群。

贴士 从大理前往剑川古城，可以在大理客运北站坐下关到剑川的中巴车，票价40元上下。

第5天

☀ ☀ 从剑川向北约160公里，抵达 ❾ **哈巴雪山**（见82页）。每年5月起，成片的高山杜鹃就盛开在山坡和草甸间，哈巴黑海、千湖山等地的杜鹃花开得格外繁盛，仿佛为青山披上一层厚厚的花毯。距 ❿ **香格里拉**约30公里处的214国道边有片小中甸花海，5月下旬至6月中旬杜鹃怒放，五彩斑斓。

☾ 夜宿独克宗古城，城中集藏、汉、纳西族风格为一体的古朴建筑值得欣赏。

贴士 千湖山海拔较高，需要徒步到达，体力不佳者需谨慎前往。香格里拉是此行海拔最高处，注意不要剧烈运动，以免高反。

左页图：苍山洗马潭
上图：哈巴雪山
下图：香格里拉杜鹃花海

热带雨林
神奇植物连连看

热带雨林

主要分布地：西双版纳、普洱、沧源等地

在彩南之南以南，生长着中国面积最大的热带雨林。这里是我国动植物资源高度集中的地区，万物在此野蛮生长，奇花异草随处可见，更生活着亚洲象、长臂猿、绿孔雀等珍稀动物。

西双版纳热带雨林自然保护区内共有3500多种高等植物，约占全国的八分之一，是中国热带植物集中的遗传基因库。其中被列为珍稀、濒危的植物有58种，芳香植物62种，纤维植物90多种，野生水果、花卉134种，药用植物782种。因此，西双版纳热带雨林自然保护区也被批准加入了世界生物圈保护区网，成为我国第10个加入该组织的自然保护区。

雨林奇观

西双版纳热带雨林以丰富的生物多样性和独特的植物生态而闻名，例如别处森林中少见的大板根，就是高层植物为了支撑高大树冠而在根部形成的巨大板块状根茎。绞杀现象也是雨林奇观之一，一种叫作绞杀榕的植物会在其他树木的枝丫或树皮裂缝中生长，它的不定根逐渐将寄主树包住，并最终将其绞杀，自己则借此长成独立的大树。

雨林中还有许多奇特的植物生长形态，如滴水叶尖、附生现象、长在树上的兰花、独树成林的榕树、像竹蜻蜓一样会旋转的望天树种子、像小老鼠一样可爱的金山葵种子、随歌声左右摇摆的感应植物跳舞草以及号称表情包的油棕种子……

一路"象"北

西双版纳、普洱和临沧区域的热带雨林，是亚洲象的主要栖息地。2020年3月至2021年9月，一群亚洲象从西双版纳雨林"出走"，一路向北游荡，途经普洱、红河州、玉溪，在昆明境内逗留一段时间后又原路南下，最终平安回归栖息地。在这场漫长而罕见的象群迁移中，云南当地野生动物保护的态度和力度经受住了考验。

1.西双版纳热带雨林中的树蜥
2.北白颊长臂猿
3.嬉戏玩耍的亚洲象
右页图：望天树

生物多様性

3天
热带雨林探秘之旅

西双版纳热带雨林面积辽阔，以景洪为据点，用3天时间来好好探索神奇的雨林世界。

第1天

到达 ❶ **景洪**后，先前往1959年创建的 ❷ **中国科学院西双版纳热带植物园**（见244页）。植物园坐落于葫芦岛上，是中国乃至全球植物物种最多的植物园之一，目前种植了超过1万种植物。要把所有20个园区逛完，整整一天时间或许都是不够的。

🌙 预约参加植物园夜游活动，由讲解员带领在没有路灯的园区内感受植物入眠后的状态，4月至8月都能看到飞舞的萤火虫。你还可以入住植物园西区的王莲酒店，这样游览时间相对充裕。

第2天

前往热带植物园以南的 ❸ **望天树**（见244页），漫步于架设在树冠间的空中走廊，探访全球最高大的望天树，徒步雨林小径，寻找神奇的雨林生态景观。中午可以在味美亚雨林餐厅品尝傣族美食。

🌙 漫步景洪街头，找家冰屋品尝源自缅甸的椰浆甜品泡鲁达，现榨的热带水果果汁也很受欢迎。夜深再去烧烤摊上尝尝正宗的傣家烧烤。

贴士 植物园太大，建议乘坐景区游览车来节省体力和时间。想深入了解雨林神奇植物，可提前一天预约植物学/生态学的专家导游。

贴士 景洪有景区直通车往返于城区与公园之间。树冠走廊每年会进行一次为期一周的维护，时间不定，出发前最好致电景区确认开放情况。

左页图：中国科学院西双版纳热带植物园
上图：望天树
下图：野象谷的大象

第3天

☀☀ 前往景洪以北的 ④ **野象谷**（见245页），看看有没有运气目睹亚洲象在雨林间出没。为避免空跑一趟，还是先去看看每天例行的大象游行。不过，走在原始森林的高空栈道上，偶遇救助后在此放养的蜂猴和长臂猿，也算不虚此行。每年2月至3月是象群的发情期，此时野生象群活动频繁，邂逅的概率最大。

贴士 景洪有景区直通车直达野象谷。不要偏离游览路线擅自进入雨林深处，当地曾发生过野象伤人事件。

高原飞来美丽的
黑颈鹤

黑颈鹤

主要活动地：昭通大山包、曲靖会泽念湖

中国分布着9种鹤，而黑颈鹤是唯一终生生活在高原地区的鹤种。它们在青藏高原的湖泊湿地繁衍，冬季再飞到气候温和的云贵高原越冬。

近年来，由于中国对生态环境的重视，黑颈鹤赖以生存的湿地面积不断扩大，黑颈鹤种群的栖息地范围逐年扩大，种群数量不断增加，目前我国黑颈鹤种群数量已从10年前的1万只左右增加到现在的1.7万余只。基于此，世界自然保护联盟（IUCN）已在2020年将黑颈鹤在《濒危物种红色名录》中的保护级别由原来的"易危"调整为"近危"，并将其从《受威胁物种名录》中移除。

从高原飞来

鸟中大熊猫

高原精灵黑颈鹤有"鸟中大熊猫"的美称，与大熊猫一样，它们主打黑白两色，身披雪白羽毛，尾羽和颈部则是漆黑一片。黑颈鹤实行一夫一妻制，雌鹤通常每次产下两枚卵，由夫妻共同孵化。到了深秋时节，黑颈鹤会带着刚刚长大的幼鹤，与鹤群一起离开。

保护黑颈鹤

云南目前已经设立了大山包国家级黑颈鹤自然保护区和大桥国家级黑颈鹤自然保护区，采取了生态移民、基建叫停、成立志愿者组织、救助受伤黑颈鹤等一系列保护措施，有效地改善了黑颈鹤的生存环境，云南黑颈鹤的数量也在逐步增加。

上图：两只悠闲的黑颈鹤
左页图：大山包的黑颈鹤

3天
黑颈鹤精华之旅

黑颈鹤的主要越冬地在滇东北曲靖和昭通一带，可以用3天的时间完成一次追逐黑颈鹤的旅行，顺道游览昭通古城。

第1天

从昭通出发，前往西边65公里处的 ❶ **大山包镇**，在镇子南端的换乘中心搭车去大海子，这里是黑颈鹤最多、观察距离最近且角度最好的地方。继续乘坐过境车来到 ❷ **鸡公山大峡谷**（见375页），在悬崖观景平台上可以俯瞰这座落差达2600余米的玄武岩峡谷。最后来到玻璃跳台，心惊胆战地俯瞰脚下的牛栏江在峡谷深处蜿蜒流淌。

🌙 大山包镇有不错的民宿，还能品尝到当地特色的荞麦粑粑、凉粉等，人多不妨来一桌酸汤猪脚火锅。

第2天

返回昭通，去 ❸ **昭阳古城**（见379页）走走，了解这座边城的历史，城内还保留着过街楼、抚镇门、陡街等旧时格局。昭通小肉串烧烤全省闻名，古城南侧的昭虎记烧烤是当地老字号，可以体验大把撸串的快感。

向南直达会泽的 ❹ **会泽古城**（见378页），这里曾是明清东川府的府治所在地，也是万里铜运之路的起点，至今保留着各地商贾兴建的同乡会馆。

🌙 去正星楼羊八碗品尝当地闻名的黑山羊汤锅，再在古城找家古宅民宿，好好休息一晚。

贴士 严禁任何自驾车辆进入大山包自然保护区，换乘车每半小时1班，车票当日有效，非常方便。大山包终年寒冷风大，一定要带足御寒衣物。

贴士 会泽古城面积不大，路窄巷深，很适合步行游览。

左页图：鸡公山大峡谷
上图：会泽古城
下图：黑颈鹤飞过念湖

第3天

☀ ☼ 一大早奔赴古城西北50公里处的 ❺念湖（大桥国家级黑颈鹤自然保护区），海拔约2600米的跃进水库是黑颈鹤在乌蒙山区的重要越冬地之一，可以拍到雪白山景中千姿百态的鹤群。

🌙 可以在念湖边的黑颈鹤山庄住上一晚，也可以继续南下前往罗平或是昆明。

贴士 在观鸟时要注意不进入保护区内的湿地，不在观鸟区生火、露营，不干扰黑颈鹤的日常生活，避免穿鲜艳衣物，且与鹤群保持至少60米的距离。

你还可以体验……

离开念湖，告别黑颈鹤，向南到达昆明，从这里开启一段与杜鹃花海（见102页）同行之旅。

边境多元文化

不同国家和民族的文化在云南边境交融碰撞,带来丰富多元的旅行体验。

　　云南与越南、老挝、缅甸山水相连,长达4060公里的国境线,蜿蜒经过8个州市、25个县,生活在边境地区的13个少数民族跨境而居。截至2025年2月,云南省开放口岸数量已达28个,其中西双版纳是全省唯一拥有公路、铁路、水运和航空四类国家级口岸的自治州。

上图:瑞丽一寨两国

十层大山上，一眼望三国

十层大山位于普洱市江城县曲水镇，与越南奠边省和老挝丰沙里省交界，因山峦重叠共有十层而得名。1954年日内瓦会议后，十层大山以其天然屏障成为中、老、越三国边界的交界点。

- 从江城县可一路翻山越岭行车至第八层山，再沿栈道步行约2公里，沿途草木茂盛，藤蔓缠绕，植物活化石桫椤随处可见。登上十层大山山顶，可一眼望尽三国风光。

- 2005年，三方代表共同确认了三国交界点界碑的位置和碑面方向。正三棱形的界碑威严耸立，每一面朝向一国，刻着该国国徽，并以该国文字标记国名。中老、中越陆路界线均以十层大山零号界碑为起点，中老界限有105块界碑，中越界限有1378块界碑。

- 江城哈尼族彝族自治县是云南省唯一拥有"一城连三国"独特区位优势的边境县城，也是中、老、越三国文化交流和商贸往来重镇。距县城36公里的勐康口岸是中老之间继磨憨之后的第二个国家一类口岸，有热闹的中老越边境特色市场。

- 毗邻西双版纳的江城县整董镇与老挝接壤，较好地保留了傣族传统民居建筑群和民俗风情。

一百多年前，中国第一条国际铁路穿越山岭，从越南海防直达昆明，直接影响了云南的经济、文化、城市风貌乃至整个近现代化进程。时过境迁，滇越铁路已经悄无声息地退出了历史舞台，但沿线一座座法式风情的车站和建筑，仍在述说着昔日的开放与繁荣。

近年来，随着共建"一带一路"倡议的持续推进，泛亚铁路的概念初见雏形。2021年12月，连接昆明与万象的中老铁路全线开通运营，途经西双版纳和老挝琅勃拉邦两处著名旅游地，如今中越和中缅铁路也在积极推进中。

三条国际铁路线分别穿过三座各具特色的边境城市：红河河口、西双版纳磨憨和德宏瑞丽。疫情后全面恢复通关的口岸很快又忙碌热闹起来，混杂的口音、肤色和装扮，让你难以区分本地人与异乡客。跨境生活的越南、老挝和缅甸人，为三座边境小城带来物美价廉的小吃、琳琅满目的特产和多元包容的独特魅力，也让旅行者不出国门就能感受到扑面而来的东南亚风情。河口和磨憨有便捷的铁路通达，你可以坐火车玩转红河、西双版纳和普洱；德宏的瑞丽、畹町口岸和西双版纳的打洛口岸则可让你深入中缅边境。

河口
见证百年滇越铁路

　　河口瑶族自治县与越南老街市隔红河相望，滇越铁路从这里出境，经越南首都河内直达海防港。如今中越铁路大桥显得有些冷清，只有远道而来的游客每天在桥头守候着几趟货车从米轨驶过。不远处的南溪河公路大桥则热闹得多，2024年5月，崭新的国门联检大楼投入使用，每天早晨8点整，两国升旗仪式结束，河口口岸迎来新一天的通关，边民和游客拉着行李箱在公路大桥上往来穿梭。游客在巍峨的国门桥头与界碑合影，兜售香烟、手串的越南小贩在大桥旁聚集，他们戴着军绿色头盔的标志性造型亦是国门一景。

法式建筑

　　河口口岸附近有好几栋漂亮的洋楼，红瓦黄墙，开百叶窗，镶花瓷砖。这些建于19世纪末20世纪初的法式建筑，是一百多年前的河口海关、邮政大楼、火车站等旧址，如今变身陈列馆、博物馆、餐馆、宾馆。寻访这些老建筑，可以串起河口的边城往事。

美食荟萃

　　河口除了酸笋煮江鳅、黄皮果烧鱼、菠萝炒鸡杂等本地特色菜，花米饭、煎粽粑等瑶家风味，还有越南小卷粉等遍布街巷的越南传统小吃。浓厚的炼乳中和了滴漏咖啡的苦味，是越南特有的搭配组合，椰丝卷、黑豆冰等甜品和花样繁多的热带水果，都是夏天的味道。

1.河口法式建筑
2.小卷粉
右页图：百年滇越铁路风光

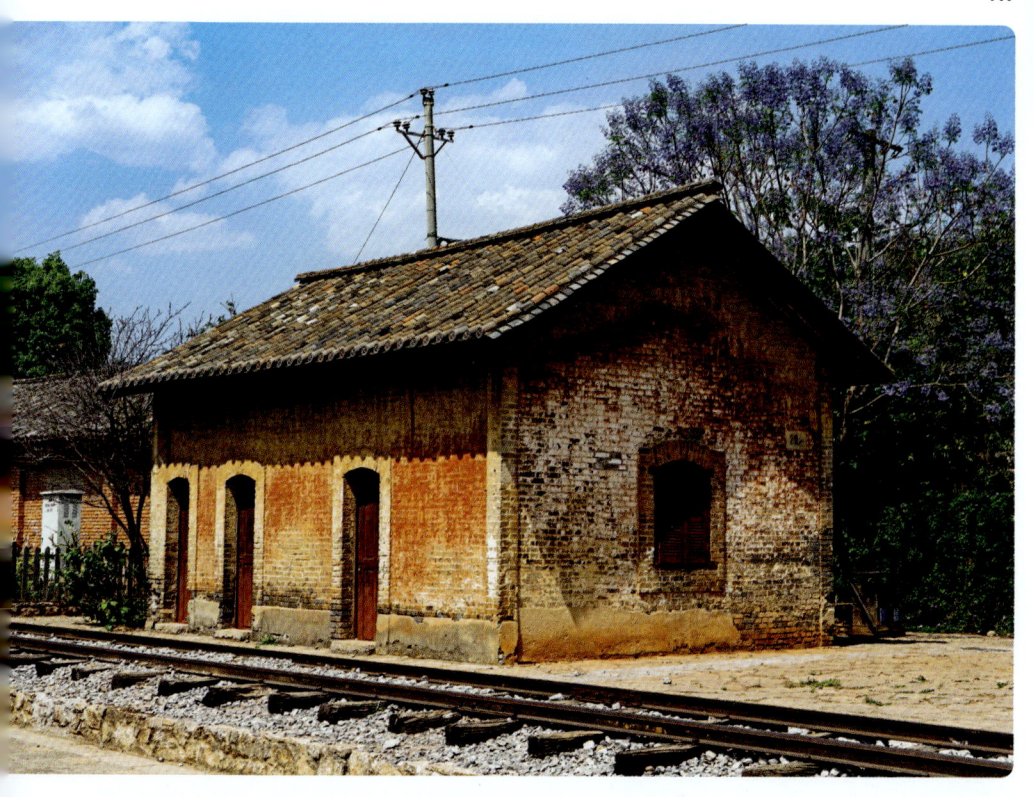

越南签证信息

截至2025年2月,疫情前在河口可凭身份证办理短期赴越旅游手续的政策仍未恢复。如果你计划从河口出境去越南旅行,有以下三种旅游签证可选。

- **另纸签证** 提前到越南驻华大使馆、领事馆或通过旅行社办理,入境时将签证页夹在护照里一同出示,单次入境可停留15/30天,旅行社网络专营店代办费222元起。

- **电子签证** 提前通过越南移民局网站https://immigration.gov.vn/在线申请,最长停留90天,可多次入境,签证费单次25美元,多次50美元。

- **落地签证** 提前通过旅行社办理落地批文,在航空口岸入境时,出示纸质版批文并缴纳25美元换取签证,单次入境可停留15/30天。

建议抵达河口前办好另纸签证,也可在河口当地旅行社办理,但费用更高,且持电子签和落地签过境时可能会需要付小费,号称仅限机场入境的落地签在河口一老街公路口岸也行得通。旅行社按签证类别、停留时间、入境次数、办理速度提供多种选择,价格也各不相同,最低300元,如办理加急,工作日当天即可出签或出批文。

云南河口远景国际旅行社和康辉旅行社两家规模较大,在口岸附近都有多家门店。旅行社也经营含签证、食宿、中文导游的线路套餐,主要是老街一沙巴一日/二日游(约550/650元)和沙巴一河内一下龙湾一吉婆岛五日游(约1780元)。

3天 滇越铁路之旅

这条以滇越铁路为主题的火车之旅，带你走过一座座法式车站和老建筑，在陈列馆中追溯历史，乘坐观光小火车体验米轨，沿途也不乏美景、美食和异国风情的陪伴。

第1天

☀️ 从昆明乘火车到开远，直奔铁路主题，乘坐复古的 ❶ **观光小火车**（即开远市南北轨道交通列车，见356页方框），开远站至大塔站全程约11.6公里，一路经过城市、田野、涵洞、峡谷、石桥，前半段休闲观光，后半段体验滇越铁路穿越崇山峻岭的惊险。

🌙 晚上到开远 ❷ **南正街**（见359页）逛夜市，吃美食。

> **贴士** 从昆明至开远，高铁约2小时即可到达。到达开远后，可乘坐公交车探索市内景点。

第2天

☀️ 从开远前往 ❸ **蒙自**，先去兴盛街吃一碗地道的过桥米线，然后到 ❹ **南湖**（见353页方框）周边漫步，寻找滇越铁路和西南联大在这座小城留下的文化印记。

☀️ 在《芳华》取景地 ❺ **碧色寨**（见355页）穿越时光，走过法式老车站、中国第一块红土网球场和一座座历史建筑，想象当年滇越铁路沿线唯一特级站的繁华。

🌙 回到蒙自，入住滇越铁路主题的蒙自滇越驿站。

> **贴士** 开远至蒙自坐动车仅需16分钟，停靠在蒙自的新车站红河站，坐汽车也非常方便。去碧色寨可在蒙自汽车客运北站（老站）乘坐发往草坝的城乡公交。

第3天

☀️ 从蒙自乘火车前往河口（见359页），在 ❻ **口岸国门** 打卡留念，参观周边的几座法式建筑，尝越南美食，淘越南特产。逛累了就在中越铁路大桥桥头的咖啡馆闲坐，点一杯滴漏咖啡，眺望对岸的越南，等货车从身旁的米轨穿越边境。

🌙 乘坐晚班火车返程。如果喜欢河口的异国风情或者打算过境去越南，也不妨在河口住上一晚，逛逛夜市。

> **贴士** 河口为云南海拔最低点，气温总是比蒙自和昆明高几度，体感也更闷热，乘火车往返要注意增减衣物。

左页图：滇越铁路
上图：碧色寨
下图：河口口岸历史街区雕塑

你还可以体验……

铁路迷还可以去滇越铁路上的建筑奇观——人字桥（见359页方框）朝圣，去屏边县白河镇寻找滇越铁路最后的火车集市。

如果对个碧石铁路感兴趣，你还可以从蒙自前往建水、石屏乘坐观光小火车（见356页），参观石屏铁路博物馆（见351页），前往个旧参观个碧石铁路陈列馆（见354页）。

6天
红河多元美食之旅

这条线路的米线和豆腐含量极高，作为红河人日常离不开的两样美食，各地的配料和做法不尽相同，在每一站都能吃到新花样。旅途尾声的河口融合了越南菜、云南菜和瑶族风味，街头总是一派让人食指大动的热闹景象。

上图：红河州传统美食菊花氽肉米线
右页上图：弥勒东风韵
右页下图：建水十七孔桥

第1天

☀ ☀ 从昆明乘火车到 ❶ **弥勒**，先来一碗卤鸡米线，然后去充满艺术气息的 ❷ **东风韵**（见349页）拍照，有时间还可到附近的云南红酒庄品尝当地葡萄酒。

🍴 晚饭到老弥勒传统小吃，将各式小吃一网打尽，人多则可以品尝羊汤锅、红酒烤肉等大餐。饭后去 ❸ **湖泉生态园**（见348页）和当地人一起散步，晚上挑一家温泉酒店犒劳自己。

第2天

☀ ☀ 从弥勒乘火车到建水，用一碗清爽的草芽米线开启新一天的旅程。❹ **建水古城**（见350页）是一定要好好逛的，累了就随便找家店，围坐在烤架旁吃烧豆腐。去西门大板井可以在旁边的曾记板井豆腐坊（见357页方框）畅饮鲜豆浆，品尝各类豆制品。

🍴 在古城的老字号餐馆品尝云南名菜汽锅鸡，或者去 ❺ **紫陶街夜市** 吃烧烤和各地小吃，还可以买点狮子糕、燕窝酥、冬瓜茴饼等传统糕点。

你还可以体验……

从建水和蒙自都可以前往元阳梯田（见344页），为你的红河美食之旅增添原生态的哈尼族和彝族风味。赶上哈尼族十月年，还能见识格外隆重的长街宴。

贴士 弥勒盛产葡萄，有多个品种和本地酒庄品牌，六七月成熟季节的葡萄新鲜又便宜，街边有很多葡萄酒专卖店，餐馆常有以杯卖的红酒。

贴士 如果对建水紫陶（见358页方框）感兴趣，古城内的翰林街和临安路西段有不少店面，还可以多花一天逛逛古城外的博物馆、碗窑村和贝山陶庄。

第3天

☀️ ☼ 去建水城郊的 ❻ **团山民居**（见356页），触摸精美的明清时期古建筑。可乘观光小火车（见356页）或公交车，也可租电动车，途经的十七孔桥和乡会桥都值得停留。

🌙 晚上返回建水享受夜生活，喜欢安静也可以住在团山或乡会桥，两地都有老宅改建的精品民宿和餐馆。

> **贴士** 团山民居距离建水古城17公里，可打车也可乘坐19路公交。

第4天

☀️ 🌤️ 从建水去石屏一日游。和建水一样，石屏也是豆腐的天下，但形状、口感、蘸料皆有不同。**❼石屏古城**（见350页）里有许多烧豆腐摊，古城边言午菜馆的现做豆腐皮让人入口难忘，也可以尝尝八面煎鱼等石屏特色菜，秋季还能赶上异龙湖的大闸蟹上市。如果想在石屏骑行环异龙湖或去郑营村，当天往返建水会有点赶，可将行程拉长一天。

🌙 晚上返回建水或住在石屏，石屏古城也有精品民宿。

> **贴士** 石屏距建水约50公里，驾车很方便。石屏也运营有观光小火车，与建水连通，单程约4小时，乘车沿途可以观赏异龙湖美景。石屏古城公历逢五逢十有集市，赶上不妨凑个热闹。

第5天

☀️ 🌤️ 从建水继续乘火车前往蒙自，到过桥米线的家乡必须先来一盆菊花米线。白天逛**❽南湖**（见353页）和**❾碧色寨**（见355页）之余，可到城郊的新安所尝尝蒸肉饭、蘸水卷粉等特色美食，时间不够的话，在城里也能找到很多打着新安招牌的小店。

🌙 可到**❿大树寨夜市**继续寻觅美食。

> **贴士** 蒙自的米线店一般清晨开门，下午三四点就收摊了，如果没赶上，可以到24小时营业的火烧房子过桥米线（兴盛路店）吃一顿。

第6天

☀️ 🌤️ 早上从蒙自前往**⓫河口**（见359页），行程可参考滇越铁路主题之旅第3天（见118页），在河口结束旅程或继续过境去越南。

左页图：石屏古城文庙
上图：蒙自米轨车站
下图：中越边境小城河口

磨憨
中老铁路直通万象

　　历史上，磨憨曾是南方丝绸之路的重要驿站，也是滇南地区的产盐地，"磨憨"在傣语里的意思正是有丰富盐矿的地方。1993年，中老两国磨憨—磨丁国际口岸正式开通。2021年12月3日，老挝国庆日的第二天，中老铁路全线开通运营，这是首条以中方为主投资建设、全线采用中国技术标准、使用中国设备的跨国铁路，并与中国铁路网直接连通，"国门第一站"磨憨站是全线最大的一座车站。磨憨由此成为同时拥有国家一类公路和铁路口岸的重要交通枢纽。

上图：中老铁路与昆曼高速公路在玉溪交会
右图：磨憨口岸

四通八达

老挝签证信息

老挝旅游签证分为以下三种，有效期60天，最多可停留30天。

- **普通签证**　提前到老挝驻华大使馆、领事馆或通过旅行社办理，在云南可到驻昆明总领事馆（周一至周五9:00—11:30，14:00—16:00）和驻景洪领事办公室（周一至周五8:30—11:30，14:00—17:00）就近办理，景洪为当场出签250元，三日后取200元，昆明为当天300元，两日后取250元，三日后取200元，五日后取150元，两地都只收现金。
- **电子签证**　提前通过官方网站https://laoevisa.gov.la在线申请，费用35美元。
- **落地签证**　携带两张2寸白底照片在入境口岸办理，费用200元人民币/20美元，需注意美元最好自备零钱且不要有折痕。

每天有两趟中老铁路国际旅客列车（D87次昆明南—万象、D85次西双版纳—琅勃拉邦）可直接通关，在出入境口岸各停留约1小时办理手续。注意铁路口岸不支持落地签，需提前办好纸质或电子签证。乘坐其他车次抵达磨憨站后，可乘公交或打车前往公路口岸，在这里办理落地签证，或凭已经办好的纸质签证、电子签证出境，入境老挝后再从磨丁公路口岸拼车（每人20元人民币/5万老挝基普）前往磨丁火车站，开启你的老挝之旅。中老铁路老挝段暂不支持国内购票，可到磨丁火车站现场购买，或入境老挝购买当地手机卡后注册"LCR Ticket"，在App上购买。

自驾出境除签证费用外，还需购买车辆保险，入境老挝后办理临时驾照。

黄金通道

随着中老铁路的开通，磨憨已经成为西南地区对接国际市场的门户窗口。昆明和万象双向对开的国际旅客列车实现朝发夕至，早上在昆明吃过桥米线，晚上就能到万象吃上老挝米粉，西双版纳至琅勃拉邦也增开了国际旅客列车。

省会托管

2022年5月，昆明正式托管600多公里外的磨憨，范围覆盖磨憨镇全域，包括中国老挝磨憨—磨丁经济合作区（中方区域）。昆明由此成为全国唯一拥有边境口岸和边境线的省会城市，磨憨也从默默无闻的边境小镇，走到了云南对外开放的前沿。

5天
中老铁路沿线之旅

搭乘中老铁路在滇南边走边玩,适合时间充裕又想多玩几站的非自驾旅行者。如果你打算由磨憨出境去老挝,不妨先在普洱和西双版纳感受多元民族风情。

上图:西双版纳总佛寺
右页上图:景洪大金塔夜市
右页下图:春季的普洱茶山

第1天

☀️ 🌙 从昆明乘火车前往 ❶ **普洱**,在这座悠闲的小城品茶和咖啡,有兴趣还可游览普洱茶马古道景区(见251页)、普洱市博物馆(普洱茶博物馆,见248页)和周边的咖啡庄园。

第2天

☀️ 🌙 从普洱乘火车前往 ❷ **景洪**(西双版纳站),逛逛老城区的 ❸ **曼听公园**(见247页)、❹ **西双版纳总佛寺**(见250页)和澜沧江北岸的 ❺ **告庄西双景**(见248页)。

🌙 不要错过景洪热闹的夜市(见249页方框)。

你还可以体验……

也可在中老铁路昆明至普洱之间的玉溪、元江、墨江、宁洱稍做停留。

贴士 昆明到普洱约400公里,高铁约需2.5小时。

贴士 普洱到西双版纳约有127公里,车程约为1.5小时,自驾爱好者可以轻松驾车到达。

① 普洱
② 景洪
③ 曼听公园
④ 西双版纳总佛寺
⑤ 告庄西双景
⑥ 橄榄坝
⑦ 傣族园
⑧ 曼远村
⑨ 勐腊
⑩ 望天树
⑪ 曼旦村
⑫ 磨憨
曼老江
普文河
澜沧江
南班河
南品河
南腊河
湄公河
缅甸
老挝
老挝

第3天

☀ ☽ 从景洪乘早班火车前往 ❻ **橄榄坝**，游览附近的 ❼ **傣族园**（见247页）、❽ **曼远村**（见253页），两者都是傣寨，前者规模大、开发成熟，后者更原生态且无须门票。

☾ 夜宿傣族园或曼远村的傣族民居。

第4天

☀ ☽ 从橄榄坝乘早班火车前往 ❾ **勐腊**，游览 ❿ **望天树**（见244页），挑战刺激的树冠走廊，有兴趣还可去 ⓫ **曼旦村**寻访象脚鼓舞传承人。

☾ 勐腊县城住起来有点无聊，去曼旦的话不妨住在寨子里。

第5天

☀ 从勐腊乘火车前往 ⓬ **磨憨**（见254页），可以出境前往老挝，继续搭乘中老铁路游玩琅勃拉邦、万荣、万象。如果没有出国旅行的打算，可在磨憨口岸国门打个卡，逛逛国际市场，然后乘火车返程。

贴士 每周六的橄榄坝赶摆集市非常热闹，从早上开始持续一整天。

贴士 望天树景区有往返勐腊火车站的接驳车，曼旦村没有班车，只能打车。

贴士 勐腊至磨憨每天有早中晚三趟火车，都不能直接过关，需自行到磨憨公路口岸出境，老挝签证信息详见125页方框。

左页图：望天树
上图：傣族园
下图：金色夕照下的琅勃拉邦庙宇

边境多元文化

瑞丽
中缅边境珠宝城

　　从地图上看,云南最西端的德宏像一个三角形,东与保山市相邻,另外两边都被缅甸包围,夹着的那个角就是瑞丽。绵延170公里的边境线,给瑞丽带来了繁荣的边境贸易。不过疫情期间,瑞丽这个地名频繁出现在新闻上,扛不住的外地生意人纷纷逃离,曾经的不夜城一度黯然失色。随着疫情退去,口岸恢复通关,瑞丽的人气一点点回来了,珠光宝气也回来了。

上图:瑞丽姐勒金塔

珠光宝气

深入中缅边境

缅甸一日游曾是瑞丽的特色项目，无须护照，仅凭身份证即可参团，从姐告口岸出境游览缅甸的木姐和南坎。疫情之后口岸恢复通关，但跨境一日游仍然中断。2023年10月起可持护照从姐告口岸出境，需提前办理缅甸签证。如今缅甸政局复杂，内乱不断，务必谨慎前往。

不便踏出国门，但你可以坐在秋千上荡到缅甸。这个神奇的秋千位于距离瑞丽市区11公里的银井寨，它有一个更响亮的名字——一寨两国（见318页）。国界另一侧是缅甸芒秀寨，两寨之间的中缅边境线用5068枚玉石镶成，以纪念1950年6月8日中缅建交。两寨人风俗相似，语言相通，共饮一口水井，跨国婚姻也非常普遍。如果没有威严的国门、高挂的国旗和值勤的边防武警，你完全感受不到这里分属两个国家。

- **畹町口岸**是瑞丽的另一座国家级口岸，畹町河对岸就是缅甸九谷。抗日战争时期，滇缅公路从畹町桥出入境，3200多名南洋华侨机工从这里回国，20余万中国远征军从这里出征。1956年，周恩来总理曾与缅甸总理携手步行走过畹町桥入境。如今畹町口岸依托红色历史文化打造了一系列景点。

- **打洛口岸**是位于西双版纳勐海县的中缅边境口岸，连接缅甸北部第四特区小勐拉。打洛过去也和瑞丽一样经营缅甸一日游，现在不能凭身份证出境后，旅行社主打经营从景洪往返打洛的中缅边境一日游，除了口岸国门，还可游览附近的边境傣寨勐景来（见251页）和独树成林景区。在景洪和网络平台很容易报名，最好提前确认有无购物环节。

疯狂的玉石

这座边境小城的繁华很大程度上来自玉石产业。靠近口岸的姐告玉城逐渐发展成国内最大、最成熟的玉石毛料交易市场。如今，直播基地已将瑞丽变成了一座不夜城。夜幕降临后，灯火通明的直播间中，主播卖力讲解，来自缅甸的货主争相展示，各种玉石产品连夜发往全国各地。

跨国马拉松

2016年，首届中缅瑞丽—木姐跨国马拉松打响"一马跑两国"的品牌。2023年的最后一天，沉寂了四年的跨国马拉松重新开跑，虽然这次赛道没有走出国门，但也串联起瑞丽最具特色的街区和景点，让参赛选手感受到"一寨两国、一江两国"的独特边境风情。

1.俯瞰勐景来
2.一寨两国特色建筑

4天 芒市瑞丽中缅边境之旅

芒市作为云南的边境小城，有着极为浓郁的东南亚风情，体验丰富多彩的建筑和美食，不妨前往瑞丽，逛逛口岸附近的商店。

上图：芒市风光
右页图：黑河老坡

第1天

☀ ☼ 抵达 ❶ **芒市** 后，先花一天时间逛逛市区的景点，在亮眼的 ❷ **勐焕大金塔**（见326页）可一览芒市全貌，❸ **树包塔**（见326页）和周边的几座佛寺香火旺盛，喜欢植物的不要错过有多种罕见古树和珍稀植物的 ❹ **勐巴娜西珍奇园**（见329页）。

☾ 到价格亲民的 ❺ **法帕温泉** 享受一番温泉自由，可以直接住在温泉度假村。

第2天

☀ ☼ 去芒市周边的 ❻ **黑河老坡**（见317页）欣赏高山草甸和原始森林风光。

☾ 返回芒市，品尝傣族和景颇族美食。夏季也可以在黑河老坡露营，有机会看到高山日落和仙境般的清晨云雾。

你还可以体验……
如果在芒市温泉没有泡够，可以继续前往相距约100公里的温泉之都腾冲（见315页）。

贴士 芒市气候较热，更适合在夏季的夜晚和冬季泡温泉。

贴士 黑河老坡海拔较高，在芒市穿短袖时，山上却在烤火，记得备好保暖衣物。

133

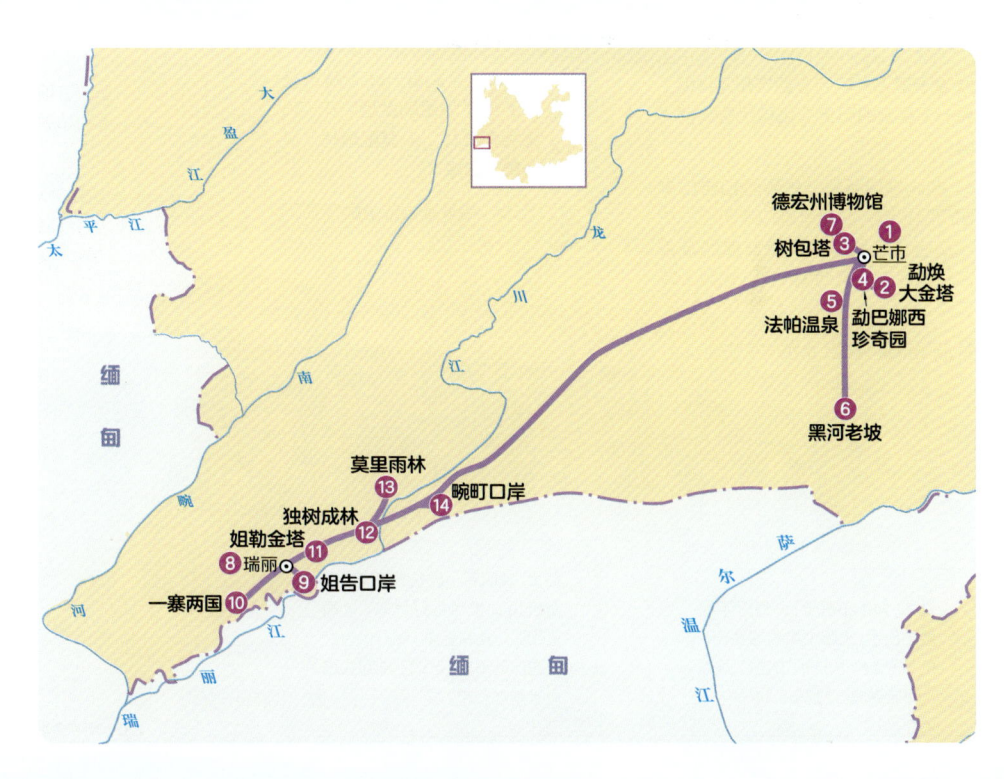

第3天

☀ 离开芒市前，到 ❼ **德宏州博物馆** 了解一下德宏的历史文化和民俗风情，随后前往瑞丽。

☀ 抵达 ❽ **瑞丽** 后，先到 ❾ **姐告口岸** 国门前打卡，顺便逛逛口岸附近的免税商店和玉城。然后游览瑞丽至弄岛一线的 ❿ **一寨两国**（见318页）等景点。

🌙 感受不夜城五光十色的夜生活。

第4天

☀ 游览瑞丽至畹町一线，从市区出发，依次经过 ⑪ **姐勒金塔**（见326页）、⑫ **独树成林**、⑬ **莫里雨林**，最后到达 ⑭ **畹町口岸**。

🌙 返回芒市，结束旅程或继续前往下一站。

> **贴士** 如果不懂玉石，最好不要轻易出手，去凑个热闹感受一下气氛就好。从瑞丽市区往返弄岛可乘坐1路公交车。

> **贴士** 瑞丽有小巴往返畹町，想游玩沿线景点最好包车，让司机代买门票有优惠。畹町也有开往芒市的班车，可以不走回头路直接前往芒市。

上图：姐勒金塔

左图：德宏州博物馆收藏的蒲甘风格佛像

茶咖酒品鉴

不论是本土的茶，还是外来的咖啡和葡萄酒，都能品出云南风土的独特滋味。

　　云南是重要的茶产地，尤其集中在澜沧江沿岸的西双版纳、普洱、临沧三地。普洱茶最为人们熟知，其实并没有一种茶树叫"普洱"，它是因地命名的，普洱府（今普洱市宁洱县）从17世纪早期开始成为滇南重要的物资集散地，产自附近六大茶山的茶叶在此集散并被官府征税后，经由茶马古道从云南走向世界。19世纪末20世纪初，汉人成为云南与内陆、东南亚地区进行茶叶贸易运输的重要力量，也为云南带来了中原的茶叶生产加工技艺和消费习惯。

上图：普洱咖农
手捧新鲜咖啡豆

云南不止普洱茶

提起云南的茶，人们第一反应就是普洱，其实云南大叶种茶也可制成红茶和绿茶。丰富的植物资源使民间发展出很多具有药用价值的保健茶，如滇西北高寒山区饮用的雪茶是一种地衣，红河地区烧烤必备的野山茶即夏枯草，至于石斛花、三七花等花茶更是数不胜数。

- **凤庆滇红** 诞生于抗日战争时期，著名茶叶专家冯绍裘被派到临沧凤庆（时称顺宁）开办茶厂，以期取道滇越、滇缅出口换汇。他发现当地大叶种茶制成的红茶，汤色红浓明亮，香味浓郁，与印度等地所产别无二致，很快以"滇红"之名打开销路，价格在国际茶市屡创新高，换得大量外汇，被国务院定为外事礼茶。

- **德昂族酸茶** 德宏芒市三台山乡的德昂族自古就有种茶和饮茶的习俗，并视茶叶为祖先。酸茶又称湿茶，将新鲜茶叶蒸青、揉捻后装入竹筒，用芭蕉叶扎紧封口，埋进深坑半年至一年使茶叶自然发酵。发酵好后取出舂成茶泥，压制成茶饼晾干，最后切块包装。酸茶喝起来酸中带甜，也可以嚼着吃，口感清爽，有生津止渴之效。

- **白族三道茶** 三道茶是白族在喜庆日子里款待宾客的一种饮茶习俗，明代徐霞客就曾受到三道茶礼遇。所谓"三道"即一苦、二甜、三回味，先品尝茶叶烘烤后的焦苦，接着加入甘甜的红糖、乳扇、核桃仁，最后再以蜂蜜和少许花椒、姜、桂皮调出甜麻辛辣，回味无穷。如今在大理，面向游客的三道茶多以歌舞伴唱的形式出现。

20世纪90年代，普洱茶"越陈越香"的秘密被重新发现，健康功效和文化价值兼备的普洱茶身价一路高涨，从默默无闻的土特产摇身变成赫赫有名的生活方式新宠，被称为"可以喝的古董"。与此同时，普洱茶与云南少数民族旅游紧密相连，成为各地政府大力扶持的新兴经济支柱和文化产业。

与土生土长的茶叶不同，咖啡和葡萄酒这两种舶来品在云南落地生根，都与法国传教士有关。1904年，法国传教士田德能在大理朱苦拉村种下第一株咖啡树苗时一定不曾想到，百余年后在云南的普洱、保山、德宏、临沧等8个产区，近40万农户耕耘着超过1200平方公里的咖啡农场。1848年，法国传教士在德钦种下第一株葡萄苗时也很难想象，一个多世纪后的迪庆会以葡萄酒闻名于世，而在法国已经绝迹的玫瑰蜜葡萄，经由滇越铁路从澜沧江畔传到红河河谷，在小城弥勒飘香至今。随着各地咖啡和葡萄酒产业的持续发展，茶的故乡云南，也被冠上精品咖啡产区和特色葡萄酒产区的美名。

普洱茶
醇厚饱满，越陈越香

对茶、咖啡、葡萄酒爱好者来说，寻找独特风味的最好方式，莫过于亲自访问原产地，细看一片茶叶、一颗咖啡豆、一粒葡萄从采摘到加工的全过程。云南的茶山、咖啡庄园和葡萄酒庄大多位于偏远的少数民族聚居地，壮美的风光、淳朴的民风和多彩的美食，都将和杯中佳饮一样，让你回味无穷。

2013年，国际茶叶委员会授予普洱市"世界茶源"称号。2023年，"普洱景迈山古茶林文化景观"被列入《世界遗产名录》，成为全球首个茶主题世界文化遗产。

如果懂得鉴赏，大可根据自己的喜好直接去寻访茶山；新手不善辨别，最好谨慎购买过于昂贵的古树茶和老茶。总之，多尝少买，不要轻信年份、迷信山头，而是相信自己的口感。（下图：普洱茶园晒茶场景）

越陈越香

中国人饮茶素有以新为贵的传统，然而普洱茶不但可长期存放，其滋味和价值还会随时间提升。作为原产地的云南，当地人长期以来日常喝的都是绿茶，直到二十多年前才普遍得知普洱茶可以陈化升值，而后为了迎合市场，普洱茶饼的包装上几乎都会注明"越陈越香"的字样。然而时间只是影响普洱茶滋味的变量之一，仓储环境的温度、湿度也起到关键作用，因此坊间根据仓储方式的不同又有干仓、湿仓、港仓等派别之分。

1. 紧压成饼的普洱熟茶
2. 那柯里茶马驿站

六大茶山

"古六大茶山"包括攸乐、革登、倚邦、莽枝、蛮砖、曼撒（易武），因都位于澜沧江以东，又称"江内六大茶山"。"新六大茶山"包括南糯、南峤、勐宋、景迈、布朗和巴达，也称"江外六大茶山"。

如今易武和勐海分别是澜沧江两边的茶市中心。易武以小手工家庭作坊为主，勐海则以大规模机器生产为主，两地又分别以制作生茶和熟茶著称。土壤、气候、海拔等条件的差异，也使两地茶叶滋味有别：易武茶"香扬水柔"，勐海茶醇厚霸气。勐海茶的价格曾一度比不上易武，但后来勐海一带的几座山头，尤以老班章为首，价格反超易武等古六大茶山，成为西双版纳之首。

茶马古道

现存最老的普洱茶"人头贡茶"（或称"金瓜贡茶"）已经一百多岁，藏于普洱茶博物馆（见248页）。这颗贡茶的产地倚邦在20世纪早期衰落，易武取而代之成为新的普洱茶生产和集散中心，如今被认为是茶马古道的源头。从这里启程，马帮兵分三路，把茶运往北京、东南亚地区和西藏。

马帮踏过的青石板路被学者命名为"茶马古道"，这个庞大的交通网络大多已荒废，普洱茶马古道景区（见251页）、那柯里茶马驿站（见253页）等地还保留着相对完好的几段。曾因马帮带来商贸繁荣的重要集镇遍布云南各地，如今也都把茶马古道作为旅游文化名片。

普洱茶分类入门

普洱茶鲜叶经采摘、摊晾、杀青、揉捻等粗制环节得到散茶（晒青毛茶），再经干燥、蒸压和包装等精制环节，制成饼茶、砖茶、沱茶等不同形状，其中357克的饼茶最常见，并以七饼为一筒合称七子饼茶，每筒重约2.5公斤，沿袭自马帮时代。

在加工工艺上，有人把普洱归为中国六大茶类中的黑茶，也有人将其单列为第七类。"后发酵"是普洱茶的重要特征，根据后发酵程度可分为三类：

- **生茶（生普）**未经发酵，制法和口感都近似绿茶，汤色黄绿，喝起来新鲜有活力，但刺激性较强。
- **老茶（老生茶）**在生茶基础上经过长时间存放自然发酵而来。茶叶在储存过程中与空气和水接触，发生氧化或微生物酶促反应，从而由生涩刺激变得温和圆润。至于多少年才算"老"，并没有固定说法。
- **熟茶（熟普）**采用专业的渥堆发酵技术，使茶叶在两三个月的时间里快速由生转熟，这项技术于1973年在昆明茶厂诞生，并很快传入勐海。老茶和熟茶的茶汤呈红黑色，与黑茶类似。

按照树龄大小，普洱茶又分为古树茶（大树茶）和台地茶（小树茶）。

- 官方将**古茶树**界定为野生型茶树和树龄在百年以上的栽培型茶树，它们分散生长在森林之中，不便采摘管理，很长一段时间都被弃置甚至砍倒。
- **台地茶**是20世纪七八十年代由政府倡导种植的，低矮密集，形成层层台地景观，萌芽力强、产量高、卖相好，价格一度超过古树茶。

随着茶客对生态和滋味的要求日益增高，生长环境天然、不施农药化肥的古树茶越来越受宠，人们普遍认为古树茶喝起来更柔顺、茶气强、回甘长，使其与台地茶的价差不断拉大，单一山头的纯料古树茶价格大都已达每公斤干毛茶千元以上，贵者如临沧勐库的冰岛茶甚至高达数万元。而单株茶更是古树茶中的极品，单独采摘一个茶园中最老的一棵或几棵树上出的茶青后制成，有钱也不一定抢得到。

左图：熟成的普洱茶

1 采摘　2 摊晾　3 杀青　4 揉捻　5 晒青　6 湿水　7 湿堆　8 干燥　9 分筛　10 蒸压　11 干燥摊晾　12 包装

5天
普洱茶文化之旅

这条线路可以让你深入了解普洱茶的历史文化，走进世界遗产景迈山古茶林，在南糯山寻找野生茶王树。一路除了喝不完的好茶，还有美景、美食和多彩的少数民族风情。

上图：景迈山茶园村寨
右页图：老达保老寨

第1天

☀️ 从与茶同名的 ❶ **普洱** 开始茶文化之旅，在 ❷ **普洱市博物馆**（普洱茶博物馆，见248页）做做功课，到 ❸ **普洱茶马古道景区**（见251页）徒步一段古道，有空还可游览城郊的茶山栈道和茶庄园，或在市区找家茶馆闲坐品茶。

🌙 如果不想住在市区，可选择约20公里外茶山上的普洱倚象山营地暨半山酒店，云海日出风景绝佳，还可体验采茶等活动。

贴士 喜欢City Walk的旅行者，可以考虑租共享电动车探访各处景点。

第2天

☀️ 从普洱前往 ❹ **景迈山**（见245页），自驾可在澜沧至景迈山途中拐进 ❺ **老达保**（见248页）感受拉祜族风情。上山前有时间先到惠民镇的景迈山遗产展示中心参观了解一下。

🌙 住在海拔较高的翁洼、翁基、芒景、芒洪几个寨子，以便次日一早赏云海。

贴士 普洱至景迈山仅有一班直达车，也可先到澜沧换乘直达景迈山的车，或从澜沧到惠民镇再换乘景迈山公交车。

你还可以体验……

普洱茶爱好者还可寻访易武、布朗山、巴达山等古茶山，对比不同山头的独特滋味。

143

① 普洱 — 普洱茶马古道景区
③
② 普洱市博物馆（普洱茶博物馆）

⑤ 老达保
⑥ 大平掌古茶林
⑧ 糯干古寨
④ 景迈山
⑦ 翁基古寨

⑨⑩ 曼短佛寺
⑪ 勐海
⑫⑬ 南糯山 / 南糯山茶王树
⑭ 景洪

黑河　澜沧江　南览江

缅甸

第3天

☀️🌙 早上看完日出云海后，游览景迈山上的 ❻ **大平掌古茶林**（见245页）、❼ **翁基古寨**（见245页）、❽ **糯干古寨**（见245页）等。当地村民热情淳朴，总会有人喊你到家里喝茶，赶上茶季还可参与采茶、制茶活动。

🌙 景迈山有多家精品民宿，各具特色，不妨换个寨子或民宿体验。

第4天

☀️🌙 离开景迈山向东南进入西双版纳地界，途中先后经过 ❾ **景真八角亭** 和 ❿ **曼短佛寺** 两座佛教古建筑，如果自驾可一并游览。在"中国普洱茶第一县" ⓫ **勐海**（见252页方框）稍做停留，逛逛普洱茶数字博物馆和附近的茶马古道。从勐海继续向东前往 ⓬ **南糯山**（见245页）。

🌙 夜宿南糯山，可选择姑娘寨的观景客栈。

第5天

☀️ 到半坡老寨徒步约2公里寻访有着800多年树龄的 ⓭ **南糯山茶王树**（见246页）。

☀️ 离开南糯山前往 ⓮ **景洪**，接下来的行程可参考56页傣族精华之旅。

贴士 景迈山上没有网约车，公交车班次较少，如非自驾建议包车游览。

贴士 往景洪方向的班车经过南糯山路口，上山需打车或搭顺风车。

上图：勐海茶山景色
右页上图：景洪傣族风情园
右页下图：茶马古道景区内的马帮驿站

145

云南咖啡
野蛮生长的力量

　　云南西南部海拔1000多米的山地，自然条件很适合咖啡生长，咖啡种植面积约占全国的98%。十几年前，"小粒咖啡"的名字随着云南旅游热潮火了起来，所谓小粒咖啡，其实就是阿拉比卡种，云南咖啡豆中95%以上都属于杂交的卡蒂姆亚种，有四分之三阿拉比卡血统。

　　过去很长一段时间，云南咖啡产量虽大，却多以出口速溶原料为主，也因此遭遇过多次价格低谷。直到最近几年，通过改良品种、精耕细作、提升加工处理方法，云南咖啡豆的品质越来越高，逐步跻身精品咖啡的行列。无论是连锁咖啡门店的咖啡豆配方，还是精品咖啡馆的手冲豆单，云南咖啡豆的存在感越来越强。

下图：云南保山咖啡庄园的咖啡果实

新寨：中国咖啡第一村

位于保山潞江坝干热河谷的新寨村号称"中国咖啡第一村"，是中国咖啡种植面积最大的行政村。保山种植咖啡的历史可以追溯到20世纪50年代，铁皮卡品种在保山培育成功，随后开始大规模种植以满足苏联的巨大需求，咖啡产业一度迅猛发展。全球范围内以北纬15°至北回归线之间种植的咖啡质量最好，保山虽然不在这个范围内，却凭借特定的地理环境、气候条件、历史渊源，生产出了在国内外多次获奖的世界一流咖啡，具有浓而不苦、香而不烈、略带果酸味三大特点，口感可与闻名世界的蓝山咖啡相媲美。如今，新寨已经发展为成熟的咖啡主题旅游村，处处弥漫着咖啡香，半山腰几座咖啡庄园相映成趣。

普洱：中国咖啡之都

普洱咖啡的发展离不开雀巢、星巴克两大巨头。雀巢过去一直是普洱咖啡最大的采购商，1988年，雀巢把种植基地选在普洱，教会了第一代咖农种咖啡，也把卡蒂姆品种带到云南。星巴克在普洱的布局更加深入。2012年，亚太区首个种植者支持中心落地普洱；2018年，中国首家咖啡原产地门店在普洱市中心开业。在普洱咖啡产业的转型发展中，以Torch炬点咖啡实验室为代表的外来力量起到关键作用，越来越多的咖啡从业者扎根产区，"咖二代"返乡创业。咖啡文化也逐渐融入当地人的生活，据普洱市思茅区市场监管局营业执照注册登记数据显示，从2020年到2023年，普洱市思茅区咖啡店数量由25家增加到150余家。

孟连：精品咖啡第一县

走进中缅边境小城孟连的精品咖啡主题街，你一定会惊讶于这里的咖啡馆密度和咖啡品质之高。几乎每家咖啡馆背后都对应着一座咖啡庄园，你在大城市耳熟能详的咖啡品牌很多都从这些庄园采购咖啡豆。2023年，孟连咖啡种植规模达73.7平方公里，生豆咖啡精品率达56%，居全省第一。近年来政府抓住咖啡精品率高、品质好的优势，全力打造精品咖啡第一县。

咖啡庄园游：从种子到杯子的旅程

许多咖啡庄园在生产之余，也提供咖啡品鉴、专业讲解、烘焙冲煮体验和餐饮住宿服务。咖啡产季从11月持续到次年3月，在此期间到访咖啡庄园，有机会看到鲜果采摘、生豆加工处理的全过程，时间充裕还可参加庄园的义工项目。

- **云南咖啡庄园** 主要集中在保山潞江坝、普洱市思茅区和孟连县，我们在此每地各列一家，你可以在网上搜索到更多特色庄园，并根据自己的喜好和行程安排选择。庄园一般都离市区较远，如非自驾最好提前咨询交通信息。

- **新寨咖啡庄园** 坐落在高黎贡山下坝湾村的一块台地上，向北可俯瞰潞江坝和怒江峡谷。庄园由知名建筑师华黎设计，将荒废的院落和老电影院改造成精致的酒店客房和咖啡博物馆。除了咖啡体验，修道院式的砖砌建筑本身也吸引很多游客前来打卡拍照。

- **小凹子咖啡庄园** 位于思茅区南约20公里，80多岁的主人廖秀桂是普洱最早一批咖农，1997年退休后承包下几百亩地，不求产量，只求传播咖啡文化。他的孙子在吧台为游客做手冲咖啡（60元含多种口味），一杯杯品尝下来，你会惊叹于云南咖啡竟有这么多种风味。

- **芒芒村** 是离孟连县城最近的咖啡基地，由云南精品咖啡社群（YSCC）支持，毗邻芒掌咖啡庄园，经常举办咖啡交流活动，年轻的主理人已在云南咖啡产区深耕十年。芒芒村的户外空间宽敞舒适，除了咖啡还售卖精酿啤酒、简餐、特产和文创产品，有大帐篷可以露营。

下图：咖啡庄园

4天
普洱咖啡体验之旅

这条线路集中在普洱市思茅区和孟连县两个咖啡产区，从城里的咖啡馆到山间的咖啡庄园，能打卡多少家，全看你的时间、心情和咖啡耐受力。

第1天

☀️ 🌙 抵达 ❶ **普洱**，这座小城的咖啡馆比例极高，在文艺的 ❷ **戴家巷**（见249页）、悠闲的公园、热闹的商区、偏僻的小院，总会找到你爱的咖啡氛围。

第2天

☀️ 🌙 在普洱市区周边众多咖啡庄园中选择一两家参观品鉴。

🌙 返回普洱，或住在咖啡庄园。

第3天

☀️ 🌙 从普洱前往 ❸ **孟连**，游览 ❹ **娜允古镇**（见252页），在精品咖啡主题街尝尝孟连本地出产的咖啡豆，到了牛油果之乡，不要错过牛油果特调咖啡。

第4天

☀️ 逛农贸市场，尝傣族美食，感受浓郁的民族风情。

☀️ 到孟连县城周边的咖啡庄园参观品鉴，也可以在庄园住上一晚。之后结束旅程或前往下一站。

你还可以体验……

到保山潞江坝品尝另一个云南咖啡产区的不同风味，或前往距孟连2.5小时车程的景迈山（见245页）品茶。

上图：手冲咖啡
右页图：娜允古镇

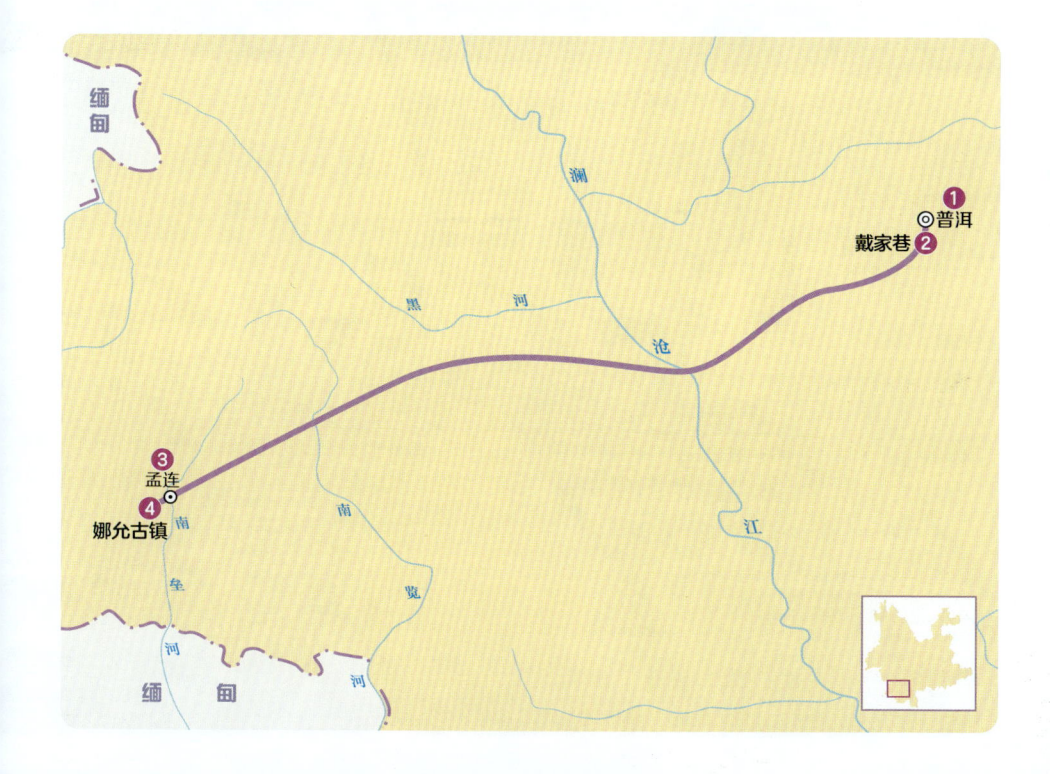

① 普洱
② 戴家巷
③ 孟连
④ 娜允古镇

葡萄酒
在山高谷深中破土而生

19世纪中叶，法国传教士跋山涉水抵达青藏高原脚下，又沿茶马古道来到德钦，在茨古、茨中和巴东三地建造教堂，种下藏区第一片葡萄，并用传统的法国技艺和器具酿酒用以祝圣。传教士离开之后，留下的葡萄园由藏民看护。最初种植的玫瑰蜜并不是优良品种，后来当地人又引进了法国的赤霞珠。20世纪末在政府的鼓励下，从德钦到维西一线遍布葡萄园。

澜沧江上游坡地得天独厚的气候和地质条件，与法国葡萄酒之乡波尔多相似，孕育出"敖云"等享有国际盛名的葡萄酒品牌。这一带还有不少小型酒庄，你可以直接走进葡萄种植园参观，热情的当地人不会将你拒之门外。许多村民也会自己酿酒，质量与专业酒庄相比肯定有差距，不妨将购买村民自酿葡萄酒视作一种支持当地人的行为。

法式

天主教堂群

茨中是藏族村落，但超过一半的藏族村民信仰天主教。茨中教堂堪称中西合璧的典范，弥撒使用汉藏双语，每周日附近的汉、藏、纳西、白、傈僳等民族教徒都会前来参加。巴东村比茨中村要古朴许多，天主教堂与藏传佛教寺庙并存，半山腰上的玖仁教堂里有一座法国人投资的霄岭酒庄。沿途的茨菇教堂遗址、传教士之墓和开东卡教堂，也经常有信徒祭拜。茨菇村沿巴东河一带有磨坊、小桥、薰衣草和茂密的果树林，一派法国乡村风光。

传教士之路

茨中有一条由传教士开辟的徒步路线，是翻越碧罗雪山的四条线中最热门的选择。从茨中到迪麻洛需3—4天，途中最高海拔4300米，8月至11月难度适中，部分路段可选择骑马，冰雪季节可能十分危险。从茨中和迪麻洛两个方向都能联系到向导和马匹。除了传教士之路，茨中附近的禹功村与尼通村是徒步白马雪山的常规出入点，5月至8月可赏绝美的杜鹃花海与高原牧场风光，长线还可翻越白马雪山前往奔子栏。

葡萄之乡弥勒

1910年建成通车的滇越铁路像一条蔓延的葡萄藤，把玫瑰蜜的种子播撒到铁路沿线。1958年，一批被划为右派的知识分子来到弥勒东风农场，其中不少留法归国的科学家曾在法国考察过波尔多葡萄谷。他们在一幢废弃的法式庭院里发现了紫色葡萄藤，认定是十分优秀的酿酒葡萄，便剪下几枝种到弥勒贫瘠的土地上，并教会当地村民种植葡萄、酿造葡萄酒。1990年，鉴定发现当地人口中的"黑葡萄"正是法国人最初在德钦种下的玫瑰蜜。这个古老的葡萄品种在法国已经绝迹，弥勒东风农场成了唯一将它保存下来的葡萄园，著名的云南红酒庄（见下图）就坐落于此。如今，葡萄已成为弥勒的重要产业，种植品种繁多，2023年葡萄种植面积达68平方公里，葡萄产量达15.61万吨。

左页图：茨中教堂内部
上图：云南红酒庄

4天 德维公路自驾之旅

连接德钦与维西的德维公路全长约200公里，路况不错，沿线旅游开发尚未成熟，因而充满探险的乐趣。多变的自然风光，交融的人文特色，甘甜的葡萄酒，都让人流连忘返。

第1天

☀️🌙 从大理或丽江前往 ❶ **维西**，在安逸的县城稍做休整。

贴士 县城附近的新化湖可徒步、溯溪，海拔较低。

第2天

☀️🌙 从维西向北行驶约80公里到达康普乡，游览融合了汉族、藏族、白族、纳西族风格的 ❷ **寿国寺**。回到德维公路继续向北行驶几公里后，右拐经一段山路进入 ❸ **同乐村**，感受傈僳族风情。

🌙 喜欢原生态可以住在同乐村木楞房改建的民宿，不远处的叶枝镇上则有更丰富的食宿选择。

贴士 因配合水坝建设，沿途的小维西教堂已随整个村庄一起搬迁。进入同乐村前的大拐弯取景视角极佳，停车注意安全。

第3天

☀️🌙 在叶枝镇参观 ❹ **叶枝土司衙署**（见277页）后，前往 ❺ **巴东村**游览周边的教堂遗迹和葡萄园，然后继续向北到达 ❻ **茨中村**。

🌙 茨中有很多精致的民宿，松赞茨中山居最高端，观景台上可将澜沧江、雪山和寺庙同时收入眼底。

贴士 途经的巴迪乡境内有南极洛、九湖一山、麻几娃等高原湖泊群，越野车可开到南极洛的第三个湖，其余都只能徒步，有兴趣可咨询当地向导，不要贸然前往。

第4天

☀️ ☾ 参观 ⑦ **茨中天主教堂**，赶上周日不要错过弥撒活动。从茨中沿德维公路向北行驶约20公里，到 ⑧ **谷扎温泉**享受一下，继续向北行驶到达 ⑨ **德钦**。

> **贴士** 喜欢徒步可在茨中花三四天体验传教士之路。

你还可以体验……
从德钦继续前往梅里雪山。

左页图：德维公路沿线风光
上图：同乐村

地图标注：
- ⑨ 德钦
- ⑧ 谷扎温泉
- ⑦ 茨中天主教堂
- ⑥ 茨中村
- ⑤ 巴东村
- ④ 叶枝土司衙署
- ③ 同乐村
- ② 寿国寺
- ① 维西

西藏自治区　四川省　金沙江　澜沧江　怒江　巴洛河支　缅甸

温泉巡礼

在滇西与滇南的山野温泉里疗养生息、洗去疲惫。

　　云南正处在印度板块和欧亚板块的结合部,板块间相互挤压,活跃的地壳运动孕育了丰富的地热资源,这里的温泉分布密度为中国各省最高,已探明温泉有1240多处,约占全国三分之一。

　　380多年前,徐霞客游历云南时,就曾对腾冲、大理一带的多处温泉进行过实地考察,想必也是一路泡得很舒爽,他还为温泉赋诗:"一了相思愿,钱唤水多情;腾腾淋浴日,蒸蒸热浪生。浑身爽如酥,怯病妙如神;不慕天池鸟,甘做温泉人。"

上图:云南园林温泉

云南人未曾辜负地热的馈赠，泡汤文化自古就有。每到腊冬时节，腾冲人杀完年猪，便会带上铺盖家当、锅碗瓢盆和柴米油盐，到附近山野里的温泉旁住上数日甚至一两个月，开启一年一度的疗养时光。滇西北迪庆藏族自治州的藏民则会去洱源的牛街泡温泉过冬。大理北部和楚雄人会在春季农闲时，聚到九台村进行"春浴"。对怒江的傈僳族来说，洗澡也是一种洗旧迎新、除晦开运的仪式，他们会在过年期间举办热闹的澡塘会，这样的传统已持续了400多年。云南人的生活离不开澡堂子，泡汤是日常，是爱好，也是精神寄托。

　　从云南温泉的分布来看，滇西与滇南约占3/4，以高温温泉为主，滇中与滇东约占1/4，以中低温温泉为主。在温泉成分上，碳酸泉占比超过75%，硫黄泉约占7%，其他还有硅酸泉、氡氟泉、氯化钠泉、咸水泉等。泡汤形式也是丰富多样，除了五花八门的功能池，地热蒸床、溶洞汗蒸更是别处少见的独特体验。这里既有常见的温泉酒店、度假村，高端的一房一私汤，也有村民们"赤诚相见"的土澡堂，在大山里徒步的人随时可能遇见一池野生温泉，当你感觉身体被掏空时，那简直是最有效的回魂丹。

　　记得带上泳衣来，这里值得你用光一年的温泉额度。不过温泉虽好，也不可"贪杯"，不要在空腹或过分饱腹时泡温泉，泡汤时要注意补水，一次不要泡太久。

泡滇西

云南温泉四分之三在滇西，腾冲、保山、芒市都有大量温泉，城市中的泡汤形式多样，有奢有俭，既有设计考究的日系风、雨林感，也有简陋"似猪圈"的环境。高黎贡山的森林中、怒江畔还有大量野温泉，你数不清滇西有多少温泉，也永远泡不够这里的温泉。

88处温泉

99座火山

腾冲

"99座"火山孕育了"88处"温泉，腾冲是中国唯一的火山地热温泉并存区，也是中国已知的第二大热气田，它几乎担下了云南温泉的半壁江山。市区周围几乎村村户户有温泉，从免费的村民浴室，到简洁的温泉旅馆，以及豪华的私汤度假村，不一而足。

徐霞客在其《滇游日记三十四》中记载："又东二里，遂入山峡，有溪中贯而出，其泉不热而温，是为罗汉冲。"罗汉冲即今天的永乐镇，水中偏硅酸、偏硼酸和氟等矿物元素的浓度较高，具有"多泉合一"的罕见特性。如今镇上有十来家温泉农家乐，环境虽简，水质绝佳。徐霞客造访过的大洞温泉位于村后方山腰上，澡堂背靠三块倾斜状的巨石，水温低于40℃，与徐霞客书中描述的"崖石叠覆如累棋""水俱不甚热"相符，当年温泉上方"得一亭覆之，遂免风雨之虑矣"，如今温泉池上方也有搭建的木质顶棚。大洞温泉现在是公共澡堂，村民们按单日男、双日女的规则轮流使用。其他如胆扎村、大塘村等也都有供村民搓澡的"大浴室"。

腾冲的地热景区以热海（见318页）最为著名，景区里有一口直径6米的大滚锅，有意思的是，温泉水温保持在90℃以上，并未达到100℃的沸点，但眼前锅里的水热浪滚滚，这是因为腾冲海拔在1600米左右，大约94℃就到达沸点了。另一处景点樱花谷（见319页）盛产可以直接喝的温泉水，可以与法国著名的温泉小镇依云相媲美。

清水乡的黄瓜箐温泉体验最特别。这里处在热海上方，过去是疗养院，进村就有一股浓浓的硫黄味扑面而来。温泉客栈直接盖在地热田上，温泉水是利用地热将溪水加热。地热蒸床是这里的最大特色，它是将卵石、沙子、青松毛、艾草等铺在密密麻麻细小的热气孔上，再覆上草席，泡完汤直接躺上去就是天然熏蒸。本地人对蒸浴十分推崇，因为对风湿、关节炎、神经痛等疗效显著，但也戏称它为"猪圈温泉"，因为环境像猪圈。

在腾冲，两个森林主题的温泉度假村最受欢迎。洞山温泉村原是永乐村的公共澡堂，升级改造后，规模大、汤池多，价格依然亲民，是腾冲人口中名副其实的"自己的澡堂子"。荷花温泉环境更佳，清一色的露天汤池，隐蔽于葱郁的森林里，野生且奢华，也有一定的私密性，雨季更是能带来热带雨林般沉浸式效果，除了天然温泉池，还有各种精油功能的泡池，包括艾草池、牛奶池、芦荟池、薰衣草池等，也有干蒸房和湿蒸房。

左页图：热海蛤蟆嘴地热喷泉
上图：热海里的温泉蛋

区分硫黄泉与碳酸泉

硫黄泉是因地壳里的岩浆作用或火山爆发形成的，主要成分是硫化氢，最大特点是散发着一股浓烈的臭鸡蛋味。硫黄泉具有软化皮肤、溶解角质、使植物神经系统兴奋活跃的作用。它能促进关节浸润物的吸收，缓解关节韧带的紧张，并促进体内的废物通过皮肤和肾脏排出体外。

碳酸泉是地表水渗入地下后受地壳内部的热气加热而产生，主要成分是游离二氧化碳。它比硫黄泉的温度低，刺激性也小，对心脏负担也相对更小，但不适宜肾脏病患者和肠胃虚弱者。碳酸泉有助于改善血液循环，对防治高血压、心脏病、动脉硬化、改善睡眠质量有一定效果，也可以帮助皮肤消炎、祛疤等。

百花岭

高黎贡山自然保护区内的百花岭，藏着2处天然的森林温泉。澡塘河温泉海拔1400米，温泉水温高达80℃，旁边的澡塘河水则冰凉刺骨，两股泉水冰火相逢后，调和出冷热适宜的水温，所以也叫阴阳谷温泉。

摆老塘变色温泉的位置更远，海拔也更高，需要请向导带路，徒步3个多小时才能到达。这处温泉的水色会随季节、时间、天气而变幻出透明、乳白、粉红、天蓝等颜色，也被当地人叫作变色温泉。

龙陵

保山龙陵县属于高黎贡山余脉，丰富的地热资源孕育了600余孔泉眼。邦腊掌温泉号称"滇西第一奇汤"，水色会随天气和地壳运动而变，据称还能预测到方圆800公里内的地震（真实性就见仁见智了）。此外，邦腊掌温泉还是世界上极为少见的氢氟泉，以氢和氟为主要元素，目前已知开发的除了这里就只有日本富士山。它同时也拥有碳酸泉、硫黄泉，温泉水中含有23种对人体有益的微量元素，被云南省温泉与水疗行业协会评定为特级水质。

上图：当地人在凳埂澡塘沐浴
右页图：怒江登埂澡堂

腾冲温泉不完全收录

温泉	室内/露天/私汤	类型	特色	价位（元）	卫生条件	推荐指数	位置
美女池	室内、露天	酒店，可单购温泉票	硫黄泉，水质绝佳；坐拥景区风光，私密性差；设施老旧	280	☺	☹	热海景区内
浴谷	室内、露天、私汤	纯泡温泉，无住宿	硫黄泉；冷热双泡的"冰火泉"、汗蒸	280	☹	☺	热海景区出口
樱花谷	露天	景区	碳酸泉；水可饮用；水温40℃，冬季泡易感冒，樱花季正是冬春之交，有点赏花、温泉难两全的尴尬	48	☹	☺	腾冲市区东北25公里
悦椿温泉村	室内、露天、私汤	度假酒店，可单购温泉票	碳酸泉；精油池、汗蒸、spa；环境、设施一流	238	☺	☺	腾冲市区东北11公里
荷花温泉	露天、半露天	纯泡温泉，无住宿	硅酸泉、高岭土泥、碳酸泉；精油池、干蒸房、湿蒸房等多种功能；森林环境	210	☺	☺	腾冲西南25公里荷花乡
黄瓜箐温泉	室内、露天	客栈，可单购温泉票	硫黄泉；地热蒸床；疗养为主	50	☺	☺	腾冲以南15公里清水乡
柏联温泉	室内、露天	度假酒店，可单购温泉票	碳酸泉；spa、汗蒸、桑拿、鱼疗池、精油池；淡季仅开放少量汤池；园林式环境，硬件设施好	298	☺	☺	和顺古镇南边

芒市

德宏的地热资源集中在市区南边的法帕村,这里有多个价格亲民、水质清澈的温泉酒店。芒蚌温泉度假村和芒蚌明泉最有名,环境也最好,这里泡的是氡温泉,据说有促进新陈代谢和护肤的功效。

遮放镇芒棒村的树洞温泉堪称全云南最浪漫的野温泉。泉眼藏在一棵大榕树下,几百年长成的发达根系"圈"出两个露天大澡堂。你可以钻进树洞,感受泉眼口的热量,在蒸汽弥漫中做个天然桑拿。

登埂澡塘

在云南所有野温泉里,登梗澡塘最现代,它离六库不过10公里,紧挨着美丽公路,百步之外就是引温泉入房的豪华酒店,加上它确实非常干净,洁癖者大可放心。这里十来个天然露天温泉池,贴着怒江。坐在泡池中,怒江与肩齐平,它就在离你1米处奔流。

这里也是傈僳族一年一度举办"澡塘会"的地方。正月初二至初六,散居在周围山里的傈僳族扶老携幼聚到这里,洗旧迎新。过去,人们会带上柴米油盐和灶具,在温泉旁支起帐篷住下,每天洗浴七八次,洗浴时男女不避,赤身入池。

★:☹ ★★:🙂 ★★★:😐 ★★★★:🙂 ★★★★★:😊

温泉	室内/露天/私汤	类型	特色	价位(元)	卫生条件	推荐指数	位置
大洞温泉	半露天	公共澡堂(按单日男双日女的规则轮流泡)	碳酸泉;水温偏低;本地人习惯裸泡	免费	🙂	🙂	腾冲市南边6公里大湾子坡头
洞山温泉村	室内、露天	纯泡温泉,无住宿	硅酸泉;恒温泳池、功能泡池、蒸房、spa、足疗、按摩;以人造景为主	60	☹	☹	永乐村南边
永乐温泉村	室内、部分带露天泡池	农家乐	含偏硅酸、偏硼酸和氟等;全村13家温泉,简陋但干净	30	🙂	☹	腾冲市区东南10公里永乐村
小甸樱花温泉	室内、露天	纯泡温泉	碳酸泉,富含钠;环境偏野生	10起	🙂	🙂	固东镇以西小甸村
蜡幸温泉	室内、露天	农家乐	硫黄泉;村里有一个和热海大滚锅类似的沸泉塘;水质好	30	🙂	☹	腾冲以北50公里滇滩镇蜡幸街
北洞生态温泉	露天	纯泡温泉	碳酸泉;天然山野环境	69	😐	😐	腾冲西北20公里中和镇闫家冲
大塘温泉	室内、露天	农家乐	碳酸泉,原生态,水质好	20	☹	🙂	腾冲以北80公里界头镇
石墙温泉	露天	只能泡脚	硫黄泉;水温高达70℃	10	🙂	🙂	腾冲以北80公里界头镇

3天 高黎贡山温泉之旅

从腾冲到六库，翻过高黎贡山，来到另一侧的怒江边，吹着亚热带的暖风，在城市里享受高端水疗，去森林里体验野温泉的纯粹，让身心回归自然。

第1天

☀ 抵达腾冲后，先去❶**国殇墓园**（见324页）和❷**滇西抗战纪念馆**（见324页），缅怀先烈，不远处是❸**李根源故居**。午餐把腾冲的名小吃挨个尝一尝。

☀ 下午的大部分时间留给❹**腾冲火山地热国家地质公园**（见315页）。若是11月中下旬前来，结束后可以前往❺**银杏村**。然后找个温泉泡泡，蜡幸温泉是距离最近的选择，可以边泡边等一锅浓郁的银杏炖鸡。或去最远的界头村赏银杏，这里的温泉更多，但条件也更简陋。讲究环境的话，附近隈研吾设计的石头纪酒店内也有汤池。若不看银杏，游览完火山公园直接去❻**荷花温泉**，在"野奢"森林环境里泡个爽。

第2天

☀ 一早参观❼**热海**（见318页）景区，在著名的大滚锅旁吃一个现煮的温泉蛋。然后去附近的❽**黄瓜箐**体验独一无二的蒸浴。

☀🌙 离开腾冲，前往热带山峡风光的潞江坝，先去看看怒江边建于清道光年间的❾**惠人桥遗址**。如果想拍出好看的照片，可以前往收费的❿**新寨咖啡庄园**，这栋建筑很出片，也可以在此喝杯地道的云南小粒咖啡。但真正的咖啡庄园⓫**新寨村**在继续往北的S230省道边，如今叫"中国咖啡第一村"，有绵延万亩的咖啡园，一路还会经过瑞幸咖啡的基地。车开到山顶可以俯瞰整个潞江坝子，今晚就住在这里，闻着咖啡豆香入眠。

贴士 温泉不能泡太久，可以采用"三进三出"的方式，泡5—8分钟，身体发热后出池，披上浴巾休息3—5分钟，待身体降温后再入池，如此重复。若有多个温度不同的汤池，可以从低温慢慢过渡到高温。

贴士 泡硫黄泉前，要取下身上的首饰，以免被氧化。

左页图：腾冲银杏村
左图：腾冲热海大滚锅

你还可以体验……

这条路线围绕温泉设计，腾冲与怒江的景点并未面面俱到，如果想玩转两地，你可以在此行程基础上前后增加数天。腾冲可以待3天，把下绮罗、北海湿地、和顺古镇加入行程，通常旅行者会在和顺古镇（见319页）住一晚。到了六库后继续沿美丽公路北上，在老姆登、独龙江、丙中洛各至少住一晚。

第3天

☀ 沿着怒江与流向相反的方向，一路向北去高黎贡山自然保护区内的 ⑫ **百花岭**。导航到王家岩防火检查站，登记并交15元进山费，然后就沿着台阶徒步上山，这是一条环线步道，途经气势磅礴的美人瀑，一路观鸟赏植物，大约走1个半小时，就能来到绿野仙踪深处的 ⑬ **澡塘河温泉**。

☀ 出百花岭后，在山脚岗党村吃个午饭，顺便去看看有着200多年历史的铁索桥 ⑭ **双虹桥**，这里也是昔日中国远征军抗击日军的战场。然后往怒江上游前行88公里，到达本次行程的终点：六库 ⑮ **登梗澡塘**（见393页）。在怒江上玩一次溜索，再枕着怒江泡个野温泉，看夕阳一点点谢幕。如果嫌人多尴尬，直接住到旁边的登梗温泉半山酒店，阳台私汤泡尽兴。

贴士 第2天、第3天的行程很难依托公共交通完成，这条线路自驾更合适。

2-3天 傣乡泡汤之旅

你可以将上一条线路进行延伸，从六库返回保山，再向南一路往边境去，从潞江坝的干热河谷进入浓郁的东南亚风情地带，温泉不多，但很特别。

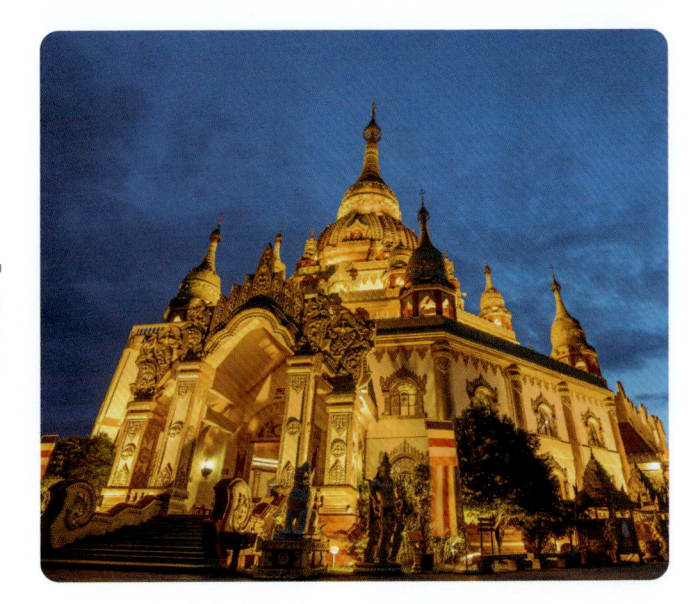

第1天

☀ 抵达保山，参观❶**保山市博物馆**（见325页），"国保"打卡控可以去趟❷**太保山公园**（见328页），中午吃碗当地特色的豆粉火烧。

☀ 前往松山战役的发生地，去龙陵县参观❸**松山战役遗址**（见328页），看看庄严的8000尊中国远征军雕像。傍晚抵达芒市后，随即前往城南的❹**法帕村**，在棕榈摇曳的树影下泡个东南亚风情的温泉。

☾ 晚上返回市区，投入夜市的"宵"烟中，美食孤勇者不妨挑战下撒撒。

上图：勐焕大金塔
右页图：独树成林景区

第2天

☀ 参观缅甸风格的❺**勐焕大金塔**（见326页）、❻**树包塔**（见326页）等佛寺。中午就在佛光寺附近品尝傣族和景颇族的美味小吃，喝杯泡鲁达。

☀ 驱车向南，先去遮放的傣族村寨里泡一泡❼**树洞温泉**。再从畹町一路玩过去，❽**莫里雨林**（见318页）、❾**独树成林**（见252页）、❿**姐勒金塔**（见326页）、⓫**瑞丽总佛寺**都在沿线，然后抵达瑞丽。最后一站也要将泡汤进行到底，⓬**景城地海温泉度假中心**拥有一口沸腾的翡翠泉，出水口蒸汽温度高达103℃，这当然泡不了，可以泡的是椰奶池、藏药池、傣族药浴池、景颇药浴池等。这里是碱性碳酸氢泉，度假村环境很棒，人少价格还便宜。

你还可以体验……
你可以在瑞丽再多留一天，走一趟姐告口岸、边寨喊沙、一寨两国。

贴士 树洞温泉周围小虫子非常多，皮肤敏感体质人群要做好防护。

163

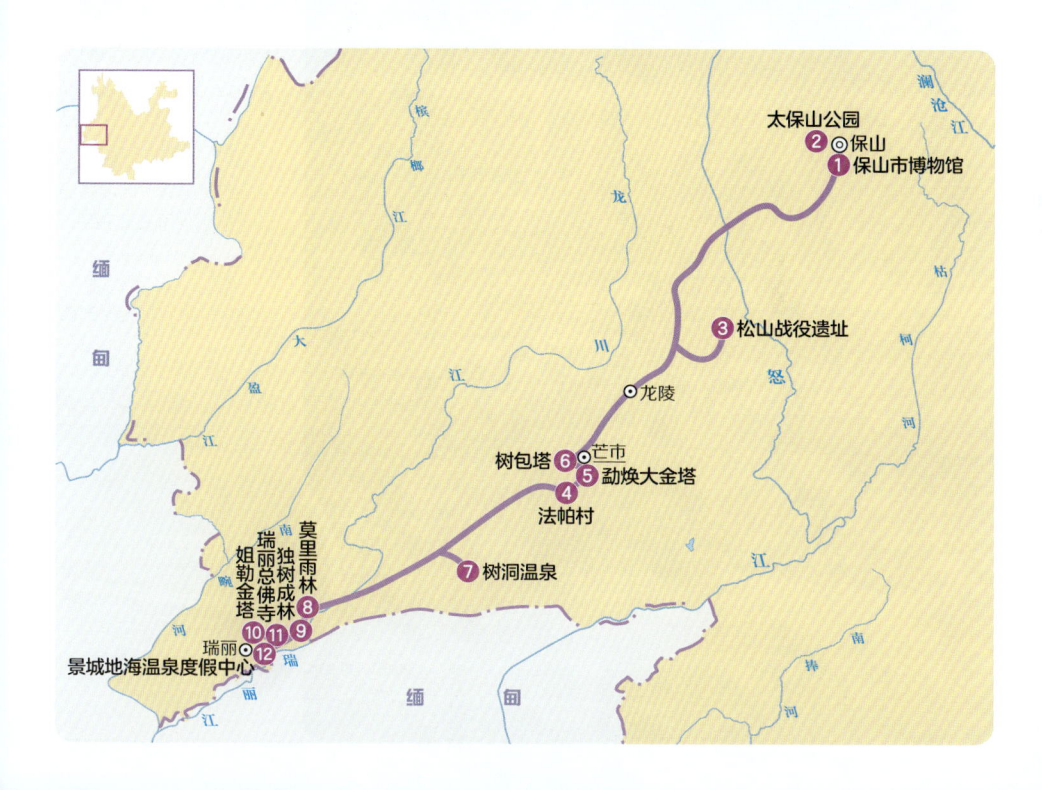

太保山公园
保山
保山市博物馆
松山战役遗址
龙陵
树包塔
芒市
勐焕大金塔
法帕村
树洞温泉
莫里雨林
独树成林
瑞丽总佛寺
姐勒金塔
瑞丽
景城地海温泉度假中心

泡大理

　　大理的地热资源集中在洱源县，这里有3处久负盛名的温泉乡。沿着214国道向北，有高端的温泉度假村、温馨的温泉民宿，也有乡村范和国营风的简陋浴室，各村都有泳衣出售。如果不想在"温泉小镇"住一晚，也可以买张温泉票，泡完就走，最便宜的10元，豪华度假村也不过百元上下。

三步温泉四步汤，

气蒸雾迷似仙乡

下山口

下山口镇的温泉是不含硫黄的弱碱性硅酸泉水,富含钾、镁等矿物,出水温度在50℃以上。普陀泉温泉度假村的名气和环境在整个洱源地区都数一数二,泡池很多,分两个大池子,共有十几个不同主题的小汤池和桑拿区。阡禾温泉山庄的露天池正对花田,春天油菜花开时风景绝佳。

石门关

漾濞的石门关温泉位于同名景区内,面朝葱郁的苍山,环境出众,私汤分面山、临河、会馆等多种房型。这里没有发展成洱源县那样村村户户皆有汤的情形,因此游客也不多。

洱源

洱源顾名思义是洱海的发源地,有"三步温泉四步汤,气蒸雾迷似仙乡"之称。城西山脚的老城区遍布泉眼,温泉路上的热水沟是仍在使用的最古老的温泉出水口,文庙旁也有泉眼。玉湖公园内有免费的温泉泡脚池,但水温很高,小心烫脚。

大理地热国是洱源规模最大、条件最好的温泉度假村,号称"亚洲最大露天温泉",拥有30多个不同特色、不同疗效的露天池,包括牛奶池、玫瑰池、绿茶池、水帘洞池等。房间里有私汤,打开热水管会闻到一股浓郁的臭鸡蛋味,闻着上头,但也证明温泉很纯、浓度很高。地热国的温泉是硫黄泉,引自旁边九台村里的九气台温泉,因有9个洞穴出泉而得名。九气台温泉自古有名,还被徐霞客赞誉过,村里到处可见滚滚热水,春季农闲时周边乃至楚雄人都会前来"春浴"。

牛街

牛街同样是硫黄泉,街头到处能看到冒热气的流动泉水,村里温泉民宿一家挨着一家,家家屋顶冒白烟。炼渡澡堂是村里的公共汤池,男女分池,本地人大多习惯裸泡,也有独立包间。牛街还特别受香格里拉的藏民欢迎,冬季他们会"组队"南下泡温泉。

炼渡澡堂旁,一条大石板下的水槽是公用的温泉出水口,水温高达80℃,扔只鸡蛋进去,很快就会变成溏心蛋。每天提着桶来打水的村民络绎不绝,热水塘旁竖了块严肃的公告牌:严令禁止在此杀猪、烫鸡、宰牛羊等!据说过去村民们确实就是这么干的,冬至前后杀年猪时尤其壮观。如今因大量温泉酒店在周边建起,这口热气腾腾的温泉井可能会面临枯竭,2023年以来已断水过几次。

左页左图:大理苍山石门关
左页右图:下山口温泉
上图:大理地热国

1-2天
高原水疗之旅

一天往北去洱源，一天往西去苍山另一边的漾濞，便能将大理周边的温泉泡个遍。

第1天

☀️ ☀️ 出❶**大理古城**向北，经过以乳扇出名的邓川，先去游览❷**大理西湖**，这里是洱海水源之一，也是候鸟的主要越冬地，湿地中芦苇摇曳、白鹭翩飞，非常漂亮，不必进景区，包村民的船去游湖即可。游完西湖继续往北，看到普陀泉温泉度假村就到❸**下山口**了，214国道穿城而过，沿街都是温泉酒店，泡完温泉可以在街上买个邓川牛奶煮鸡蛋补补。

☀️ 继续往北到洱源，全县最高端的温泉度假村❹**大理地热国**就位于此，对面的❺**茈碧湖**也是洱海水源之一，夏天的午后，湖里会开一种珍稀的黄白色睡莲，若是三四月前来，就坐船去湖对岸的❻**梨园村**欣赏千树万树梨花开。

再往北18公里到❼**牛街**，这里曾是茶马古道的驿站，如今不见商业气息，村民很淳朴，若赶上周四赶集日可以留下来多逛逛，即便不泡温泉，也一定要去看看村中心的公共泉水。

🌙 洱海的源头也是大理的奶源地，今天全程有冰镇鲜牛奶相伴，这也是在洱海泡汤的额外福利。你可以住在温泉村里，或返回大理，从牛街到大理古城车程不到2小时。如果时间充裕，回程你还可以绕道去❽**凤羽古镇**看看，这里有安静的白族民居，深秋去凤翔书院赏银杏，附近有个网红空中稻田剧场。

第2天

☀️ 从大理古城坐车1个半小时到苍山西坡的❾**漾濞**，这个彝族村落曾是西南丝绸之路上博南古道和茶马古道上的重镇，县城还留有最后一段马帮走过的老街——500米长的仁民街，以及博南古道唯一幸存的铁索桥——云龙桥。漾濞赶街日在周五，有不少周边山民自产自销的原生态食物，别忘了尝尝漾濞卷粉和彝族荞饼、荞饭。

☀️ 在县城吃过午饭后，就去❿**石门关景区**，它也属于苍山世界地质公园的一部分，最大的看点是两扇壁立千仞的天然石门，一路沿栈道欣赏苍山和漾濞河谷。

🌙 爬完山直接在景区内的石门关温泉酒店住下，好好泡个温泉放松下，公共泡池正对苍山那道深深的"裂痕"，晚上可以躺着欣赏石门关满天星般的"灯光秀"。

你还可以体验……
你也可以只走第一天的行程，然后直接奔赴丽江，进入下一段旅程。

左页图：俯瞰石门关
上图：茈碧湖荷花
下图：石门关

云南各地温泉拾遗

安宁温泉

碳酸泉、露天池、室内私汤

距离昆明最近的温泉,为碳酸泉,水温在42—45℃,被明代诗人杨慎赞为"天下第一汤"。安宁温泉宾馆和金方森林温泉半山酒店是最有名的两家,既有众人一起泡的露天池、儿童池,也有室内私汤、日式汤池等。

景谷芒卡温泉

天然咸水温泉、东南亚风格

位于景谷县凤山乡,距普洱约3小时车程。这里是天然咸水温泉,富含硫化钠元素,温泉度假村是东南亚风格。

摩梭温泉

便宜

人少

干净

位于泸沽湖附近的永宁镇上,可以躺着看格姆女神山,本是男女共浴的大池子,如今中间有堵矮墙隔开,环境简陋但干净,便宜又人少,常能享受包场。

天生桥温泉

硫黄温泉、天然质朴

香格里拉东边,依着属都岗河,面朝石灰岩石桥,天然又质朴的硫黄温泉,池底甚至有滑脚的青苔。

茸恰·Glamping娜姆措温泉帐篷营地

私汤、环境一流

价格不菲

靠近普达措,很适合从尼汝徒步至普达措后放松一下,私汤环境一流、价格不菲,但只有住店客人才能享受。

泡汤

西双版纳

♨ 硫黄泉

✨ 泉水干净

西双版纳的温泉集中在嘎洒镇，这里大多是水温在37—42℃的硫黄泉，泉水很干净，但环境一般。如果想要享受环境就去悦椿和新开的孔雀谷度假酒店。

元江温泉

♨ 硫黄泉

🎵 休闲娱乐

在全云南最炎热的元江泡温泉是种特别的体验。这里的温泉水含硫黄，功效一般，以休闲娱乐为主，红河谷热海温泉和栖霞山温泉酒店是最有名的两家。

玉溪华宁温泉

♨ 碳酸泉、数量众多

华宁温泉是碳酸泉，属低温地热里的温热水。这里温泉数量众多，最有名的是象鼻森林温泉和半山常乐温泉酒店。

湖泉半山温泉

♨ 碳酸钙泉

☺ 亲子游

位于弥勒，为碳酸钙泉，分温泉区和水疗区，环境不错，也很适合亲子游。

谷扎温泉

⛰ 可远眺雪山

⭐ 条件简陋

位于燕门乡，在去茨中的路上，温泉背靠碧罗雪山，冬季可远眺雪山，但条件简陋，原本也只是附近村民的自留地，随着南极洛的爆红，或许未来会有越来越多的游客知晓这里。

体验级住宿

旅游业发展成熟的云南，你几乎可以在全域找到设计感极强、体验一流的酒店和民宿，无论是能眺望到玉龙雪山的大研安缦、恰好位于虎跳峡峭壁之间的秘境·半山酒店，还是喜洲古镇内由杨品相宅改建而来的喜林苑，每一处都能为旅途带来不一样的惊喜。

丽江大研安缦酒店
¥¥¥¥¥

坐落于丽江狮子山顶，近可俯瞰大研古城，远可眺望玉龙雪山。酒店沿袭了纳西族的建筑风格，坐拥丽江为数不多的室外恒温泳池，还配备了水疗和普拉提室。值得一提的是，建于1725年的文昌宫完整保存在酒店内。（见图1：丽江大研古城）

香格里拉虎跳峡秘境·半山酒店
¥¥¥

在虎跳峡的峭壁之间，金属工业风客房、无边泳池、户外星空酒吧、悬崖边下午茶，都能为你带来极强的视觉冲击力，独门独院的设计很好地保证了私密性。酒店组织的经典虎跳峡徒步行程让你毫无负担地体验世界级的徒步线路。（见图2：俯瞰虎跳峡）

西双版纳安纳塔拉度假酒店
¥¥¥¥¥

毗邻中科院西双版纳热带植物园，缅瓦覆盖的傣式建筑奢华而不张扬。独栋别墅内含露天恒温泳池，你还可以体验融入了普洱茶油精华的特色水疗。儿童活动中心、图书室、乒乓球、桌球和各种棋类会让小朋友玩得乐不思蜀。（见图3：中科院西双版纳植物园）

¥ 每晚300元以下
¥¥ 每晚300-700元
¥¥¥ 每晚700-1500元
¥¥¥¥ 每晚1500-2000元
¥¥¥¥¥ 每晚2000元以上

西双版纳匠庐·南糯山
¥¥¥
　　普洱茶名山南糯山上，哈尼族村落姑娘寨被原始森林包围，酒店掩映其中。早上在露台看云海，下午在无边恒温泳池畅游，傍晚在楼顶咖啡馆看日落晚霞。房费还含森林徒步体验、参观茶王树、夜间围炉煮茶等活动。（见图4：普洱南糯山）

方物之外·阿百腊
¥¥¥¥
　　位于世界遗产景迈山核心区域的芒景上寨，"阿百腊"在布朗语中意为茶魂，在布朗族头人后代、烤茶"非遗"传承人南康老师的家里，你将获得沉浸式的茶文化体验。夜幕降临，围坐于火塘烤茶，听着布朗小调弹唱，仪式感满满。（见图5：芒景上寨）

普洱倚象山营地暨半山酒店
¥¥¥
　　一栋栋木屋别墅和帐篷房散落在普洱倚象山的万亩茶田中，漫步于山间观景栈道，沁人心脾的茶香扑面而来，还可赏绝美日出云海。酒店同时也是营地，设置了房车和星空露营位，并开展采茶体验、咖啡课程、青少年研学等活动。（见图6：普洱倚象山营地）

松赞茨中山居
¥¥¥

在位于澜沧江峡谷的德钦茨中村，藏式石木结构的酒店与哥特式风格的茨中教堂相映成趣。山居内部设计融合了中西方审美，走廊里的百年老照片营造出博物馆氛围。你可以在这里品尝家酿葡萄酒，追寻传教士的足迹。酒店会在1月至9月歇业。
（见图7：茨中教堂）

大理海纳尔·云墅度假酒店
¥¥¥¥¥

坐落于苍海高尔夫国际社区，耗资近亿元打造的别墅客房、面朝洱海的悬空无边泳池、私人健身房和高尔夫模拟练习场、名庄葡萄酒吧及雪茄吧，让你奢享大理慢时光。
（见图8：大理洱海）

喜林苑·杨品相宅
¥¥¥

2008年，在来自美国的林登团队的努力下，大理喜洲的文化遗产建筑杨品相宅被成功修缮，逐步发展成一个集精品酒店、体验式旅行、沉浸式教育项目、社区营造为一体的在地文化集合体，也为喜洲带来新的文化地标。
（见图9：喜洲稻田风光）

既下山·乎壳咖啡庄园酒店
¥¥¥¥¥

酒店位于保山潞江坝新寨村，坐拥万亩咖啡田，庭院内满是花果咖啡香，热带水果唾手可得，当地咖农为你亲手冲泡云南小粒咖啡。客房采用传统傣楼形制，被丰美的热带雨林环抱，你还能将远处的高黎贡山和怒江河谷尽收眼底。

腾冲玛御谷悦榕庄
¥¥¥¥¥

在腾冲玛御谷温泉小镇内，每间客房均有私人温泉汤池，日常用水也源于自然温泉水，还有露天矿疗池、芳香汤池、室内石板浴等特色体验。庭院采用和顺古镇三坊一照壁的传统民居结构，楼阁飞檐透着中式的古朴典雅。（见图10：腾冲玛御谷温泉小镇）

红河建水和院世御精品酒店
¥¥¥¥

毗邻建水广慈湖畔的紫陶街，院落以仿清代一进三院式的传统宅院设计，将剑川木雕等古老技艺融入细节之中，花木、山石、碧水、小桥、游鱼、戏台浑然天成，建水古城的人文山水气韵尽纳其中。（见图11：建水古城）

楸野田园酒店
¥¥¥

楸野田园位于建水观光小火车沿途的乡会桥车站旁，由一座废弃的车站改建，沿用了与老车站同一调性的法式和民国风格，黄墙灰瓦，复古又浪漫。酒店和旁边的乡会田园餐厅矗立在乡野花海之中，小火车从门前驶过，如童话般静谧美好。（见图12：建水古城风光）

知子罗云上官房酒店
¥¥

在怒江老姆登的陡峭山地上，清晨观云海缭绕、日照金山，中午远眺皇冠山和怒江美景，傍晚赏红霞满天，深夜仰望星河璀璨。房屋建筑设计参考怒族传统民居，装饰灵感则来源于怒族传统服饰纹样。

体验级美食

云南几乎遍地都是美食,每个目的地都有自己的应季特色菜,除了米线、滋补火锅、野生菌,更有饵块、乳扇、孔雀宴等令人耳目一新的特色菜肴。来云南完全可以实现食物的"应季自由",让你吃得新鲜健康,同时又让味蕾时刻在跳舞。

汽锅鸡

以建水出产的紫陶汽锅为专用炊具,烹饪方法介于煮和蒸之间,锅中不加一滴水,汤汁全由蒸汽凝成,将鸡肉的油脂和美味最大限度地激发出来,鸡汤浓郁鲜美,也较好地保存了鸡肉的营养,还可加入三七、天麻、虫草等云南特色药材,成为独特的滋补药膳。(见图1)

野生菌

每年6月至9月,云南大部分地区进入雨季,即菌季。吃菌子讲究新鲜原味,或炒或煮,都不多放配菜和调料,只有为了保存才会做成油炸菌。餐馆里的野生菌火锅价格不菲,好在能让你一次多尝几样鲜。当地人最喜欢鸡枞菌、干巴菌和见手青,在别处广受追捧的松茸和松露反倒被冷落。(见图2)

米线

过桥米线是云南美食的代表,用滚烫的鸡汤把米线和配菜烫熟,吃法很有仪式感,碗大得夸张,小碟多不胜数。云南米线远不止过桥一种,还有凉米线、卤米线、炒米线、帽子米线、小锅米线、豆花米线、过手米线等。除了常见的白米,也用红米、紫米、玉米面制作,按形状和加工方法又分粗、细米线和不同宽度的米干、卷粉,配菜和汤底也各具地方特色。(见图3)

饵块

与年糕、糍粑相似的软糯口感,常使人误以为饵块是糯米的产物,其实它也是由大米加工而成的。椭圆筒状的饵块可以切大块烤着吃,若切小块加入各种配菜大火翻炒,即腾冲大救驾,也可以切成饵丝,煮、卤、蒸均可。圆饼状的饵块则是路边小摊上常见的烧饵块,抹上咸、甜、辣等不同口味的酱汁,卷着油条和各色小菜,滋味丰富。(见图4)

烧烤

烧烤是云南夜市的绝对主角,肉料食材大多先腌再烤,素菜则突出新鲜原味,蘸水分干碟、湿碟两种。建水和石屏豆腐名声在外,路边随处可见一圈人围着大方烤架烧豆腐,摊主以黄豆或玉米计数,颇有意思。傣味烧烤以香茅草烤鸡、烤鱼为代表,包烧用芭蕉叶包裹食材和香料,既保留了食物本身的鲜嫩,又渗透了芭蕉叶的清香,从荤到素均可包烧。(见图5)

乳扇

"云南十八怪"之"牛奶做成片片卖"说的便是乳扇,以大理邓川出产的优质鲜牛奶为原料,混合食用酸浆加热炼制凝结,制为薄片缠绕于细竿上晾干而成,因状如折扇而得名。乳扇营养价值高,醇香可口,吃法也很多样,可生吃,可油炸,烤乳扇的小摊在大理古城随处可见,白族三道茶的第二道甜茶也加入了乳扇。(见图6)

洋芋

云南人称土豆为洋芋,从零食到主菜,小小的洋芋被云南人玩出各种花样:炸洋芋、烤洋芋、洋芋粑粑配上辣椒面等佐料,让人欲罢不能;洋芋和火腿丁、大米一起放入铜锅焖制,便是特色主食铜锅洋芋饭(见图7);洋芋蒸软后碾碎,加调料爆炒而成的老奶洋芋,因口感绵软适合老奶奶吃而得名,洋芋泥甚至出现在创意奶茶、咖啡和法棍里。

孔雀宴

近年来，在西双版纳、德宏、临沧、普洱等地兴起的傣族饮食，将传统傣味摆成孔雀开屏的造型，铺在芭蕉叶上，食用方式以手抓为主。各地各店的整体呈现方式大体相同，具体操作和食材选用上又略有不同。常见菜包括烤鸡、火烧鱼、烤五花肉、柠檬手撕鸡、春干巴、炸猪皮、包烧金针菇、菠萝饭等。景颇族的手抓饭、绿叶宴形式和口味也与此类似。（见图8）

糯米饭

糯米饭是云南很多少数民族不可或缺的主食。傣族以竹筒为器烤制出香竹饭，与菠萝丁混合蒸出酸甜味的菠萝饭，还可与各种咸辣菜肴搭配，开胃又顶饱。五色糯米饭是壮族、布依族、苗族地区的传统小吃，因呈黑、红、黄、白、紫五色而得名，以天然植物染色，晶莹鲜艳，各有清香。糯米加上猪油、白糖、蜜枣、冬瓜糖等做成的八宝饭，常出现在节庆喜事的宴席上。（见图9）

滋补火锅

一锅热气腾腾的肉汤是秋冬滋补佳品。会泽黑山羊火锅将带皮羊肉、羊杂、羊头、羊蹄放入大锅用柴火慢煮，膻味极小，当地还有著名的会泽羊八碗。丽江腊排骨火锅将细盐腌制后风干的排骨和时蔬一起用砂锅烹煮，香格里拉等高寒地区的牦牛肉火锅体现了当地的粗犷民风。保山火瓢牛肉的"火"指用炭火加热，"瓢"指以铜瓢为锅，煮出来的牛肉更加鲜嫩。（见图10）

牛干巴

云南回族、傣族等民族广泛制作的美食，腌制相当考究，吃法很多，炸、蒸、煮、炒均可。回族牛干巴以寻甸、巍山、会泽等地所产品质为最佳。傣族的火烧干巴是最原始的烧烤吃法，原汁原味，撕成细条或切碎后做成柠檬拌干巴、春干巴等，傣味特色的香料融入干巴中，别有一番风味。滇西北的藏族、傈僳族、纳西族则流行吃风干牦牛肉。（见图11）

撒撇

　　西双版纳和德宏常见的傣味美食，广义上凡是用酸水或苦水拌食或蘸食的冷食，都可称为撒撇。最有特色的苦撒撇用牛肠苦汁或胆汁熬煮而成，做凉拌蘸水或米线汤底，让外来者闻之色变，却是傣族人消暑败火的难舍美味，经过第一口的苦味冲击后，便会越吃越香。除了经典的苦撒和柠檬撒外，还衍生出鱼撒、蜂撒、橄榄撒、茄子撒、油辣子撒等不同口味。（见图12）

吃花

　　云南人擅长以鲜花入菜，一般从4月至10月都有花可吃。金雀花和茉莉花味道清爽，煎蛋酥脆可口；芋头花、棠梨花、石榴花略带苦味，焯水后用酱爆炒，浓郁入味；菊花和玫瑰花瓣加进米线汤里好看又提鲜，玫瑰糖也是很多甜点小吃不能少的配料；芭蕉花一年四季都能吃到，爆炒或煮汤，浓香扑鼻，荤素难辨；夏季普者黑的荷花宴是视觉和味蕾的双重盛宴。（见图13）

吃虫

　　如果能克服心理障碍，不妨挑战一下和云南人一起吃虫子。烧烤摊上常有蚂蚱、蜂蛹和蚕蛹，来个大拼盘尝尝它们的味道有何不同。虫子的外形也并不都那么惊悚，比如白白胖胖的竹虫，油炸来吃，口感酥脆。在西双版纳和德宏的傣族地区还能吃到蚂蚁蛋，可凉拌、煮汤、包烧，口感接近鱼子酱。（见图14）

必入手信

来云南旅行，你不必再纠结买什么手信送给亲朋好友。针对吃货，这里有鲜花饼、宣威火腿，以及云南咖啡和普洱茶；对于喜爱少数民族文化的小伙伴，大理扎染、丽江东巴纸等独具特色的纪念品一定承载了最棒的旅行记忆。

普洱茶

在以茶闻名的西双版纳和普洱，你可以去茶山寻找古树茶，也可以在随处可见的茶店品尝购买。生普口感苦涩清新，经过发酵的熟普醇厚甘滑，更适合脾胃虚弱的人。普洱茶以散茶和饼茶为主，后者更便于携带和保存。

宣威火腿

中国三大火腿之一，1915年在国际巴拿马博览会上荣获金质奖。外观形似琵琶，个大骨小，皮薄肉厚，肥瘦适中，生吃熟吃皆可。除宣威火腿外，大理的诺邓火腿也因《舌尖上的中国》声名大噪。以火腿丁为馅料的云腿月饼甜咸交织，回味无穷。

云南咖啡

云南咖啡产区主要集中在普洱和保山，很多知名咖啡品牌都从这里采购生豆。你可以在当地的咖啡馆和咖啡庄园中品尝到不同风味的云南精品咖啡，包装精致的烘焙咖啡豆、挂耳咖啡和咖啡果皮茶很适合当作手信。

鲜花饼

云南点心的代表，相传已有300多年历史，清朝时为宫廷御点，深得乾隆皇帝喜爱。以玫瑰花瓣为馅料，皮酥馅软，入口甜而不腻，唇齿间弥漫着淡淡花香。嘉华、潘祥记、冠生园、吉庆祥几个老品牌的鲜花饼各具特色，现烤的味道更佳。

大理扎染

白族扎染是大理传统手工印染工艺，以周城和巍山最为著名。通过对织物进行绑扎处理，经天然植物原料浸染后形成蓝底白花的纹样效果。大理有多家扎染体验作坊，不仅出售琳琅满目的扎染制品，也为游客提供亲自动手体验的机会。

丽江东巴纸

东巴纸的制作源于唐代，距今已有1200余年的历史，是丽江纳西族东巴文化的重要组成部分。如今东巴纸被开发成笔记本、明信片、书签、台灯等，还将花瓣、植物加入纸中，与刺绣、雕刻、拓印等相结合，艺术性大大提升。

建水紫陶

中国四大名陶之一，集书法、绘画、雕刻、镶嵌、烧制等工艺于一身，讲究"阴刻阳填，断简残贴，无釉磨光"，兼具实用性与观赏性。在建水古城和碗窑村的紫陶店里，可以淘到各种类型和档次的紫陶产品。

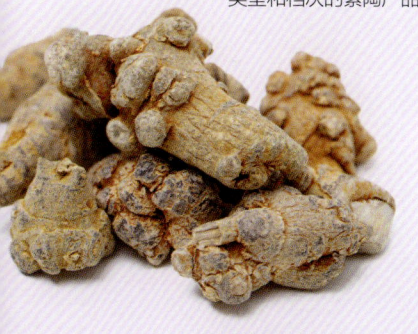

文山三七

全国95%以上的三七产自云南文山。三七作为中药材浑身是宝，尤以主根药用价值最高，也是云南白药的主要成分，一般打粉冲服或用于药膳、药酒。三七的等级按头数来分，即一斤所含三七个数，头数越少说明个头越大、年份越长、药效越好。

银器银饰

云南多个少数民族自古就有使用银器和佩戴银饰的习俗，纯手工打银的技艺保留至今，其中以大理鹤庆新华村最为著名，全村几乎家家都有作坊，银制品花样繁多，做工精美。大理、丽江古城等旅游区也有很多银饰店。

昆明及滇中 182
滇池　昆明植物园　元谋土林
路南石林　东川红土地

丽江 210
虎跳峡　泸沽湖
黎明丹霞　大研古城

西双版纳和普洱 240
景迈山　曼听公园　中国科
学院西双版纳热带植物园

迪庆 264
梅里雪山　南极洛
哈巴雪山　茨中教堂

大理 286
大理古城　苍山　洱海
喜洲古镇　沙溪古镇

滇西南 312
腾冲火山地热国家地质公园
和顺古镇　高黎贡山

滇东南 340
元阳梯田　建水古城
普者黑

滇东北 370
罗平油菜花田　大山包
会泽古城

怒江 390
老姆登　重丁天主教堂
独龙江

云南·探索

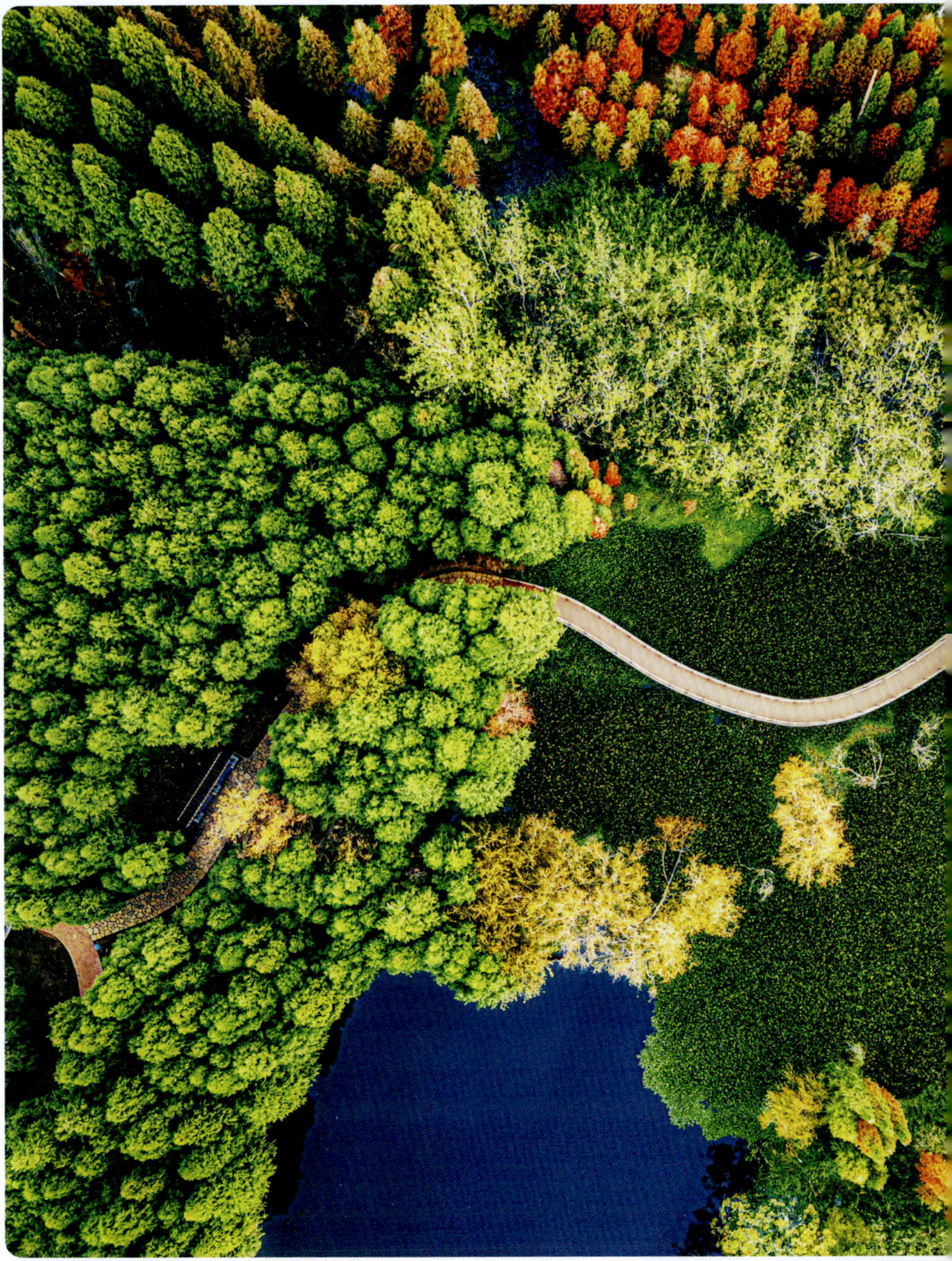

昆明及滇中

电话区号：昆明 0871　玉溪 0877　楚雄 0878

这座四季如春的城市，大抵是无数旅行者奔赴彩云之南的第一站。翠湖周边的街巷中，还保留着古城的市井生活与悠闲节奏，而那段抗战大后方的壮烈往事，又凸显出昆明人的家国情怀与民族血性。至少留足两到三天时间给昆明吧，好好享受春城之美。

离开昆明，去往昆明的"后花园"滇中地区，温泉、石林、花海与雪山令人目不暇给，从抚仙湖到元谋土林，从恐龙谷到红土地，从黑井古镇到玉溪老街，一段丰富多彩的旅行就此开启。

数说昆明及滇中

2920 平方公里
滇池总流域面积
≈9个西湖

2000+
昆明咖啡馆数量

60亿枝+
年产花卉

81天
玉溪米线节历时
（世界历时最长节日）

3天
楚雄火把节放假

400+
昆明菜市场数量

在昆明及滇中，你可以这样玩

2天 红嘴鸥观鸟之旅
（见94页）

4天 红嘴鸥观鸟之旅延长线
（见96页）

5天 深入欣赏杜鹃花
（见102页）

何时去

3月至5月
春城的春季，樱花、山茶与杜鹃竞相盛开，东川红土地变身五彩的童话世界，正好开启一段赏花之旅。

6月至8月
昆明及滇中的夏天也不算热，抚仙湖等地适合避暑，这个季节也是野生菌上市的时候，美食爱好者有口福了。

9月至10月
暑期人潮退散，处处秋高气爽，是看彩虹和欣赏晚霞的好时节。

11月至次年2月
红嘴鸥又回来了，银杏、枫树烘托出浓浓秋意，灌水后的那诺梯田风景正好，要是时间赶得巧，还能参与一场哈尼族的赶集。

昆明滇池

昆明及滇中亮点

元谋人博物馆与元谋土林
数百万年前，一场地壳运动造就了土林这种古老的地质景观，170万年前，直立人在这片大地上出现。

东川红土地
典型的云南红土地貌，被当地人耕作为五彩斑斓的童话世界，最美是在春天，妥妥的就是摄影天堂。

翠湖
每到冬季，在翠湖边与红嘴鸥同框的场景都会刷爆朋友圈。环湖缓行或是泛舟湖上，都是亲近翠湖的方式。

世界恐龙谷
这里诞生了第一具中国人自己装架的许氏禄丰龙恐龙化石，这里也是世界最大的中侏罗纪晚期恐龙坟场。

路南石林
归功于电影《阿诗玛》的影响，路南石林成为旅行者的必游地。

抚仙湖
青山绿水、沙滩渔村以及舒适的湖滨度假酒店，让抚仙湖成为休闲游的首选。你也可以租一辆自行车，沿湖骑行。

自然   185

孩子们的科普乐园

寓教于乐，恐怕是父母带孩子旅行的目标之一，放心，在昆明及滇中，孩子们将实地接触到历史、地理、自然、生物等各种天然课堂。他们可以在滇池（见本页）和翠湖（见本页）岸边与远道而来的红嘴鸥亲密接触，在云南省博物馆（见193页）、云南铁路博物馆（见194页）和云南陆军讲武堂了解历史的风云变幻，也能在路南石林（见187页）和元谋土林（见190页）见识地壳运动变迁造就的不同地貌奇观，在昆明植物园（见187页）中的奇花异草间大开眼界。元谋人生活在怎样的史前时代，恐龙为何在短短的时间里从地球上消失，关于这一切的问题，在澄江化石地自然博物馆（见195页）和世界恐龙谷（见195页）中都能找到答案。

翠湖

自然

翠湖

翠湖，因水翠、竹翠、柳翠而得名，是镶嵌在昆明城区的一颗"绿宝石"，沐英、吴三桂、唐继尧等名人都曾参与翠湖的营造和改建，南北纵贯湖面的**阮堤**，是道光年间云南总督阮元仿西湖"苏堤"修筑的，东西横亘的"唐堤"则建于民国年间，两堤交接处是湖心小岛，岛上有座**碧漪亭**为翠湖一景。翠湖北面有**翠湖展示中心**（周一至周五9:00—11:30，13:00—17:30），可以在那里了解翠湖文史及规划。

每年冬季至次年春季，大批**红嘴鸥**从西伯利亚飞来越冬，翠湖便会上演人鸟同乐的场景。九曲桥和阮堤燕子桥是最佳观鸥位置，可以近距离看到在空中翻飞的红嘴鸥，胆大的红嘴鸥甚至会停在游人肩头——拍张人鸟同框的照片，也是来翠湖的重要收获。

翠湖也是春城人文气息深厚之地，湖岸沿线分布着许多历史文化名胜。西畔坐落着**云南陆军讲武堂**（免费；9:00—17:00），始建于清宣统元年（1909年），民国时期与黄埔军校、保定陆军军官学校并称三大军校，曾经的教官办公室有着欧式立面门楼和中国传统风格的歇山顶，现在被开辟为"百年军校"和"中国远征军"展厅。翠湖南侧矗立着一栋法式二层洋楼，在20世纪40年代曾是云南解放后成为解放军驻昆明的军管会所在，现在则是**云南解放纪念馆**（免费；9:00—16:30，周一闭馆）。从纪念馆大门向东约100米，有一座精美繁复的**赵公祠门楼**，原址是1911年云南辛亥重九起义和护国运动、护法战争的重要将领赵又新的私人祠堂，目前仅存的就是这座门楼，可顺路游览。

◆见184页地图 ◆地址：昆明市五华区翠湖南路67号 ◆门票：免费 ◆营业时间：6:30—22:00

滇池

滇池又名昆明池，广义上的滇池是云南第一大湖，分为外海和草海，沿线分布着大观公园、西山公园、海埂公园、云南民族博物馆等诸多景点。除了城中的翠湖，这里也是红嘴鸥的越冬地，拥有冬季赏鸟的最佳地点。

滇池北岸是**大观公园**（免费；8:00—19:00），园中的地标建筑是清代大观楼，曾以"滇池夜月"名列昆明八景之首，楼前悬挂有乾隆年间名士孙髯翁所撰的180字长联，抒写了"五百

滇池

滇池周边还有这些打卡地

滇池周边，近年来出现了不少走红于网络的拍照打卡地，游玩滇池之余，不妨择其一二走走。

近来火爆朋友圈的"天空之镜"其实出自滇池西岸的**干沟尾湿地公园**（免费；全天），长长的土堤伸入草海中，一条小路延伸出去，两侧是高高的水杉，天气晴朗时，湿地两侧的水面会倒映出蓝天白云，拍出来非常漂亮，因此被称为"天空之镜"。冬季，这里也是欣赏红嘴鸥的好地方。

滇池绿道钢浮桥（湖滨西路，草海绿道，滇池北岸；免费；8:00—20:00）也是近来火出圈的新晋打卡地，钢浮桥两边是帆船造型，中间铺设桥面，重现当年"高峣古渡"百舸争流、千帆竞发之意，桥上设有多处观景台，可眺望滇池风光。

杜曲村（大渔街道滇池环湖东路；免费；全天）本是滇池边的一个普通小渔村，但经过"滇池文化大使"李昆武的妙笔生花，房屋墙面上出现了上百幅描绘杜曲村"昨天、今天和明天"的壁画，漫步于村中，不少游人都与这些带有烟火气又充满艺术气息的"滇池乡居图"合影。

名花谷（昆明市西山区三家村水库东；门票25元；9:00—18:00）位于滇池以北，是全国第一个城市高山杜鹃主题花园，种植着数十个品种、上万株云南高山杜鹃，暮春初夏之际花开满园。近年来，公园中种植的绣球、虞美人等花卉渐成气候，丛丛簇簇，姿态万千，被称为"莫奈花园"，花丛中点缀着秋千、吊床、风车等道具，尤其适合拍照打卡。

里滇池奔来眼底""数千年往事注到心头"的滇池观感，被称为"天下第一长联"。园中景点颇多，夏季的荷花与秋天的银杏都是各个季节的看点。乘坐游船游览草海一带的风光，也是公园特色，单程游船终点便是**海埂大坝**。这条全长约2.7公里的大坝沿滇池东岸一路向南，是观鸟、喂海鸥的好去处。

大坝东侧是**云南民族博物馆**（免费；9:00—16:30，周一闭馆），以丰富的展品介绍了云南各个少数民族的历史文化、宗教信仰和生活习俗，你可以了解到景颇族如何用不同的树叶和枝条写信，佤族如何通过木刻缺口来传达信息。博物馆对面就是**云南民族村**（门票90元；夜场49元；9:00—18:00），可以在简略版的傣族寨、白族村、佤族寨中欣赏到各个民族的日常生活，随时上演的现场歌舞会令人眼花缭乱。

继续往南就来到**海埂公园**（免费），这里可以看到宽阔的"外海"水面，也能欣赏到更完整的西山"睡美人"风景。乘坐海埂旅游索道可直达西山上的西山公园。这里植被茂密，史迹密布，可以花半天时间漫步其中，也可以乘坐景区大巴沿途参观中国远征军将官住所旧址、升庵祠、南洋华侨机工抗日事迹陈列室及纪念碑、华亭寺等历史建筑。公园以南的**龙门景区**（门票30元；8:30—17:30，周末至18:00）是云南规模最大的清代道教石窟，乘坐龙门索道（单程25元）上山后到达凌虚阁，阁外平台就是著名的"龙门"，可远眺滇池风景。

骑行爱好者可以试试号称昆明最美骑行线路的**环滇池骑行**，其中有近50公里的自行车专用

自然 187

闲逛菜市与花市

在昆明，闲逛本地菜市与花市称得上是旅行最佳体验，你将见识到许多闻所未闻的食材与花卉品种，更能在各色小食摊上品尝到许多从没见过的地道美食。

大观篆新农贸市场（新闻路270号；8:00—18:30）不愧是云南菜市场的网红代表，600多个铺面和摊位售卖本地出产的生蔬、野味、卤味和调料等，品种繁多，色彩斑斓，令人眼花缭乱。市场南面是各种小吃摊位，豆花米线、豌豆粉、破酥包、粉蒸肉、炸藕圆，一路逛吃下来，只能遗憾自己不是大胃战士。

云南四季如春，盛产鲜花，**斗南花市**（见208页地图；呈贡区斗南镇；9:00至次日2:00）更是亚洲规模最大的花市，巨大的鲜花交易厅中，摆满了数以10万计的盆栽和刚刚从花田采摘下来的鲜切花，姹紫嫣红，娇艳欲滴；2楼则是多肉摊位，很多品种从未见过。不少人在离开昆明前会专程到这里买束鲜花带回家（也可以在市场要求顺丰快递到家）。如果喜欢热闹，可以在晚间来此，18:00之后的大宗批发交易场面保证让你不虚此行。

路南石林

车道，沿途经过海晏村、七彩云南欢乐世界、南滇池沙滩主题公园、观音山等景点，一路有美景相伴。

◆见209页地图 ◆地址：昆明市西山区滇池路1318号 ◆门票：免费 ◆营业时间：全天

昆明植物园

植物园始建于1938年，是保护云南特有植物的重要机构，目前共有山茶园、羽西杜鹃园、观叶观果园、百草园、木兰园、扶荔宫（温室群）、裸子植物园、树木园等14个专类园区，在这里能找到云南地区绝大多数植物。值得一看的有由中国与乌兹别克斯坦共同组建的中乌全球葱园，让你见识到我们餐桌上最常见的葱也能开出绚丽的花朵；温室展馆扶荔宫（需在微信公众号上预约）由造型奇特的主温室与4个独立的小温室组成，其中收集了2300余种热带植物，让你如同漫步于雨林之中；南面的极小种群野生植物专类园主要展示生境狭窄、种群稀少的数十种明星植物，华盖木、滇桐、广西火桐都具备不错的观赏性。每年枫叶节期间（10月10日至12月10日），西园开放至18:00。

◆见208页地图 ◆地址：昆明市蓝黑路132号 ◆门票：东园5元，西园10元 ◆营业时间：9:00—17:00，周一闭园 ◆微信公众号：昆明植物园

路南石林

路南石林早已是昆明旅行的一张名片，2.7亿年前的一次地壳运动，形成了这片在地质学上被称为"剑状喀斯特"的巨大峰林，那些密集锐利的石峰和石笋，被人们想象为各种有趣的造型。其中最为出名的当属"阿诗玛"，几乎所有旅行团都会来此打卡。

整个石林景区分大石林、小石林、万年灵芝、李子园箐和步哨山五个部分，沿着步道穿行于

路南石林周边小村寨

路南石林周边，有不少原生态村寨，很适合自驾前往。

糯黑 又称"石头寨"，民居大多用石灰岩砌造，极具美感，村中民俗博物馆有关于当地彝族人的历史与日常生活的介绍。

阿着底 据说这里是阿诗玛的故乡，家家户户屋墙上都画有撒尼人的壁画，撒尼刺绣是撒尼传统文化的具体代表，村里随处可见正在做刺绣的撒尼妇女，你可以购买刺绣服饰、背包、壁挂等手工绣品。

矣美堵村 村子藏在山间，被誉为"云上人家"，居住着石林独有的彝青人。你可以找家民宿住上一晚，欣赏青翠风景，享受宁静一夜。

小箐村 村子不大，房前屋后墙上处处皆是农民画作，当地的特产美食都与羊肉有关，清汤羊肉、黄焖羊肉、烤羊肉串等都很不错，可以尝尝。

九乡风景区溶洞

喀斯特巨石丛林之中，你能欣赏到千姿百态的峰丛。如果觉得走路太累，景区电瓶车（25元）在各个景区都设置了站点。第一站可先去看看喀斯特地质博物馆中收藏的奇石与化石，大石林景区的看点较多，记得登上望峰亭，俯瞰石林全景，小石林景区中则有石林代言人"阿诗玛"。

如果时间充裕，还可顺道去景区以北8公里外的**乃古石林**（门票25元）看看，巨大的灰黑色石柱连成一片，远观仿佛巍峨荒凉的黑色城堡。

◆见184页地图◆地址：石林彝族自治县石林镇◆门票：130元◆营业时间：7:30—17:30◆微信公众号：石林风景名胜区

九乡风景区

距石林不远的九乡，却有着与石林截然不同的岩溶地貌，大小不同的100多个溶洞，曾经在成龙执导的电影《神话》中出镜，也被称为"溶洞博物馆"。进入景区，乘坐落差53米的观光电梯下到溶洞深处，沿着装有安全栏杆的小路，一路游览惊魂峡、雌雄瀑布、古河穿洞、神田、雄狮大厅等岩溶地貌奇观，几乎所有人都会在神田前留影，这片由碳酸钙沉积而成的台阶状景观仿佛凝固的乳白色梯田，堪称洞中最佳景点。留意路边的铭牌，每一处独特的岩溶地貌边都有关于地貌特征及成因的专业介绍。如果对岩溶地貌感兴趣，还可以去景区门口的地质博物馆进一步了解。

◆见184页地图◆地址：昆明市宜良县九乡彝族回族乡◆门票：门票60元◆营业时间：9:00—18:00

东川红土地

这是一处名副其实的摄影天

堂，自然形成的红土地貌，在当地人千百年来的辛勤耕作下，变成了七彩斑斓的童话世界，难怪电影《无问西东》也在这里取景。

红土地面积为20多平方公里，一年四季随着田地种植的不同植物而变换着不同色彩，每年3—5月，土豆和荞麦开花，青稞相继成熟，大地色彩最为丰富；冬天如遇下雪，会增添别样色彩。摄影师最爱雨后晴朗的天气，这时候土壤鲜红一片，尤其上镜。

以**花石头村**为中心，有多条观赏路线可以选择。北线的看点是**锦绣园**，不同时期的农作物将一块块红土田地装点得五彩缤纷，村庄和行人点缀其间，继续向北，**七彩坡**也有类似景观，最漂亮的画面应当出自落日黄昏时。东线以**落霞沟**为主，沿观景栈道漫步其间，许多角度都能拍出好看的红土地大片。南线的**螺蛳湾**和**乐谱凹**非常考验摄影师的构图，层层梯田仿佛七彩的五线谱，遇上在田间劳作的村民，就像是灵动的美妙音符。

花石头村是食宿集中地，有不少农家乐和民宿，老板也可兼职司机，他们非常熟悉红土地，想拍到与众不同的风景，不妨包他们的车。如今，东线的落霞沟开设了几家条件较好的酒店与民宿，旺季时拥有落地窗的观景房往往一房难求，建议尽早预订。

◆见184页地图 ◆地址：昆明市东川区红土地镇花石头村 ◆门票：免费 ◆营业时间：全天

轿子山风景区

这是离昆明最近的雪山，一年四季皆有看点。轿子山的冬季是昆明人喜爱的滑雪场，秋季彩林当道、层林尽染，最美的当属春夏赏花季，5月前后是怒放的杜鹃，六七月高山草甸就变身花海。

游览轿子雪山，可以沿登山步道走一个小环线，从下坪子走到**大黑箐**，左侧有条平缓的步道可前往**花溪**，5月的花溪杜鹃花开成海，直接往上则会到达一座高山湖泊**精怪塘**，继续走约1小时登顶主峰轿顶，乌蒙山脉风光尽在眼前。然后从佛光崖方向下山，一路欣赏木邦海、天池、高山草甸、傲骨林等景点，回到大黑箐。全程徒步需6—7小时，需要提醒的是，徒步路线都在海拔3500米以上，要注意保存体力，预防突发的高山反应。

◆见184页地图 ◆地址：昆明市禄劝彝族苗族自治县仙山垭口 ◆门票：54元，摆渡车30元 ◆营业时间：全天 ◆微信公众号：昆明轿子山旅游区 购票服务号

抚仙湖

距昆明不过50余公里的抚仙湖，俨然已是昆明人的后花园，也是旅行者热衷的目的地。秀美空灵的湖光山色间，景点众多，可环湖一周逐一打卡，也可寻间看得见风景的酒店，就在湖边放空发呆。

抚仙湖西岸是旅游开发较早也较为成熟的，**禄充风景区**（门票15元）原是一座渔村，如今遍布餐厅、民宿和农家乐，可以在岸边金沙滩戏水踏浪，体验一回驾驶龙骨帆船的快感，也可以登顶笔架山，远眺湖光山色、帆船点点的美景。传统的"车水捕鱼"方式也是禄充一景，有兴趣可以去看看渔人捕获抗浪鱼的现场演示。往南5公里的**立昌村**尚存一丝质朴，有时间也可以去村里散散心。

抚仙湖南岸的**孤山风景区**（门票20元）本是抚仙湖上唯一的一座岛屿，可乘坐小船或自己蹬着脚踏船上岛，游览烂柯坪、

樱花盛开的抚仙湖

弄珠岩、天生桥、连心石等自然奇石景观。

抚仙湖东岸近年来入驻多家商业文旅地产，它们的配套景区很多也对游人开放，更适合合家欢出行，以及热衷拍照打卡的年轻人。**月亮湾湿地公园**（门票30元）号称云南"小三亚"，人工打造出一片椰风白沙碧浪的风景，提供各种水上游乐设施，还有荷塘、薰衣草田，非常适合亲子游。相距2公里的**樱花谷**（门票10元）在春季是赏花的好去处。

抚仙湖也是云南少有的潜水地，沿湖已开发十余处潜点，禄充、立昌村断崖、樱花谷内都有潜水俱乐部，可在此体验下潜至深蓝湖中的独特感受。

游玩抚仙湖，可以自驾，可以骑行，也可以乘坐环湖东线与环湖西线的"旅游专线"，基本能覆盖东西岸所有景点。想在抚仙湖住上一晚，除了传统的住宿地禄充村，近年开发的抚仙湖广龙小镇和小湾民宿村都有不少特色餐吧、咖啡馆和精品民宿，选择很多，舒适度也较高。至于抚仙湖的特色美食，首推的就是铜锅鱼，用抚仙湖的水在铜锅里烹煮抚仙湖的鱼，汤鲜肉嫩、鲜美可口，再配上一锅铜锅洋芋焖饭，简直完美！你还可以在当地买口铜锅，回家复刻抚仙湖美食。

◆见184页地图 ◆地址：玉溪市澄江市 ◆营业时间：全天

元谋土林

这是大自然的杰作，由时间与流水共同塑造，沙粒砾层成岩硬化后，地表水向下渗透，日积月累侵蚀地貌，最终形成了锥柱状、城堡状、峰丛状、城垣状、幔状、雪峰状等六种主要地貌造型，错落有致，浑然天成，拟人拟物，极具神韵。从色彩上来说，又有红土林、黄土林、白土林、彩色土林等，不管是蓝天白云还是落日夕照，都有一种苍凉神秘的感觉。难怪无数摄影爱好者奔赴土林而来，也有《无极》《千里走单骑》等电影在这里取景。

总面积达42.9平方公里的元谋土林，主要分布在龙川江西岸，目前已知的大小土林共有13座，**物茂土林**（虎跳滩土林）和**浪巴铺土林**（新华土林）已开发为景区，公共配套设施完善，两座土林之间的路上还有一处班果土林，虽未开发，但比较容易到达，其他土林不在公路边，如无当地人带路，不要贸然前往。

物茂土林（物茂乡虎跳滩；8:00—18:00）是开发最早的土林景区，土林景观也是最为集中的，干燥炎热的小盆地"长"出了各种稀奇古怪的土柱土堡，常规游览中环线是乘坐观光车来到景区最高处，俯瞰整片土林后再一路下行。如果时间与体力都充足，可以顺着步道环行景区一圈，约2公里的路程中能看到小西天、土司古堡、东海龙宫等各种象形景点，这些名字都来自命名者的脑洞大开，有些确实牵强附会。

浪巴铺土林（新华乡浪巴铺村；8:00—18:00）的面积比物茂土林还大，峰丛连绵、土堡耸立，颜色也更为丰富，是最受摄影爱好者青睐的拍摄地。游览同样是乘坐观光车到达高处的观景平台，俯瞰全景后再下到土林，步行欣赏千奇百怪的土林，这里没有那么多附会的名字，你可以发挥自己的想象力。景区内外有几家摄影客栈，除了提供食宿，富有经验的老板也会告诉你哪些地方才是最佳拍摄点。

元谋土林

土林景美，但在游玩时要注意几点：在景区内只能按照游览步道行走，切勿走出道路之外并攀爬土林地貌；风雨天的土林不怎么好看，且有塌方危险，要听从景区工作人员安排，不能擅自入内；两处土林游玩时间较长，夏日会非常干燥，请带足饮用水；对摄影爱好者来说，物茂土林更适合拍摄日出，而浪巴铺土林的日落更美。

◆见184页地图◆地址：楚雄彝族自治州元谋县◆门票：物茂土林70元，浪巴铺土林70元◆营业时间：8:00—18:00

己衣大裂谷

在武定县城北110余公里的群山深处，有一处地质奇观，大地在此裂开一道长约12公里、深达300米的"地堑"，最宽处约200米，而最窄处仅有6米！这里就是己衣大裂谷。裂谷两侧的山上散落着十多个村子，村民在坡地上开垦梯田，种植麦子和玉米，鸡犬相闻却天堑难越。不知何时，一处岩层断裂崩析，巨石滚落正好卡在峡谷狭窄处，形成一座"天生桥"，当地人在峡谷上凿壁取道，打通一条能容人背马驮的狭长通道，跨过天生桥与对崖相连，如今，这里也成为旅行者欣赏大裂谷的最佳观景点。

前往大裂谷的入口己衣乡政府旁边，顺着一条大沟步行，路上会经过己衣大村，层层梯田中间是古老的民居，约15分钟后，一道断壑就出现在跟前，沿着当年人们开凿的之字形壁道下行，来到天生桥下，对面绝壁千仞，脚下深不见底，两侧土红色的崖壁如同千层蛋糕般层层叠叠堆砌在一起，一线瀑布似白练直坠崖底。走过天生桥，可沿挂壁栈道上行到对面崖顶，这边也有几座村子可以随意走走。

◆见184页地图◆地址：楚雄彝族自治州武定县己衣镇东侧◆门票：免费，10元卫生费◆营业时间：全天

那诺梯田

元江与元阳一字之差，相距也只有100多公里，元阳梯田闻名天下，其实元江的梯田也值得前往。生活在哀牢山深处的哈尼族开辟出连绵的那诺梯田，一年四季美景不断，尤其是在每年12月至次年2月灌水期间，冷热空气交融时产生的云雾缭绕于梯田间，时开时合，此时在观景台上，可以拍到变幻莫测的云海梯田奇观。

阳历每月逢2、7是那诺乡的赶集日，看罢梯田也可以去逛逛，能看到身着民族服装的哈尼族老乡。如果你在11月来到那诺梯田，正好能参加哈尼族一年最隆重的十月年（农历十月初十起，为期3天），欣赏热闹的歌舞表演，品尝当地特色美食。

那诺梯田距元江县约50公里，但山路曲折，路况较差，自驾时请注意安全。

◆见184页地图◆地址：玉溪市元江县元车线那诺中学西南侧◆门票：免费◆营业时间：全天

文化与展演

云南大学

这座多次上榜"中国最美大学"的高校，坐落于翠湖北侧，也是旅行者热衷的打卡地。云南大学是云南省内最早的高等学府，其前身是1922年唐继尧主办的东陆大学，1946年，《不

那诺梯田

在昆明逛独立书店

昆明历来是文化风气深厚之地，有时间可去隐藏在街巷中的独立书店看看，也是旅行中的惊喜。

东方书店（昆明市文明街52号；10:00—22:00）由胡适先生的学生王嗣顺始创于1926年，已是昆明的文化地标之一，出售大量旧书和有趣的图书盲盒，2楼陈列着许多有趣的昆明老照片。另外还提供饮品，可闲坐半日。

橡皮书店（昆明市翠湖北路18号；12:00—20:00）位于云南大学旁，以文艺类图书及绘本为主，狭小但温馨的空间内设置了可爱的临窗座位。

璞玉书店（昆明市东风东路C86山茶坊一楼；10:00—22:00）是一家年轻而富有活力的城市书店，店内装饰以原木色书柜和暖黄色灯光为主，很适合坐下来好好读一本书。

大象书店（昆明市文化巷4-6号；10:00—21:00）这家真正的"地下书店"，位于一间不起眼的地下室中，店内供应茶、酒及咖啡，还会定期举行观影分享和读书会活动。

列颠百科全书》将云南大学列为中国15所在世界最具影响的大学之一，1950年定名为云南大学。

从学校南门进入，踏上著名的"九五台阶"，95级青石台阶寓意为《易经·乾卦》中的"九五飞龙在天"。拾级而上，尽头就是地标性建筑会泽院，如今是云南大学历史博物馆。沿中轴线继续向北，至公堂曾是明清时期云南贡院的一部分，在南明时还曾作为永历皇帝的皇宫。中西合璧的映秋院建于1938年，曾为女生宿舍，而设计者则是著名建筑师伉俪梁思成与林徽因。中轴线北端是1961年在城墙位置上建设的怀周楼，因在周恩来关怀下建成而得名。除了欣赏各具特色的校园建筑，春天的海棠与秋日的银杏都为校园增色不少。

云南大学面向公众开放，请先通过微信公众号"平安云大"进行预约，并使用身份证刷卡入校。

◆见208页地图◆地址：昆明市翠湖北路2号◆门票：免费◆营业时间：8:00—20:00◆微信公众号：平安云大

云南大学会泽院

云南师范大学

云南大学的邻居就是云南师范大学，也是国立西南联合大学旧址所在地。1937年卢沟桥事变后北平沦陷，抗日战争全面爆发，北大、清华、南开三校一路南迁，于1938年初来到昆明，组成国立西南联合大学，当时的文林街和文化巷一带是许多师生的租住地，闻一多和吴晗也都曾住在西仓坡的教工宿舍。校园内有闻一多塑像，旁边的小水池曾是日军空袭时被炮弹炸出的弹坑，联大师生把它修整成了池塘。当年也有许多学生投笔从戎，校内的**国立西南联合大学纪念馆**（9:00—16:30，周一闭馆）讲述了这段热血历史，旁边

文化与展演　193

云南省博物馆的青铜器

还有"一二·一"运动四烈士墓和联大纪念碑，碑上镌刻着834位投笔从军的西南联大学生的姓名。

◆见208页地图◆地址：昆明市一二一大街298号◆门票：免费◆营业时间：全天◆微信公众号：西南联大博物馆

云南省博物馆

云南省博物馆成立于1951年，收藏着超过23万件（套）文物，2015年开放的云南省博物馆新馆将这些文物以时间为脉络在云南通史陈列中展出，"远古云南"展厅中可以看到澄江化石和许氏禄丰龙化石，"文明之光"展厅中的四牛鎏金骑士铜贮贝器是镇馆之宝，向世人展示了云南迷人的青铜时代，其他如杀人祭柱场面贮贝器和战争场面贮贝器等，制作精良，保留了当时的战争与献祭场景。不要错过"妙香佛国"展厅中的银背光金阿嵯耶观音像，它是传说中点化细奴逻、创建南诏的梵僧观音，另一件镇馆之宝是来自大理崇圣三塔的大理国银鎏金镶珠金翅鸟，它是大理国的保护神。"风云百年"展示的是云南从边疆走向舞台中央的关键时刻，聂耳小提琴已成为在央视《国家宝藏》出镜的"流量明星"。

◆见208页地图◆地址：昆明市广福路6393号◆门票：免费◆营业时间：9:00—17:00，周一闭馆◆微信公众号：云南省博物馆

云南考古体验馆

2023年开放的云南考古体验馆位于云南省文物考古研究所内，开设了考古记、里程记、学习记、探方记、出土记、修复记等不同功能的主题空间，结合数字媒体、全息沉浸式体验厅等互动体验形式，从田野考古到文物建筑保护，讲述了云南考古工作

青铜时代的云南

来到云南省博物馆，在入口道路两侧能看到6尊乐舞铜俑雕塑，或吹奏葫芦笙，或摆手起舞，这些形象正是来自古滇国的青铜器。2000多年前生活在滇池一带的古滇国人，依水而居，以农耕为生，虽无文字传世，却留下了这些制作精美、造型独特的青铜器。目前云南省博物馆收藏着包括贮贝器、扣饰、乐器、兵器等古滇国的青铜器文物，它们造型独特，风格写实，真实记录了古滇人的舞乐传统、耕织狩猎、祭祀敬神等生活常态。

1956年，考古工作者在昆明晋宁石寨山墓地中发掘出土了"滇王之印"金印及大量青铜器，揭开了古滇王国神秘面纱的一角。1972年，江川李家山古墓又发掘出"牛虎铜案"及一大批精美的青铜器，证实了古滇国青铜文化的灿烂。

虽然云南进入青铜时代的时间比中原地区要晚得多，但在战国末期至东汉初期，云南迎来了青铜文化发展的高峰期。截至目前，云南各地出土了古滇国青铜器1万余件，其中的纺织场面铜贝器、鎏金骑士贮贝器、杀人祭柱场面贮贝器、战争场面贮贝器盖、牛虎铜案、铜房子模型扣饰等铸造工艺精湛，人物刻画生动，堪称其中精品。

云南铁路博物馆火车模型

的发展与成就，也为孩子们提供了感受文物之美的沉浸式体验。目前每天只开放100个"考古主题课+互动体验参观"名额，可在一周之内预约。

◆见208页地图◆地址：昆明市官渡区季宏路4069号◆门票：免费，需预约◆营业时间：9:00—17:00，周一闭馆◆微信公众号：云南考古体验馆

云南铁路博物馆

云南铁路博物馆的前身是1938年建成的昆明火车北站，法式风格的候车厅如今成为介绍云南铁路发展历史的南展馆，包括滇越铁路和个碧石铁路的各种故事，北展馆则采用了现代高铁车站的建筑风格，在这里能看到1914年在滇越铁路上行驶的"米其林"内燃动车组，1926年起，在个碧石铁路寸轨上运行的SN型29号蒸汽机车，以及中国早期高速动车组的先驱者、1999年举办世界园艺博览会时昆明至石林段的准轨春城号动车组。连接南北两馆的钢架天桥，还原了滇越铁路上著名的"人字桥"。

◆见208页地图◆地址：昆明市北京路913号◆门票：10元◆营业时间：9:00—17:00，周一、周二闭馆◆微信公众号：云南铁路博物馆

飞虎队纪念馆

抗日战争全面爆发后，1941年8月，美国将军陈纳德在昆明成立美国志愿队航空队总部，这支队伍又被称为"飞虎队"，成为阻击日军进犯滇西、保护昆明及重庆领空的重要力量，在中缅印战区击落日机约150架。1942年夏天，飞虎队解散，部分留在中国的飞虎队员参与开辟了连接中国与印度阿萨姆邦的"驼峰航线"，继续支持抗战。飞虎队与驼峰航线见证了"二战"时期中美两国勠力同心反抗法西斯的英勇历史与深厚友谊，数十名飞虎队飞行员长眠于云南。如今，昆明将前身是中国航空公司昆明办事处的尚义街小白楼辟为飞虎队纪念馆，通过大量实物及图文资料，以"'飞虎'扬名""艰苦奋战""迎接胜利""驼峰空运"和'马特豪恩行动'""共创辉煌""'飞虎'将军陈纳德"六个单元，展示了飞虎队援华与驼峰航线的历史，其中还有部分陈纳德将军遗孀陈香梅女士捐赠的珍贵文物。

◆见208页地图◆地址：昆明市尚义街60号◆门票：免费◆营业时间：10:00—17:00，周一闭馆

抗战胜利纪念堂

抗战胜利纪念堂的前身是清代云贵总督署，抗战胜利后，被改建为抗战纪念堂。正中会堂平面为战机造型，如果有无人机视角，就会发现纪念堂与南门外跨光华街的云瑞公园和云瑞东西路两侧的环形建筑平面，组成了金樽美酒及花环的造型，据说设计师的用意就是以此显示抗战胜利的喜悦心情。院内矗立着**云南人民英雄纪念碑**，碑身底座四壁镶着描绘云南人民斗争历史的浮雕，下方为"云南革命斗争史"展览厅，讲述了自鸦片战争以来直至新中国成立云南所经历的波澜壮阔的革命历程。

◆见208页地图◆地址：昆明市云瑞西路49号◆门票：免费◆营业时间：9:00—17:00，周一闭馆

昆明市博物馆

不要小看一进门就出现在眼前的地藏寺经幢，它可是昆明市博物馆的镇馆之宝，宋代大理国

文化与展演　**195**

云南映象

时期的石雕经幢，被誉为"滇中艺术绝品"。经幢上共雕刻着300尊精美造像，基座为云南尊崇的八大龙王，一层是四大天王，二至三层为四方佛和四大菩萨像，五层是起源于印度的大鹏金翅鸟，雕工精湛，造型优美，是中原、西藏以及南亚文化彼此融合的珍品。

一楼青铜厅最值得一看，展示了战国至西汉时期滇池周边地区极富地方色彩的青铜文化，与中原青铜文化相比毫不逊色。其他的还有瓷器厅、恐龙厅、飞虎队文物展等常设陈列，可慢慢参观。

◆见208页地图◆地址：昆明市拓东路93号◆门票：免费◆营业时间：9:00—17:00，周一闭馆◆微信公众号：昆明市博物馆

云南映象

这场90分钟的演出，由杨丽萍编导，融合了彝族、佤族、藏族、哈尼族、傣族等少数民族原生态歌舞元素，演员也多为本土少数民族，分为太阳、土地、家园和神圣四部，尾声则是著名舞蹈《雀之灵》，表达了云南各民族敬畏自然、歌颂生命的精神追求。

◆见208页地图◆地址：昆明市东风西路132号云南艺术剧院◆门票：220—680元，微信公众号购票有折扣◆演出时间：20:00开演◆微信公众号：杨丽萍艺术

澄江化石地世界自然遗产博物馆

澄江帽天山出土了来自寒武纪早期的180多种动物化石，是目前世界上发现的最古老的生物化石群之一，早在2012年便被列入《世界遗产名录》。2020年，当地在帽天山化石地遗址上建起了这座自然博物馆，一楼与二楼的展厅收藏着从全国各地收集的3000多件化石，再搭配4D影院、远古海底隧道与化石挖掘

场等多媒体或模拟场景体验，深入浅出地阐释了生命的起源与演化，让你能直观感受寒武纪的生命大爆发。三楼的生物多样性展厅的所有标本，都来自著名慈善家肯尼斯·贝林（Kenneth E. Behring）的捐赠。

从博物馆继续上行，抵达帽天山山顶就能看到**澄江动物群首发点**（首次发现化石之处）展厅，眼前的自然剖面还能发现化石的痕迹，脚下的玻璃地板下面，化石发掘剖面上，也留存着化石，不要错过中间展台内的长尾纳罗虫，它于1984年7月被发现，由此拉开了澄江生物化石群的考古序幕。

◆见209页地图◆地址：玉溪市澄江市新村线欢乐大世界以北800米处◆门票：免费◆营业时间：9:00—17:00，周一闭馆◆微信公众号：澄江化石地自然博物馆

世界恐龙谷

从1938年禄丰出土第一具恐龙化石到现在，这里已经出土超过120具较为完整的恐龙骨架化石，零散恐龙化石不计其数，发现超过38种古脊椎动物，正因如此，禄丰盆地被称为世界上最大的恐龙大遗址。

世界恐龙谷以这处恐龙大遗址为中心而建，分为恐龙遗址科考观光区和侏罗纪世界旅游区两大园区。遗址观光区主体建筑为**恐龙大遗址馆**，在这里可以全方位欣赏到近70具禄丰恐龙化石骨架，其中包括一具长27米、高达6米的阿纳川街龙骨架。发掘现场保留着一处倾斜的、面积约3400平方米的中侏罗纪晚期地质剖面，你可以看看自己能找

地球霸主，恐龙家园

在1.6亿年前的云南境内，曾经生活着一种神奇的动物，那就是侏罗纪时期的地球霸主恐龙。

1938年，"中国恐龙研究之父"杨钟健先生在禄丰盆地发掘出了中国第一具完整的恐龙化石标本"许氏禄丰龙"。自那以后，楚雄地区的禄丰市阿纳村、元谋县姜驿乡半箐村等地又陆续出土了众多恐龙化石。尤其是2004年在姜驿化石产地进行的大规模发掘，共发现几百只恐龙集中埋藏在一起。相关研究表明，这些化石年代跨越了近1亿年，难道这里真是恐龙集体死亡的"恐龙公墓"吗？

目前，楚雄州境内已经出土了120余具较为完整的恐龙骨骼化石，类别齐全，种属繁多，已有23属、25种恐龙被世界恐龙科学家确认，分属恐龙两大类群。在世界恐龙谷（见195页）的遗址馆中，你能看到70余具组装好的恐龙化石骨架，以及发掘现场裸露的恐龙骨骼化石，也能借助多媒体展示穿越回恐龙横行的侏罗纪世界。

世界恐龙谷

到多少个裸露于地面的恐龙化石残片。陨石坑环幕动感体验厅则能让你体验到恐龙灭绝时天降陨石、火山喷发、地动山摇的恐怖时刻。

旅游区以**恐龙时空乐园**为主体，有飞越侏罗纪、恐龙危机、围捕猎龙岛等数十项惊险刺激的大型游乐设施，4D欢乐影院每天播放恐龙打败陨石怪的欢乐故事，神萧传奇剧场上演的是神仙韩湘子与龙王之女的美丽爱情故事，小朋友还可以前往多多乐园，那里有更多适合低龄儿童的游乐项目。

世界恐龙谷中有完善的配套餐饮与购物设施，也开设了恐龙谷温泉酒店、栖龙湾温泉，合家出游可选择在此入住。

◆见184页地图◆地址：楚雄彝族自治州禄丰市恐龙山镇阿纳村◆门票：160元◆营业时间：周一至周五 8:00—17:30，周末 8:00—18:00◆微信公众号：世界恐龙谷

楚雄彝族自治州博物馆

博物馆依山而建，外形借鉴了彝族民居土掌房、垛木房的特点，极富民族特色。馆内设有8个展厅，展品丰富，其中古生物厅展出了在楚雄发掘出土的禄丰恐龙化石，以及海洋生物、禄丰古猿、元谋古猿等化石，这些古生物化石足以证明楚雄是人类发祥地之一。著名的元谋人牙齿化石陈列在历史文物厅，值得一看的还有青铜时代万家坝铜鼓等珍贵文物。最大的展厅是民族厅，近百套楚雄彝族各支系服装和各种手工刺绣品色彩艳丽，令人眼花缭乱。

◆见184页地图◆地址：楚雄彝族自治州鹿城南路471号◆门票：免费◆营业时间：9:00—17:00，周一闭馆

元谋人博物馆

1965年5月1日，地质工作者在元谋大那乌村北进行地质考察时偶然发现两颗猿人上齿门牙

建筑与古迹　**197**

化石，经科学测定，牙齿为170万前的古人类所有，元谋人由此震惊世界。**元谋人博物馆**中讲述了这段考古史上的传奇，在人类起源展厅、元谋古猿与元谋人展厅、场景厅中能看到出土于元谋人遗址的各类化石，以及中国和世界各地的古人类学研究成果，这些史料为参展者详细梳理了这一漫长又充满迷雾的历史进程。元谋同为恐龙化石的重要发现地，恐龙展厅里陈列了不少在当地发掘的恐龙骨架化石。

真正的**元谋人遗址**位于县城东南8公里处的大那乌村北侧山上，是中国更新世早期地层中唯一含人类化石的遗址。如今这里被划为遗址保护区，是第二批国家级重点文物保护单位，不过遗址没有什么可看的，国保爱好者倒是可以来此拍照打卡。

◆见184页地图 ◆地址：楚雄彝族自治州元谋县凤凰大道近滨江大道 ◆门票：免费 ◆营业时间：9:00—17:00

建筑与古迹

圆通寺

圆通寺始建于南诏时期，是中国最古老的观音寺之一，也是昆明城内历史最久、规模最大的寺院，建筑格局独树一帜，地势在山门和牌坊处较高，通向寺院中央的水池逐级降低，形成独特的"倒坡寺"布局。目前所见建筑多为清代重修，"圆通胜境"牌坊为清康熙七年（1668年）所建，底部有精美的石雕。水池中央的八角亭是供奉观音的场所，北面的圆通宝殿仍有元代木构特征，

在云南，吃菌子

七八月，又是一年一度的云南食菌季。在昆明，不仅可以品尝到新鲜的野生菌，还可以去野生菌市场逛逛，买点新鲜野生菌，或者干脆跟着昆明人去周边的山间采菌子。

云南木水花野生菌交易中心（昆明市官渡区福发路8号）应该是中国最大的野生菌交易市场，不少旅行者专程前来见识各种稀奇古怪的菌子，鸡枞、松茸、见手青、青头菌……可谓应有尽有，也能在这里买到当天一早采摘送来的最新鲜的野生菌。

昆明市呈贡区的**万溪冲村**是著名的野生菌生长地，盛产牛肝菌、青头菌等珍贵菌类，当地的餐厅也以烹煮菌类野味出名，不少昆明人每到野菌季都会专程来这里品尝菌子宴。**晋宁区六街镇**也是盛产野生菌的地方，当地有条菌子街尤为出名，可以买到山上生长的新鲜野生菌，也能在街上的餐馆里品尝到各种以菌为食材的菜肴。有时间的话，还可跟随当地菌农上山，体验在山林里采摘菌子的快乐。

如果你在夏天来到玉溪，那就去玉溪市**易门野生菌博物馆**看看，这是国内唯一的野生菌博物馆，展示了云南丰富的野生食用菌资源和云南人吃菌子的悠久历史，标本墙陈列着292种野生菌标本，看看你见过多少，又吃过几种。你还能在这里学会如何鉴别"红伞伞"等传说中的"毒蘑菇"。

上图：云南木水花野生菌交易中心有各种菌子

金殿

盘龙柱非常华丽。寺后的采芝径有袁嘉谷所书的"衲霞屏"石刻，螺山峭壁下还能看到一通砂石观音像碑，相传为清代摹刻的吴道子手笔。圆通寺所在的圆通山是昆明著名的赏樱地，每到樱花季，圆通寺内也是樱花盛开，灿若云霞。

◆见208页地图◆地址：昆明市圆通街30号◆门票：6元◆营业时间：8:00—17:20

金殿

金殿又名铜瓦寺，其实是铜铸造的，修建于明万历年间，后被拆走损毁。目前鸣凤山所存的金殿是清康熙年间由吴三桂重建的，也是中国最大的铜建筑。注意看，这座重檐歇山顶的道教宫观上悬挂的却是"南无无量寿佛"的匾额，它其实是模仿武当山太和宫金殿所铸，因而保留了佛道共融的格局。金殿底部的大理石崇台上雕刻着繁复的瑞兽、花卉等图案，勾栏华板上装饰的是浮雕"二十四孝"故事。金殿两侧种着明代的梅花和紫薇，并立着万历以来的诸多碑刻。春季的金殿公园花团锦簇，分外漂亮。

◆见208页地图◆地址：昆明市穿金路771号◆门票：免费◆营业时间：5月至10月 7:30—18:30，11月至次年4月 7:30—18:00

筇竹寺

始建于南诏国时期，是禅宗传入云南后建立的第一座寺院，建筑群布局严谨，中轴线上依次为山门、天王殿、大雄宝殿和华严阁等，各建筑之间以回廊相连，形成一个完整的整体。寺中最负盛名的当数清末四川泥塑家黎广修及弟子所塑的五百罗汉，造型生动，喜怒哀乐各具表情，分布在大雄宝殿和天台莱阁、梵音阁之中，可一一细赏。华严阁背后的山坡上，还保留着元代的雄辩法师墓塔。寺内提供素斋、豆花米线和盖碗茶，逛累了正好可以坐下来休息一下。

◆见208页地图◆地址：昆明市西郊玉案山◆门票：免费◆营业时间：8:00—19:00

昆明文庙

昆明文庙始建于元朝至元十一年（1274年），由元代政治家赛典赤·瞻思丁在昆明五华山建成，这也是云南第一座孔庙。后经历多次损毁移建，如今的文庙位于昆明老城区，除棂星门、泮池上的壁水桥外多数都是新建。在很长一段时间里，文庙一直是昆明文化馆的所在地。2024年，政府又对文庙进行了全面提升，将其打造为昆明城市公共文化空间，在这里既能感受传统文化，也能欣赏展览、阅读书籍或品茶休息。

◆见208页地图◆地址：昆明市人民中路96号◆门票：免费◆营业时间：9:00—18:00

马家大院

马家大院建于1923年，是民国时期昆明市长马鉁的故宅，保留着"四合五天井""走马转角楼"等白族建筑风格，于2001年获得联合国教科文组织亚太地区遗产保护荣誉奖。如今，这里白天可入内参观，晚上有雷雨剧社排演的露天实景演出《昆明老宅》以及《雷雨》《霸王别姬》等经典剧目，可通过微信公众号查询并购票观看演出。

古镇村寨 199

金马碧鸡坊

◆见208页地图◆地址：昆明市钱王街4号◆门票：参观免费，演出100元起◆营业时间：全天开放，20:00开演◆微信公众号：云南大剧院有限公司

金马碧鸡坊

金马碧鸡坊位于昆明市中心三市街与金碧路交会处，地处传统中轴线的南端，与城外的群山遥遥相对，是昆明独特的地标建筑。金马碧鸡坊始建于明朝宣德年间，已有近400年的历史，东坊因临近金马山而得名，西坊则因靠近碧鸡山而得名，二坊相隔数十米，均为门楼式木构牌坊，飞檐翘角。牌坊曾于战争和"文革"时期两度被毁，如今看到的建筑是1997年重建的，整体高12米，宽18米，雕梁画栋，十分精美。关于这里，还有一个令人啧啧称奇的现象：当太阳缓缓落山，金色的余晖洒在碧鸡坊上，它的影子会投射到东面的街道上，与此同时，月亮从东方升起，银色的月光映照在金马坊，将其影子映在西边街面上；两座牌坊的影子会逐渐靠近，最终交会在一起。据说这一奇观在乙酉年的秋分才会出现，每60年一次，下一次是2065年。

◆见208页地图◆地址：昆明市西山区金马巷10号◆门票：免费◆营业时间：全天

南屏街

昆明旧时的金融、商业和娱乐中心南屏街，曾是明清云南府南城墙及护城河的所在地。1927年，随着昆明人口增多，商业繁盛，为扩展市场，当时的政府决定拆除这段城墙，将其开辟为新市场。此后商家纷纷入驻，街道如昆明南城外的一道屏障，因此得名"南屏街"。抗战时期，由于中国银行、交通银行、农民银行等金融机构的迁驻，南屏街上西式高楼拔地而起，公私银行繁盛，短短500米的街道就有银行、储汇局等30多家，因此南屏街也有昆明"华尔街"之称。金融风云已逝，如今在这里你还能看到曾被誉为"远东第一电影院"的南屏大戏院旧址、昆明老百货大楼、云南白药大药房等老建筑。

◆见208页地图◆地址：昆明市西山区金马巷10号◆门票：免费◆营业时间：全天

聂耳故居

聂耳是云南的一个文化符号，除了昆明甬道街上作为聂耳出生地的故居外，在玉溪也有一座聂耳故居。这里曾是聂耳曾祖父当年的家宅，聂耳只在此度过了短暂的童年时光。如今这里能看到一座清末砖木结构的小院，其中保留着聂耳祖辈行医的药铺及他父母生活的居室，还有关于聂耳生平的图文介绍。

◆见184页地图◆地址：玉溪市聂耳路北门街3号◆门票：免费◆营业时间：9:00—11:30，13:00—17:30，周一闭馆

古镇村寨

官渡古镇

官渡之名，源自南诏朝廷在此设立的官方渡口，至今这里依然保留着不少明清建筑，不同信仰的寺院和谐共处。古镇曾为滇池的一部分，古镇中心的**妙湛寺**就是在堆积的螺壳上建成的，因此也称为螺峰寺，附设的**昆明碑林博物馆**值得一看，妙湛寺双塔与金刚塔南北相对。建于清代的法定寺天王殿内的石雕弥勒相传为大理国遗存。**土主庙**则是滇密"阿吒力"教派的寺院，

探索

彝族火把节

楚雄是彝族聚居地，每年农历六月二十四，当地都会举行盛大活动，迎接一年中彝族最重要的节日火把节，不妨选在这个时节来楚雄参加当地人的狂欢。楚雄火把节通常会持续5天，彝人古镇、十月太阳历文化园、彝海公园等地都会开展各种庆祝活动。需要提醒的是，火把节期间，楚雄的酒店价格会大幅上涨，甚至一房难求，还请尽早预订。

彝人古镇

正殿供奉着南诏大理的保护神大黑天。

2024年官渡古镇入选国家级夜间文化和消费旅游区，更多旅行者选择夜游官渡，欣赏脱口秀、云南评书、乐队演出等夜间表演项目，闲逛创意集市，在深夜食堂品尝美食，体验云南之夜的丰富多彩。

◆见184页地图◆地址：昆明市云秀路北侧◆门票：免费◆营业时间：古镇全天开放，各寺院9:00—17:00

彝人古镇

彝人古镇其实是依照南宋德江古城重建的一座仿古小镇，以彝族民居样式为主，毕摩房、苏尼房、姑娘房等特色民居随处可见。这里也是第一批国家级夜间文化和旅游消费集聚区，提供吃喝玩乐购一站式服务，很适合来楚雄的旅行者到此一游。古镇最热闹的时候是晚上，能欣赏到祭火大典、彝乡恋歌等现场表演，

人们唱响彝家调，跳起左脚舞，迎接客人的到来。在吊脚楼上品尝彝家八大碗，再去逛逛彝家绣品店，或者干脆加入广场舞的队伍中，与彝族大妈们一起翩翩起舞。邻近的**彝族十月太阳历文化园**也可顺路一游，登上祭天坛视野很棒。

◆见184页地图◆地址：楚雄彝族自治州经济技术开发区永安大道以北◆门票：免费◆营业时间：全天

通海古城

通海古城的历史可以追溯至汉代，那时通海就是南方丝绸之路上重要的驿站。唐代时因"通达江海"之意得名，明代的屯田戍兵又将来自中原的人口与儒家文化带到了这里。如今的通海城，依然保留着明清时期以聚奎阁为中心、四条大街向东西南北方向延伸的格局，古城南面的秀山历史文化公园内，藏着已被列为全国重点文物保护单位的秀山古建筑群，山间古树葱郁，有清凉台、蓬莱阁、涌金寺等古迹。公园北侧的文庙照壁上镌刻着"礼乐名邦"四个大字，据记载是乾隆皇帝为嘉奖通海民风淳朴而题写的。城中街巷密布，家家门前贴着楹联，院中种满花草，不少民居如今也顺势改建为民宿或茶室。通海的夏天非常凉爽，不少云南人和旅行者都会选择来此避暑。

◆见184页地图◆地址：玉溪市通海县◆门票：免费◆营业时间：全天

黑井古镇

这座小镇因盐而兴，曾在"古滇九井"中占据一席之地，早在南诏和大理国时期，黑井盐就是王室贡盐，至清代时，黑井盐税就占到了云南盐税的一半多。随着海盐的进入，黑井盐不可避免地走了下坡路，黑井小镇也逐渐落寞。如今，黑井古镇凭借"千年盐都"的名号，吸引到无数旅行者前来。

古街免费进出，镇上有几处

彝人古镇

保存较为完好的古建筑（联票25元；8:30—17:30）值得一看。**大龙祠**位于镇西山坡上，祠内悬挂着一块雍正皇帝题写的匾额"灵源普泽"，再往上还有一座飞来寺，那里可以俯瞰龙川江河谷。**武家大院**是少见的坡地四合院，主人曾是黑井最大的制盐人家，大院依山势而建，一路向上，层层堆叠，错落有致。大院北边的**文庙**有座红砂岩的棂星门，很有特色。镇北1.5公里处的**古盐坊**还保留着盐井、蓄卤池、灶房等旧日煮盐的场景。往镇南则是运盐出镇的道路，五马桥横跨于龙川江上，桥东有座红砂岩节孝总坊，是清光绪年间为表彰本地的87位节烈妇女而敕建的，雕刻极为精美。

游罢古镇，记得找家餐馆，试试当地特色烤豆腐、茴香粑粑、石榴花、茉莉花烘蛋和盐焖鸡，尤其是盐焖鸡，用的就是古镇出产的井盐，鸡皮金黄，肉质细嫩。走累了不妨来一杯黑井人自酿的梨醋汁，兑上雪碧，酸甜解渴，别有一番风味。

◆见184页地图◆地址：楚雄彝族自治州禄丰市黑井镇◆门票：25元◆营业时间：全天

温泉

安宁温泉

距昆明市约58公里的螳螂川峡谷间，坐落着被称为"天下第一汤"的安宁温泉，据说徐霞客游历云南之时也曾赞叹"此水实为第一池，此处不可不浴"。喜欢泡温泉的话，可以选择入住老牌度假酒店安宁温泉宾馆，传说中的"天下第一汤"就在宾馆内。泡舒服了可以去看看附近的温泉摩崖石刻群，以及始建于唐朝的曹溪寺。如今这里也开设了不少温泉酒店，提供各种价位的泡汤场所。

◆见184页地图◆地址：安宁市温泉镇◆门票：30元起◆营业时间：全天

日咖夜酒

竹隐岑今（翠湖文林店）

这里曾是雕塑家袁晓岑的故居，别院独有一份隐世气息，创意咖啡与甜点都极为精致。

◆见202页地图◆地址：昆明市文林街40号文林雅居小区内◆人均：57元◆营业时间：周一至周四10:00—19:00，周五至周日10:00—21:00

8号福凳咖啡

翠湖东岸一家茶咖酒小店，能看到湖面风景，提供特调咖啡与鸡尾酒，很适合小坐片刻。

◆见203页地图◆地址：昆明市翠湖东路12号1幢1单元102号◆人均：35元◆营业时间：11:00—23:00

卷耳咖啡

位于安静的老街，复古色调的装修，蜂蜜咖啡与苹果派尤其值得一试。

◆见202页地图◆地址：昆明市府甬道8号对面◆人均：46元◆营业时间：13:00—22:30

AME禾木

他家的烘焙面包非常出彩，可颂、贝果、恰巴塔等与本地食材结合，很受欢迎，也提供咖啡、果茶等饮品，在翠湖逛累了可以来这里歇脚。

◆见203页地图◆地址：昆明市翠湖北路28号◆人均：43元◆营业时间：11:00—20:00

放空咖啡 Fun Corner

位于网红打卡地先生坡，闹中取静，门口可以晒太阳，咖啡出品比较稳定。

◆地址：昆明市翠湖北路先生坡7号102号◆人均：34元◆营业时间：11:00—20:30

叁口组·秘密酒廊

很受年轻人喜欢的酒吧，复古的装修风格，花园小庭院很加分，鸡尾酒品种繁多，酒的名字也非常好听。

◆地址：昆明市钱王街45号居仁巷11号◆人均：110元◆营业时间：19:00至次日2:30

Amber琥珀

琥珀色的酒柜，琥珀色的灯光，这家酒吧恰如其名，鸡尾酒单非常丰富，还能在吧台定制一款自己偏好的鸡尾酒或特调饮料，晚上有现场驻唱。

◆地址：昆明市钱王街45号◆人均：100元◆营业时间：18:00至次日2:30

环游翠湖

翠湖，似一颗翡翠镶嵌在昆明老城区，湖畔人文荟萃，古迹和博物馆众多，这条徒步路线就串起了云南大学、文林街、"九巷十三坡"、云南陆军讲武堂等一众看点，同时也能尽情欣赏翠湖风光。

- 起点：云南大学
- 终点：袁嘉谷旧居
- 距离：约4公里
- 需时：约5小时

出来可顺便去相邻的云南师范大学，看看国立西南联合大学旧址和纪念馆，出来后步行约300米即到 ❷ **文林街**，这里是昆明最富文化活力的街区，可以逛逛各种有趣的小店。

竹隐岑今
放空咖啡Fun Corner
卷耳咖啡
先生坡 ❸

右转进入 ❸ **先生坡**，"九巷十三坡"的市井烟火气仍在，有机会还能遇到不定期举办的创意集市。

沿翠湖西路往南来到 ❹ **云南陆军讲武堂**，展厅里讲述了这座百年军校的光荣历史。

云南陆军讲武堂 ❹

西门

参观过 ❺ **云南革命军事馆**后，从门前的小桥进入翠湖西南岛，岛上有人民音乐家聂耳的雕像，一路走到阮堤与唐堤的交会处。

云南革命军事馆 ❺

九曲桥门

柳营洗马带状公园

110 m

环游翠湖 **203**

翠湖北岸的 **① 云南大学** 是中国最美的大学之一，清晨进入，感受菁菁校园的朝气。

起点 **① 云南大学**

AME禾木

终点 **⑫ 袁嘉谷旧居**

继续向北，回到翠湖北岸，**⑫ 袁嘉谷旧居** 为清代四合院，内有这位云南状元的生平展。至此你已环翠湖一周，正好结束此次环湖步行。

8号福凳咖啡 ⑪

翠湖东岸有不少咖啡馆，不妨在 **⑪ 8号福凳咖啡** 驻足片刻，喝杯咖啡，看看湖景。

北门

翠湖公园

碧漪亭 ⑥

湖心岛上有座 **⑥ 碧漪亭**，是翠湖一景。

东门 **⑩ 卢汉公馆**

沿翠湖南路向东约300米即是 **⑩ 卢汉公馆**，它是昆明保存最好、体量最大的法式建筑。

⑦ 燕子桥

云南解放纪念馆 **⑧**

⑨ 赵公祠门楼

向东约100米有座精美繁复的 **⑨ 赵公祠门楼**，原址是1911年云南辛亥重九起义和护国运动重要将领赵又新的私人祠堂。

南门

向南走上阮堤，**⑦ 燕子桥** 是与红嘴鸥互动的好位置。

从南门出翠湖，左拐来到 **⑧ 云南解放纪念馆**，这栋法式二层洋楼在20世纪40年代曾是解放军驻昆明军管会所在。

华山西路

> 楚雄以连锁快捷酒店和商务宾馆为主，城郊彝人古镇内有文艺风民宿与客栈。全家出行的可以入住世界恐龙谷的温泉酒店。

楚雄 ¥¥
- 😊 性价比较高。
- ☹ 火把节期间多数酒店都会大幅涨价。

楚雄彝族自治州

⊙楚雄

♡ 楚雄的烧烤、草捆肉、酸汤脆皮猪脚、苦荞粑粑等彝族美食都值得品尝。彝人古镇餐饮集中，能吃到大多数当地美食。

不要错过
- 元谋凉鸡
- 黑井盐焖鸡
- 彝族美食

大理白族自治州

普洱市

热门食宿区域

昆明及滇中的住宿地主要集中在老牌景区周围，不过酒店类型相对丰富，选择较多。至于美食，都极富本地特色，同时也融合了西南各地的风格，汽锅鸡、菌汤锅、过桥米线等都讲究食材本味，但凉米线、豌豆粉等小吃又以口味丰富的调料见长。作为咖啡与热带水果的产地，咖啡馆与各色果汁饮品非常出彩。住宿价格标准见171页。

玉溪

不要错过
- 凉米线
- 冰稀饭
- 豆腐米线

♡ 玉溪以小吃为特色，卷粉、豌豆粉、小锅饵丝等也很美味，北门街与南门街的"老五街"是美食街。抚仙湖边的铜锅鱼和铜锅洋芋焖饭也不错。

← 普洱市

昆明翠湖周边 ¥¥

😊 翠湖周边是旅行者首选，以精品酒店和连锁酒店为主。

☹️ 翠湖边不少酒店受环境所限，停车不太方便。

昆明南屏街 ¥¥

😊 更适合融入本地人生活，公共交通也极为便捷。

☹️ 周围被商圈包围，早晚高峰可能会堵车。

抚仙湖 ¥

😊 位于热门景点，很舒适，设施较好，露台房有无敌湖景。

☹️ 景观房与其他房间的价格和观赏度差异大大，预订时要问清楚。

昆明住宿条件好，酒店类型丰富。四季皆适合旅行，淡旺季房价浮动不大，建议尽早订房。

前往玉溪的旅行者会集中住在抚仙湖，禄充村、广龙小镇和小湾民宿村有不少精品民宿，但淡旺季价格相差较多，记得尽早订房。

不要错过

- 传统云南菜
- 创意融合菜
- 老牌本地特色饭馆

❤️ 昆明可谓集全省之大成，既有经典云南菜餐厅，也有各种民族特色餐馆、清真饭馆和东南亚餐厅。

旅行者推荐 INSIDERS' LIST

📋 场所

昆明中维翠湖宾馆
- 0871-65158888
- 昆明市翠湖南路6号

i野·倾城国际青年旅舍
- 0871-63378910
- 昆明市华山西路92号

望山庭院
- 15887100627
- 昆明市东川区石头村红土地景区中心三岔路口

抚仙湖方寸间卢梭民宿
- 13887781438
- 玉溪市抚仙湖小湾村小湾路14号

澄江抚仙湖禄充未见山民宿
- 15987089646
- 玉溪市抚仙湖禄充社区麒麟路4幢5号

世界恐龙谷温泉酒店
- 0878-68107730
- 楚雄彝族自治州禄丰恐龙山镇阿纳村委会

文山荷鲜居（翠湖店）
- 13888751398
- 昆明市染布巷10号

萨尔瓦多
- 0871-65363525
- 昆明市文化巷76号-16

红豆园（文林街店）
- 0871-65392020
- 昆明市文林街142号

茴香熙楼（翠湖店）
- 0871-65139011
- 昆明市翠湖北路100号

上坐传统过桥米线（恒隆广场店）
- 13312544640
- 昆明市恒隆广场604A

留焕小吃
- 1508718363
- 昆明市文明街景星街路口北侧

菌彩野生菌火锅（金鹰店）
- 0871-63335293
- 昆明市威远街金鹰购物广场B座5层F5012号

胡九小吃（玉溪店）
- 13378716740
- 玉溪市南门街87号

仙湖湾石锅鱼
- 15894283168
- 玉溪市抚仙湖小湾社区澄华线大湾村25号

彝府轩土菜馆
- 15125716158
- 楚雄彝族自治州彝人古镇毕摩广场旁C79-1

📖 书籍

《**昆明记：我的故乡，我的城市**》**于坚 著** 一位诗人兼作家从20世纪80年代开始的对昆明的个人记忆和时代变迁的叙述，书中的摄影作品来自作者80年代以来在昆明各地的"街拍"。

《**昆明读城记**》**冉隆中 编** 聚焦昆明城市建设发展的历史和文化变化，展现了昆明在不同时期的矛盾和困扰、希冀和愿景。

《**聂耳：从昆明走向世界**》**昆明市文史研究馆 编** 以著名音乐家聂耳在昆明的成长背景为线索展开叙述，从中也能一窥昆明地域文化的特点。

🎬 影视

《**漫长的季节**》**2023** 这部质感十足的网剧讲述了出租车司机王响与老伙计龚彪、老刑警马德胜组成民间探案三人组，展开长达20年的寻凶之旅。故事发生在东北，但很多镜头其实是在昆明西山区昆明五钠厂、昆钢废弃铁路专线等地拍摄的。

《**战火中的青春**》**2023** 这部以抗战时期西南联大建校为背景的电视剧，讲述了一批热血青年心怀使命的抗战故事。剧集在昆明东川红土地、昆钢平顶山、安宁玉龙湾影视城等地取景。

《**无问西东**》**2018** 影片讲述了几位年轻人在不同的时代中为理想前行、寻找真我的故事。片中不少场景在昆明西南联大旧址、东川红土地、莲花池公园、震庄迎宾馆等地取景。

《**追凶者也**》**2016** 在偏远的西部村寨发生了一桩残忍凶案，憨包汽修工宋老二与落魄古惑仔王友全、夜总会领班董小凤由此开始了一段黑色逃杀故事。影片中能看到昆明轿子雪山、东川大牯牛山、红土地和曲靖会泽等地的身影。

《**太阳照常升起**》**2007** 由四个充满魔幻现实主义风格的小故事组成，分别以疯、恋、枪、梦为主题。电影在昆明云南大学、东川红土地等地取景。

实用信息

✈ 抵离昆明及滇中

飞机
昆明长水国际机场 （见184页地图）位于市区东北约25公里处，是中国连接东南亚地区的重要枢纽，也是东方航空、祥鹏航空、昆明航空、瑞丽航空的主要基地。目前有航线前往国内各主要城市和云南省内所有民航机场。淡季往返丽江、西双版纳、西安、重庆等地的航班一般非常便宜。

火车
昆明站 （见208页地图）拥有南、北两个进站广场，是沪昆、南昆、成昆铁路的起讫站。目前停靠的列车以普客为主，可前往大理、丽江、北京、上海、广州等省内外各大城市，也有城际列车前往蒙自、河口沿线，经停昆明南站。从大理往返广州、南宁、贵阳及成都等地的动车都会经停昆明站。

昆明南站 沪昆高铁、南昆高铁、昆玉城际铁路、泛亚铁路东线（昆玉河铁路）的重要车站，运营动车、高铁、城际快铁往返国内各大城市。

玉溪站 （见184页地图）昆玉河铁路和中老昆万铁路的交会站，有动车往返昆明、建水、蒙自、河口等地。

楚雄站 昆楚大铁路上的重要站点，有动车往返昆明、大理、丽江、普者黑等地。

长途汽车
昆明东部汽车客运站 （0871-63833680）每天有发往石林、罗平、蒙自、文山、红河等地的班车。

昆明南部汽车客运站 （0871-67361722）每天有开往滇南红河、西双版纳方向的班车，还有部分省际长途线路。

昆明西部汽车客运站 （0871-68182746）每天有发往滇西北与滇西南如大理、丽江、临沧、瑞丽等地的班车。

昆明北部汽车客运站 （0871-68373009）每天有班车前往东川、曲靖、会泽、昭通、保山等地。

昆明西北部汽车客运站 （0871-68265359）每天有发往楚雄、元谋、黑井等地的班车，也有发往省外攀枝花、西昌等地的班车。

玉溪城南汽车客运站 （0877-2022807）每天有发往昆明南部汽车客运站、石林、建水、蒙自、景洪、楚雄等地的班车。

玉溪城西汽车客运站 （0877-2026592）每天有发往昆明、澄江、江川客运站等地的班车。

楚雄汽车客运站 （0878-3139888）每天有发往昆明、长水机场、元谋、大理下关、玉溪等地的班车。

🚍 市内交通

公交车
昆明城区公交运营路线，基本覆盖所有景点，营运时间通常为6:00-22:00，市内票价1-2元，可用手机扫码乘坐。此外，还有5条滇池观光专线，涵盖滇池沿岸捞鱼河湿地公园、华侨城卧龙古渔村、南岸沙滩主题公园、云南民族村等景点。

地铁
昆明目前已开通6条地铁线，站点涵盖昆明站、昆明南站、南部汽车客运部、长水机场站等交通枢纽，起价2元，可使用手机扫码乘坐。

出租车和网约车
昆明出租车 分为标准与豪华两种，起步价为10元/2公里和13元/2公里，此后每公里2元和2.4元。滴滴出行、曹操专车、万顺叫车等多种网络叫车平台都可以使用，叫车非常方便。

玉溪出租车 起步价为5元/2公里，此后每公里2元；楚雄出租车起步价为7元/2.5公里，此后每公里2元。玉溪、楚雄的滴滴出行、曹操专车、万顺叫车等主流网络叫车平台都可以使用。

机场大巴
昆明长水机场有多条空港快线（4000-272-999）可到市区锦江大酒店、新疆宾馆、南部汽车客运站、滇池大酒店及昆明南站等地，票价为25元/人，发车时间通常为8:00至次日2:00，此外还有发往热门景区石林、安宁温泉等地的专线，票价为40-45元/人。

租车
神州租车、一嗨租车等在昆明市区、长水机场、昆明南站等地都设有24小时服务点，在市区许多酒店设有自助服务点，提供异地还车、自助租车等服务。

自行车
昆明有美团、青桔、哈啰等共享单车品牌，在城区骑行极为方便。

🔍 旅行信息

微信公众号
昆明文旅：提供昆明实时旅游信息，推荐旅游热门景区。

滇池文旅：内容涵盖滇池吃喝玩乐住行购各种信息。

云南大剧院有限公司：可查询及购买云南映象、马家大院和新迎剧场的演出门票。

滇客通：可在线查询和购买昆明五大汽车客运站车票。

节假日
除了全国统一的法定节假日，楚雄彝族自治州还有自己的放假安排，2024年在自治州成立纪念日（4月15日）放假两天（无调休），在农历六月二十四火把节期间放假三天（无调休），在彝族年调休放假四天。旅行者可以提前关注官方信息。

昆明及滇中地图

昆明及滇中地图 **209**

探索

丽 江

电话区号：0888

　　晒晒慵懒的"一米阳光"，天地缱绻间且听风吟，时光柔软，岁月静好——很多人怀着这样的期待来丽江，却在那些不知名的村落得到了慰藉。造物主也很偏爱这片土地，虎跳峡将金沙江塑造得桀骜不羁，老君山历经沧海桑田风化出了龟背状丹霞，泸沽湖琴瑟和鸣着"女儿国"的传说……别忘了，丽江不只有一座古城，它远比你想象的丰富。

数说丽江

125万
常住人口

50+
奢华酒店

20600 平方公里
面积≈28个新加坡

7个月
玉龙雪山降雪期

3天
三朵节放假
（农历二月初八）

1400+
东巴文单字数量

在丽江，你可以这样玩

1—2天 高原水疗之旅
（见166页）

2天 纳西族精华之旅
（见50页）

6天 深入纳西族风采之旅
（见52页）

何时去

3月至6月
除了《丽江的春天》里唱到的杜鹃花，樱花、油菜花、桃花、梨花等也竞相在丽江坝子上绽放。6月，老君山的杜鹃花开得漫山遍野。

7月至8月
泸沽湖进入"水性杨花"的时节。暑假丽江古城塞满了人，能避则避。不过，农历六月二十四至二十六的纳西族火把节值得参与。

9月至11月
泸沽湖畔开满了格桑花。天高云淡，是进行徒步、骑行等户外活动的好季节。

12月至次年2月
玉龙雪山有雪，好天气持续输出，这是能见度最高的季节，高原湖泊也迎来了候鸟。

玉龙雪山与丽江木府

宝山石头城

受限于交通不便，宝山石头城没有变成"爆款"，始终遗世独立。城内以石头铺路、以石头砌墙，几百年来格局、风貌未曾改变。

虎跳峡

在两岸峭壁的夹击中，在江中巨石的阻挠下，金沙江裹挟着泥沙、横冲直撞，一级一级跌落，巨浪如虎咆哮，与礁石碰撞出了山洪暴发之效。一条江能有多狂野？虎跳峡将其演绎到了极致。

黎明丹霞

老君山的红色砂岩经亿万年的风化，龟裂成无数个凹凸不平的"龟壳"，它是丹霞家族中最特别的存在。

丽江亮点

泸沽湖
泸沽湖静静躺在云南和四川的交界处，夏有海菜花点缀，冬有候鸟光临，摩梭人母系社会的习俗更为它增添了几分神秘感。

玉湖
丽江坝子上的古镇、古村逐一爆火，玉湖村仍大隐于玉龙雪山脚下，保持着粗犷的建筑、淳朴的民风和安宁的调性。

大研古城
它是中国第一个被列入世界遗产的古城，也是最受争议的古城，却始终热度不减。古城里处处流淌着活水，家家户户屋前有鲜花。

丽江春天的花期

3月 石鼓镇被油菜花铺成金色的田野，玉峰寺内的老茶树再度开新花，普济寺的高龄樱花树也会在月底准时开花。

4月 雪山脚下的桃花开了，拉市海岸边尤其绚烂，紧随其后的是束河古镇的紫藤。

5月 金沙江边桃红柳绿，大研古城内蔷薇挨着柳树绽放。

6月 老君山的杜鹃开得漫山遍野，文海畔的牧场则由报春花主宰，泸沽湖里的海菜花已零星出现。

玉龙雪山

自然

玉龙雪山

玉龙雪山是纳西族神话中"三朵神"的化身，护佑着丽江坝子的平安。它也是北半球纬度最低的雪山，主峰扇子陡海拔5596米，在雪山家族中只是小弟级别，但其神圣不可侵犯性，加上现代海洋性冰川的属性和松散峭立的岩壁，决定了它至今没有"被认证"的登顶记录。

就雪山审美而言，玉龙雪山不断上移的"发际线"有点愧对雪山之名。但在洛克（见223页方框）的日记中，玉龙雪山"总是银光闪闪"，徐霞客在丽江、大理遥望它时，也为它写下了"荡漾众壑，领挈诸胜……北瞻雪山，雪幕其顶"的话语。如今因全球变暖，玉龙雪山看不到雪成了常态，夏天甚至"秃"到彻底不见"发际线"。但得益于开发完善，它给了所有人亲近雪山的机会，在稍冷一些的季节前来，它依然会银装素裹。

玉龙雪山景区包括甘海子、冰川公园、云杉坪、牦牛坪、蓝月谷多个景点，需要乘坐观光车前往各处，甘海子是整个景区内的集散中心，也是观看《印象·丽江》实景演出的地方。冰川公园、云杉坪、牦牛坪三处景点需要分别乘坐索道，索道有时会因恶劣天气等原因临时关闭，可办理退票。观光车费已含在各索道票内，去蓝月谷的电瓶车票单独出售，但如果你买了去冰川公园或云杉坪的票，观光车在蓝月谷附近有停靠点，走过去也就几分钟。

冰川公园

玉龙雪山之所以是最有亲和力的雪山，只因你仅需十来分钟，就可以借由亚洲海拔最高的索道从3356米直抵4506米，欣赏主峰扇子陡。索道站附近是**白水1号冰川**，山谷里有大量因冰川运动造成的冰碛物。你可以继续沿着栈道向上走到4680米的观景点，这是你能抵达的距离山巅的最近地点。

云杉坪

云杉坪海拔3200米，是传说中纳西族男女殉情之地，也是东巴经典作品《鲁般鲁饶》中理想乐园的所在——"玉龙第三国"。索道上山后，穿过一片原始森林，就是云杉环抱中的高山草甸，夏季绿荫如海，繁花似锦。

蓝月谷

雪山融水冲刷出一条白水河，经一连串白色的台阶层层跌落，被截成四片蓝绿色的湖泊，因天色呈现出Tiffany蓝或马尔代夫绿，这是理想状态，如果天色不给力，湖水就不够清澈，颜值瞬间跌到谷底。

牦牛坪

同样是高山草甸，牦牛坪海拔3700米，面积比云杉坪大，离雪山很近，视野很棒，沿栈道走一圈约一个半小时。上牦牛坪的索道不是封闭车厢，可以充分感受山野气息，但天气恶劣时也比较受罪。

◆见212页地图◆门票：100元，通过微信公众号购票（门票两日有效，如果次日还想进山，可先在游客中心办理二次进山免费登记）◆索道票：冰川公园140元，云杉坪60元，牦牛坪65元◆蓝月谷电瓶车：50元◆营业时间：8:00—18:00 ◆微信公众号：丽江旅游集团

虎跳峡

虎跳峡位于丽江和香格里拉中间，与两地分别相距80公里和96公里。金沙江从香格里拉奔向丽江，过了长江第一湾（见219页）后，进入玉龙雪山和哈巴雪山的夹缝中，江面与山巅的落差达到惊人的3900米，被清朝诗人描述为"一线中分天作堑，两山夹斗石为门"。在两岸陡崖的相夹下，江面骤然收紧至30—60米，最窄处仅20米——那确实是传说中老虎一蹬腿就能跳过去的距离。

虎跳峡按河流走向分为上虎跳、中虎跳、下虎跳三段，全长约20公里。**上虎跳**开发成了景区，有栈道可带你下至江边观景台，近距离观看江中心的虎跳石，感受滔天的巨浪和震耳欲聋的"吼声"，若是上了年纪腿脚不便，也有扶梯代步。

中虎跳也以险著称，江中多礁石，江心有一块与上虎跳类似的大石头。有两种办法前往，即俗称的低路和高路。低路是一条已开凿的江边公路，适合自驾或跟团游；高路则是条传统的徒步路线（具体见78页），你走在金沙江西岸哈巴雪山的悬崖小路上，对岸是玉龙雪山的北壁，最后下到江边，路线不算难，风光绝对一流，只有当你走过这一程，才会明白，虎跳峡何以为老外票选出来的云南最佳旅游目的地。

金沙江在**下虎跳**收敛起气势，重归平静，这一段视野开阔，两岸雪山不再剑拔弩张，平缓的山坡上出现了耕作的纳西族，一派田园风光。沿低路从中虎跳继续往北就是下虎跳，没有旅游团发这条线，只能自驾前来，或从中虎跳徒步过来。

确切地说，虎跳峡景区属于香格里拉地界，但它更像是香格里拉在丽江的一块飞地，从丽江过去方便得多，有直达班车，所以一般都从丽江出发去虎跳峡。

◆见212页地图◆地址：虎跳峡镇金沙江西岸◆门票：上虎跳景区45元◆营业时间：8:30—17:30

泸沽湖

泸沽湖海拔2685米，形成于180万年前的地质运动，它是中国第三深的湖泊，平均水深45米，最深处93.5米，湖水透明度达10.5米，最大能见度19米，"清澈"是泸沽湖最显而易见的特点，坐在猪槽船里赏湖水，看着清澈见底，其实深不可测。

它是摩梭人的母亲湖，也是

泸沽湖徒步

泸沽湖西侧适合驱车，东侧则更适合徒步。以达祖村为起点，终点在草海，路线长约18公里，至少要走大半天。由于女神湾正好在中间，如果打算看日落，理想的方式是从下午开始徒步，看完日落在女神湾住一晚，剩下半程留待次日再走。

从达祖村出发，先去村落上方的**德庆林寺**俯瞰湖湾。下山后往东走，约10分钟后有条小路通往**洼夸情人滩**，这里水域开阔。回到公路后你有两个选择，一是在洼夸村穿过农田上山，走山路2个小时；二是过了中洼村后，有一条向南的乡道，走5公里公路，最终都会抵达**祭神台**。在山上赏完湖湾风景后，下到公路再走20分钟就是全程最美的**女神湾**了。

你得再度回到祭神台，这里有一条翻越后龙山到洛洼的步道，沿途风光很不错。从洛洼码头沿公路向东，经五支洛、博树、摩梭博物馆（见231页），约5公里后会看到泸沽湖周围唯一的苯教寺庙**喇嘛寺**，进去转经记得按逆时针方向。农历冬月十五，这里会举行盛大的法会和晒佛仪式。喇嘛寺前有一条向南的岔路，一路走进去就是草海和走婚桥。

海菜花："水性杨花"的植物

海菜花是国家重点保护的珍稀濒危水生植物，为沉水草本，根茎始终沉于水下，白色的花朵轻轻浮于水面随波荡漾，因此又有"水性杨花"的别称。

海菜花喜欢温暖干净的水文环境，多生长于高原湖泊，但中国那么多高原湖泊，海菜花并不易寻，唯有在清澈见底的泸沽湖十分普遍，足以证明泸沽湖水质之好。每年春夏之交，水温转暖，它便大量浮于湖面，其花期一直持续到9月，花瓣如雪，将泸沽湖渲染成了莫奈的油画作品。海菜花最集中的湖面名为"花海"，不少码头都有船前往。

上图：泸沽湖海菜花

一片"跨界"湖，云南、四川各占一半。西南片属于云南，有高山与密林，湖畔公路曲折起伏；东北片属于四川，为平缓的低洼地，浅水区长满水草，形成大片湿地风光。

大洛水村和泸沽湖镇分别是云南和四川的旅游集散地，除泸沽湖镇外，其他村落包括大洛水、里格、尼塞、小洛水、达祖、女神湾、洛洼等，都依湖而生。大多数景点也在这些村落附近或紧贴湖岸，只有里务比岛、媳娃娥岛和王妃岛需要坐船前往。一网打尽所有景点的方式就是环湖，你可以自驾、包车、骑行，或依托环湖观光车，除了女神湾，这趟车几乎经停所有景点。

泸沽湖特色的夜间娱乐活动是篝火晚会，简单来说，就是一堆人手拉手转圈圈，重复简单的舞步，但参与感和氛围感很好。大洛水村和达祖的篝火晚会是收费演出，规模最大，沿湖不少村落也有免费的篝火晚会。

大洛水

大洛水村是非自驾者从云南进入泸沽湖的第一站，班车停靠在此，环湖观光车也从这里发车。村里有个**摩梭人博物馆**（见230页），南面山坡上的**日尊寺**可以俯瞰泸沽湖、观日出。从大洛水坐船始去**里务比岛**最近，岛上有座始建于清朝、20世纪90年代重建的藏传佛教寺庙。

媳娃娥岛

这座岛位于湖心中央位置，可以从大洛水、小洛水或里格村坐船过来。因昔日永宁土司曾在这里修建水上行宫，所以也叫"土司岛"。洛克也在岛上住过，并把它写进了《中国西南古纳西王国》，岛上还有座洛克故居。

里格

确切地说，它是伸入湖中的一座半岛，泸沽湖传播最广的一张宣传照就是在这里拍的。岛上有一座白塔，原本有一些临湖客栈，如今出于环境保护之需，已全部关闭。一条上山小路会带你通往山腰上的观景台，站在那里，明信片同款照片就能信手拈来。

格姆女神山

格姆女神山也叫狮子山，格姆是它的摩梭语名字，狮子是其藏语名字的释义。它属于绵绵山脉，海拔超过3700米，是泸沽湖边的最高峰。乘坐开放式座椅缆车20分钟，可以上到3450米高的观景平台，从高处细赏这颗高原明珠。山上的看点是一个喀斯特溶洞，因洞穴形似女性身体而被称为**女神洞**。

格姆女神山在摩梭人心中地位尊崇，他们每逢农历初一、初五、十五、二十五会前来转山，祭拜女神洞，其中又以农历七月二十五的转山节最为隆重。

山下的尼塞村湖边有两棵依偎着的**"情人树"**，是泸沽湖畔著名的打卡点之一。

女神湾

环湖公路绕过了女神湾,但它绝对值得你专程徒步或包辆车前来。女神湾面朝正西,正对格姆女神山,算好时间在日落前抵达,等待夕阳为湖面镀上一层金色,再看着落日缓缓坠下神山背后。附近山顶有一座祭神台,是摩梭人在转山转湖途中的一个祭拜点,拥有鸟瞰女神湾的好视角。

草海和走婚桥

草海是泸沽湖四川片区的王牌景点,这里是一大片湿地,春夏季草长莺飞时最美。走婚桥是横跨于草海上的一座300米长的木桥,可引你深入湿地观景。桥南端有栈道通往山上的观景台,那里可以俯瞰草海和走婚桥。

王妃岛

王妃岛原名博洼俄岛,1943年,左所末代土司投靠西康省主席刘文辉,并娶了刘文辉属下军需科科长的女儿肖淑明,肖淑明随土司回泸沽湖后被安置于岛上,这座岛也因此更名。这位末代王妃帮土司平定叛匪、发展教育,深受当地摩梭人爱戴,1959年因"阶级成分"遭受牢狱之灾,直到1987年才恢复名誉。如果对她的故事感兴趣,可以读一读《泸沽湖畔的摩梭王妃》。

◆见213页地图◆门票:70元,格姆女神山索道110元/往返◆营业时间:24小时◆微信小程序:中旅泸沽湖景区

千龟山

老君山国家地质公园绵延千余平方公里,跨丽江玉龙、迪庆维西、大理剑川、怒江兰坪四县,其中黎明丹霞景区开发得最完善,这里的核心就是千龟山。

千龟山是丹霞景观中独特的存在,极端冻融气候导致红砂岩山体表面发生干裂,经流水、风化的反复侵蚀,形成又深又大的沟槽,宛如龟背纹,也有点像佛螺髻发,直径最大的凸包达30—40厘米。

你可以徒步上山,一路基本都是阶梯,不难走,约2小时可到山顶。图省力就坐缆车。缆车上行分两段,第一段到**情人柱**,是下部细、上部粗的丹霞砂岩石柱,高80余米,中间还有一道裂缝将其一分为二,形似一对依偎相拥的恋人。第二段缆车坐完,再沿步道走半小时就到山顶了,旁边龟壳状的岩石表面,仿佛成千上万只排列整齐的乌龟,而山脊向东高高翘起,被形象地称为"**千龟朝阳**"。山顶还可远眺**诺玛底大峡谷**,这是条呈U—V形的套谷,横断山脉的大褶皱与赤色丹霞奇妙地组合在了一起。

丽江有208路专线车直达景区,在古城南门附近乘坐,7:30发车。如果没赶上,就去客运站坐车到中兴,再转车前往。

◆见212页地图◆地址:丽江市黎明乡◆门票:70元,索道+电瓶车140元◆营业时间:8:30—17:30

九十九龙潭

九十九龙潭坐落于老君山北侧主峰下的山坳坳里,海拔3800米,数十个大大小小的冰蚀湖如珍珠成串点缀在群山间,湖水溢出后,形成瀑布,汇成溪流,奔向大江。沿铺设好的栈道绕行一圈,约需4小时,途中可以看到五六个湖泊。五六月,一树树杜鹃花开得漫山遍野,非常壮观,这里的杜鹃可能是整个横断山区规模最大、品种最多、颜

千龟山

在黎明做一回蜘蛛侠

飞拉达是适合攀岩零基础者体验的项目，有点辛苦也有点惊险，但很安全，岩壁上有固定好的缆索、支撑点、梯子等，你只要把自己"挂"上去，就能像蜘蛛侠一样飞檐走壁了。飞拉达分初级和挑战级2条线路，前者长280米，垂直高度78米，攀登需1小时；后者长700米，垂直高度180米，需要2—3小时才能完成。从安七尼红石桥帐篷营地向上走20分钟就是飞拉达体验区。

格拉丹草场

色最丰富的。

没有公共交通开往这里，杜鹃花季时，你可以在丽江参加一日游团。

◆见212页地图 ◆地址：丽江市黎明乡 ◆门票：80元 ◆营业时间：9:00—17:30

格拉丹

处于老君山腹地的格拉丹，海拔3600米，鲜有游客前来，路也超级烂，非越野车无法驾驭，不过你也可以从黎明徒步半天过来。这里有2万多亩高低起伏的草甸，有点像低配版新疆草原。这里的高山杜鹃以紫色和粉色为主，但不如九十九龙潭那样铺天盖地，且在5月底就全面凋谢，但草原很快就会被鸢尾花点缀成蓝紫色的海洋，过了7月花谢了，就没必要来了。景区规模很大，除了自驾进入，还有几条5—20公里不等的徒步路线。

◆见212页地图 ◆地址：丽江市黎明乡 ◆门票：70元 ◆营业时间：9:00—17:30

文海

文海位于玉龙雪山主峰的西南麓，海拔3180米，是一座典型的季节性湖泊，6月至9月湖水丰沛，湖岸草长莺飞，其他季节湖泊则会大大缩水，甚至"原地消失"，变成一片荒烟蔓草。丰水期在这里看山、看湖、看牧场、看牛羊都心旷神怡，加上没什么商业气息，不见游客，很有遗世独立的美感。发个朋友圈戏称自己在新疆、内蒙古，也能骗过很多人。

湖边有2个纳西族村落，村民提供骑马环湖服务（比其他景区要便宜得多）。湖泊面积不大，漫步环湖也很惬意，东岸看不到雪山，堤坝和西岸有雪山倒影。

文海距离白沙22公里，没有公共交通工具抵达这里，只能自驾、包车或骑自行车前来。沿途经过福国寺，接下来进入山路十八弯，翻过一个山口后，一片绿茵如海就唰的一下出现在眼前了，站在高处俯瞰文海景色极美。如果你仅有在城市里骑自行车的经验，不建议你来这里骑行，因为高海拔加上山路陡峭，去程连续上坡会让人叫苦不迭，回程连续下坡又惊险无比。青年旅舍有时也会组织从玉湖村或白沙村到文海的一日徒步游。

◆见239页地图 ◆地址：丽江市文海村附近 ◆门票：免费 ◆营业时间：24小时

拉市海湿地公园

观鸟、赏花是拉市海的两大主题。12月，候鸟如约而至，数万只越冬的鸟儿翩飞在水面上，包括红嘴鸥、斑头雁、黑颈

长江第一湾

去石鼓镇赶gai

石鼓镇的"街（gai）子天"（市集）在公历逢3、6、9的日子开启，是丽江周边最有名的市集之一。摊位会从碑亭门口一直摆到半山腰的镇中心，沿街摩肩接踵，烟火气十足，远近乡民背着大大的编织筐纷纷前来选购日用品。你可以挑挑本地特色草编制品，或在集市上吃碗凉粉，风靡丽江的鸡豆凉粉源头就在此。如果对1936年红二、红六军团在此渡江北上的历史感兴趣，可以去镇上的**红军长征过丽江纪念馆**参观。

鹤等。3月，鸟儿一哄而散，又迎来湖岸桃花盛开。其余时间前来，就只剩下划船和骑马了。

其实并不是非要进景区，导航"拉市海高原湿地省级自然保护区管理局"或"吉祥休闲鱼庄"，这里有一条2公里长的栈道，铺陈在湿地、草原上，夏天绿油油一片就是"网红"阿勒泰的平替。

◆见239页地图 ◆地址：丽江市西面10公里处的拉市坝中部 ◆门票：30元 ◆营业时间：9:00—19:00

长江第一湾

金沙江一路南下到石鼓镇后，来了一个150°的急转，拐出一个"V"字形的弯，转而北上，就此上演了一出惊天大逆转。在镇上是看不到第一湾的，你得往高处去。导航显示的"长江第一湾观景台"地势不够高，视野不行。石鼓镇东面的施家一湾饭店背后有一条小路可上山，位置极佳，老板会向游客收取一

定的费用。你还可以导航到怡景苑山庄，再继续往里开，尽头是一户村民家，屋后有条上山的土路，一路向上走就可一览第一湾全景。

◆见212页地图 ◆地址：丽江市石鼓镇与香格里拉市南部沙松碧村之间 ◆门票：免费 ◆营业时间：24小时

程海

程海最初是一条河，属于金沙江的支流，后来因地势陷落和水文气候变化而成为内陆湖。它是云南第四大淡水湖，也是丽江境内最大的湖泊，还是世界三大天然螺旋藻产地之一。程海四面环山，呈椭圆形，水质极清。这里不是景点，周边尚无商业形态，清明节前，湖水呈现淡绿色，令很多人觉得梦回曾经的洱海。

◆见213页地图 ◆地址：永胜县程海镇 ◆门票：免费 ◆营业时间：全天

古镇村寨

大研古城

已有800年历史的大研古城，在马帮时代有过一段黄金岁月，1996年一场大地震将它重新推向世界，次年它便入选世界文化遗产。20多年过去了，它屡遭诟病，差点从一股清流走向了泥石流，尽管不少去过的人都在吐槽它，尽管有的是比它脱俗之地，依然劝退不了汹涌的游客，它可能就是那种"一生总要去一次"的地方。但无论如何，它确实有点"料"。

古城内水系纵横，形成"主街傍河、小巷临渠"的格局，300多座石桥中以明代所建的**大石桥**最大，东面不远处还有座清代建的小石桥。古城居民对水极为爱惜，**普贤寺**门口有一块清光绪年间立的"永远遵守"碑，规

古城维护费，交还是不交？

才到丽江，还没进大研古城，你大概已经看到倡导缴纳古城维护费的广告牌。丽江古城维护费50元，但实际上其实可交可不交，官方说法是：散客自愿交，参团游客需缴纳。古城可自由进出，没人查票，唯有黑龙潭公园是个例外，那里仍然会查验古城维护费，这也变相成了公园门票。

如果你报了旅行团，这笔费用一般已经包含在团费中，如果旅行社依然要求你额外支付古城维护费，可以通过微信小程序"游云南"投诉，索回这笔钱。

大研古城

定了包括禁止在河边杀猪等条文。你还能从城南白马龙潭寺前的**三眼井**一窥究竟，那里的三口井井排，分别用作饮水、洗菜、洗涤，不可混用。

四方街就是昔日茶马互市的场所，如今依然是古城的心脏，常有身着传统服饰的纳西族老人在此打跳，你也许会发现，你和身边友人及众网友都拍过同一位"模特"，这不奇怪，打跳本就是景区组织的表演，来来去去就是那几个演员。尽管如此，走过路过还是值得为它驻足一下，若有兴致，你还可以加入其中。四方街广场西面有始建于清道光年间的**科贡坊**，是为纪念杨家"一门三举"而建的，由此进去的**天地院**就是杨氏故居，内设茶马古道和纳西东巴文化的主题展，每天还有3场纳西民俗歌舞表演。

古城东部，位于五一街附近的**王家庄基督堂遗址**，英式外立面搭配纳西拱顶和阁楼的外观很别致。教堂北边的**方国瑜旧居**，是座传统的两进式纳西民居院落，纳西人方国瑜曾师从钱玄同、梁启超、马恒、赵元任等，后在云南大学任教，他对西南边疆的研究有很高的学术价值。继续往北，是始建于1875年的**恒裕公民居博物馆**，门楼、木雕都很精致。

古城内最著名的建筑是**木府**（见225页），你还能找到**徐霞客纪念馆**、**洛克纪念馆**、**十月文学馆**、**雪山书院**、**三联韬奋书店**等总共22座文化院落，多由传统民居改建。此外，北门的两架**大水车**、**丽江之眼观景台**、小桥流水的风铃街也是常规打卡点。

10分钟就可登顶的**狮子山**在西边护卫着古城，山顶的**万古楼**（门票35元）是拍摄大研古城全景的最佳位置。免费机位在山腰的**文昌宫**，这座安静的道教宫观始建于清雍正年间，由丽江首任知府修建，从门口的平台俯瞰古城，视野绝佳。

◆见212页地图◆门票：免费◆
营业时间：全天

黑龙潭公园

黑龙潭公园位于丽江古城北边1公里处，潭水倒映着玉龙雪山，也承接着玉龙雪山的融水，继而为古城提供着源源不断的活水——古城内在家家户户门前流淌的水就始自这里。不过让人揪心的是，这潭活水也非取之不竭，自1988年以来，黑龙潭断流过11次，最长的一次断流始于2015年，断流天数达1298天。

公园内的建筑不少是从别处的古建拆卸后移置而来的。公园大门**文明坊**取自原文庙，四尊明代石狮来自原木府，其他还有原木府旁的**一文亭**，以及属于福国寺的山门、五凤楼等，后者内部辟为丽江古城、三江并流、东巴古籍三大世纪遗产的展示馆。

公园东侧的象山能眺望玉龙雪山全景，沿步道登至山顶约需半小时。

黑龙潭公园深得本地人喜欢，农历二月初八三朵节时，他们会在公园里举办传统歌会，秋天纷纷结伴来赏红叶。但身为外地游客，公园会以查验古城维护费的方式变相收取门票，正门之外的其他入口有时无人查验，早上开门前也有机会免费入园。

◆见236页地图 ◆地址：丽江市古城区民主路1号 ◆门票：古城维护费（50元）◆营业时间：7:30—21:00

黑龙潭公园

束河古镇

束河古镇是比大研古城更早的纳西族聚落，古时这里是茶马古道的重要驿站，以皮革贸易和皮匠手艺闻名，但它比大研开发晚。十多年前，当大研古城爆火，且日显俗气时，很多人躲到束河古镇寻清静，这里也开始亦步亦趋地复制大研的商业模式，所以如今的束河，无论规模、格局、业态，都像小一号的大研古城，唯一不同的是，入夜后的束河还是清静的。

青龙河纵贯古镇，明代修建的青龙桥雕饰古朴，春日"烟柳平桥"可谓束河八景之一。青龙桥东侧的四方街同样是古镇的中心，比大研的四方街小一些。**茶马古道博物馆**位于四方街东北角，设在昔日木氏土司的束河别院内，这里有6幅明代所绘的大觉宫壁画，很值得一看，如果你不打算去白沙欣赏壁画，也可以来这里"小饱眼福"。

在丽江奢侈一把

丽江也是一流度假酒店的扎堆之地，它们都有着与环境相融的设计、无可挑剔的配套设施和高端的服务，强调个性，注重私密性。因此，在住宿上提高点预算是值得的。

茶马道丽世山居 毛里求斯豪华度假酒店品牌丽世（Lux Hotel）旗下的茶马道系列，分布在宝山石头城、拉市海、石鼓镇、大具坝、三谷水等村落，每一家都是年轻又时髦，具有独特的人文内涵，价格相比其他高端酒店更有优势。

丽江大研安缦 坐落在古城地势最高的狮子山上，一览玉龙雪山与古城全景，隔壁就是世界文化遗产文昌宫。酒店由数个纳西族院落组成，房间为中式传统设计风格，全程都有管家服务，美中不足是设施略显陈旧。

Hylla物与岚·设计收藏酒店 位处白沙村附近的半山腰，周边环境和景观无与伦比，房间设计简约又脱俗。相较于其他度假酒店，开业不久是它最大的优势，设施非常新。

Club Med地中海俱乐部·丽江度假村 靠近玉湖村与玉龙雪山，一价全包式的度假酒店，最适合亲子游。

金茂璞修雪山酒店 在玉龙雪山景区内，每间房都能饱览180°雪山全景，物超所值。

和府洲际度假酒店 不在大研古城内，但后门直通古城，既便利又隔绝了古城的喧嚣。大堂可观玉龙雪山。开业超过10年，但维护得很好。

白沙古镇的墙绘

过青龙桥向北，会看见一潭清澈的水，古镇上潺潺流水的源头便在此，因古镇西枕群山，形如九鼎，山下这潭水便取名为**九鼎龙潭**。潭边的**龙泉寺**始建于清朝，里面供奉着皮匠祖师爷孙膑。**茶马王故居纪念馆**也在附近，昔日的主人是民国赫赫有名的王氏马锅头，如今这里依然住着王氏后裔。一路往高处走，就能收获俯瞰束河古镇的好视野，还能顺道去看看藏在石洞中的石莲寺。

出古镇往东，是李亚鹏打造的雪山艺术小镇，但如今这里风光不再，看起来是他的又一次失败投资。不过，新的**荒野之国**（门票50元）可以看看，它是民谣歌手乔小刀用废品搭建的童话乐园，所有建筑都天马行空，既梦幻也科幻，周六下午还有市集，可以来凑凑热闹。

◆见236页地图◆门票：免费◆
营业时间：全天

白沙古镇

白沙古镇也是世界文化遗产"丽江古城"的组成部分，木氏土司正是在此发迹后，进而搬迁至狮子山下的大研古城。白沙的四方街可算作大研古城和束河古镇的1.0版本，功能一样，但更有烟火气，三月会、七月会、九月会期间，会举办热闹的民俗活动。四方街往东走100米，有座**"天籁清音"**小亭子，一支平均年龄超过70岁的"乐队"每天在此演奏白沙细乐，已经雷打不动25年了，令人动容。四方街周围还有一些可参观、可体验、可购买的"非遗"空间和作坊等。

虽还没涌入喧闹的旅游团，但如今的白沙古镇在白天也难觅清静了，主街上开满了商铺，人人都在"网红机位"前排队打卡。就商业形态而言，要说它的优势，可能胜在店铺风格和品质，属于本地人的老手艺、老店铺还没被挤走，但它毕竟才起步，看起来还"前途不明"，目前很难评说。当然，如果你有幸在人少时前来，会发现它依然保留着淳朴、市井的氛围，住一晚或许是个好主意，至少你能拥有一早一晚两段宁静时光。

◆见236页地图◆门票：免费◆
营业时间：全天

玉湖村

在满眼商业化的丽江坝子上，玉湖就像一块璞玉，唯有它还保持着岁月静好。玉湖村也叫雪嵩村，纳西语为"巫鲁肯"，意为雪山下的村子，它确实就是离玉龙雪山最近的村子，站在村里抬头便可看见雪山。

玉湖村延续着纳西族最早的建筑风格，全村几乎都是用石头垒砌起来的，清一色的卵石铺路，未经雕琢的石砌房子，乍看它比宝山石头城（见223页）更配得上"石头城"之名。这也是它不同于大研、束河、白沙的最大特色。

约瑟夫·洛克在丽江生活的27年中，多数时间居住在玉湖村，而洛克的"粉丝"也是最早一波走入玉湖村的游客。他住过的纳西小院如今已改建为**洛克故居陈列馆**，二楼起居室按洛克当年居住时的样子进行了复原，馆内还陈列着他当年拍摄的照片和发表在《国家地理》上的文章，以及他使用过的物品。

玉湖村东1.5公里处的龙女湖，是明代木氏土司挖掘的人工湖，面积没比池塘大多少，20来分钟就能绕湖一圈，不过它前无碍眼的游客大军，后又有玉龙雪山作背景板，湖畔的高山草甸在春夏两季繁花似锦、绿荫如毯，随手一拍都美不胜收。

村子西面的**玉柱擎天**公园曾

玉湖

是木氏土司的消夏行宫，内有一潭碧色的玉湖，高处崖壁上是清雍正年间丽江第一任流官题写的"玉柱擎天"四个字。

◆见239页地图 ◆门票：村子免费，洛克旧居陈列馆25元，玉柱擎天25元 ◆营业时间：村子全天开放，洛克旧居陈列馆9:00—17:00，玉柱擎天7:30—18:00

宝山石头城

早在1924年，洛克就曾将宝山石头城的照片发表在《国家地理》上，2006年宝山石头城被列入国家级文物保护单位，但直到今天，慕名而来的游客仍不多。多亏了丽江古城以一己之力担了百万游客的流量重担，不易到达的宝山石头城得以不问世事，静如往昔。

石头城大约建于宋元时期，当时生活在永宁一带的纳西族向南迁徙，发现这里地势险要，易守难攻，便定居了下来。村子整体建在一块独立的蘑菇状巨大岩石上，仅0.8平方公里，三面为峭壁，一面为斜坡，像一条滑坡直插金沙江。村寨依山而建，民居就山而凿，盖房子不挖地基，直接在岩石上进行立体雕塑，凿出石墙、石门、石床、石桌、石凳、石灶、石梯等。

宝山石头城设东、西两座城门，城内石巷纵横、高低错落，石头铺砌的街巷已经被踩得光滑无比，没有任何现代交通工具可以驶入，运送物资全靠骡马。村里共108户人家，多为老人，年轻人要么已离开家乡，要么搬到了附近新辟的外城（就是你下车/停车的地方）。石头城最高处的古垛口是个天然观景台，站在这里可以眺望金沙江峡谷。北边是险峻的太子关。南宋宝祐元年（1253年），忽必烈从四川木里经宁蒗推进至此，翻过关卡，革囊渡江，进而灭了大理国。石头城周围是层层梯田，秋天一片金

洛克：丽江的外籍住户

美籍奥地利人约瑟夫·洛克有着多个头衔：植物学家、探险家、人类学家……1922年，他从泰缅边境进入云南，次年到达丽江，直到1949年之前，他6次来访中国，都以玉湖村为大本营，深入滇、川、藏交接的横断山脉腹地，考察动植物和风土人情。洛克最初的工作以采集植物和飞禽标本为主，他在丽江拍摄了大量照片，内容涉及植物、民俗、壁画。正是他发表在《国家地理》上的文章和照片，第一次将滇西北推向世界，人们普遍认为，1933年出版的《消失的地平线》里的场景，与洛克所描绘的横断山脉相符，或许詹姆斯·希尔顿的创作灵感就源于此。20世纪末，中国第一代背包客沿着洛克的足迹，走出了著名的稻城亚丁"洛克线"。1929年开始，洛克将研究方向更多转向纳西文化，他收集了约8000册东巴经书，撰写了《中国西南古纳西王国》《纳西语英语百科辞典》。

1949年8月，洛克离开中国，他曾多次尝试返回中国，但都未能如愿。洛克晚年病重住在夏威夷的医院里，依然想念着丽江，他在给友人的信中写道："如果一切顺利，我会重返丽江完成我的工作。我宁愿在玉龙雪山的鲜花丛中死去，也不愿躺在四面白壁的病房里。"1962年，他病逝于檀香山，最终没能回到他的精神家园。

宝山石头城

徒步太子关

太子关是宝山石头城北边金沙江上的天然关隘，是忽必烈南征大理时著名的"元跨革囊"发生地。从宝山石头城至太子关的徒步路线，全程约12公里，累计爬升约1000米，根据个人体力需6—8小时，不少走过的人称其难度在虎跳峡之上。与虎跳峡咆哮的江水不同，这一段金沙江风平浪静，若是在水色呈蓝绿的秋冬季，有点像变窄了的挪威峡湾。

徒步起点在岩双落村，可以从宝山石头城坐车过来，然后开始上山，经过老虎嘴、60米洞、太子关、90米洞到柳青村。全程多为碎石路，要穿过两个山洞，有些路段直接在悬崖边掏空凿出，没有任何防护，旁边就是万丈深渊，春天风大，雨季湿滑，都有一定的危险性。沿途有徒步者做的标记，但还是建议你在石头城请一个向导，另外记得防滑鞋是必备的。回程可以换水路，从柳青村码头坐船至石头城码头或阿海水电站码头。你也可以在徒步完虎跳峡后，从中虎跳或大具坐车到柳青村，反向走这条线路，徒步到宝山石头城。

另外还有一条古道，是从宝山乡到宝山石头城，走的人更少，全程11公里左右，爬升仅300多米，同样可欣赏金沙江峡谷的风光，也有步步惊心的挂壁小道。

上图：徒步太子关

黄映衬着奶绿色的江水。

丽江象山市场有私营面包车，可拼车前往石头城，或乘坐发往宝山乡的车，再从宝山乡找车去石头城。记得和司机确认是否经过玉龙雪山景区，如果经过的话就得支付一笔进山费。你也可以从丽江坐车去阿海水电站，再包船到石头城下的码头，船费不菲（1200元左右），但乘船游金沙江的机会也难得。自驾的话，经大东乡—鸣音镇—宝山乡至石头城，后面40公里山路已改建完毕，路况良好。

◆见212页地图◆门票：免费◆
营业时间：全天

黎明

黎明傈僳族乡坐落在老君山怀抱中，在村里就能望见红色的**五指山**。每年冬至前后半个月，你还能看到日出三起三落的奇观：太阳先从**缚虎岩**南面升起，不多久会被**石猴祈天**挡住，然后再从其南面升起，再"落"到五指山之侧，最后从五指山后升起，完成这场持久的日出秀。

黎明乡的村民都是傈僳族，一年中最热闹的时候是12月20日开幕的阔时节，届时会有芦笙表演。但几乎所有人都是冲着周围的丹霞地貌来这里的，你还能以黎明为大本营，去探索附近的一些村落，看点也是沿途的景色。向南可走去黎光村，看看岩堡类丹霞的代表**老君炼丹炉**和石笋模样的**将军柱**；向东可走去芦笙村，欣赏典型的丹霞方山**石棺山**。

◆见212页地图◆门票：免费◆
营业时间：全天

清水古镇

永胜县这座籍籍无名的古镇，是明朝边屯文化的缩影（1396年朝廷设清水驿站），也是丽江的科甲之乡，曾有一村四进士的光辉史。保留下来的古镇不大，嵌在周围新农村建筑中，很快就能逛完。镇上号称拥有600座古建，但大多维护不善，最漂亮、最完整的建筑是**东岳庙**。这座始建于清乾隆年间的道观建筑群，历经"拆"字当头的变迁，如今规模已大大缩水。2017年，东岳庙被修旧如旧，复杂的斗拱、精细的木雕都值得细赏，最有意思的是一组十八层地狱因果报应的雕像。

◆见213页地图◆地址：永胜县期纳镇清水村◆门票：免费◆营业时间：全天

建筑与古迹

木府

丽江古城内的木府始建于明洪武年间，之后成为历代丽江木氏土司的府邸，曾被徐霞客形容为"宫室之丽，拟于王者"。改土归流后，木府日益荒废，清末时已所剩无几，后又遭遇"文革"、火灾等，1996年的地震更是令它荡然无存。后来，木府进行了原址重建，占地46亩，气势恢宏，中轴线长369米，府内建筑雕梁画栋十分精致，再现了当年木府欲媲美皇家宫殿的初衷。

进入木府前有一座木牌坊，上书"天雨流芳"四个字，在纳西语中意为"读书去"，可见昔日木氏土司对文化教育的推崇。

木府

中轴线的尽头**三清殿**是拍摄木府全景的好位置。

木府附近还有个**徐霞客纪念馆**，1639年，徐霞客游历到丽江时，曾是木增土司的座上宾，两人结下了深厚的友谊。

◆见237页地图◆地址：丽江大研古城光义街官院巷49号◆门票：40元◆营业时间：9:00—17:30

白沙壁画

位于白沙古镇（见222页）的白沙壁画是丽江周边最有艺术价值的古迹，其绘制时间从明初到清初延续了300多年，糅合汉族、藏族、纳西族的艺术风格，主题涵盖藏传佛教、汉传佛教、道教、东巴教等，并在一定程度上进行了题材创新，例如佛经故事画中出现了钓鱼、砍柴、打铁等写实的生活场景。

壁画保存在琉璃殿、大宝积宫、大定阁内，1996年被列入全国重点文物保护单位，又以大宝积宫的12幅壁画保存最为完整。**大宝积宫**正壁的《无量寿如来会》是丽江壁画中面积最大的一幅，南壁正中是画风类似的《孔雀明王法会图》，北壁正中的《观音菩萨普门品》带有密宗色彩。**琉璃殿**内有16幅壁画，技法相对粗犷简练，可能出自东巴画师之手。**大定阁**内的壁画创作年代最晚，16幅明代晚期的壁画多在清乾隆年间进行过补绘，题材既有水月观音像，也有密宗里的《金刚怀抱明妃图》，还有明清佛画中极少出现的飞天形象。

大宝积宫旁有株古银杏，每到深秋铺满一地金黄，映衬着红墙古建，分外迷人。琉璃殿前一棵呈八字形的怪柳已有500多岁。

三座壁画建筑一般不会同时开放参观，壁画真迹禁止拍照。除了壁画，建筑本身也气度不

木氏土司与丽江

明洪武十五年（1382年），朱元璋派部南下进攻大理，借道丽江，当时的纳西首领阿甲阿德率众归附明朝，此举换来了御赐的"木"姓，并得以世袭土司之职。大研古城是中国少有的没有建城墙的古城，传说是木氏土司避讳城墙会"困"住"木"，加上古城周围的象山、狮子山、金虹山已是天然屏障，无须多此一举。

不甘"困守"的木氏土司确实很有发展的眼光，擅于审时度势，明朝中央借木氏土司"节制吐蕃"，木氏也以包容的姿态同时吸收汉文化和藏传佛教。明末，木增土司迎请噶举派二宝法王来丽江讲经说法，并刻印丽江版《大藏经》，噶举派也在丽江广泛建寺，数量有百余座。丽江在木氏土司的管理下迅速走向繁荣富庶，木氏土司的势力范围也不断外延，一度扩大至四川甘孜、凉山和西藏昌都、察隅等横断山区的大部分区域。直到清雍正年间，西南地区实行改土归流，结束了木氏土司在丽江的世袭统治。

白沙壁画

凡，一进二院落的**文昌宫**修建于清同治年间，你可以在这里看看没开放的壁画复制品，这里也有关于纳西族历史的介绍。

◆见239页地图 ◆地址：丽江市白沙镇政府旁边 ◆门票：20元
◆营业时间：8:00—17:30

他留坟林

他留人是彝族的一个支系，早期以游牧为生，元末成为永胜高氏土司的亲军，明初因屯田移驻至营盘一带，从此定居下来，是永胜地区边屯文化民族融合的最好例证。过去，他留人的婚恋习俗与泸沽湖的摩梭人有点类似，姑娘成年后会独自住进"青春棚"，小伙子则开始"串棚子"过夜，姑娘可以接待多个小伙子，小伙子可串多个棚子，如此开放的异姓交往会一直持续到结婚前，通常等小孩出生后再举行婚礼，不过，这个风俗如今已绝迹。

营盘村旁的山坡上有一片规模庞大的他留坟林，有6000多座自明朝嘉靖、万历年间至清朝的他留人墓地，墓碑多为拱形，雕饰着精美的麒麟、狮子、太极，以及各种动物和人物形象。古墓群中，陈、蓝、海、王四大姓氏占了绝大部分，他们的宗系少则七代，多则十一代，根据考证，他留人总共有9个姓氏，这4个姓氏就占了九成以上。他留坟林对面有一座简单的他留民俗博物馆，可以进去了解一下他留人的历史和风俗。

◆见213页地图 ◆地址：丽江市六德乡营盘村 ◆门票：免费 ◆营业时间：8:00—18:00

福国寺

福国寺始建于明万历二十九年（1601年），最早是木增土司的家庙，初名"解脱林"，后获明熹宗赐名。丽江版《大藏经》便是由福国寺主持刊刻的，这部经书的真迹保存在拉萨大昭寺。徐霞客在丽江期间，木增土司曾在福国寺的五凤楼（现已移至黑龙潭公园）招待他。

清康熙年间，福国寺改为藏传佛教寺庙，成为丽江五大寺的母寺（另外四座是文峰寺、普济寺、指云寺、玉峰寺）。站在寺院可眺望玉龙雪山，寺院背后的平台又可鸟瞰丽江坝子。冬季下雪后，寺庙非常上镜。

◆见239页地图◆地址：白沙古镇后山上◆门票：免费◆营业时间：8:30—17:00

文笔山中的文峰寺

文峰寺

滇西北噶玛噶举派的最高学府文峰寺，镶嵌在群山间，周围景色极佳，是本地人的后花园。从文峰寺沿铺砌好的石阶继续往上走，会到达被誉为"南赡部洲第一灵洞"的金刚亥母灵洞，藏传佛教徒如若去鸡足山朝拜，得先来这里叩拜，意为"借钥匙"。灵洞旁有一块大黑石，传说迦叶曾在此讲经。一路走到山顶，能将整个丽江坝子尽收眼底，天气好时，拉市海和玉龙雪山、哈巴雪山都清晰可见。

◆见239页地图◆地址：文华村文笔峰的山腰处◆门票：免费◆营业时间：8:30—18:00◆微信公众号：丽江文峰寺

普济寺

普济寺建于清乾隆年间，民国时达到鼎盛，拥有12个院落。大殿为独特的铜瓦殿，且为云南现存最大的铜瓦殿。寺内的壁画内容涵盖儒、释、道等多种文化。院内有两株海棠古树，其中一棵树龄已超300岁，树干之粗两人都合抱不过来，被誉为"云南樱花之冠"。3月底，粉红色的花朵密密压满枝头，美不胜收。

◆见239页地图◆地址：束河街道办事处普济村普济山麓◆门票：免费◆营业时间：8:00—18:00

指云寺

指云寺是丽江五大寺之一，于清雍正年间始建，光绪年间重修。一串长达近1公里的白塔将伴随你直到寺门，寺门口的古银杏在深秋时会给这里带来一波人气，其余时间几乎不见游客，只有跳来跳去的小松鼠伴你参观。寺庙为二进院落，三重檐楼阁式的佛殿集合了汉、藏、白、纳西族的建筑元素。院内的古桑树、古槐树都已有两三百年。站在寺庙最高处可俯瞰拉市坝子。

长江上最古老的桥

长江上建的第一座桥是哪座？它的名字你可能听都没听过——金龙桥。清光绪年间，贵州提督捐资10万银圆，在丽江市金安township与永胜县梓里村之间的金沙江上，用时5年建成一座铁索吊桥，桥由18根大铁链悬系两岸，桥面铺着木板。在茶马古道兴盛时期，每天有数百支驼队从此桥走过，1956年武汉长江大桥建成前，它都是长江上唯一的桥，所以有"万里长江只一桥"之称。2006年，金龙桥被列入全国重点文物保护单位。

自驾者从丽江沿G4216蓉丽高速开，在金安立交下高速，下山后再沿江边公路开5公里就能抵达。没有公共交通前往这里，最近的只能坐到金安村，最后5公里你得自己想办法。

骑行丽江坝子，小众景点连连看

虽然公交也能衔接丽江坝子上的大多数景点，但毕竟等车费时，灵活性不够，不妨租辆自行车，自由掌控路线和游玩时间。从束河古镇出发，沿薇薇大道向北骑3.5公里，就是白沙古镇。游览完继续一路往北4公里后，路过**北岳庙**，会看到**东巴王国景区**（门票35元），里面展示了东巴象形文字和纳西古村落。接下来转向西，近2公里的辛苦爬坡后抵达玉峰寺。然后就是舒服的下坡了，沿玉峰寺路往北1公里，是风景秀丽的**玉水寨**（门票35元），这里是东巴祭祀圣地，每年农历三月初五会举办东巴法会。紧邻的**东巴万神园**（门票15元）最大的看点是一条长长的《东巴神路图》。旁边就是玉湖村游客中心了，将车停在这里，步行或坐景区电瓶车去村子吧。

上图：东巴万神园

玉峰寺经轮

◆ 见239页地图 ◆ 地址：拉市乡海南村，拉市海西南约1.5公里 ◆ 门票：免费 ◆ 营业时间：8:00—21:00

玉峰寺

丽江五大寺中唯一收费的玉峰寺，位于玉龙雪山南麓，毗邻玉水寨，忽必烈南征大理期间曾在寺内扎营。寺庙最大看点是一株500多岁的山茶树，它由两株不同品种嫁接而成，每年花开两三万朵，有"万朵山茶"的称号，2—4月是花期，3月花开最盛。

◆ 见239页地图 ◆ 地址：丽江市玉峰寺路 ◆ 门票：17元 ◆ 营业时间：7:30—18:00

北岳庙

南诏国时期，玉龙雪山被封为北岳，又是纳西神话中三朵神的化身，因此，这座寺庙就是祭祀三朵神的神祠，又叫三朵阁。北岳庙是丽江最早的庙宇，始建于唐朝，后历经9次扩建和修缮，但如今庙里只有一栋建于清朝的古建，即供奉三朵神的正殿，三朵神像的两侧分别是他的藏族和白族妻子。

农历二月初八的三朵节和八月羊节，人们会在此杀羊祭祀，羊年尤其热闹，因为根据东巴经记载，三朵神属羊。

◆ 见239页地图 ◆ 地址：丽江新善村 ◆ 门票：免费 ◆ 营业时间：8:30—17:00

扎美寺

扎美寺是云南摩梭人聚居区规模最大的藏传佛教寺庙，始建于明嘉靖年间，清雍正年间改宗格鲁派。历史上扎美寺天灾人祸都经历过，现存建筑基本都是重建过的，不过**强巴殿**中明清时期的壁画还完整地保留了下来，面积之大冠绝全云南。

与其他寺庙不同的是，扎美寺几乎见不到一个僧人，因受到本地达巴教和母系社会形态的影响，僧人们平日都在家中修行，并参与农作，只有举办大型法会时他们才会聚拢到寺庙。扎美寺每年有6次大规模的喇嘛聚会，分别在正月初十、三月初三、四月十三、七月十三、九月二十和十月二十三，每次都会持续多日。农历十月的聚会几乎与燃灯节同期，白天有跳神，晚上有法会，尤其热闹。

永宁乡南边2公里处的忠实村，还有一座清光绪年间建的**永宁土司衙门**，不一定开放，路过顺道看看即可。

◆见213页地图◆地址: 丽江宁蒗县永宁乡皮匠街西北古尔山脚下◆门票: 免费◆营业时间: 8:00—18:00

灵源箐观音阁

永胜县唯一保留下来的古代佛寺坐落在竹林掩映的山脚下，是省级文物保护单位。观音阁临崖而建，始建于唐代，现存建筑重修于清光绪年间。寺庙大门外有20余幅明朝至民国期间的碑刻，一对石狮子来自昔日的北胜州府署大门，寺内还有一些明朝的建筑构件。最有价值的是宋代的描金石刻观音造像，高1.78米，宽0.75米，据传当时永胜的高氏土司购得一幅吴道子画像后，依葫芦画瓢刻在了岩石上，旁边注有"唐吴道子笔"。

◆见213页地图◆地址: 丽江永胜县东郊壶山西麓◆门票: 免费◆营业时间: 8:00—17:00

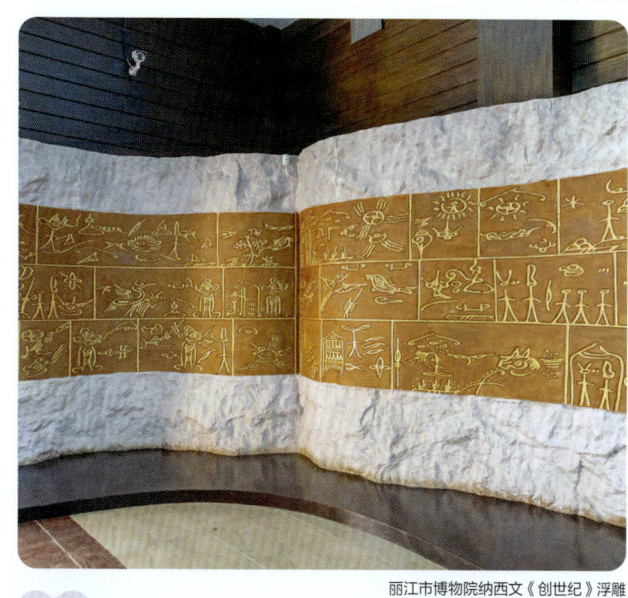

丽江市博物院纳西文《创世纪》浮雕

文化与展演

丽江市博物院

这里又叫纳西东巴文化博物馆，是了解东巴文化的窗口。馆内详细介绍了纳西族的文字、信仰、艺术、民族服饰等。镇馆之宝是一块出土于石鼓镇的**吐蕃碑**，属于唐代南诏国时期，碑面刻有吐蕃文字和人物、动物等图案，内容反映了当时唐、吐蕃、南诏在金沙江一带互为牵制的关系。

◆见236页地图◆地址: 丽江市古城区黑龙潭公园北端◆门票: 免费◆营业时间: 9:00—17:00, 每月第一个和第三个周一、除夕闭馆

飞越丽江新奇博物馆

同样是展现纳西文化，这座新建的博物馆不以文物取胜，而是将视觉效果拉满。全馆分5大篇章，利用实景和先进的数字技术，带你走入丽江的历史长河和纳西族的民俗风情。在这里，你将会看到一整面阴线刻和阳线刻的东巴象形文字墙。一条长100米、高3米的全息投影动态走廊，拉开了丽江版的《清明上河图》，直观再现了明清时期丽江的繁盛景象。采用3D裸眼视频呈现的纳西创世神话，解释了"人类之卵产生于天、孵化于地、化育于水"的纳西传说，也能让你身临其境感受丽江的自然风光。另外，还有纯为打卡设计的萤火虫溶洞、许愿墙、麦田、恋爱博物馆等。

◆见236页地图◆地址: 丽江市古城区玉缘桥下◆门票: 50元◆营业时间: 12:00—22:00

云南边屯文化博物馆

明洪武年间，朝廷推行"寓

摩梭博物馆摩梭人祖母屋

撕掉"走婚"标签，正确认识摩梭人的婚姻关系

一般认为，摩梭人是古羌人南迁时留在泸沽湖定居的一个支系。在56个民族识别中，并无摩梭人的席位，云南部分的摩梭人被归为纳西族，四川部分的摩梭人被划入蒙古族，摩梭人的身份证上"民族"一栏填的既不是纳西族，也不是蒙古族，而是摩梭人。

摩梭人保持着母系社会的生活方式，家庭中母亲或祖母地位最高，子女随母姓，户籍在母亲家。男性在家庭中的身份是儿子、兄弟、舅舅，而无丈夫一说。男女之间的交往关系是"走婚"，即男不娶、女不嫁，双方互称"阿夏"，男方晚上去女方家过夜，天亮后回母亲家，彼此属于各自的大家庭，不另外组建小家庭，也无财产关系。舅舅通常代替父亲的作用，负责照顾外甥、外甥女，而非自己的孩子。

"走婚"或与之类似的婚姻形式，并非泸沽湖独有，在四川甘孜、西藏都存在，究其共性多是生产力落后的半农半牧地带，家庭成员凝聚在一起，共同抚养子女、赡养老人，也减少财产分配纠纷。

外来游客，包括本地旅游宣传，常将走婚习俗简单落脚到"爬窗"这一行为，引人遐思。实际上，走婚的阿夏大多是从大门进去的，而且通常在走婚前也会先去女方家里拜访、送礼。走婚双方的离合虽不受法律的约束，但不代表随便，无论男女都不会同时结交多个走婚对象，只有当不再相爱，结束一段关系后，才会结交下一个阿夏。"一生只爱一个人"的走婚关系在摩梭人中很常见，父亲虽无抚养子女的义务，但也会关心子女的成长。时至今日，摩梭人的走婚也发生了很大变化，有些已不再暮合晨离，而是一方长期固定住在另一方家里，分手后再回母亲家居住。

兵于民，屯民实边"的政策，在永胜设澜沧卫城，近万名湖广、广西的军士被调派至此屯田戍守，中原农耕文明与本地少数民族文化相融合，形成了永胜独具特色的边屯文化。

在这批随"洪武调卫"迁徙而来的移民中，有一位是毛泽东的20代祖先毛太华，他由江西吉州龙城迁入澜沧卫，屯驻于程海湖畔的凤凰山下。1997年，毛泽东的女儿寻根到毛家湾，2001年，韶山毛氏修族谱时，将永胜毛氏归宗入谱。

博物馆设有7个展厅，详细追溯了边屯历史，展出了边屯先民的生活用具和一些出土文物等。博物馆附近还有**毛氏宗祠**和**毛泽东祖先纪念园**。

◆见213页地图 ◆地址：丽江市永胜县程海镇毛家湾村凤羽路 ◆门票：免费 ◆营业时间：9:00—17:00

摩梭人博物馆

1997年，两个本地摩梭人创建了这座私人博物馆，2019年成为云南省博物馆的分馆。博物馆由传统的摩梭人四合院改建而成，分为母屋、草楼、经堂和展厅等，展出了1000多件摩梭人的民俗文物和生产生活器物。从摩梭人的视角展现摩梭文化是这座博物馆的特色，你可以全面了解摩梭人的宗教信仰、生产生活和外人最感兴趣的婚恋观等，参观完还可以体验拓印版画。

◆见238页地图 ◆地址：丽江市宁蒗县大洛水村湖滨路 ◆门票：30元 ◆营业时间：9:00—18:00 ◆微信公众号：摩梭人博物馆

摩梭博物馆

一字之差，这座博物馆位于四川地界，内容同样围绕摩梭文化，还原了祖母屋、花楼的场景，也有关于土司制度、喇嘛教等方面的介绍。两个博物馆二选一即可，这座博物馆在草海、走婚桥附近，可以顺道参观。

◆见238页地图◆地址：泸沽湖镇博树村扎俄落◆门票：20元◆营业时间：9:00—17:00

黎明很小，吃住都集中在村中心的红石街上，这里以客栈、家庭旅馆为主，住宿条件是整片区域最朴实的，只能一切从简。

黎明
- 价格便宜，游客很少。
- 酒店屈指可数，好酒店更难找。

黎明

热门食宿区域

　　在丽江选酒店，无论你预算多少，都足以陷入选择困境，行业竞争激烈的结果是，这里的酒店"没有最好，只有更好"，从著名景区到偏僻的山村，都能找到养眼的酒店，一条百试不爽的规律是，尽量挑新开的入住。背包客在主要落脚点，也都能找到青年旅舍。住宿价格标准见171页。

　　丽江是云南的美食洼地，甚至古城里的饭店都多由外地厨师掌勺，离开丽江市选择更少，多是客栈兼做餐饮。最有本地特色的要数鸡豆凉粉。

泸沽湖

💗 摩梭人常在冬季制作猪膘肉。如果去摩梭人家里做客，一般有机会品尝。泸沽湖里的裂腹鱼也值得尝尝，其他最普遍的就是烧烤了。

泸沽湖　☁ ¥¥¥
😊 除了泸沽湖镇，其他村子都能找到湖景房，离湖最近的客栈在大洛水、里格、达祖、女神湾、洛洼和三家村。
☹ 隔音依然是问题。基本上每家都没有空调，冬季一定要选有地暖的入住。

不要错过
● 裂腹鱼

沿湖几乎所有村子都可投宿，几个主要落脚点中，仅大洛水和泸沽湖镇有班车可抵达，但泸沽湖镇离湖还很远；非自驾者最好避开女神湾和洛洼两个最不易到达的交通死角。节假日涨价厉害。

作为后起之秀，这里的选择也不少，民宿多为轻奢风，也有青旅和度假酒店。

白沙古镇　☁ ¥¥¥
😊 离雪山更近，景观更好，环境更清幽。
☹ 餐饮选择不够多。

酒店数量与质量不在大研古城之下，可能比大研更难挑选。

束河古镇　☁ ¥¥¥
😊 民宿很有设计感，价格总体上比大研古城便宜些，晚上比大研古城安静。
☹ 大研古城内住宿的缺点，这里的客栈也有。

💗 丽江的招牌腊排骨是纯靠盐腌渍的风干腊肉，通常以火锅形式上桌，丽江象山市场是腊排骨火锅发源地。烟火气浓郁的忠义市场可以尝尝小吃，认认本地特产，晚上这里则变身为热闹的夜市。

大研古城　☁ ¥¥¥
😊 选择太多，即便没有预订，到了再找也无妨。
☹ 古城内的住宿多为木质房屋，通病是隔音差。石板路对拉杆箱不太友好。

真的要好好挑一挑，价格天花板的酒店并非无可挑剔，便宜的客栈倒也挺温馨，黄金周、暑期房价会上涨。

不要错过
● 风干腊肉

旅行者推荐 INSIDERS' LIST

📝 场所

背包十年青年公园青年旅舍
- 15608880836
- 古城区束河古镇东康村7组24号

清舍·雪山观景设计师民宿
- 18908888488
- 古城区束河街道龙泉社区文明村2组24号

泸沽湖万达美华别院
- 13578371385
- 宁蒗县里格村5号

玉龙石院里民宿
- 15912233377
- 玉龙县白沙乡玉湖村委会玉湖下村7组10号

丽世山居
- 18787627771
- 玉龙县龙蟠乡兴文行政村宏文组66号

安七尼野奢帐篷营地
- 18869027545
- 玉龙县黎明乡黎明景区安七尼红石桥旁

有一锅·黑山羊腊排骨火锅
- 0888-5167777
- 古城区黑龙潭正大门停车场旁

心园餐厅·地道传统云南菜·十年老店
- 13988873603
- 古城区祥和街道昭庆村19号

吃货私房菜
- 13708899479
- 束河古镇开文六社康普路5号

江湖酒吧
- 17708881747
- 丽江古城五一街王家庄巷41号

好人小吃
- 15181568641
- 泸沽湖木垮村17组28号

📖 书籍

《被遗忘的王国》顾彼得 著 一位在中国生活了30年的俄国人所记录的见闻，主要包括1941—1949年他在丽江创办工业合作社时的生活，那几乎是完全不同于如今丽江的风貌。

《丽江后面》于坚 著 诗人于坚写的散文集，书中有关丽江的市井百态、美食风物，以及被时代裹挟着前行的无奈。

🎬 影视

《千里走单骑》2005 张艺谋执导，别出心裁地以丽江为背景，拍摄了一部关于陕西傩戏的电影。

《云之南》1994 通过这部BBC出品的纪录片，你可以了解20世纪90年代丽江一带的面貌。

《云上的石头城》2017 电影在宝山石头城拍摄，以"三朵节"为故事背景，讲述了一个普通纳西族家庭的生活。

🎧 音乐

《丽江的春天》陈升 陈升歌里的丽江，也是他流浪在丽江时的心情记录。

《束河的阳光》江湖乐队 丽江酒吧街扎根最久的乐队，简单的旋律，简单的歌词，唱出了束河冬日的温暖。

实用信息

✈ 抵离丽江

飞机

丽江三义机场 （见212页地图；0888-5173081）丽江三义机场是云南的第二大机场，与国内多个城市通航。除国庆和春节，大多数城市飞丽江的机票折扣力度很大，包括暑假。丽江机场快线途经束河古镇、大研古城（南门）、大研花巷、民航蓝天宾馆。

宁蒗泸沽湖机场 （见238页地图；0888-5816682）云南海拔最高的机场（海拔3298米），仅与昆明开通了直飞航线。机场快线发往大洛水和宁蒗，随航班到港发车，从泸沽湖发往机场的班次可通过微信公众号"泸沽湖机场快线"查询。

火车

丽江站 （见236页地图）发往丽江的火车只限于云南省内的昆明、大理、香格里拉、保山、西双版纳等，以动车和城际列车为主。丽江与昆明、西双版纳之间对发夜间运行的卧铺列车，车程分别是9小时和15小时左右。

长途汽车

丽江客运站 （见236页地图；0888-5151669）丽江客运站位于大研古城南边不远，所有进出丽江的长途汽车都停靠在此，也有即上即走的车发往束河古镇。这里还有班车发往虎跳峡景区和香格里拉白水台，后者途经中虎跳。去宝山石头城的私营面的在象山市场发车。

泸沽湖畔

🚌 区内交通

长途汽车

泸沽湖客运站 （0888-5521505）泸沽湖客运站位于大洛水村，丽江客运站、大研古城南门和北门都有发往泸沽湖的班车，部分班次会停在四川一侧的泸沽湖镇上。如果没买到票，也可以先坐到宁蒗，宁蒗发往永宁的流水班车途经大洛水村。

永胜客运站 （0888-6561800）丽江与永胜之间车程不到1小时，全程走高速。也可以从四川攀枝花坐车前来。永胜发往期纳的班车途经清水古镇。

公交车

丽江市区的象山市场、古城南面的忠义市场是两个主要的公交枢纽，可前往束河、白沙、玉湖、玉龙雪山、拉市海等，可以使用支付宝、微信进行手机支付。

出租车和网约车

丽江市区出租车很普遍，但打车去周边景点的司机一般不愿意打表，网约车服务周边最远至白沙村。

租车自驾

丽江机场和泸沽湖机场都有租车服务。

自行车

丽江市区有共享单车，若要骑到周边的山村，在各青年旅舍可以租到性能更好的山地自行车。

泸沽湖观光车

环泸沽湖的观光车非常适合非自驾的旅行者，一天发2班，早班8:30发车，13:45返回，晚班14:00发车，19:15返回，车费59元，3日内无限次乘坐，可在微信小程序"中旅泸沽湖"上预订。发车点在大洛水村，顺时针环湖一圈，沿途景点可任意上下（女神湾不在内），也包含坐船游览的等候时间。一车人等于自行组了个团，如果想玩得更自在些，包车环湖的价格为200—300元。

🔍 旅行信息

微信公众号

微丽江：既能带你遍览丽江的著名景点，也常发掘不为游客知道的丽江故事。

丽江交运：在线查询、购买长途汽车票，并列有丽江各地客运站的电话。

节假日

丽江通常会在纳西族传统节日三朵节（农历二月初八）放假3天，届时丽江多地都会上演庆祝活动，可以提前安排你的出行计划。

丽江城区

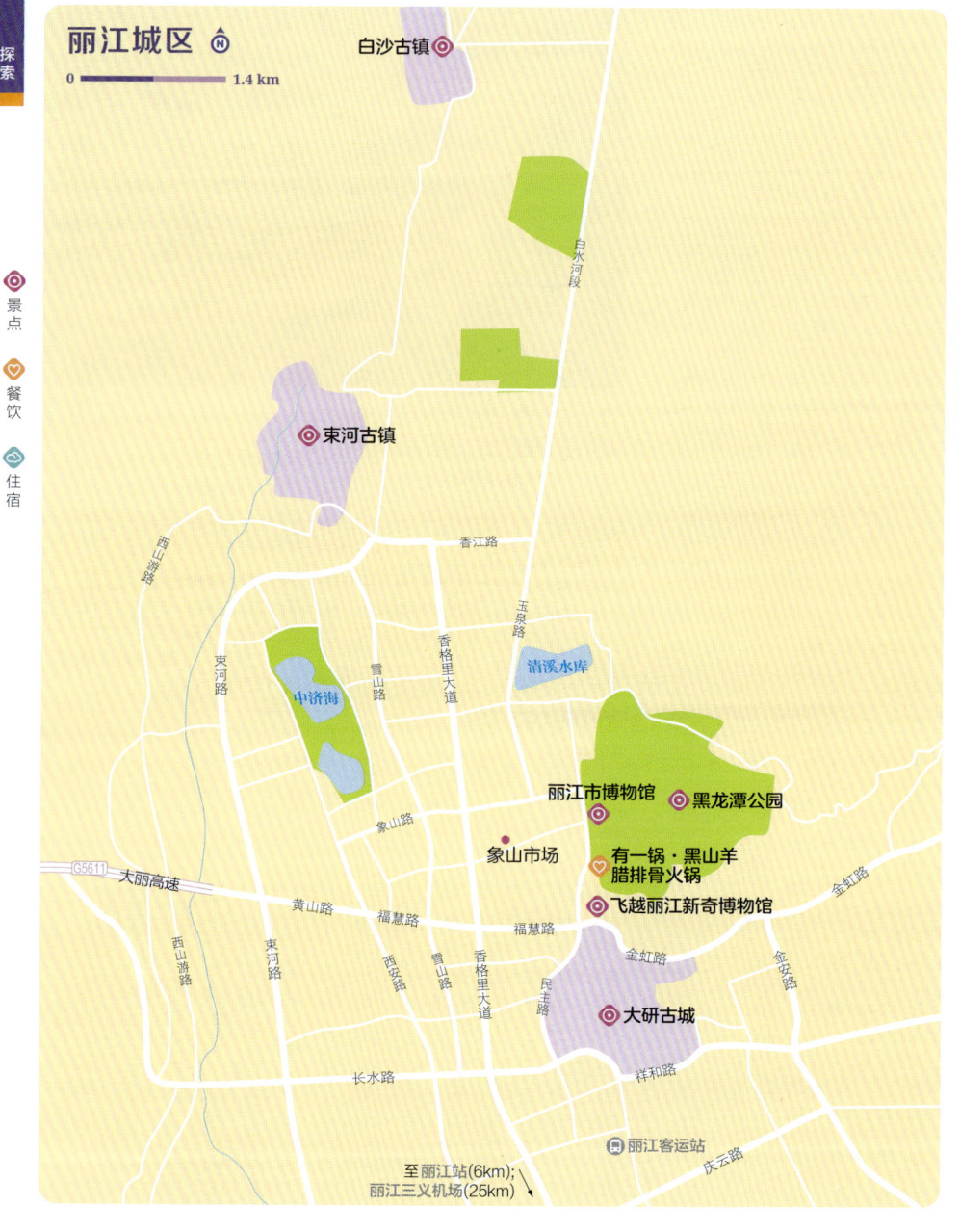

0 — 1.4 km

- 白沙古镇
- 束河古镇
- 中济海
- 清溪水库
- 丽江市博物馆
- 黑龙潭公园
- 象山市场
- 有一锅·黑山羊腊排骨火锅
- 飞越丽江新奇博物馆
- 大研古城
- 丽江客运站

至丽江站(6km);
丽江三义机场(25km)

丽江地图

大研古城

丽江地图 237

探索

景点
餐饮
住宿

0 —— 240 m

景点
- 大水车
- 丽江之眼观景台
- 文昌宫
- 恒裕公民居博物馆
- 三联韬奋书店
- 方国瑜旧居
- 天地院
- 科贡坊
- 大石桥
- 四方街
- 洛克纪念馆
- 王家庄基督堂遗址
- 普贤寺
- 雪山书院
- 万古楼
- 狮子山
- 狮子山公园
- 徐霞客纪念馆
- 木府
- 十月文学馆
- 白马龙潭寺

餐饮
- 江湖酒吧
- 心圆餐厅·地道传统云南菜·十年老店
- 忠义市场

住宿
- 大研安缦
- 和府洲际度假酒店

238　丽江

探索

景点
餐饮
住宿

束河古镇

0 — 290 m

- 龙泉寺
- 九鼎龙潭
- 茶马王故居纪念馆
- 清舍·雪山观景设计师民宿
- 茶马古道博物馆
- 青龙桥
- 四方街
- 石莲寺
- 丽江背包十年青年旅舍
- 荒野之国
- 吃货私房菜

街道：青龙河、中和街、蔷薇路、东阳路、十和路、唐元路、夹白路、朝阳路、束河古道、九鼎街、丽水街、康青路

泸沽湖

0 — 2.5 km

四川省　云南省

- 格姆女神山
- 小洛水
- 德庆林寺
- 达祖（达祖岛）
- 大悲海螺经堂
- 洼夸情人滩
- 尼塞（尼塞岛）
- 里格
- 泸沽湖
- 喇嘛寺
- 摩梭博物馆
- 走婚桥
- 祭神台
- 好人小吃
- 女神湾
- 洛洼
- 媳娃娥岛
- 王妃岛
- 草海
- 里务比岛
- 摩梭人博物馆
- 大洛水
- 泸沽湖客运站
- 日尊寺
- 环湖公路
- S307

至宁蒗泸沽湖机场(35km)

丽江地图 239

白沙、玉湖和文海

- 龙女湖
- 玉湖村
- 玉柱擎天
- 洛克故居陈列馆
- 白沙壁画
- 白沙古镇
- 北岳庙
- 玉峰寺
- 福国寺
- 文海村

1.5 km

拉市海及周边

- 普济寺
- 拉市海站
- 拉市海湿地公园
- 拉市海
- 文笔山2号隧道
- 文笔山风景区
- 文峰寺
- 指云寺

2.4 km

景点　餐饮　住宿

探索

西双版纳和普洱

电话区号：西双版纳 0691　普洱 0879

云南最南端的西双版纳，保留着世界同纬度地区仅有的热带雨林，你可以在这片动植物天堂尽情地亲近自然，幸运的话还能邂逅野生亚洲象。左手咖啡右手茶，是普洱独特的一城两味。这座悠闲的慢城之外，还有世界遗产景迈山古茶林和众多咖啡庄园等你探索。大山深处的少数民族村寨里，热情淳朴的乡亲们以歌舞、美食和古老的手艺迎接着远方来客。

数说西双版纳和普洱

60%+ 少数民族占比

约300头 西双版纳亚洲象种群数量

317—3370米 海拔

约787平方公里 普洱野生古茶树群落

966.3公里 国境线长

150+ 普洱市思茅区咖啡馆数量

81.34% 西双版纳森林覆盖率

15万吨 普洱年茶叶产量

在西双版纳和普洱，你还可以这样玩

3天 傣族精华之旅（见56页）

3天 热带雨林探秘之旅（见108页）

5天 深入傣族风情之旅（见58页）

5天 中老铁路沿线之旅（见126页）

何时去

景洪长夏无冬，年平均气温超过20℃，海拔较高的山区凉快一些。全年分旱、雨两季，5、6月最炎热，7、8月雨水最多。

5月至10月

暴雨带来清凉但也时常引发塌方，自驾要注意安全。雨季是中国科学院西双版纳热带植物园王莲的最佳观赏期，夏夜的萤火虫和星空格外浪漫。7月至10月中旬，多个民族同过关门节和开门节。

11月至次年4月

旱季晴空万里，是避寒旅居的高峰期。12月至次年1月是景迈山云海和樱花最美的时节，2、3月在野象谷邂逅野象的概率最大，4月中旬的泼水节是西双版纳的旺季，景迈山的山康节也热闹非凡。

西双版纳总佛寺佛像

探索

娜允古镇

这座普洱西南角的中缅边境小城，有保存完好的娜允古镇和傣味美食，近年来兴起的精品咖啡和牛油果产业又为孟连注入新的活力。

景迈山

申遗成功的景迈山声名鹊起，万亩古茶林和千年古寨的独特魅力，使其从滇南众多普洱茶山中脱颖而出。

西双版纳和普洱亮点

曼听公园
作为西双版纳的首府和游客大本营，你可以在景洪享受成熟旅游城市应有的一切——便捷的交通、热闹的夜市、丰富的食宿选择。

中国科学院西双版纳热带植物园
在这个庞大的植物王国里，各种珍稀树木和奇花异草让人大开眼界，无论大朋友还是小朋友，植物小白还是专业达人，都将收获满满。

望天树
高耸的望天树是热带雨林中的巨人，一条悬空吊桥架在30多米高的树冠之上，还有什么比穿越空中走廊更刺激的雨林体验呢？

0　　　19 km

探索

自然

中国科学院西双版纳热带植物园

作为中国科学院直属事业单位，这里既是集科学研究、物种保存与科普教育于一体的研究机构，也是西双版纳唯一的5A级旅游景区。由著名植物学家蔡希陶先生于1959年领导创建，是我国面积最大、收集物种最丰富、专类园区最多的植物园。

植物园面积大得惊人，分东西两个园区。约3平方公里的西区为主要游览区，即使走马观花也要花3小时左右。最受欢迎的**奇花异木园**汇集了各种有趣的植物，相邻的**棕榈园**拥有460种来自国内外热带地区的棕榈植物，**水生园**的各种莲花令人眼花缭乱，明星植物大王莲就在这里，东南角还有一座博物馆。游览车（东区、西区各50元）会在大多数地方匆匆而过，你可以在景区入口拿一份导游图，或跟着"游云南"App慢慢游览。东区对外开放2.25平方公里绿石林和0.9平方公里热带雨林，游人相对稀少。

园内植物种类繁多，可提前通过官网（https://www.xtbg.ac.cn/）做些功课。如果想更深入了解，可在售票处请专业的科普讲解员导览（讲解员分初、中、高三级，5人及以下220—600元/场，6—20人按人次加收）。

时间和预算都充裕，不妨在西区内的王莲酒店住上一晚，房费含两张植物园门票，西门旁的安纳塔拉度假酒店更加高端奢

华，植物园所在的勐仑镇则有很多实惠的住宿选择。喜欢露营不要错过园内的星空萤火虫露营地。

如果在植物园内或附近住宿，还可参加园区的夜游（6—13人拼团80元/人，5人及以下400元/场）活动，由讲解员带领深入观察植物入眠后的状态和各种有趣的昆虫，4月至8月还能看到飞舞的萤火虫，尤其适合带孩子参加。

◆见243页地图◆地址：西双版纳傣族自治州勐腊县勐仑镇◆门票：80元◆营业时间：8:00—18:00 微信公众号：西双版纳热带植物园

望天树

景区以热带雨林的标志性树种——望天树为核心，这种国家一级保护植物如利剑般直插云霄，最高可达约80米。**树冠走廊**

中国科学院西双版纳热带植物园王莲

（120元）无疑是景区最具特色的体验项目，这条长500米、高36米的空中走廊架在数十株巨大的望天树间，最初是为了方便学者观察望天树树冠搭建，而后逐步对外开放，为游客提供了一个游览雨林的新奇视角。

从树冠走廊下来有三条雨林徒步小径，最远的菲利普小道全长2公里，可以见到园内最高的望天树，沿途的解说牌介绍了各种有趣的雨林生态奇观。

售票处离景区入口有4.3公里水路，需乘船（40元）从补蚌码头出发，穿过碧波粼粼的南腊河到达雨林码头。望天树景区附近的南腊河康养度假营地适合自驾探访。

◆见243页地图◆地址：西双版纳傣族自治州勐腊县勐腊镇补蚌村◆门票：55元◆营业时间：8:30—18:00 微信公众号：西双版纳望天树景区

景迈山

景迈山保留着世界面积最大、年代最久远的人工栽培型古茶园，布朗族、傣族、拉祜族和哈尼族等民族世居于此，独特的自然人文景观使景迈山古茶林在2023年入选《世界遗产名录》。

游览景迈山四季皆宜。春季茶叶初绽，漫山新绿，家家茶香四溢；4月山康节热闹非凡，大树和屋檐下的寄生兰次第绽放；5月放水后的梯田波光粼粼。雨季一来，山里的菌子开始冒头，雨后的夜空星河灿烂。秋季不仅采秋茶，也是茶树开花的盛花期，空气中弥漫着香甜。冬季山间云海翻涌持续整个上午，12月中旬至元旦前后，冬樱花把整座景迈山装点得粉嫩娇艳。

大平掌古茶林是被列入世界遗产的5片古茶林中规模最大且唯一开放展示的。原生森林的高大乔木遮天蔽日，古茶树在其间错落生长，形成茶林共生的独特景观。古茶树盘虬苍劲，很多都有500年以上树龄，甚至有超千年的茶树王。树枝上长着寄生植物和可入药的"螃蟹脚"（茶茸）。

景迈山原名景迈芒景山，包括以傣族为主的景迈大寨和以布朗族为主的芒景大寨，下辖多座小寨。入选世界遗产核心区的9个传统村落中，翁基和糯干最有看点。**翁基古寨**是全国保存最好的布朗族村寨，大多保留干栏式木楼，黛瓦屋顶上装饰着标志性的"一芽两叶"。**糯干古寨**是座古韵盎然的傣寨，登上观景台可见古寨如半弯月亮嵌在山谷中。

两个村寨各有一座幽静的古寺，此外还可在**景迈金塔**、**芒洪八角塔**、**茶祖庙**感受少数民族的

景迈山古寨日出

虔诚信仰。每年4月中旬的山康节，布朗族人都会到哎冷山顶的茶魂台祭茶祖。芒埂附近挂着70多个蜂窝的**蜂神树**，寨口横跨道路两边的**公主榕**，也都被当地人赋予神圣意义。

如果想深入了解景迈山遗产区，不妨在上山前先参观位于惠民镇景迈山管理局的景迈山展示中心（9:00—16:30），山上的翁基、糯干、芒景下寨、景迈大寨也有小型展览。

◆见242页地图◆地址：普洱市澜沧县惠民镇◆门票：免费◆营业时间：全天◆微信公众号：景迈山茶林文化景区

野象谷

野象谷周边常年有多个象群家族出没，2020年一路北上的"短鼻家族"就是其中之一。景区开发了高空观象栈道和雨林观光索道（单程/往返50/70元），让游客在不影响亚洲象正常生活的前提下，近距离体验它们的家园。每年2、3月是象群的发情期，邂逅它们的概率最大。即使运气不佳，走在2280米长的高空栈道上，呼吸清新的空气，俯瞰热带雨林，也算值回票价，还有机会偶遇救助回来的蜂猴和长臂猿。途中经过的**亚洲象博物馆**有亚洲象标本及相关介绍。**雨林牧象**（198元）深度体验可以和繁育中心的小象亲密接触，甚至做一回它们的铲屎官。

◆见262页地图◆地址：西双版纳傣族自治州景洪市勐养镇北侧213国道西侧◆门票：60元◆营业时间：8:00—18:00◆微信公众号：西双版纳野象谷

南糯山

距景洪市区仅40公里的南糯山，是普洱茶名山中较易到达的一座。山上共有茶园面积24平方

勐梭龙潭

公里，其中古茶园8平方公里。南糯山最出名的是一棵树龄达800多年的人工栽培型**茶王树**，位于较高处的半坡老寨，寨子本身并无特色，你需要跟着指示牌，走过一条长约2公里的石板小路，途中视野开阔处可远眺景洪市区，当你看到一个接一个的茶棚，茶王树就在不远处了。

南糯山开发尚浅，山林里分布着多座原生态的爱伲村寨，山下路口处有一座**哈尼文化园**（免费，10:00—17:00）。上山沿途经过的茶庄大多可以品茶和住宿，姑娘寨聚集了多家观景客栈，以西双版纳匠庐·南糯山最为奢华。

◆见262页地图 ◆地址：西双版纳傣族自治州勐海县东24公里 ◆门票：免费 ◆营业时间：全天

勐远仙境

勐远仙境千年来一直是傣族圣地。2018年前这里只有单一的溶洞观光，如今开发了雨林穿越（248元）、萤火虫夜游（238元）、溯溪（298元）、飞拉达攀岩（308元）等一系列雨林深度体验，吸引多档真人秀节目来此取景拍摄，明星们进一步带动了雨林徒步和露营的风潮。景区内的花间苑酒店高端奢华，鲲龙国学健康谷的萤火虫露营房浪漫温馨，都有含门票、体验项目和电瓶车的套餐，最近还推出了身心疗愈主题课程。

◆见262页地图 ◆地址：西双版纳傣族自治州勐腊县关累镇勐远城子村 ◆门票：55元 ◆营业时间：9:00—18:00 微信公众号：西双版纳勐远仙境

勐梭龙潭

勐梭龙潭是一座天然的热带雨林淡水湖泊，与35公里之外的缅甸弄曲龙潭水脉相通。湖面碧水粼粼，夏季荷花盛放，冬季雾气缭绕。沿龙潭背后的林间栈道前行，伴着溪声一路往高处走，就会来到神秘的**龙摩爷圣地**。佤语"龙摩爷"意为挂满牛头的森林圣地，只见岩壁和古树上，密密麻麻全是水牛头骨，青苔似与牛头融为一体，鬼魅气氛摄人心魄。佤族以牛头为宗教图腾，每逢重大节庆或灾难，都会举行盛大的祭祀活动，以镖牛（佤族民间杀牛祭祀的一种）并供奉牛头表达对神灵的虔诚。参观时请尊重民族习俗，不要触摸牛头。

◆见242页地图 ◆地址：普洱市西盟县龙潭路40号 ◆门票：30元 ◆营业时间：8:00—18:00

热带花卉园

和中国科学院西双版纳热带植物园（见244页）相似，热带花卉园也是集科研、科普、旅游观光于一体的主题植物园，只是规模小得多，就在景洪市区。走进叶子花园、鸡蛋花园、五树六花园等园区，便被一片花的海洋包围，赏花观树之余，你还可以到科技陈列馆了解云南省热带作物科学研究所的历史。园区也开展以观察萤火虫为主的夜游活动。

在花卉园南侧一街之隔的**南药园**（20元，8:00—15:00）是我国唯一位于热带雨林地区的药用植物专类园，隶属于中国医学科学院药用植物研究所云南分所。

◆见261页地图 ◆地址：西双版纳傣族自治州景洪市宣慰大道99号 ◆门票：40元 ◆营业时间：9:00—17:00 微信公众号：西双版纳州热带花卉园

原始森林公园

这是离景洪市区最近的一片原始森林，如果来不及去望天树（见244页），不妨在这里浅尝热带雨林的魅力。景区开发了丛林飞跃项目，让你可以在几十米

民族风采　247

曼听公园

高的树冠间穿行。每天下午举行两场"雨林大嗨泼"，泼水狂欢前还有歌舞表演预热。孔雀放飞是公园的经典项目，随哨声响起，被驯养的上百只孔雀从小山顶上贯次飞出，掠过金湖到岸边觅食，游客可近距离喂孔雀。景区还有一座爱伲山寨展示哈尼族支系爱伲人的民俗风情。

◆见262页地图◆地址：西双版纳傣族自治州景洪市214国道旁◆门票：45元◆营业时间：8:00—18:00◆微信公众号：西双版纳原始森林公园

民族风采

曼听公园

前身是有1300多年历史的傣王御花园。园内花卉众多，还仿建了西双版纳的两座著名佛教古建筑曼飞龙白塔和景真八角亭。傣王行宫里摆放着西双版纳现存最大最完整的象脚鼓，每天10:00有传统章哈演唱。除了感受傣王室文化和傣族民俗风情，你还可以围观饲养员与大象互动、观看鹦鹉展示、体验傣族慢轮制陶技艺。

每晚上演的"澜沧江·湄公河之夜"晚会（普通/VIP票270/370元）包含自助晚餐、歌舞表演、放河灯和篝火狂欢，中午的帕雅午宴（68元）可看作晚会的浓缩版。

◆见243页地图◆地址：西双版纳傣族自治州景洪市曼听路35号◆门票：40元◆营业时间：8:00—18:00◆微信公众号：西双版纳曼听御花园

傣族园

景区由五座保存完好的傣族村寨组成，竹楼民居透着浓郁的

滇南少数民族节日

傣族泼水节 4月中旬，傣历新年，所有傣族地区都会隆重庆祝，以景洪市的泼水狂欢最为热闹，各地活动内容不同，一般持续3天。

布朗族山康节 4月中旬是景迈山布朗族延续千年的祭茶祖仪式，也有茶艺展示、歌舞表演等面向游客的活动。

孟连神鱼节 原为4月中上旬，近年改为"五一"假期，成千上万人跳进孟连的南垒河里施展各种捕鱼大法，也有赛龙舟、放水灯、演唱会等活动。

佤族木鼓节 原为4月中上旬，近年改为"五一"假期，西盟县举办拉木鼓、敲木鼓、龙摩爷祭祀、甩发舞狂欢、篝火晚会等活动。

拉祜族葫芦节 4月上旬，澜沧县举办葫芦彩绘、歌舞晚会、厨艺大赛等活动。平时每周日的澜沧街赶集也像过节一样热闹。

普洱百草根节 端午期间，普洱街边药市堆满来自十里八乡的各色草药根，逐渐发展成美食文化旅游节。

关门节、开门节 7月中旬和10月中旬，傣族、布朗族、佤族等信仰南传上座部佛教民族的共同节日，各村各寨都会进行赕佛、滴水等活动。其间3个月为雨季安居（据记载，出家人为避免出外托钵行化时踩伤虫蚁与草木之新芽，于是规定在雨季里避免外出），有诸多禁忌。

老达保

傣家风情,很多都改建成傣家乐为游客提供食宿。你可以参观贝叶经、傣锦等非遗制作技艺,亲自动手体验慢轮制陶,赶上重大节日还能欣赏到传统章哈演出。泼水广场上天天都过泼水节,想要加入狂欢记得带上换洗衣物。园里还有几座古寺,**曼春满佛寺**(**勐罕春满大佛寺**)是橄榄坝的佛教中心,建筑精美大气,壁画和雕塑艺术性很高;**曼听佛寺**门口的"塔包树"奇观和有着1300多年历史的白塔也值得一看。

◆见262页地图◆地址:西双版纳傣族自治州景洪市勐罕镇(橄榄坝)◆门票:45元◆营业时间:8:00—18:00 ◆微信公众号:西双版纳傣族园景区

老达保

这座典型的拉祜族村寨较好地保留了传统干栏式民居和民族歌舞,传承《牡帕密帕》创世神话、芦笙舞等多个"非遗"项目。老达保最大的特色是音乐,西方传教士为闭塞的小山村带来了吉他,使这里成为拥有200多把吉他、300多首原创曲库的传奇音乐之乡。2011年,李娜倮以原创歌曲《实在舍不得》惊艳了《我要上春晚》的舞台,随后她又带头创办快乐拉祜演艺有限公司,携手村民登上过国内外的无数舞台,也以歌舞吸引游客走进家乡,每逢节假日村里的表演场总是人头攒动。

◆见242页地图◆地址:普洱市澜沧县酒井乡勐根村◆门票:免费◆营业时间:全天

文化与展演
西双版纳民族博物馆

经过升级改造的博物馆,是了解西双版纳历史和傣族民俗文化的好地方。馆内重要藏品包括唐代的蝉珠纹银钵和各种材质的土司印。博物馆的数字化做得不错,你可以在官网(http://xsbnmzbwg.org.cn/)查看馆藏文物的高清照片和详细信息。除常设展览外,还会不定期推出西双版纳生态自然、非遗文化等主题的临时展览和体验活动。

◆见261页地图◆地址:西双版纳傣族自治州景洪市曼弄枫雨林大道5号◆门票:免费◆营业时间:9:00—17:00,周一闭馆 ◆微信公众号:西双版纳傣族自治州民族博物馆

普洱市博物馆(普洱茶博物馆)

一楼民族展厅介绍了普洱的14个世居民族。二楼普洱茶博物馆以世界茶源、千年一叶、茶俗茶艺、茶马古道、茶业振兴为主线,带你走进源远流长的普洱茶文化世界。镇馆之宝是2007年普洱政府从北京故宫请回来的百年普洱"人头贡茶",也称"金瓜贡茶",重达2.5公斤,是现存最古老的普洱茶。博物馆有完善的全景数字展厅,可通过微信公众号导览。

◆见262页地图◆地址:普洱市思茅区滨河路10号普洱市文化中心◆门票:免费◆营业时间:9:00—17:00,周一闭馆 ◆微信公众号:普洱市博物馆

街区
告庄西双景

"告庄西双景"是傣语九塔十二寨之意,这个大型文旅项目在规划之初就颇有野心。经过十余年的发展,告庄已经成为西双版纳亮眼的城市封面。这里几乎拥有旅行者需要的一切,惊艳的

街区 249

告庄西双景夜景

酒店、林立的餐厅、疯狂的夜市，以及便捷的景区直通车。

标志性建筑景洪市大金塔寺采用塔林设计，中间大塔象征五景之一的景洪，塔高66.6米，寓意一江连六国（澜沧江—湄公河流域六国——中、泰、柬、老、缅、越）。大金塔南侧便是规模庞大的星光夜市。夜幕降临，澜沧江北岸灯火璀璨，逛夜市和旅拍的人群摩肩接踵，还可乘船游六国水上市场。每逢节假日，告庄都会举办丰富热闹的文化活动。

行驶在澜沧江上的观光游轮为观赏告庄和两岸夜景提供了另一个视角，有几家公司经营，船票含晚餐和歌舞表演，白天还可选择更刺激的快艇，都在西双版纳大桥附近的码头乘坐。

位于景洪西北城郊的融创旅游度假区人气不及告庄，除购物中心和主题乐园外，还有多家高端酒店品牌入驻。孔雀公主大剧院（原傣秀剧场）每晚19:30上演大型歌舞剧《新傣秀》（280/380/480元）。

◆见261页地图 ◆地址：西双版纳傣族自治州景洪市宣慰大道 ◆门票：免费 ◆营业时间：全天 ◆微信公众号：告庄西双景

戴家巷

普洱市区仅存的老街巷，保留着9间清代及民国时期老建筑，还藏着一座小教堂。这条小巷曾经遍布茶店，见证了思茅昔日作为茶马古道重镇的辉煌。如今戴家巷及周边的老城区仍有浓厚的市井气息，古朴的老建筑被年轻人打造成一间间颇有情趣的茶馆、咖啡馆、花店、餐厅，吸引了很多游客前来打卡拍照、消磨时光。在欣记豆沙糕点店、思茅魏氏豆汤米干、正宗杨记普洱酸醋米线、啊仙酸鸡脚这些老店里，年轻游客和街坊邻居一起排着队，寻找正宗思茅味。

◆见262页地图 ◆地址：普洱市思茅区南正街 ◆门票：免费 ◆营业时间：全天

从市场到夜市，逛吃不停

想体验本地人的生活，请到西双版纳州集贸市场大开眼界，看看有多少你从没见过的食物。不要错过软糯的版纳小玉米和香竹烤饭，市场门口还有各种奇怪的小吃，大可放胆尝试。五颜六色的热带水果也是景洪一大特色，江北的曼阁水果批发市场俨然成为告庄游客的采购基地，可以当场打包代发快递。

长夏无冬的气候让景洪的夜生活丰富而持久，夜市遍地开花，"宵"烟四起。夜市一般从19:30开始，持续到凌晨。江边夜市沿滨江大道一路排开，以傣味烧烤、小吃、果汁为主，还能见识五花八门的当地奇货。告庄西双景的星光夜市是近年的网红新宠，在大金塔的映衬下充满东南亚风情，美食种类也更加多元，无处不在的旅拍美女是这里一道独特的风景。

上图：西双版纳星光夜市烧烤摊

勐泐大佛寺庄凯大金塔

建筑与古迹
西双版纳总佛寺

总佛寺与曼听公园（见247页）连通，相传由从缅甸来弘法的南传佛教僧人发心修建，约700年前被西双版纳宣慰使司确立为最高等级佛寺，在东南亚也有很高的宗教地位。泰国僧王和诗琳通公主曾亲临总佛寺，分别种下贝叶树和菩提树。如今寺内还供奉着西双版纳末代傣王刀世勋的灵塔。佛寺建筑雄伟大气，飞檐翘角，装饰繁复，主殿供奉的藤编佛像颇有特色。

在西双版纳参观佛寺请遵守基本礼仪，不管天气多热都不要穿过于暴露的衣服，进入大殿必须脱鞋。

◆见261页地图◆地址：西双版纳傣族自治州景洪市坝吉路18号 ◆门票：免费 ◆营业时间：8:00—17:30

勐泐文化旅游区（勐泐大佛寺）

整个景区依山而建，金碧辉煌。大佛寺在古代傣族王室寺庙原址重建，**庄凯大金塔**是东南亚体量最大的塔形建筑，吉祥大佛是东南亚南传上座部佛教区域最高的露天金身站佛。在山顶的明镜台玻璃观景台（20元）可饱览景洪城市全貌，被明镜台环绕的圣菩提树，是佛祖参禅悟道那棵菩提树的第三代分枝，2005年从斯里兰卡迎请而来。山下每天还有固定场次的孔雀放飞、泼水狂欢和"南莲禅语"歌舞互动。

傣乡寻艺

傣族织锦 传统傣锦以孔雀、大象、佛塔等意象描绘傣族人的日常生活与佛教信仰。过去织锦制衣是傣族女子的必备技能，从摘棉花、弹棉花，到纺线、染线，最后一步才是织，如今只有少数村寨还能听到机杼声。在景洪城郊曾专门为宫廷织锦的**曼乱典村**，国家级非遗传承人玉儿甩的家里专门辟出作坊和展厅，既为村里的妇女提供学习和谋生的机会，又向慕名而来的游客出售优质的围巾等傣锦制品。

慢轮制陶 慢轮不同于借助电力的快轮拉坯，一边用手或脚趾缓缓转动轮盘，一边用木拍、木刮、卵石、湿布等朴素的工具塑形。土陶曾广泛应用于傣族的生活和宗教中，然而随着时代的发展，许多手艺人被迫另谋出路。景洪南55公里的**曼飞龙村**以制陶闻名，在省级非遗传人玉南恩的带动下，有30多户从事制陶，家家门前都装饰着粗朴的傣陶花盆。村里山上的曼飞龙白塔（免费）是版纳著名的佛教古建筑。

象脚鼓舞 象脚鼓因形似象脚而得名，鼓面蒙牛皮，鼓身以雕刻、涂漆、绸带等装饰。表演时舞者把鼓挎在肩上，双手敲击、双腿踢踏，身躯俯仰，同时有节奏地律动起来。大鼓浑厚，中鼓激昂，常伴有甩鼓、转鼓等潇洒的技巧动作，而脆脆的小鼓配上灵活的舞步，最适合斗鼓。在勐腊县靠近老挝边境的**曼旦村**，国家级非遗传承人波罕丙先后打造了传习所、展览馆以及表演舞台，还能提供傣族特色食宿、篝火晚会、贝叶经制作等体验活动。

◆见261页地图◆地址：西双版纳傣族自治州勐泐大道顶端南莲山◆门票：120元◆营业时间：8:00—17:30◆微信公众号：西双版纳勐泐文化旅游区

普洱茶马古道景区

这个位于普洱北郊的大型旅游综合体依托于山上的斑鸠坡茶马古道遗址而建，修复的古道全长11.73公里，你可以徒步一小段或全程，继续向北约4.5公里即是那柯里茶马驿站（见253页）。爬山途中经过的忠义驿站博物馆与唐宋元明清五朝馆（博物馆联票60元）里藏有马帮旧物，你也可以乘坐索道直达这里，索道下站位于定波湖，湖上有游船和非遗技艺鱼鹰抓鱼表演。景区还可骑马、玩森林滑道。

山下的茶马古城是仿古旅游小镇，汇聚了餐饮、客栈、茶馆和各色小店，晚上还有热闹的夜市，节假日常举办活动。

◆见262页地图◆地址：普洱市思茅区普洱大道茶马古城旅游小镇◆门票：免费◆营业时间：8:30—17:00◆微信公众号：普洱茶马古道景区

古镇村寨

基诺山寨

基诺族是我国56个民族中最后被确立的民族，总人口数量不到3万。基诺山寨是基诺族世代生活的地方，其所在的基诺山古称攸乐山，是普洱茶"古六大茶山"之一。景区依托自然村寨，全面展示了基诺族的特色民居、语言服饰、民俗文化等，有基诺族非遗大鼓舞、传统竹制乐器奇科、基诺语课堂等多种体验项目。

比基诺山寨景区更火的是基诺山雨林徒步一日游（散客拼团258元/人，独立成团796元起，含往返交通和雨林餐），从景洪市区往返，可在"版纳安心游"微信小程序提前一天预约。

◆见262页地图◆地址：西双版纳傣族自治州景洪市基诺乡巴坡村◆门票：152元◆营业时间：8:00—16:20◆微信公众号：基诺山寨

易武古镇

易武被誉为"中国贡茶第一镇"，曾是普洱七子饼茶的加工集散中心，如今不到2公里长的主街上，尽是茶庄、茶号、茶厂、茶叶初制所。易武茶文化博物馆由石屏会馆旧址改建，雍正、乾隆年间，清政府号召汉人上茶山，响应最积极的是明朝初年从江南迁到云南的石屏人，他们创办知名茶号数十家，成为普洱茶贸易运输的重要力量。博物馆前的小道通向山坡上的茶马古道起点，沿山路下行就是静谧的易武老街，青石板路上仍有几间老宅，每家每户都手工制茶。1970年的一场大火使老街一半沦为废墟，如今留下的车顺号旧址上挂着道光皇帝御赐的"瑞贡天朝"匾额复制品。

◆见262页地图◆地址：西双版纳傣族自治州勐腊县易武镇◆门票：免费◆营业时间：全天

勐景来

打洛江的支流孔雀河绕勐景来而过，形成天然的国境线，对岸就是缅甸的象山，当地傣族与

基诺山寨

深度游勐海

西双版纳西边的勐海县海拔较高，比景洪凉爽，被称为"气候转身的地方"。勐海除了中缅边境的**勐景来**（见251页）之外，没有特别出名的景点，常被旅行者忽略。其实，作为"中国普洱茶第一县"，勐海涵盖了"新六大茶山"中的五座，其中**南糯山**（见245页）最容易到达。

勐海县城茶店随处可见，还有一座崭新的**普洱茶数字博物馆**，路过可以尝尝著名的勐海烤鸡。城北6公里的**茶马古道景区**（40元，9:00—17:00）仍在完善中。城郊的**勐巴拉国际旅游度假区**有多家高档酒店。

如果对少数民族感兴趣，不要错过曼峦回和曼赛回两个独特的"回傣"村寨，这里的村民说傣语，但寨里没有佛寺，只有清真寺，男子戴白帽，女子裹头巾，村民的生活方式兼具傣族和回族特色。巴达山中的**章朗**是西双版纳最大的布朗族寨子，较好地保存了一座千年古寺和布朗族文化习俗。

从勐海西去景迈山（见245页）途中，会经过**曼短佛寺**和**景真八角亭**两座著名的佛教古建筑，自驾不妨顺便游览。从景真八角亭往西约1.5公里的岔路向南，不远便是有天鹅湖美誉的**勐邦水库**，山上还有一座南传上座部佛教森林道场**法住禅林**。

缅甸掸族边民频繁往来。比"中缅第一寨"名声更响的是《爸爸去哪儿》节目的取景地，作为一个成熟景区，这里餐饮、住宿、非遗体验皆有。寨子入口处不远的塔林，原有101座傣王嘉奖高僧所建的笋塔，如今尚存58座，寨中的佛寺、神树、古泉也都有悠久历史，每逢节日会有很多傣族人前来赕佛。

游览勐景来最便捷的方式是在景洪参加中缅边境一日游，行程还包含勐景来附近的打洛口岸和独树成林（35元），最好提前确认是否有购物环节。途中需配合边防检查，记得随身携带身份证件。

◆见242页地图 ◆地址：西双版纳傣族自治州勐海县打洛镇 ◆门票：50元 ◆营业时间：9:00—17:00 ◆微信公众号：中缅第一寨勐景来

勐景来

娜允古镇

这座中国最后的傣族古镇有700多年历史。娜允依山而建，旧时上城、中城和下城分别由土司、官员和下级官员居住，等级分明。三城各有一座三重檐歇山顶的佛寺。下城的**孟连总佛寺**曾毁于大火，于1953年重建，朱墙金饰，气派非凡。**中城佛寺**还保留着清末的建筑形态，古韵犹存，寺中的金塔出自缅甸掸邦工匠之手，底座雕有12头白象。**上城佛寺**原为土司专用佛寺，寺外有一尊10余米高的金佛，与山下南垒河畔的**孟连金塔**遥相呼应。寺边有小道通往背后的金山，可沿步道徒步爬山，寻找古老的珍稀树种龙血树。

山上还有一座**孟连宣抚司署**（免费，8:00—17:00），傣族刀氏土司在这里世袭28代，统治周边地区600余年。这座傣汉合璧的建筑始建于明永乐年间，清代焚毁后重建，是云南保存最完好

古镇村寨 253

娜允古镇晨曦

的一座土司衙署，常有西双版纳甚至东南亚地区的傣族人前来朝拜。主体建筑被辟为博物馆，介绍土司制度和孟连的民族风情。赶上节假日说不定有机会欣赏到国家级非遗"宣抚司礼仪乐舞"演出。

孟连是普洱主要的咖啡产区，逛完古镇不妨到山下**精品咖啡主题街**尝尝本地出产的咖啡豆，如有兴致还可前往县城周边的咖啡庄园，或县城西南20余公里的**勐马瀑布**。

◆见242页地图◆地址：普洱市孟连县娜允镇◆门票：免费◆营业时间：全天

曼远村

一座因《向往的生活》节目焕发新生的千年傣寨。全村大部分民居都是保存完好的两层干栏式建筑，歇山式屋顶重檐交错。村民利用自家庭院做餐饮住宿接待，售卖手工艺品、民族服装，还开展傣族织锦、竹编工艺、慢轮制陶技艺等多种非遗项目的展示和体验活动。

作为"曼远傣族竜山自然圣境保护示范点"，村里的竜山保留着160多棵树龄600—800年的野生芒果树。曼远还是传统傣医药社区保护项目示范村，佛寺药园种有傣药植物120多种，总数达3000多株，村民家的房前屋后也随处可见。村里的傣医已传承五代，开设有傣医药体验馆和熏蒸室。

◆见262页地图◆地址：西双版纳傣族自治州景洪市勐罕镇（橄榄坝）◆门票：免费◆营业时间：全天

那柯里茶马驿站

那柯里曾是茶马古道上的重要驿站，附近仍保有一段茶马古道，与思茅区的斑鸠坡茶马古道相连通。村民以哈尼族、彝族为主，旅游开发后主打茶马古道和马帮文化，随处可见的马帮旧物让人依稀想象出当年人欢马叫的热闹场景，还可品尝传统马帮菜。**那柯里农民绝版木刻交流中心**展示了20世纪80年代诞生于思茅的特色版画创作技法，为村子平添几分艺术气息，你可以在这里亲自动手体验。

◆见262页地图◆地址：普洱市北25公里宁洱县同心镇◆门票：免费◆营业时间：全天

磨黑古镇

"磨黑"是傣语盐井的意思，这座小镇集"滇南盐都""茶马古镇""革命老区""丽人故里"的名号于一身，还有以烧烤、香肠、马帮菜为代表的磨黑美食。思普革命的火种在这里点燃，燃遍滇南和滇西南大地，你可以在**思普革命纪念馆**了解这段星火燎原的历史。磨黑是电影《五朵金花》和《阿诗玛》主演杨丽坤的家乡，**杨丽坤故居**（免费，8:30—11:30，14:30—17:30）请剑川工匠建成三坊一照壁的白族民居，二层探出磨黑典型的美人靠。展厅通过很多珍贵照片讲述了杨丽坤的艺术成就和跌宕坎坷的一生。距磨黑镇约7公里还有一段较为原始的**孔雀屏茶马古道**。

◆见243页地图◆地址：普洱市宁洱县东北20公里◆门票：免费◆营业时间：全天

碧溪古镇

碧溪原名碧朔，曾作为明代恭顺州治所，也是茶马古道上的重要驿站。矗立于古镇正中的八

景谷朝佛之旅

普洱西北的景谷县是南传上座部佛教圣地，据流传在傣族地区的古典经书《帕召抵混》中的记载，佛祖在1000多年前云游景谷时留下26处脚印、手印等佛迹。当地人不但找到了这些佛迹，还先后修建百余座缅寺，留下很多精美的古建筑群。

勐卧总佛寺（免费，8:30—17:30）始建于清顺治元年（1644年），在景谷各佛寺中建筑规模最为宏大，寺内两株"塔包树"和"树包塔"非常壮观。总佛寺位于景谷县城，离景谷汽车站仅1公里，交通最便利。

距县城约10公里的**芒朵佛迹园**古朴静美，因佛祖手印和脚印石吸引周边信众前来朝拜赕佛，古寺周围还有17株千年菩提树。距县城50公里的永平镇也集中了多处佛迹缅寺，建在山巅的**雷光佛迹寺**、汉傣风格交融的**迁糯佛寺**，以及近百年来未经修葺保持原貌的**芒岛佛寺**，都是难得一见的古刹。景谷周边的佛迹缺少公共交通，需要包车或自驾前往。

如果自驾可入住**熙康云舍**在景谷的两家高端健康度假酒店，芒卡店将天然温泉镶嵌于园中，白马山店位于芒玉大峡谷山巅。

磨憨口岸

角楼为三层土木古塔式建筑，十字街道两旁还保留着多座四合五天井、走马转角楼、一颗印等形式的民居，门窗都有精美的雕刻装饰。其中最著名的庾恩旸故居走出了民国时期的光复英雄、护国将军，庾恩旸的弟弟庾恩锡曾任昆明市市长，创立了"重九"牌香烟，他还是庾澄庆的爷爷。故居内的展览以墨江非遗宣传为主，参观完别忘了去隔壁吃碗鲜嫩爽滑的豆花。

◆见243页地图 ◆地址：普洱市墨江县北9公里联珠镇 ◆门票：免费 ◆营业时间：全天

口岸
磨憨

磨憨镇面积不大，但位置却很特殊，地处云南与中南半岛的枢纽部位，是我国通向东南亚国家重要的陆路通道。小镇夹在一条狭长的山谷里，种着莲雾的东盟大道尽头就是对接老挝磨丁的磨憨公路口岸。中老铁路的建成通车使出境去老挝（见124页）更加便利，你甚至只需花1小时在磨憨铁路口岸过关即可。如果有机会在磨憨短暂停留，可以逛逛这里不算热闹的街道和国际市场，能买到老挝红糖、泰国果干和各种化妆品等进口商品。此外，磨憨公路和铁路口岸都有出境免税店。

◆见243页地图 ◆地址：西双版纳傣族自治州勐腊县磨憨镇 ◆门票：免费 ◆营业时间：全天

日咖夜酒
Talker咖啡&巧克力主题馆

白色奶油风的装修简约整洁，咖啡和巧克力出品都不错，服务热情，有多种云南豆和挂耳咖啡出售，包装精致适合当作手信。在城郊的曼贺纳还有一家工厂店。

◆见261页地图 ◆地址：西双版纳傣族自治州景洪市告庄西双景景真寨27栋105号 ◆人均：20元 ◆营业时间：9:00—21:00

啰啰咖啡馆

景洪当地很受欢迎的咖啡店，总店名叫啰啰冰屋，总佛寺附近的这家店面非常大，装饰了很多植物。虽然名叫咖啡馆，实际上从正餐炒菜到小吃甜点应有尽有，饮品选择上你也可以暂别咖啡，尝尝冰甜的泡鲁达或睡眠椰，绝对消暑解乏。

◆地址：西双版纳傣族自治州景洪市勐海路鑫盛时代广场◆人均：18元◆营业时间：11:00—21:00

大黑狗精酿

美式工业风的啤酒屋干净大气，老板从巴黎蓝带学成而归，研发了自成一派的精酿啤酒。兼营汉堡、比萨、牛排、意面等西式简餐，仅限晚餐，本地熟客很多，去晚了可能需要等位。

◆地址：西双版纳傣族自治州景洪市勐海路曼景兰古城6栋8号◆人均：85元◆营业时间：周二至周日18:00—24:00

Torch炬点咖啡实验室

这个国际化团队驻扎普洱多年，美国老板马丁讲一口流利的思茅话。咖啡馆是硬朗的工业风设计，墙上用风味卡拼出"PUER YUNNAN"的字样，室外栽种了一圈咖啡树。咖啡产品主打多种风味的云南豆，巧克力饮品、甜点和西式简餐出品也不错。二楼用作咖啡培训，可在同名微信公众号上关注课程信息。有时间还可去位于曼歇坝的炬点咖啡庄园参观，每天有三场免费专业讲解，咖啡杯测和手网烘焙咖啡豆体验各39元/人，每周日下午的手冲课399元/2小时。

◆地址：普洱市思茅区龙生路公园一号108栋138—139◆人均：25元◆营业时间：8:30—22:00

贰叁事咖啡工作室

小院闹中取静，绿意盎然，安静惬意。老板专业细致，很有匠人精神，店里的咖啡豆都是他亲自烘焙的。不要错过口感醇厚丝滑的Dirty，有冰博客和黄油牛乳两种可选。

◆见262页地图◆地址：普洱市思茅区普洱大道和思亭路交叉口西行70米路南◆人均：30元◆营业时间：周二至周日10:00—18:00

皮卡咖啡Picar Coffee

主理人是个年轻的佤族姑娘，家中经营着孟连著名的信岗咖啡庄园。店内除了自家庄园产的精品咖啡外，还有应季水果特调和手作面包，香辣的蘸水贝果很有孟连特色。

◆地址：普洱市孟连县娜允镇宣抚司六队大榕树停车场旁◆人均：30元◆营业时间：周二至周日11:00—21:00

西双版纳的傣味

只有深入版纳的菜市场，才能直观感受当地物产的丰富，善用各种花果入菜的傣味也让旅行者大开眼界。除了最有名的菠萝饭，还有芭蕉花炒肉、百香果煮鱼等很多奇妙组合。

傣味最大的特点是酸辣爽口，如果不能吃辣，点单时务必和服务员强调。"辣"字不会出现在菜名里，但几乎无处不在，柠檬米线和舂鸡脚足以让你满头大汗。青芒果、酸木瓜、羊奶果等酸味水果会蘸着辣椒粉吃，杂陈的滋味足以颠覆你对水果的认识。

傣族人也嗜苦，苦笋是他们常吃的一种蔬菜。重口味的撒撇用牛肠苦汁或胆汁制成，做凉拌蘸料或米线汤底，外来者闻之色变，却是版纳人消暑败火的难舍美味。

香茅草烤鸡、烤鱼是版纳烧烤的代表。包烧用芭蕉叶包裹食材和香料，既保留了食物本身的鲜嫩，又渗透了芭蕉叶的清香，从荤到素无不可包烧。香料是烧烤的灵魂，在舂凉菜和喃咪（用多种食材拌成的蘸料）中也颇有讲究。

饮品上，源自缅甸的椰浆甜品泡鲁达值得一尝，街头和夜市随处可见现榨果汁摊。景洪有很多精致的咖啡馆，不过袋装的老挝冰咖啡反倒成了人手一袋的网红。注意冠名"冷饮店""冰屋"的地方，大多也供应物美价廉的简餐。

不要错过
- 牛油果
- 土司宴
- 彩色米干

○ 不要错过色彩斑斓的农贸市场,让你大开眼界的程度绝不亚于西双版纳。作为中国牛油果之乡,你可以在孟连轻松实现牛油果自由。

○ 孟连多民族聚居,以酸辣的傣味为主,糯米饭、舂鸡脚、烧烤、凉粉等各种小吃让人欲罢不能,蒸鱼、酸鱼、手抓鱼米线各有特色。

○ 早餐首选娜允古镇靠近中城佛寺的宰帅手工米干,用辣木、火龙果、胡萝卜做成的彩色米干现蒸现卖。

有几十家客栈民宿,其中不乏既保留传统民居特色,又融入现代设计理念的精品民宿。翁基和景迈大寨的住宿比较成熟,其余村寨则相对清净,想看云海可以选择海拔较高的翁洼、翁基、芒景、芒洪几个寨子。

孟连 ⊙

孟连价格稍高的精品酒店设施和服务更好,大多含早餐。

孟连 ☁ ¥
😊 咖啡氛围浓厚,美食丰富,住宿性价比高。
☹ 地理位置偏远,住宿普遍缺乏特色。

景迈山 ☁ ¥¥
😊 住在天然氧吧中,随时可以品茶、赏景、感受风土人情。
☹ 如非自驾,在山上交通不便,旺季房价较贵。

景迈山

○ 在古茶山,当地人以茶叶入菜,如茶叶炒鸡蛋、凉拌茶叶、油炸茶叶等,寄生在茶树上的螃蟹脚除了冲泡饮用,也可用来炖鸡煲汤。在精品酒店的餐厅里,还可以品尝到融合了传统和现代口味的创意菜品。

热门食宿区域

时间有限的话可以景洪为大本营,这里的住宿主要集中在江北的告庄西双景和江南的老城区。热带植物园、勐远仙境、南糯山有奢华酒店和露营地,勐腊和勐海则没必要停留过夜。西双版纳在每年11月至次年4月大批候鸟越冬时房价较高,泼水节和春节甚至会涨价三五倍。住宿价格标准见171页。

西双版纳美食以傣族风味为主,别处难得一见的食材会让你大开眼界。普洱则主打原生态,山野菜、菌类众多,味道鲜美,作为茶和咖啡的原产地,当地人不但精通传统的冲泡手艺,也把这两种饮品玩出不少新花样。

◎ 普洱

♥ 普洱特色的花生汤很有特色，花生汤、豆汤米干浓稠细腻，口感丰富；酸醋米线是小锅米线配上一碗店家自制的海宝醋（红茶菌），酸爽可口又有益健康。爱伲牛肉自助火锅在云南有近20家分店，市区有三家店，现切牛肉值得尝鲜。

普洱 ¥¥
- 😊 茶和咖啡氛围浓厚，游客较少，相对安静。
- ☹ 市区可逛的不多。

不要错过
- 花生米干
- 酸醋米线
- 牛肉火锅

告庄是游客聚集区，设计感十足的时尚酒店数不胜数，有的还带泳池。几栋高层酒店式公寓里有很多民宿，价格更实惠，阳台可俯瞰告庄和澜沧江。

老城区更有市井气，也有几家青年旅舍，泼水广场至曼听公园一带最热闹。

景洪老城区 ¥
- 😊 性价比高，离汽车站、火车站和机场更近。
- ☹ 设施普遍比告庄陈旧。

告庄西双景 ¥¥
- 😊 住宿选择多样，乘坐景区直通车方便，高档酒店大多提供免费接送机场或火车站。
- ☹ 没有青年旅舍，环境嘈杂。

♥ 莎湾国际、景兰国际两个商区周边聚集了不少老店，椰德纳、啰啰冰屋的总店都可谓景洪人的大食堂，老街区狭小的巷子里说不定有意外惊喜。

♥ 告庄的餐馆除了傣味，不乏高品质的泰国、老挝、缅甸美食，吃不惯酸辣口味也可以找到其他选择。大众点评上的人气商家也值得参考。

旅行者推荐 INSIDERS' LIST

📋 场所

枫丹白露国际青年旅舍
- 19008812835
- 景洪市勐罕路7号观澜豪庭4幢6号

归宿酒店 · 字间书店
- 18187185315
- 景洪市万达度假区望天路归宿酒店一层

澜沧布朗玉呢客栈
- 18287913509
- 澜沧县惠民镇景迈山芒景村翁哇寨94号

澜沧巴朗茶魂民宿
- 18087730766
- 澜沧县惠民镇景迈山芒景村翁基古寨

Mamalao老挝烤肉糯米饭
- 18388109553
- 景洪市庄洪路12号

杨杨小吃
- 18849604466
- 景洪市宣慰大道曼斗村附91号3层

美美 · MEIMEI
- 18088112082
- 景洪市勐龙路景兰国际后门F1幢108号

归来 · 咖啡 · 精酿
- 18288088969
- 景洪市告庄西双景孔雀楼主楼2楼

流浪者cafe店 · 森林餐吧
- 13769923500
- 孟连县贺雅佛寺庙南900米

普洱风雨桥客栈、白岛咖啡厅
- 15368576180
- 思茅区三家村社区老爪箐

菌源 · 竹荪野生菌蒸汽火锅
- 18183910183
- 思茅区振兴南路和曙光路交叉口

📘 书籍

《水摆夷风土记》姚荷生 著 摆夷是清初至新中国成立前对傣族的别称,水摆夷指依水而居的傣族。1938年,刚从清华毕业的作者参加"边疆实业考察团"赴西双版纳,这本散文集记录了他所见所闻的风土人情。

《勐海植物记》刘华杰 著 作者是热衷博物学的北京大学教授,六次深入勐海县各乡镇实地调研和野外拍摄,本书以第一人称视角介绍了勐海的珍稀物种、重点保护物种,尤其关注本土野生植物。

《雨林精灵》林妲、宛妲 著 精灵般的林妲和宛妲有一对传奇父母,已故的德国生态学家马悠和妻子李旻果扎根版纳多年,致力于雨林的恢复和保护。本书记录了姐妹俩在雨林中以大自然为家的童话生活。

《景迈山:古茶林文化景观》左靖 主编 自2016年起,左靖团队受官方委托,以跨学科的视角和田野考察的方式,对景迈山上多个传统村落进行深入调研和梳理,成果结集为此书。

《生熟有道:普洱茶的山林、市井和江湖》张静红 著 作者是云南籍的人类学家,多次深入普洱茶采收、加工、交易和消费空间,探究它从家庭手工制品到重要产业的过程,并以"江湖"作为解读普洱茶的一把钥匙。

《滇南散记》马子华 1944年,白族作家马子华赴滇南少数民族地区旅行8个月,以20篇散文真实再现了那个黑暗残酷的年代里云南边疆各族人民的苦难生活。

🎬 影视

《一点就到家》2020 以云南咖啡为主题的喜剧电影,讲述了三个年轻人从大城市回到云南古寨合伙做电商创业的故事。影片在景迈山糯干古寨取景,由Torch炬点咖啡实验提供咖啡技术指导。

《与象同行》2022 2020年,野生亚洲象群"短鼻家族"离开西双版纳老家,一路北上到达昆明境内,又在人类的帮助下南返,引发全民"云追象"。纪录片深度还原了亚洲象的这段奇幻之旅。

《云南虫谷》2021 改编自小说《鬼吹灯之云南虫谷》的悬疑网剧,剧中随处可见的牛头骨不是简单的布景,而是真实的佤族图腾,在西盟勐梭龙潭的龙摩爷圣地取景。

《芦笙恋歌》1957 这部关于生活在普洱澜沧的拉祜族反抗压迫、追求爱情的老电影,展示了拉祜族的传统服饰和婚恋习俗,广为流传的插曲《婚誓》改编自拉祜族情歌小调。

实用信息

✈ 抵离西双版纳和普洱

飞机

西双版纳嘎洒机场（见243页地图；0691—2159130）可直飞北京、上海、广州、成都和多个省会城市，省内连接昆明、大理、丽江、腾冲等旅游城市，目前有飞往泰国、老挝的国际航线。

澜沧景迈机场（0879—3018126）位于澜沧县东回镇，辐射澜沧、孟连、西盟三县，距离景迈山约100公里。每天有航班往返昆明，新近开通了芒市、贵阳的航线。

普洱思茅机场（见243页地图；0879—2153017）机场在市区边上，交通非常便利。省内连接昆明、丽江、芒市，省外可直飞成都、重庆、泉州、贵阳。

火车

中老铁路在西双版纳共设5座车站，野象谷站距野象谷景区20公里，并不方便；橄榄坝站距傣族园4公里，距曼远村7.5公里；勐腊站距望天树25公里，景区有接驳车。

西双版纳站（见261页地图）位于景洪城南，与机场相邻，西广场规划建设地下连廊与正在改扩建的嘎洒机场T3航站楼相通。每天有多趟城际列车往返昆明，到昆明南站最快仅需3小时，还有一趟夜间卧铺列车经昆明、大理终到丽江。

磨憨站（见243页地图）中老铁路国内段终点，每天有两班国际旅客列车可直接通关，老挝签证信息见125页方框。

普洱站（见262页地图）每天有多趟城际列车往返昆明、西双版纳、磨憨，中老铁路在普洱境内还有宁洱站、墨江站。

长途汽车

版纳客运站（见261页地图；0691—2124427）景洪周边绝大部分景点这里都有班车可达。去普洱景迈山乘坐澜沧方向的车在惠民镇下车。可在同名微信公众号查询购票，住在告庄可从附近的版纳客运站江北票点（见261页地图）购票乘车。

景洪汽车客运站（见261页地图；0691—2123171）去打洛的车在此乘坐，也有去澜沧惠民镇的车，但班次较少。可在微信公众号"版纳行"查询购票。另外需注意，景洪客运南站已关闭。

思茅汽车客运站（五一站）（0879—2122312）位于五一路，也称五一站，普洱新南站关闭后，长途班车都在这里乘坐。每天有6班车直达景迈山，商务车仅8-9座，最好提前订票。很多车次都会到普洱火车站接人。可在"金孔雀票务"购票乘车。

普洱鸿丰客运站（0879—2122056）发往宁洱县和周边乡镇，经过多家咖啡庄园路口，详见微信公众号"普洱鸿丰客运"。

澜沧客运站（0879—7232622）每天14:40有一班车直达景迈山，也可先坐到惠民镇再换乘景迈山的公交车。

🚌 区域内交通

公交车

景洪有多条公交线路，可在微信公众号"版纳行"查询具体站点和首末班时间。K1路往返火车站和告庄，途经泼水广场，票价5元。

普洱的景迈山有公交车往返惠民镇游客中心和景洪，途经景迈大寨、糯干、古茶林、翁基路口等站，班次随季节调整，票价15元，可在"景迈山旅游预约平台"微信小程序查询实时动态。

出租车和网约车

在**景洪**打车很方便，告庄附近晚上容易拥堵。机场和火车站位置不算偏，打车往返老城区不到20元，江北贵一些。

普洱市思茅区打车很方便，但周边各县城车辆较少，客运站门口相对容易打车。景迈山上没有网约车。

景洪星光夜市

自行车和电动车
共享电单车在西双版纳和普洱都比较普及，覆盖市区和郊县，甚至连磨憨镇和普洱机场都在运营区内。

机场大巴
嘎洒机场直通车往返告庄，经停泼水广场，滚动发车，票价5元，车程约30分钟。

景迈机场有往返澜沧、孟连客运站的接驳中巴，票价20元。

包车和自驾
版纳的景区公共交通比较发达，但要去一些偏远村寨就需要包车了。景区直通车往返时间固定，包车可以玩得更自由。

从景迈机场包车到景迈山翁基，费用约500元，车程2.5小时。景迈山的村寨、茶园之间距离较远，包车游览更方便，可请客栈老板帮忙联系。

在**西双版纳**自驾，沿途的热带雨林、民族村寨美不胜收。你还可以沿昆曼国际公路由磨憨口岸出境，自驾游玩老挝和泰国。景洪有多家租车公司门店。

普洱市有多家租车公司门店，景迈机场也有提车点。景迈山上没有加油站，景迈大寨和翁基停车场有充电桩，山路为弹石路面，多弯狭窄，需注意安全。2024年3月，景区曾发布公告宣布禁止自驾车辆进入景区，遭到强烈抵制后取消，但房车仍不可上山。

🔍 旅行信息

西双版纳景区直通车
版纳的主要景点（中国科学院西双版纳热带植物园、望天树、野象谷、勐远仙境、原始森林公园、傣族园）都有一日游直通车，包含往返交通、门票、车乘服务，有的还含午餐，都在告庄正门的旅游集散中心乘车，有的线路也可在泼水广场和曼听公园乘车。另有去勐景来的中缅边境一日游和基诺山雨林徒步一日游。具体运营时间和路线可在告庄正门、泼水广场、机场火车站出口、曼听公园门口等处的直通车服务点咨询。

微信公众号
版纳安心游：微信小程序可查询预订西双版纳主要景点的直通车，也有定制和包车服务。

金孔雀票务：可查询预订普洱市大部分客运班车线路。

斤与公斤
普洱和昆明一样，日常使用公斤计量，当地人口中的"斤"指公斤，"两"指公两，但在孟连县又以市斤计量，买茶叶、买水果等需要称重的场合多留意。

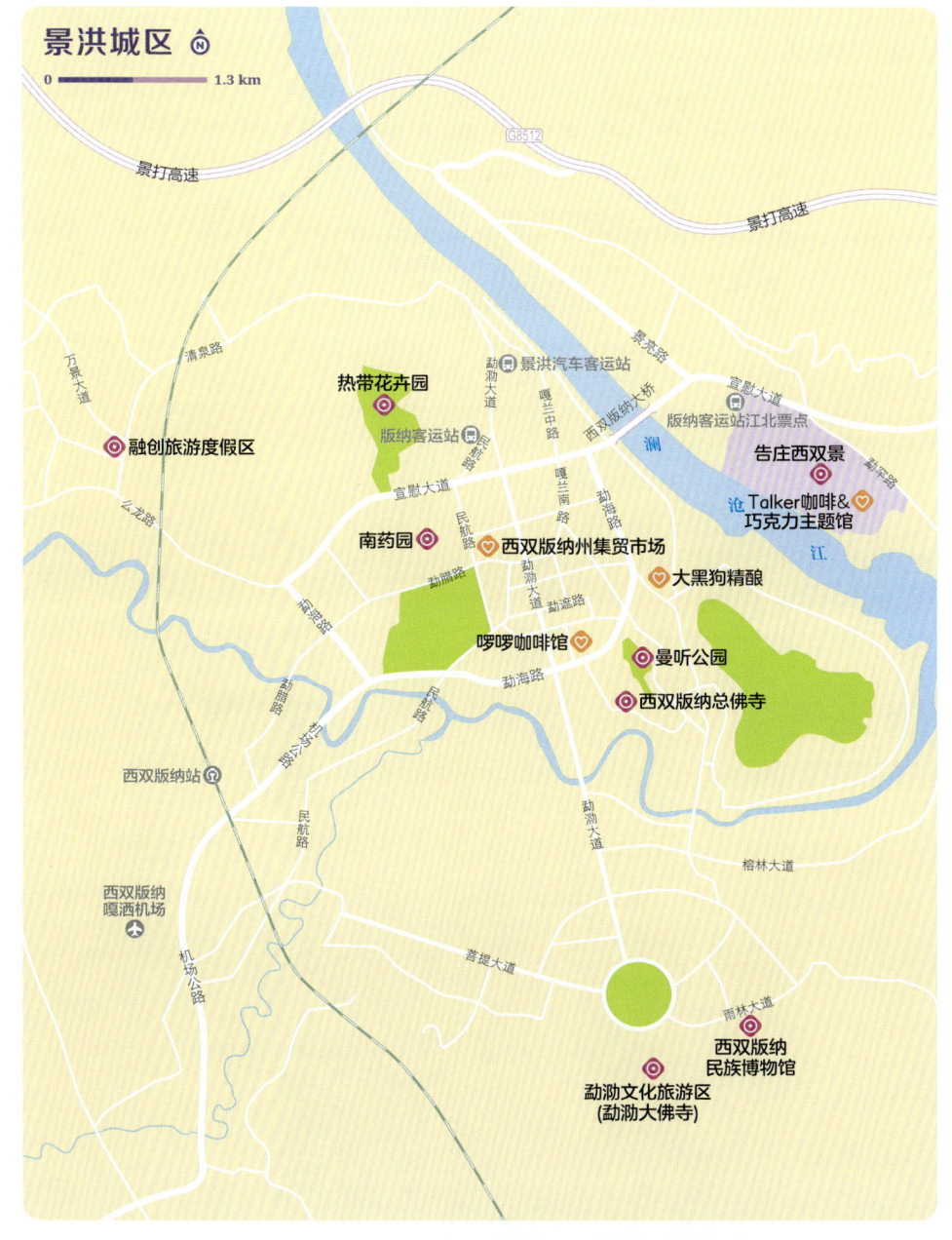

西双版纳和普洱地图

景洪周边

0 — 26 km

- 野象谷
- 西双版纳傣族自治州
- 象明
- 勐宋
- 勐养
- 基诺山
- 基诺山寨
- 勐海
- 景洪
- 原始森林公园
- 嘎洒
- 西双版纳嘎洒机场
- 易武古镇
- 南糯山
- 曼远村
- 勐罕
- 傣族园
- 勐醒
- 勐混
- 关累
- 勐远仙境
- 布朗山
- 勐龙
- 勐捧
- 勐腊
- 缅甸
- 澜沧江
- 老挝

普洱城区

0 — 2.1 km

至那柯里茶马驿站(12km)

- 普洱茶马古道景区
- 昆磨高速
- 普洱大道
- 银生路
- 康平大道
- 永平路
- 振兴北路
- 普洱市博物馆(普洱茶博物馆)
- 洗河路
- 磨思路
- 石龙路
- 白云路
- 茶城大道
- 思亭路
- 贰叁事咖啡工作室
- 宁洱大道
- 戴家巷
- 振兴大道
- 洗马河水库
- 洗马湖湿地公园
- 普洱站
- 龙生路
- 恒大路
- 昆磨高速
- 振兴街道
- 普洱大道
- 茶苑路
- 茶路

景迈山

0 — 2.7 km

西双版纳和普洱地图 **263**

探索

- 景点
- 餐饮
- 住宿

- 糯干古寨
- 大平掌古茶林
- 景迈金塔
- 景迈山古茶林景区
- 翁基古寨
- 翁洼雨林探索
- 方物之外·阿百腊
- 茶祖庙
- 芒洪八角塔

景迈线

南览河

探索

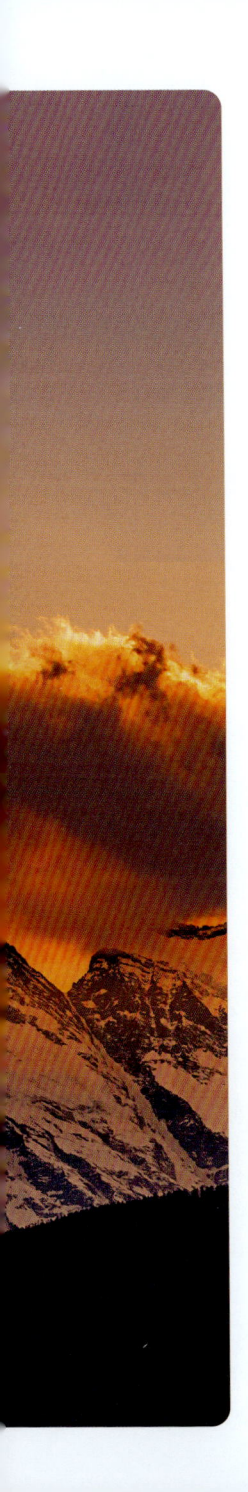

迪庆

电话区号：0887

从金沙江切换到澜沧江峡谷，雪山若即若离却也不离不弃，数千个湖泊镶嵌于群山间，大众化的景点很多，秘境也不计其数。迪庆直观展示了横断山脉最精彩的垂直景观带和文化多元性，一天之内你就能从高冷的雪山下到干热的河谷，中午吃着山野里产的松茸，晚上已经喝上了峡谷里酿的葡萄酒。谁又能拒绝"香格里拉"的诱惑呢？

数说迪庆

39.1万
常住人口
≈卡塔尔总人口数

6740米
州内最高海拔：
梅里雪山卡瓦格博峰

23185.67平方公里
面积≈斯洛文尼亚

1486米
州内最低海拔：
碧玉河入澜沧江口处

25个
少数民族数量

454种
有记录鸟类数量

25+
徒步路线数量

5000吨+
野生菌年自然生长量

在迪庆，你可以这样玩

2天 藏族精华之旅
（见62页）

2天 梅里雪山行摄之旅
（见40页）

4天 雨崩徒步线路
（见75页）

4天 德维公路自驾之旅
（见152页）

5天 梅里雪山行摄之旅延长线
（见42页）

6天 深入藏族风情之旅
（见64页）

何时去

5月至6月
气温回暖，雨雪皆无，适合徒步。5月底，春雪尚未消融，杜鹃一夜盛开。

7月至9月
雨季拉开帷幕，在吃货的眼中菌子季开始了，松茸领衔的各类野生菌在雨后破土冒头。雪山难现真身，但高山草甸繁花似锦，随便挑一处高山湖泊都美不胜收。

10月至11月
徒步的最好季节，高山彩林组成一幅幅立体的油画。

12月至次年4月
气候寒冷，可能遭遇大雪封山、封路等不便。黑颈鹤飞临纳帕海。寺院节日众多。住宿价格为全年最低。

梅里雪山日落

迪庆亮点

梅里雪山
在藏区、在登山界、在普通游客心目中，梅里雪山都是神一样的存在。

澜沧江峡谷
沿着德维公路，去看看风格多变的寿国寺、原生态的同乐傈僳族村寨。

茨中教堂
100多年前，法国传教士跨越千山万水前来，建了一座美丽的天主教堂，也留下了法国的葡萄品种和酿酒技术。

南极洛
12个湖泊分布在海拔4000米左右的群山间，积雪点缀着山坡，杜鹃环绕着湖泊。

哈巴雪山
你想攀登雪山吗？那就在哈巴雪山开启你的"第一次"吧。你可以先在哈巴雪山下找条徒步路线练练脚。

塔城滇金丝猴国家公园
粉嘟嘟的脸庞，朝天的鼻孔，丰润的红唇，天生的莫西干发型，这就是国家一级保护动物滇金丝猴。

雨崩

自然

飞来寺观景台

214国道边一字排开8座白塔，正对卡瓦格博领衔的梅里群峰，飞来寺观景台向来是拍摄梅里雪山最经典的机位。如果你不打算深入雨崩，又想把雪山看个够，来飞来寺就对了。观景台最适合拍摄日照金山，但能不能看到七分靠天气、三分靠运气。11月至次年4月，"梅里十三峰"一齐现身的概率最高，冬天日出时间在7:30左右，夏天在6:20左右。

看完日照金山别急着离开，观景台左侧还有一条挂满经幡的环形道，一路向里，可以转换角度欣赏神女峰（面茨姆峰）等。

◆见285页地图 ◆地址：德钦县214国道旁 ◆门票：免费 ◆营业时间：全天

雨崩

对朝圣者而言，雨崩位于梅里"内转"的路线上，意义无可取代；对徒步者来说，雨崩村曾是他们费尽千辛万苦抵达的世外桃源。然而，随着越野车顺利驶入，雨崩村已翻开新篇章，村里的配套设施也开始拥抱现代化，断水断电已是老黄历。2024年，这里开始新一轮修路，对于徒步者是一个短暂的窗口期。

尽管神秘不再，但没人能否认雨崩确实是美的。它身处梅里雪山腹地，抬头便是神女峰（面茨姆峰）和五冠峰（吉娃仁安峰），周围一派田园牧歌景象，即便村里熙熙攘攘，你只需迈开腿，便能投入纯净广阔的天地。

雨崩分上村和下村，两村之间相隔3公里，继续深入游览就只能靠徒步或骑马了。冰湖海拔3920米，距离雨崩上村约13公里，四周环山，山巅的冰川融水后变成一条条细细的飞瀑，经山崖跌落于冰湖中。神瀑海拔3400米，距离雨崩下村约9公里，从一条高耸的岩壁上飞流直下，传说是卡瓦格博神从天上取回的圣水，能占卜命运、消灾免难。神瀑是梅里"内转经"的必经之地，你会看到一些信徒在神瀑下沐浴、取水饮用，或向天空抛撒风马祈福。

冰湖和神瀑往返都需约6小时，通常各用一天前往，路线很成熟，完全不用担心走岔路。相对来说，前往神瀑就属于挑战性强的"野路子"了，从雨崩下村出发，往返至少10小时，海拔急速上升，最高到4400米。如果

飞来寺VS雾浓顶

就拍摄日照金山而言，飞来寺与雾浓顶两大观景台，并无绝对的孰高孰低之分，你可根据以下指标衡量，适合自己的就是最好的。

位置 飞来寺距离梅里雪山更近，正对梅里群峰，位置无可匹敌；雾浓顶距离雪山远，但视角更广，回过头还"附赠"白马雪山。

取景 飞来寺无前景，拍摄日照金山无敌，但照片也都千篇一律；雾浓顶前景丰富，画面表现力强。

交通 飞来寺可坐班车前往；雾浓顶不在主干道上，无公共交通，只能自驾或包车。

住宿 飞来寺各种档次的住宿都有，配套设施便利；雾浓顶以高端民宿和酒店为主，数量不多，也没有饭店。

白水台

斯农冰川

相对于开发完备的明永冰川，纯"野生"的斯农冰川体验完全不同。没有一条规整的路径通往冰川，沿途没有补给，你得请向导，重装前行，哪怕挑最短的路线走，至少也得扎营一晚，难度远在雨崩之上。不过，路上有多艰苦，风景就有多美，森林、牧场、峡谷将逐一呈现，你将看到蓝色的冰川，而不是布满沙土脏兮兮的模样。

徒步前往斯农冰川的路线不止一条，目前户外圈里最盛行的是梅里东坡路线。就算不徒步，冰川脚下的斯农村也值得你专程而来（从飞来寺包车过来半小时），村头的玖孜顶可以近距离观赏卡瓦格博峰。

打算去神瀑，建议在雨崩村找个向导。

◆见285页地图◆门票：55元◆营业时间：全天

明永冰川

在梅里雪山发育的数条冰川中，最大、最长的一条就是明永冰川，它从主峰卡瓦格博奔向山脚的村庄，长11.5公里，是典型的低纬度、低海拔季风海洋性现代冰川。不过，受全球气候变暖的影响，明永冰川在持续消退，进入21世纪后，它已经后退了1公里，未来可能真的会消失。

进入景区后，可走路或坐一段观光车，6公里后来到徒步起点。接下来全是木栈道，一路向上攀爬，沿途经过已有700年历史的太子庙，约半小时后到冰川观景台。站在巨大的冰舌前，你可能会觉得它和你想象的不一样，因为冰川表面的泥沙遮盖了它的本色，看起来灰不溜秋的。

夏季常有机会看到雪崩，听听雪山怒吼时的音量。继续往上走，尽头是海拔3100米的莲花寺，卡瓦格博和一条拖曳而下的冰川完整地呈现在你眼前。相比徒步雨崩，来明永冰川轻松多了，半天时间即可往返。

◆见285页地图◆地址：德钦县明永村◆门票：55元，观光车75元◆营业时间：8:00—16:30

白水台

这是一片由纯白与湖蓝构成的"梯田"，白的是沿山势层层叠叠铺展开的钙华台地，白得发亮，蓝的是梯田中梦幻般的水色，蓝得纯粹。白水台是中国最大的华泉台地，如果你"种草"了土耳其的"棉花堡"，白水台能让你就近"拔草"，除了规模小些，它们并无二致。

沿景区栈道走半小时就能到达山顶，也可以骑马上山，越往高处越美。不过，白水台是典型的"看天吃饭"，晴空万里时如入仙境，怎么拍都好看，若遇阴天或多云，就成了普通的"灰姑娘"。

白水台是纳西族的圣地和东巴文化的发祥地。在纳西族民间传说中，东巴始祖就是在此修炼成道的，他们认为这是天神为了让人们学会耕田而变幻出的一片"仙人遗田"。每年农历二月初八（也就是丽江坝子上纳西族的三朵节），三坝乡的纳西族人会集于此，举办祭祀活动，附近的藏族、彝族、傈僳族也会赶来"凑热闹"，一起载歌载舞。

◆见266页地图◆地址：香格里拉市三坝乡白地村◆门票：30元◆营业时间：8:30—17:00

南极洛

南极洛

南极洛属于"出道即巅峰"的那种景点，在滇西北数千个高原湖泊中，它美出了新高度，加上"得不到的就是最好的"心理，更是成了旅行者心中无可取代的第一位。

南极洛位于海拔4840米的查布朵噶雪峰下，共有12个高原湖泊，湖水蓝得深邃、绿得透彻。此外，它还集结了雪山、森林、草甸、瀑布、溪流等风光。漫山遍野的杜鹃、龙胆、紫堇等从5月开到8月，花期够持久，也盘活了整片山谷。深秋时节，层林尽染，映衬着雪山、湖泊，也分外迷人。

2024年6月，南极洛正式对外开放，每天只有200个名额，不得自驾进山，只能徒步或统一坐景区的越野车。车停在3号湖，网上很火的拍摄机位在5号湖。1—5号湖环线约3.5公里，最高海拔4150米，没有难度，不需要向导。1—9号湖环线约9公里，最高海拔4300米，岔路较多，初接触徒步的旅行者最好请向导。景区提供3条徒步路线的向导服务：1—5号湖环线300元，1—9号湖环线600元，10—12号湖环线600元。

同在巴迪乡的九湖一山与南极洛一江之隔，风景相似，属于白马雪山核心保护区，归当地村民管治，徒步需要统一雇村里的向导，常成为"驴友"约不到南极洛的备选。

◆见266页地图◆地址：维西傈僳族自治县巴迪乡◆门票：免费，坐车进山往返300元◆营业时间：6:00—12:30（10:30后进入只能选1—5号湖的路线）◆预约电话：0887-8706001（提前5天预约）

普达措国家公园

除了看不到雪山，普达措集中了森林、草甸、高原湖泊等元素，可以让你一站式领略高原景观。购票后坐观光车入内，沿途停靠3个站点，各站点都是徒步赏景。

第一站悠游步道，长2.2公里，在原始山林中沿河谷而行，沿途会看到500岁高龄的杨树；第二站属都湖，是香格里拉地区面积最大的高原湖泊，湖畔海拔3595米，一侧是高原牧场，一侧挨着森林，春有花海，秋有彩林。沿着3.3公里长的湖边栈道走，湿地水生植物、灌丛草甸、阔针叶林将依次登场，脚边还有不惧人的松鼠。冬季如果赶在开园就进来，雾色弥漫在湖面上方尚未散去，仙气飘飘；最后一站碧塔海，目前只开放了一部分，是全程2公里的木栈道，主要看草甸风光。

◆见285页地图◆地址：香格里拉市建塘镇红坡村◆门票：138元◆营业时间：8:30—16:00
微信公众号：香格里拉普达措

纳帕海

纳帕海是典型的季节性高原湖泊，夏天雨季时浩瀚如海，冬季枯水期旱得见底。但冬天并非就没有看头，黑颈鹤、红隼、白尾海雕等大批候鸟会飞临此地越冬，给满目荒凉的湖滩带来活力，黑颈鹤逗留的时间尤其长，会从10月到次年5月，待上大半年。

纳帕海的看点一半是海，一半是草原。湖东面的伊拉草原（门票40元）是旅游团去得最多的草原，以骑马为主，此外，沿湖有多片草原被当地村民切割成了私人马场，强买强卖现象严重。

想看真正的风景，就自驾或骑行环湖一圈，沿途有几家景观不错的咖啡馆可以歇脚。湖西有段"水上公路"，6月进入雨季后，湖水会漫上公路。湖北岸的香格里拉高山植物园（见279页）门口的观景台可以俯瞰大半

纳帕海

纳帕海的陷阱

记住：纳帕海是免费的！只有进伊拉草原才收门票。

松赞林寺门口有很多拉客司机，都是拉你到私人马场，就算你逃过了强制消费，也会经历一次糟心的"拉锯战"。

如果你是自驾，从香格里拉出发，导航选择纳帕海会被指引去收费的马场。正确的路线是出独克宗古城向西，进入石卡路，过了从古草原后往北进入环湖路即可，一路沿着开就能顺时针绕湖一圈。

个纳帕海。湖东岸与214国道重合，是从香格里拉前往德钦的必经之路。但这段公路距离湖水还有一定的距离，沿途无甚风景可言，倘若你想在路过时顺便赏湖，要等到快出湖的范围时才能遇到一个观景台。

还有更省钱省力的方式，从香格里拉坐12路公交车就可环湖一周，沿途没有固定站点，随上随下，但车次不多。

◆见285页地图 ◆门票：免费 ◆营业时间：全天

石卡雪山

海拔约4500米的高度令石卡雪山常常愧对雪山之名，它与纳帕海一样是季节性的，当纳帕海缺水时，正是石卡雪山有雪时。景区索道分两段，第一段攀升至海拔3800米的亚拉青波牧场，夏季花织如海；第二段到山顶，天气晴好时能看到包括梅里雪山、哈巴雪山、碧罗雪山在内的8座雪山。

目前石卡雪山已关闭了一段，只能徒步上山，难度不算大，但最好结伴而行，避开冬天。不走回头路的方式是上山走山路、下山走栈道，从山脚爬升到亚拉青波牧场后，有一程缓坡，然后经历一段很艰难的陡坡抵达山顶，下山栈道会经过万亩杜鹃林和灵犀湖。

即便不进景区，前往石卡雪山的沿途风光也不俗。在进入纳帕海环湖路前始终向西走便是，公路两边有很多晾晒青稞的架子，秋天还会经过一片狼毒花花海。

◆见285页地图 ◆地址：香格里拉市建塘镇石卡路 ◆门票：188元 ◆营业时间：8:30—15:30

千湖山

传说中，天上的仙女在梳妆时不小心摔碎了镜子，碎片散落在这处海拔3800—4000米的高山之巅，形成大大小小近300个湖泊。

从位于山腰的村子开始，深入笔直参天的杉树林，经过一片曾因山火而毁的枯木林，走上开阔的高山牧场，最终来到星罗棋布的千湖群。五六月，湖泊掩映在杜鹃花海中；九十月，林间一片斑斓。

如果你向往户外但还没体验过徒步，千湖山是很好的敲门砖。全程10公里左右，上下山约5个小时，海拔爬升400米。村民们已经把上山的路整修得很好，基本上不存在什么难度，收了你进山费的村民还会以向导的身份陪你上山，不想走路也可以骑马上山（租马300元）。

自然 271

◆见266页地图 ◆地址：香格里拉市小中甸乡团结村，导航到下吉沙村 ◆门票：免费，进山费（向导费）200元/车 ◆营业时间：全天

碧沽天池

你一定会觉得碧沽天池与千湖山的景致很相似，因为它本来就是属于千湖山家族的一分子，但到达这里无须徒步，也不用交进山费，有辆越野车就可以开到天池边。

碧沽天池海拔3500米，藏语名为"楚璋"，意为小湖。湖确实不大，环湖脚步丈量一圈只要3个小时。天池紧挨着碧沽牧场，周围是云杉和冷杉组成的原始森林，湖畔有大片杜鹃林，塔黄、鸢尾、龙胆等高山植物也为静谧的山谷带来了灵动的气息。

◆见285页地图 ◆地址：香格里拉市小中甸乡联合村 ◆门票：免费 ◆营业时间：全天

阿布吉措

藏在天宝雪山下的阿布吉措，海拔4250米，周围是莲花瓣状的山峰，湖面碧绿，平静如镜，美到叫人失语。它可以说是千湖山和碧沽天池的升级版，海拔更高，抵达更难，需要经历艰辛的徒步，湖水也更澄澈，除了春赏杜鹃，还有雪山为背景。

阿布吉措有多条徒步路线，就算是路程最短的旧线，体能消耗也很大。这条路线往返9公里，起点海拔3600米，全程山林野路，累计爬升650米，其中有一段绝望坡，1.5公里内爬升350米，能让人走到崩溃，再经过瀑布和一段碎石路后，就能

抵达湖边。2024年，旧线开始收费，可在微信小程序"徒步香格里拉"上预订，费用含往返交通、领队、保险。

◆见285页地图 ◆地址：香格里拉市小中甸乡和平村 ◆门票：260元 ◆营业时间：全天

无底湖

无底湖很适合走香稻公路前往四川稻城的自驾者，它就在公路沿途，车可以直接开到湖边，目前也还没什么游客，湖光山色都是你一个人的。无底湖海拔3800米，位于迪隆雪山下，周围是绿野仙踪般的草甸森林，环湖修了一圈栈道，约3.5公里。如果喜欢徒步，时间又充裕，从无底湖出发还有多条徒步路线，可以前往仙女湖、碧古天池、天鹅湖等。

◆见266页地图 ◆地址：香格里拉市格咱乡 ◆门票：卫生费10元 ◆营业时间：全天

碧沽天池杜鹃花海

香格里拉赏花

初夏，季风带来了充沛的降水，雪山隐身于云雾后，山花却在一夜间悄然绽放，花季几乎与雨季同步开启。香格里拉称得上是高山植物的基因库，光是杜鹃就有37种，还有龙胆、报春花、绿绒蒿、塔黄、紫堇、包叶雪莲等。

适逢花开的季节，出城随便走走几乎都会撞见一片野生的杜鹃。如果不想刻意奔赴景点，沿着214国道就能穿越花海：向北进入白马雪山自然保护区，车窗外都是紫色的杜鹃；向南至小中甸乡，这里的杜鹃有红色、黄色、白色，且花冠比白马雪山的杜鹃品种还要大。杜鹃落幕后轮到狼毒花登场，夏季丰富的花色在9月下旬后会统一变成红色，将公路两侧渲染得如火如荼。

从尼汝出发的徒步路线

海拔2800米的尼汝村嵌于原始森林的环抱中,是徒步爱好者的大本营,七彩瀑布只能算小菜一碟,还有多条单日和多日难易不等的路线值得体验。

抵达七彩瀑布后,不要原路返回,可继续经迪吉塘牧场、葱古牧场,走到普达措公园内的属都湖,全程23公里,一天就能完成。

南宝牧场也是条热门路线,从尼汝出发后,经麦良牧场、习仁龙牧场、丽毡牧场、色列湖,抵达南宝牧场。从南宝牧场同样可以走去普达措的属都湖,或者经硕俄牧场、丁浪湖,回到尼汝。

更高阶的路线是从尼汝穿越至亚丁(四川),总共5天,海拔跨度大,沿途缺少补给,中间有一段还得租车接驳。这条路线需要具备一定的高海拔徒步经验,必须请向导。

巴拉格宗悬空栈道

金沙江大湾

金沙江从四川流入云南,以一记美妙的"Ω转弯"作为给云南的见面礼。214国道边的观景台是欣赏大湾的最佳角度,站在这里看对岸,江水环绕的赭色山体就是四川的瓦卡镇。欣慰的是,观景台已取消门票,里面还有一间咖啡屋,很适合停车休息。

与丽江的长江第一湾、丙中洛的怒江第一湾不同,这处弯道不见青翠的山色和田野,江边群山植被稀疏,尽是裸露的黄褐色山体,这是典型的干热河谷地貌,一山之隔的澜沧江峡谷也是如此。

◆见285页地图◆地址: 奔子栏以北214国道边◆门票: 免费
◆营业时间: 观景台8:00—18:30

尼汝七彩瀑布

前往尼汝七彩瀑布的徒步路线往返12公里,对新手非常友好,全程走在河谷栈道和森林步道上,路径清晰,沿途植被茂密。一路上已有零星瀑布负责热场,运气好还能看到小熊猫。终点是一面高约30米、宽约330米的山崖,岩壁凹凸有致,覆着厚厚的苔藓,从高处台地涌下的泉水铺泻其上,似有一万股溪流,产生了拉丝效果。

前往尼汝并不容易,除了自驾,从香格里拉出发,依托公共交通最近可到洛吉乡,此地距离尼汝村还有34公里,包车价格200—300元,目前沿途在修路,路况很差。尼汝村可以投宿。

◆见285页地图◆地址: 香格里拉市洛吉乡尼汝村◆门票: 免费
◆营业时间: 15:00前进入

巴拉格宗

在迪庆神仙打架般的景点盛宴中,巴拉格宗的看点是香格里拉大峡谷。峡谷深邃、险峻,高山耸峙,确实好看,只是鸡肋景点和商业项目层出不穷,令大自然的狂野气质大打折扣。

到景区后几乎全程跟着观光车路线游览,随车经过52道发卡弯,听一听这条峡谷修路人

古镇村寨　273

的故事。沿途有两条栈道：一条是紧贴崖壁的悬空栈道，视野极佳，从回音壁广场出发，长约1公里，栈道尽头有玻璃观景台，返回可以选择坐滑索；另一条沿河谷而修，长2.5公里，返回可以漂流。滑索与漂流都是收费项目。峡谷深处的香巴拉佛塔可以眺望雪山，但不在观光车沿线，你得另付车费前往。

独克宗古城有含景区门票在内的往返直通车，是游览巴拉格宗最方便的方式。

◆见266页地图 ◆地址：香格里拉市尼西乡巴拉社 ◆门票：170元 ◆营业时间：8:30—16:30 ◆微信公众号：香格里拉巴拉格宗旅游

哈巴雪山

哈巴雪山的主峰海拔5396米，是云南省第四高峰，也是云南唯一开放攀登的雪山，它在登山界属于入门级别（见82页）。不登山也可以来山脚的哈巴村住住，或是在山脚露营、野餐，都很惬意。

这里还有一条景美人少的徒步路线，从德拉牧场出发，经过羊房牧场、兰花坪（海拔3600米）、杜鹃谷到黑海湖（海拔4200米），沿途美丽的森林、牧场、湖泊都是对你体能付出的加倍回报。这条路线全程约20公里，当天能往返，也可以在兰花坪或黑海湖的营地住一晚。由于大多数人都是冲着"人生第一座雪山"而来，"有腿就能走"的徒步路线倒成了小众之选。

◆见266页地图 ◆地址：香格里拉市哈巴村 ◆门票：免费 ◆营业时间：全天

香格里拉印经院

从天生桥继续往东前往普达措，会路过霞给村，香格里拉印经院就位于此。这是云南最大的印经院，成排的雕刻经板堆叠在木架上，院内藏有108部《甘珠尔》、203部《丹珠尔》，以及16.2万片各大文献著作的原始木刻版本等。专程而来的意义不大，可在自驾去普达措时顺道参观。自己参观即可，不必理会热情推销的僧人。

上图：香格里拉印经院

天生桥温泉

天生桥是属都岗河上一座石灰岩天然石桥，藏地传说是莲花生大师施法建成，石桥下的温泉因有莲花生大师的"加持"，被本地人奉为"圣泉"。

这一带地热资源丰富，弥漫着浓浓的硫黄味，温泉不止一处，都没什么游客，多是本地人在泡。最大的一个露天池子就在天生桥下方，一边是山崖，一边是属都岗河，环境很惬意，池底因有天然藻类而有点滑。峡谷边的溶洞内还可以进行汗蒸。男女分开的室内温泉条件非常简陋，不建议尝试。

如果你不能忍受野温泉的简陋，从天生桥往普达措方向有个茸恰·Glamping娜姆措温泉帐篷营地，价格不菲，私汤环境称得上享受。

◆见285页地图 ◆地址：香格里拉市区以东10公里红坡村附近 ◆门票：40元 ◆营业时间：8:30—23:30

古镇村寨

独克宗古城

古时茶马古道进藏前的最后两个重要集市，分别名为日光城和月光城，后者便是位于香格里拉市区的独克宗古城。古城规模

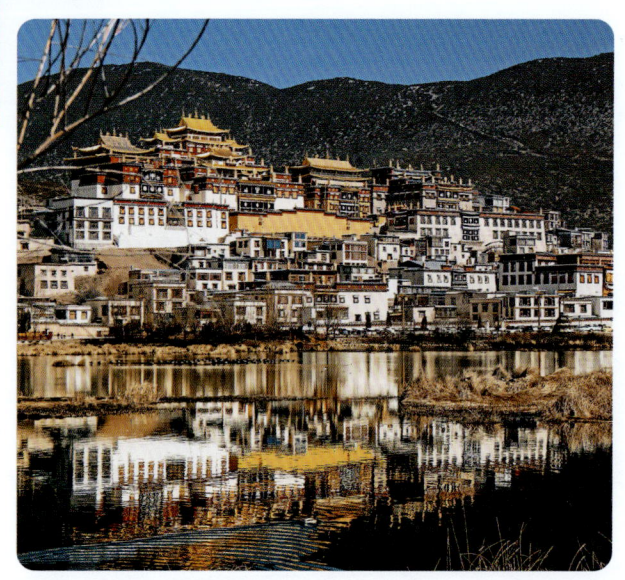

噶丹·松赞林寺

虽远不及大理和丽江古城，但浓郁的藏地气息也令其别有韵味。2014年一场大火毁了它三分之二的建筑，如今所见都是修复后的结果。

月光广场是古城的中心，主要看点也都在附近。广场南侧的迪庆藏族自治州博物馆简单介绍了本地藏族的文化习俗。广场北侧位于迪庆红军长征博物馆内的中心镇公堂，始建于清雍正年间，是全国文物保护单位，建筑风格为藏、汉、纳西族三位一体。广场以西是龟山公园，山顶的大佛寺可以俯瞰古城，北侧的转经筒号称世界最大，高21米，需要至少4人合力才能转得动，夜晚亮灯后很美。每晚19:00—20:00，本地藏族会到四方街跳锅庄舞，你也可以加入其中。

◆见284页地图◆门票：免费◆营业时间：全天

同乐傈僳族山寨

同乐村是座有300多年历史的傈僳族村落，村子坐落在一片坐北朝南的山坡上，清一色的木楞房密密麻麻铺满山坡。当你驱车盘旋在山路上，第一眼看见村子全景时，就会被吸引。村子曾经过开发，但并没有迎来预期的热度和游客量，村舍的样貌和周围环境与20多年前并无二致。游客没有来，村子也留不住年轻人，如今，136户人家中常住户实际仅有25户。

村口有个阿尺木刮传统展示馆，阿尺木刮是傈僳族的传统舞蹈，被列入国家级非物质文化遗产。村里的小路弯弯绕绕，鸡鸣、狗吠、猪叫声此起彼伏，不会汉语的傈僳族老人会热情地邀你去家里坐坐。一直走到村子最高处，可以俯瞰全村。全村都是以木楞作墙、木板作瓦的井干式房屋，屋前种满果树，冬日里橙黄的柿子挂满枝头。

没有公共交通抵达这里，只能从叶枝乡包车前来，自驾者可走德维公路，从路口拐进去还有7公里山路。

◆见266页地图◆地址：维西傈僳族自治县叶枝乡同乐村◆门票：免费◆营业时间：全天

宗教建筑

噶丹·松赞林寺

占地500亩的噶丹·松赞林寺，是云南最大的藏传佛教寺院，清康熙十八年（1679年）由五世达赖喇嘛亲自选址修建，也是迪庆最气势恢宏的人文景点，被誉为"小布达拉宫"。寺庙海拔3300米，由于需要爬上146级台阶，初上高原的人可能会很喘。

台阶之上就是三座并排的主殿，从左至右分别是宗喀巴大殿、扎仓大殿和释迦牟尼殿，一定要按顺时针方向游览。主殿周围分布着八大康参，康参按僧人家乡进行划分，并由各自教区供养，各座康参的规模、风格、装饰以及供奉都有差别。

寺庙对面的拉姆央措湖建有环湖栈道，可拍摄寺庙全景和倒影，环湖一圈约1小时。只买上行区间车票即可，参观完寺庙，在景区内就可以直接坐公交车回香格里拉。

◆见285页地图◆地址：香格里拉市拉建塘镇尼旺路3号◆门票：55元，区间车10元/单程◆营业时间：8:00—17:30 微信公众号：松赞林景区保护开发有限责任公司

茨中教堂

茨中是澜沧江峡谷中的一个藏族村落,有超过六成村民信仰天主教。一个半世纪前,法国传教士翻山越岭前来布道,最初将教堂建在几公里外的茨菇村。可以想象,外来的洋和尚不可避免会与本地佛教徒产生利益冲突,最终在清光绪三十一年(1905年)爆发大规模驱逐洋教的维西教案,导致教堂被毁。经清政府赔款后,教堂迁址到茨中村重建,于1921年完工,并成为20世纪整个三江并流地区天主教的核心。

教堂为砖木结构的四合院,中西合璧的外形非常出挑,集巴西利卡式、罗马式和传统中式建筑元素于一体,哥特式钟楼有个飞檐翘角的屋顶,在西式拱廊撑起的礼拜堂内,抬头又见藏地风格的天花板彩绘。教堂葡萄园里种植着法国的葡萄品种"玫瑰蜜",当年法国神父种下的树木已是参天。每逢礼拜时间,附近藏族、纳西族、傈僳族、纳西族、白族等各个民族的信徒会聚到教堂,共同用藏语唱圣歌。本地佛教徒和天主教徒在各自重要的节日、法会上,也会邀请对方参加,一起唱诗、跳锅庄舞。

◆见266页地图 ◆地址:德钦县燕门乡茨中村 ◆门票:免费
◆礼拜时间:周一、周三、周五19:30,周日9:00

噶丹·东竹林寺

东竹林寺始建于清康熙六年(1667年),最初为噶举派,后改宗格鲁派,是迪庆藏族自治州州内的第二大佛寺,与规模最大的噶丹·松赞林寺同列"藏区十三林"。

茨中教堂

澜沧江峡谷的法式葡萄酒

100多年前,法国传教士在澜沧江峡谷传播福音,他们发现这里炙热的阳光和干燥的土壤与波尔多类似,便引入在法国被誉为"高贵夫人"的玫瑰蜜葡萄,开始酿酒,用葡萄酒做弥撒。藏地居民悉数被归化的同时,也开始喝葡萄酒,并学会了法国人的酿酒技术。如今,茨中村和周边各村几乎家家户户种葡萄,进行土法酿酒,玫瑰蜜葡萄也在云南各地被广泛栽培。有意思的是,玫瑰蜜在其家乡法国早已因气候变化绝迹。

法国传教士离开后近半个世纪,澜沧江峡谷又迎来了一批真正的法国酿酒师,引进赤霞珠、霞多丽等葡萄品种,指导当地人酿酒,令这里的葡萄酒品质直线上升,风味不输世界名产区。2014年成立的霄岭酒庄位于巴东村玖仁教堂,曾聘请勃艮第大德园的酿酒师担任顾问,酒庄年产量仅1万瓶,近年来多次在著名评酒家詹姆斯·萨克林(James Suckling)的"中国百大葡萄酒榜单"中名列前茅。

此外,在澜沧江另一边的德钦县,法国酩悦轩尼诗旗下的敖云酒庄在阿东、西当、斯农、朋日4个村子投资建葡萄园,以牦牛粪为肥料。2016年,敖云首款年份葡萄酒2013上市,在香港拍卖会上拍出3062港币,成为中国的膜拜酒代表。塔城启别村内的腊普河谷酒庄庄主是纳西族人,他在2016年引入威代尔葡萄品种,主要酿冰酒,干白的口碑也不错。

霄岭酒庄和腊普河谷酒庄都接受预约参观,敖云酒庄目前不对外开放,只能路过时看看酒庄的葡萄园。

黑土陶与木碗

从香格里拉一路吃到德钦，"尼西土鸡"这道招牌菜随处可见。尼西就位于香格里拉至德钦的途中，除了停车吃顿饭，尼西乡还有两大工艺传承值得造访。

黑陶罐炖土鸡是正宗的尼西土鸡吃法。黑陶制品是藏族家庭普遍使用的生活用品，尼西乡汤堆村的黑陶烧制很有特色，将红土烧出来的器皿放在平地上，铺上稻草后，直接点火裸烧，如此简单粗暴地烧制后，黑陶呈现亚光效果的深黑色。虽然如今黑陶制品大多采用现代流水线生产，但你还是能在汤堆村找到几家坚持传统制陶，还可以去省级"非遗"传承人洛桑恩主的作坊体验制陶。

位于金沙江支流岗曲河边、紧邻四川的上桥头村，以制作木碗为特色。木碗是藏族人随身携带的餐具，一般为三件套，分别用于放糌粑、盛菜、喝酥油茶，又以糌粑盒的制作时间最长、工艺最复杂、售价最高。

再往上至奔子栏，这又是一个著名的木碗产地。与桥头村明显不同的是，奔子栏的木碗一般不上漆。从上桥头村到奔子栏是典型的干热河谷气候，金沙江两岸植被稀疏，呈半荒漠状态。继续往上开，直到进入白马雪山自然保护区的范围，葱郁的山林与湿润的体感才会再度回归。

噶丹·东竹林寺

一楼大殿内供奉着格鲁派创始人宗喀巴和两位弟子，以及藏传佛教寺庙内常规出现的一些佛像。镇寺之宝藏在三楼，是四座纯金打造、镶满珠宝的立体坛城，放眼整个涉藏地区，如此规模和规格的坛城只在布达拉宫和这里有。五世扎唐活佛的肉身法体也在这一层。二楼弥勒佛殿内有一幅千手千眼观世音壁画，年代久远，也值得细细端详。

寺庙平时很安静，最热闹的是每年藏历八月二十七至二十九的法会期间，僧人们在殿前广场上庄重地跳神，还能看到8.5米长、5.2米宽的堆绣唐卡阎罗王像，这是十二世达赖喇嘛赠送给寺院的礼物，"文革"时逃过一劫。

◆见285页地图 ◆地址：德钦县奔子栏乡214国道沿线 ◆门票：免费 ◆营业时间：全天

塔巴林寺

塔巴林寺与东竹林寺很有渊源，它是东竹林寺三世扎唐活佛所建的尼姑寺，归东竹林寺管辖。寺庙的所在地，正是东竹林寺的诞生地，1985年东竹林寺移至今天的位置，这处旧址上就重建了毁于"文革"的尼姑寺，并成为如今云南唯一的藏传佛教尼姑寺。寺庙很新，佛堂朴素，最有价值的是三楼的清代壁画。

◆见285页地图 ◆地址：德钦县奔子栏乡书松村 ◆门票：免费 ◆营业时间：全天

寿国寺

寿国寺属于藏传佛教噶举派，但外观看起来更像是汉地寺庙，因为它建造时（清雍正年间）正值西南地区实行改土归流，首次设立流官治理维西，当时富有远见的康普土千总建寺以示拥护中央，并为寺庙取了一个汉名。乾隆年间寺庙毁于火灾，后经多次重建、修缮、扩建。2006年，被列入国家级文物保护单位。

寿国寺的风格很多元，它兼具汉族、藏族、白族、纳西族的建筑元素，例如纳西族特色的三坊一照壁，汉地殿堂式的攒尖顶，还有徽派建筑的马头墙。多种宗教并存是这里的特色，既有儒、释、道，也有东巴教、傈僳历法、天主教圣母，古老的壁画也在唐卡基础上吸收了山水画的元素和技法。

其他看点还包括光绪年间大宝法王所赐的一块匾额，上面用蒙、藏、满、尼泊尔4种文字题写"扎什达吉林"；正殿三楼有一根木雕"龙柱"，与寿国寺同龄。

◆见266页地图◆地址：维西傈僳族自治县康普乡岔枝村◆门票：免费◆营业时间：9:00—17:00

百鸡寺

叶枝土司衙署

叶枝土司衙署也叫三江司令府，建于清康熙年间，是纳西族世袭土司王氏的官邸。衙署坐东朝西，分南北两套二进大院，碉楼、门楼、中心四合院、黑神殿、土司卧室、卫队室等保存完好。和寿国寺一样，叶枝土司衙署也是汉、藏、白、纳西族建筑风格的大拼盘。

◆见266页地图◆地址：维西傈僳族自治县叶枝镇◆门票：免费◆营业时间：9:00—17:00

达摩祖师洞

这是山崖上一处天然形成的岩洞，民间传说中，达摩曾在洞内面壁十年，最终悟得正道。清朝时期，围绕岩洞修建了临崖寺庙，气势恢宏的红色建筑紧贴崖壁，洞内还有达摩祖师"顿足成注"的遗迹。站在寺庙前可远眺金沙江。围绕达摩祖师洞有一圈

3公里长的转经道，沿途挂满经幡，每年农历四月初一，也就是达摩成佛得道日，周边维西、德钦、丽江的信徒会前来转山，热热闹闹地过3天节。

寺庙距离山脚有12公里崎岖的山路，附近还有达摩寺和来远寺，可顺道一游。

◆见285页地图◆地址：维西傈僳族自治县塔城镇其宗村◆门票：免费◆营业时间：全天

百鸡寺

如果想换个角度欣赏独克宗古城，可以去古城西面山上的百鸡寺，从龟山公园背后的小路步行上山半小时即到。绕寺一周，能把古城、新城以及纳帕海都纳入眼底。百鸡寺始建于元代，最初为噶举派，清康熙年间随格鲁派进入中甸而改宗。由于当地人前来寺庙祈祷、还愿时，习惯带只家养的鸡来放生，久而久之，寺内寺外就遍地是鸡、"百鸡"齐鸣了。

◆见284页地图◆地址：独克宗古城西南山坡◆门票：免费

曲登阁

如果你打算以转山的方式徒步雨崩，曲登阁就是转山的第一站，你得先来这里"取钥匙"（即朝拜，意为获得山神的准许），再踏上卡瓦格博朝圣之旅。

曲登阁全名"曲登西阁让降"，意为天然水晶塔，相传在成为寺之前，这里最早是莲花生大师从印度带来的水晶塔。也因此，寺庙虽仅两座殿，但香火极旺，每天来转经的人络绎不绝。向寺庙泼洒石灰水是曲登阁独特的祈福方式，不仅外墙被泼得雪白，转经筒覆上了厚厚的白石灰，两殿之间的山坡也被泼成了一座"小雪山"。

◆见285页地图◆地址：德钦县茸顶村，距县城5公里，位于德维公路沿线◆门票：免费◆营业时间：全天

飞来寺

在很多人心里，飞来寺是欣赏梅里雪山的不二之地，它是观景台，是落脚点，唯独容易被忽视作为寺庙的真正身份。飞来

飞来寺

寺建于明万历四十二年（1614年），藏语名"觉吾南卡扎西"，意为飞来的佛像，相传南卡曲杰嘉措活佛在卡瓦格博闭关修行时，看到一尊佛像从印度飞来，降临在对面山头上，便就地建起寺庙。如今仅存一座民国时重建的大殿，正殿供奉着"飞来的佛像"，1980年重绘的壁画鲜艳如新。

◆见285页地图◆地址：德钦县214国道边，距离飞来寺观景台1公里◆门票：免费◆营业时间：8:00—17:00

大宝寺

大宝寺是由噶玛噶举派大宝法王亲自选址修建的，后改宗格鲁派。寺庙规模不大，几乎只有本地人才会来，每年藏历新年初十，香格里拉的藏民都会前来敬香祈福。大宝寺位于山腰，山脚下是一片青草依依的牧场，溪水淙淙，背后是一片松树林。如果你向往纳帕海的草原美景，又疲于纳帕海的商业化，不如转战这里。

◆见284页地图◆地址：香格里拉市东郊◆门票：免费◆营业时间：8:00—17:00

白塔寺

迪庆的噶举派寺庙大多在清朝改宗了格鲁派，唯有这座白塔寺是例外。它位于古城西边不远的山坡上，金字塔形的白塔林非常上镜。寺庙很小，但很清静，如果想暂时逃离嘈杂的独克宗古城，可以移步这里。

◆见284页地图◆地址：香格里拉市长征大道67号◆门票：免费◆营业时间：8:00—17:00

红坡寺

白马雪山脚下的红坡寺始建于明正德九年（1514年），是德钦县藏传佛教格鲁派三大寺的母寺，历史上规模最盛时，曾有500位僧人在此修行。清朝，五世、六世巴玖活佛因平息维西农民起义有功，而获赠咸丰帝亲笔题写的"化行南邦"，光绪三十一年（1905年）维西教案发生时，红坡寺凭借这块匾额而免遭清军烧毁。寺庙所在的红坡村被白马雪山环抱，还能远眺梅里雪山，非常隐世独立。

◆见285页地图◆地址：德钦县云岭乡红坡村委会东南约3公里◆门票：免费◆营业时间：全天

动植物

塔城滇金丝猴国家公园

滇金丝猴学名黑仰鼻猴，长相十分独特，有着水灵灵的大眼睛、白里透红的脸颊、像被削去一半的冲天鼻，以及两片厚厚的性感红唇，被评价为"最性感的动物"。

滇金丝猴活跃于横断山脉金沙江和澜沧江之间一片狭小的区域，是云南特有的珍稀物种，1999年昆明世界园艺博览会的吉祥物就是名为"灵灵"的滇金丝猴形象。清同治八年（1869年），法国传教士最早在云南发现滇金丝猴，之后长达半个世纪之久，人们都没在野外看见滇金丝猴的踪影，差点以为它们已经灭绝了。当它们再度现身时，人们就地建起了白马雪山国家级自然保护区，2019年迪庆成立滇金丝猴全境保护网络。

不过，你如果满大山去找滇金丝猴，成功率微乎其微，十拿九稳的操作是早上9:00来塔城的这个国家公园，那是护林员投食滇金丝猴的时间，饱餐之后猴群就会回归山野。你与猴子之间并无人为障碍物作阻隔。切记文明观猴，保持距离，保持安静，不要私自投食。

动植物 279

龙胆花

◆见266页地图◆地址：维西傈僳族自治县塔城镇◆门票：70元，观光车50元◆营业时间：8:30—11:30◆微信公众号：香格里拉维西滇金丝猴国家公园

香格里拉高山植物园

这里像是横断山脉植物的基因库，园内有数百种高山植物，包括濒危物种和国家重点保护物种。春夏前来时机最佳，高山杜鹃、蔷薇、绿绒蒿、龙胆、点地梅和许多叫不出名字的植物开得铺天盖地，其他时间也会举办各种主题花展。除了植物分区、科普展览馆，园内还有衮钦寺遗址、茶马古道遗址等，而植物园所在的高地也是拍摄纳帕海的最佳机位之一。

◆见285页地图◆地址：香格里拉纳市帕海北部贡比村◆门票：20元◆营业时间：9:30—17:00◆微信公众号：香格里拉高山植物园

性感美丽的滇金丝猴

全世界一共有5种金丝猴：川金丝猴、滇金丝猴、黔金丝猴、缅甸金丝猴和越南金丝猴，其中，滇金丝猴仿佛自然界的精灵，有令人一眼难忘的丰满红唇和酷似人脸的面庞，它们的家园就在滇西北一带、金沙江和澜沧江之间海拔3800—4200米的高寒原始森林中。

作为世界上栖息海拔高度最高的灵长类动物，滇金丝猴的生存环境相对艰难，它们也是繁殖率最低的猴子之一，每三年才生产一次。由于数量稀少，滇金丝猴被列为国家一级保护动物。

位于迪庆州维西县的塔城滇金丝猴国家公园（见278页），是专为滇金丝猴设立的自然保护区，也是全世界观察野生滇金丝猴的最佳地点。国家公园内生活着超过500只滇金丝猴，它们过着群居生活，在原始森林中嬉戏，以松萝、竹笋和植物的嫩芽、花苞为食。旅行者乘坐观光车到达观察点后，将有机会一睹滇金丝猴芳容。

上图：塔城滇金丝猴国家公园

飞来寺

❤ 餐馆集中在观景台对面地势较高的酒吧街上，可以找到米线、川菜、藏餐、牦牛肉火锅等。几家高级酒店也附带餐厅。

😊 景观无敌，位置便利，住宿选择多。
☹ 物价高，假期涨价无上限。

凭借着眺望梅里雪山的绝佳位置，飞来寺成为迪庆第二炙手可热的投宿点。能躺看雪山的房间自然价格最高，214国道上与观景台一排的住宿开业最久。

雨崩

❤ 雨崩的餐馆数量不多，但也算品类齐全，火锅、小炒、米线、盖饭、比萨都能找到，甚至都有不错的咖啡馆了。

😊 环境一流，选择多。
☹ 物价为全州最高。便宜的住宿（包括青旅）大多是蹲厕。

雨崩分上村和下村，两个村子以及两村之间都分布着很多客栈。从100多元的青旅床位间到四位数的野奢酒店，覆盖各个档次和人群。

茨中

😊 前往南极洛最方便的落脚点。葡萄酒可以喝个过瘾。
☹ 缺乏既有设计感、价格也适中的民宿。

茨中不是热门的旅游目的地，住宿选择不多，且两极分化严重，除了高端如松赞的度假酒店，就只有简单干净的客栈了。

热门食宿区域

香格里拉、飞来寺、雨崩是最常规的落脚点，茨中也在南极洛和徒步者的带动下开了越来越多的新住处。各地住宿类型基本涵盖青年旅舍、客栈、民宿、酒店。此外，州内不少风景绝佳处都能找到高端或有野奢感的精品酒店，包括纳帕海、无底湖、雾浓顶、塔城等，很适合自驾者。住宿价格标准见171页。

迪庆以藏餐为主，牦牛肉火锅、尼西土鸡是各地主打，雨季（夏季）餐桌上少不了新鲜破土的松茸和各类野生菌。

四川省

四川省

迪庆藏族自治州

沙

江

古城内的住宿以客栈、民宿为主，高端酒店多在贴近古城的外缘一带。自驾者尽量选择古城边缘入住，否则停车不便。淡旺季价格差别很大，冬季不少客栈会关门歇业。

独克宗古城内几乎都是牦牛肉火锅。此外，就是主打汉堡、比萨、意面的西餐咖啡吧。年轻游客群爱打卡的奶茶店在这里衍生出了汉藏结合版本。香格里拉还有自己的精酿啤酒厂，可预约参观。

香格里拉　¥—¥¥¥¥
😊 有大把住宿可选，覆盖各种档次。
☹ 古城中心的客栈大多没有停车场。

⊙香格里拉

旅行者推荐 INSIDERS' LIST

📓 场所

英迪格酒店
- 0887-3086666
- 香格里拉市建塘镇金龙社区东廊1000号

泊心云舍·稿公府
- 19908870135
- 香格里拉市独克宗古城古波廊31号

无底湖秘境帐篷营地
- 18808858716
- 香格里拉市格咱乡浪都村无底湖畔

德钦高山别庄·梅里酒店
- 0887-3063288
- 德钦县升平镇214国道旁飞来寺观景台东侧

雪山醒来酒店
- 15096409767
- 德钦县升平镇214国道飞来寺景区西北100米

松赞茨中酒店
- 0887-8566222
- 德钦县燕门乡茨中村

既下山梅里SUNYATA酒店
- 13398877121
- 德钦县升平镇雾浓顶村内

秘境·半山酒店
- 13987134280
- 香格里拉市虎跳峡镇永胜村委会本地湾土深沟

雨崩雪山诺野奢帐篷酒店
- 13608885011
- 德钦县云岭乡雨崩上村1号

雨崩梅朵青旅
- 18987983757
- 德钦县云岭乡雨崩下村8号

乌鸦酒吧咖啡厅
- 0887-88811663
- 香格里拉市坛城南路1号3楼

3300小酒馆
- 15894360528
- 香格里拉市金龙街依若木廊23号铺

古城角落
- 17708878487
- 香格里拉市独克宗古城仓房街池廊硕2号

麦阿聪融合餐厅
- 19808875956
- 香格里拉市北门社区达娃路96号

山野Bistro
- 17708876794
- 德钦县雨崩下村嘎蹦对面

红军尼西原味土鸡店
- 13988755919
- 香格里拉市尼西乡214国道边靠近香维线

📖 书籍

《**消失的地平线**》詹姆斯·希尔顿 著 如果不是这本书,中甸不会改名为香格里拉,香格里拉也未必会成为炙手可热的旅游目的地。书中虚构了一处伊甸园,而令"香格里拉"四个字成为人们梦想抵达的乐土。

《**守山:我与白马雪山的三十五年**》肖林、王蕾 著 这部纪实文学来自一位白马雪山自然保护区护林员的口述,通过他与滇金丝猴的故事,再现了中国环保事业的发展历程。

🎬 影视

《**卡瓦格博**》2004 1991年,中日联合登山队17名队员因遭遇大规模雪崩全体遇难。2001年,当地政府正式立法,不再允许攀登卡瓦格博峰。迄今为止,卡瓦格博仍是一座未被征服的处女峰。这部纪录片能让你了解这起山难的前因后果,以及藏民对神山的敬畏之心。

《**转山**》2011 根据同名小说改编,讲述了一位年轻的台湾旅行者为了完成哥哥的遗愿,一路从丽江骑行至拉萨,其中香格里拉部分尤为精彩。

实用信息

✈ 抵离迪庆

飞机
迪庆香格里拉机场（见266页地图；0887-8229916）国内仅有昆明、成都、重庆、广州、拉萨等城市有直飞香格里拉的航班，从上海、北京前来则需要经停昆明或重庆。淡季航线和班次均会减少，并由于天气原因存在很大不确定性。选座时挑右侧靠窗座位，抵达前后将能以上帝视角欣赏梅里雪山群峰。

香格里拉站（见284页地图）2023年11月26日，丽香铁路历时9年建成通车，不仅结束了迪庆藏族自治州不通铁路的历史，也将丽江与香格里拉两地之间的行程缩短为1小时18分钟。

长途汽车
香格里拉客运站（见284页地图；0887-8223501）丽江与香格里拉之间的香丽高速公路于2019年通车，两地之间的车程已缩短至2小时。除了省内多数目的地，这里也有发往拉萨、稻城、亚丁、乡城、得荣等地的省外班车。

德钦客运站（0887-8413322）一般不需要在德钦县停留，这里最有用的班次是去奔中、维西，也可以从这里去西藏的芒康。香格里拉发往德钦县的班车会途经奔子栏，终点是飞来寺。

维西县客运站（13608872004）与丽江、香格里拉、德钦都通车。德钦与维西之间的班车经过奔中、叶枝，香格里拉、丽江与维西之间的班车途经塔城。

自驾
迪庆与四川、西藏两省区相邻，不走回头路的自驾穿越非常合适。214国道衔接西藏。从迪庆去稻城可走连接格咱乡和各卡乡的香稻公路。你还可以经德贡公路横穿去相邻的怒江傈僳族自治州。

🏛 州内交通

该区域的景点，除了香格里拉周边的噶丹·松赞林寺、纳帕海、普达措国家公园、巴拉格宗可以依托公共交通，白水台可以从香格里拉客运站乘班车前往，其他大多数景点藏得很深，离主要公路不近，有辆车会方便much多。

包车
酒店、客栈一般都能帮你联系包车司机，从香格里拉去茨中、巴拉格宗、白水台、千湖山、碧沽天池、尼汝的价格大致为600元/天（或往返），去南极洛可以到了茨中再包车，会便宜些。

租车
如果你是抵达后再租车自驾，昆明、大理、丽江、香格里拉的机场都有租车点，并选择可以异地还车的租车平台。如果打算去碧沽天池、无底湖、南极洛、尼汝、达摩祖师洞等，得租辆越野车。由于路况复杂，考虑到续航问题，不建议租电动车。

从香格里拉出发，走214国道往北至德钦，再走S233德维公路，过了白济汛乡后不久转入扎иль公路，你会经过攀天阁坝子，然后开上215国道，经塔城回香格里拉，正好串成一个环线，基本上能将境内景点一次看遍。或到了塔城后，调转车头朝南去往丽江。

农村客运
农村客运在远离主干道的村镇间非常实用，尤其是S233德维公路沿线和维西傈僳族自治县内，只要是在其运行沿途，站在路边招手即停，前提是车上有空位。德钦至飞来寺、德钦或飞来寺至西当温泉、飞来寺至明永冰川、尼农至飞来寺也都有乡村小面的，一般都是拼满人就走。

自行车和电动车
如果只是在香格里拉周边玩玩，例如纳帕海，可以选择骑行，古城内可以找到自行车、电动车租赁点。如果租电动车，出发前一定要确保电量够你顺利回程。

🔍 旅行信息

微信公众号
迪庆交运：在线查询、购买长途汽车票，并列有迪庆各地客运站的电话。

实用App
两步路户外助手：可以找到迪庆境内不少徒步路线的轨迹。

走老路翻越白马雪山

一条隧道贯通白马雪山，拉近了香格里拉与德钦的距离。自驾者不妨走一走214国道的老路，导航选"枕状玄武岩地貌"，会在进隧道前把你引入一条岔路，随后翻上说拉拉卡垭口（4000米），这里可眺望白马雪山的主峰扎拉雀尼（5476米），再往前是挂满经幡、风很大的白马垭口（4292米）。老公路没有护栏，弯多路窄，但整体路况不错，春秋两季风景尤其好。

香格里拉至丽江的3条公路

从香格里拉至丽江，两点之间最近的距离是走西丽高速（G0613）。如果是春天杜鹃花开时，走214国道是个好选择，除了途经虎跳峡，小中甸花海就铺陈在公路两边。即将升级改造完的虎香公路（原东环线、230省道）将串联起天生桥温泉、普达措国家公园、白水台、哈巴雪山、虎跳峡，即便不进任何景点，沿途的18个观景台也能为你拉开跨气候带的多样风光画卷。

284 迪庆

香格里拉城区

- 景点
- 餐饮
- 住宿

白塔寺
乌鸦酒吧咖啡厅
龙潭水库
泊心云舍·稿公府
古城角落
麦阿聪融合餐厅
龟山公园
3300小酒馆
独克宗古城
百鸡寺
英迪格酒店
迪庆香格里拉机场

至**大宝寺**(22km)

迪庆地图

迪庆地图 **285**

探索

香格里拉周边

0　　　　17 km

- 金沙江 G215
- 香格里拉高山植物园
- 纳帕海
- 噶丹·松赞林寺
- 尼汝七彩瀑布
- 属都湖
- 普达措国家公园
- 碧塔海
- 迪庆香格里拉机场
- 香格里拉 建塘
- 天生桥温泉
- 石卡雪山
- 迪庆藏族自治州
- 岗曲河 多
- S230
- 五境
- G0613
- 阿布吉措
- G214
- 达摩祖师洞
- 碧沽天池
- 香丽高速
- G215

● 景点
● 餐饮
● 住宿

德钦周边

0　　　　21 km

- 升平
- 飞来寺
- 德钦
- 曲登阁
- 明永冰川
- 飞来寺观景台
- 澜沧江
- 雨崩
- G214
- 金沙江
- 四川省
- 曲江
- G215
- S233
- 红坡寺
- 白马雪山
- 塔巴林寺
- 噶丹·东竹林寺
- 金沙江大湾
- 奔子栏

探索

大 理

电话区号：0872

大理拥有壮丽的自然风光，苍山有雪，洱海映月；大理拥有悠久的历史，古城悠然，名胜众多；大理同时也是少数民族聚居地，村寨散落，风情多彩。风花雪月的大理，已经成为人们的诗和远方，成熟的旅游业也吸引着大量的旅行者前来寻找"有风的地方"。除了自然风光和文化体验，街头的手工艺品商店、每周举办的各色市集、满足味蕾的街头小吃都能让你的大理之行精彩纷呈。

数说大理

334.7万
常住人口
≈立陶宛总人口数

1200+年
大理古城建造历史

29459 平方公里
面积≈比利时

20天
三月街：
农历三月十五至三月二十

4295.8米
州内最高海拔

251 平方公里
洱海面积

730米
州内最低海拔

180+家
大理古城咖啡店数量

在大理，你可以这样玩

1—2天 高原水疗之旅
（见166页）

2天 环洱海骑行线路
（见84页）

3天 白族精华之旅
（见68页）

4天 红嘴鸥观鸟之旅延长线
（见96页）

5天 深入欣赏杜鹃花
（见102页）

9天 深入白族风情之旅
（见70页）

何时去

3月至5月
大理油菜花逐渐盛开。大理三月节（农历三月十五持续至农历三月二十）如期举行，可以逛逛热火朝天的集市。

6月至8月
欣赏苍山和鸡足山高山杜鹃的最佳时机。农历四月二十三至农历四月二十五，也是洱海坝子一年一度盛大的游神庆典"绕三灵"。此外，白族和彝族的火把节也非常热闹。

9月至11月
大理气候舒适，游客蜂拥而至，最好提前安排住宿。

12月至次年2月
正月前后，是去诺邓古村品尝火腿的好时候。大部分白族村落会在此时庆祝自己的本主节。

崇圣寺三塔

沙溪古镇

沙溪古镇位于剑川东南部，已有1300多年历史，以其独特的"一河二街三桥一岛"的古镇格局而闻名。

苍山洱海

循着文人墨客以及博物学者的脚步前往秀美的苍山吧，漫步玉带云游路，在洗马潭寻找高山杜鹃，领略寂照庵的幽静；然后去看看洱海，它是大理的明珠，也是大多数旅行者来到大理的理由。

大理古城

大理古城一定是你初识大理的第一站，丰富多彩的博物馆、咖啡店和艺术街区，都能让你亲身体验古城闲适的生活节奏。

大理亮点

喜洲古镇
位于洱海西岸的白族重镇，相比繁忙热闹的大理古城，多了一些淳朴和文艺。

双廊古镇
双廊古镇三面环山，一面临海，拥有苍山洱海的壮丽景色，曾经的古渔村已变身为民宿与咖啡馆云集的文艺小镇。

巍山古城
巍山古城成型于明洪武二十三年（1390年），距今已有600多年历史，是中国保存最完好的明清古建筑群之一，街巷间仍保留着烟火气十足的市井气息。

环洱海之旅

来到大理，环洱海是每个旅行者最期待的旅行体验。不管是自驾，还是骑行，都可完成一次与风景同行的环洱海旅行。

环洱海路线分为西线和东线，大理古城、喜洲古镇坐落在西线，双廊古镇、挖色镇和海东镇坐落在东线。环洱海通常按顺时针方向游玩，从大理古城出发，沿着环海西路向西北方向经过喜洲、海舌公园、双廊等地，再沿湖岸折向东南，逛罢挖色、海东、鸡足山，最后回到大理古城。

自驾 租车自驾是环洱海最自由的方式，可以随时停车欣赏沿途风光。神州租车、一嗨租车都在大理古城和下关设有门店。

骑行 租一辆自行车或电动车环湖，感受洱海的自然美景，适合喜欢户外活动的旅行者。洱海生态廊道仅限自行车或电动车进入，沿途有许多共享单车和共享电动车租赁点。

环洱海巴士 大理有环洱海的大巴车，可以购买118元的三天畅行卡，无限次乘坐，适合预算有限或不想自驾的游客。

洱海

自然

苍山

苍山又名点苍山，是云岭山脉南端的主峰，由19座山峰组成，主峰马龙峰海拔4122米，是苍山最高峰。山脉呈南北走向，全长约50公里。雄伟的山峰、丰富的植被和多样的野生动物形成了壮观的山脉景观。苍山植被垂直分布明显，从山脚的农田、松林到山顶的高山草甸和雪线，构成了独特的生态系统。

苍山不仅是大理的天然屏障，也是大理重要的自然和文化象征。苍山与洱海紧密相连，形成了"苍山洱海"这一著名的自然景观组合。苍山不仅是自然景观的宝库，也是历史文化的重要载体。山上有多座佛教寺庙，如洗马潭、感通寺、中和寺等，这些寺庙历史悠久，是研究佛教文化和白族文化的重要场所。

从古城上苍山有三条索道：中和索道、感通索道和洗马潭索道。中和索道的车厢是半封闭的老式吊篮，可以近距离欣赏风景，但对恐高者不太友好。感通索道和洗马潭索道游客更多，坐洗马潭索道到达苍山后，可以更方便地前往洗马潭和苍山自然中心。

◆见289页地图 ◆地址：大理古城西南约9公里处 ◆门票：40元
◆营业时间：8:00—18:00 ◆微信公众号：大理苍山世界地质公园

洱海

洱海是大理最明亮的一抹蓝色，因其独特的地理位置、美丽的自然风光和丰富的生物多样性而闻名。洱海位于大理市东部，形状狭长，南北长约40公里，东西最宽处约9公里。湖水清澈透明，湖面海拔约1972米，是典型的高原构造断陷湖泊。湖面宽阔，水天一色，尤其在日出日落时分，景色格外迷人。湖畔散布着许多美丽的村庄和渔港，如喜洲古镇、双廊古镇等，这些地方保留了传统的白族建筑风格，与湖光山色相映成趣，构成了一幅幅如诗如画的田园风光。

洱海也是众多水鸟的重要栖息地和红嘴鸥等珍稀候鸟的越冬地。每年冬季，成千上万的红嘴鸥从遥远的西伯利亚飞来洱海过冬，冬季来洱海观鸟也是吸引旅行者的重要原因。

在洱海和海西坝子的交界处，设施齐全的海西生态廊道已经修建完成，沿途有众多共享自行车和电动车租赁点，景点处也设立了了停车区，租一辆车沿廊道骑行，与洱海亲近一番，是畅游洱海的新方式。

◆见289页地图◆地址：大理古城以东◆门票：免费◆营业时间：全天

喜洲稻田

喜洲古镇的稻田是洱海一大亮点，稻田背靠苍山、面朝洱海，春夏时节禾苗茁壮，绿意盎然，秋季稻田迎来金黄一片，与古朴的白族建筑相映成趣，构成一派宁静而美丽的田园风光。近几年，稻田周边开设了不少民宿与咖啡馆，找家咖啡馆坐坐，面对稻田发呆，是打卡喜洲古镇的新方式。

◆见310页地图◆地址：洱海西岸喜洲古镇◆门票：免费◆营业时间：全天

鸡足山

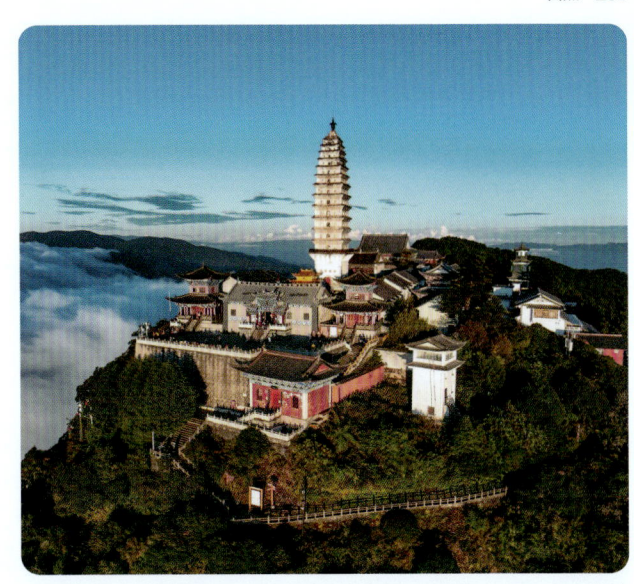

鸡足山是中国著名的佛教圣地之一，因其山势前列三峰，后拖一岭，形似鸡足而得名，相传为释迦牟尼大弟子迦叶尊者守衣入定处，历史上梵刹林列，静室遍布。从唐代开始，山上就有人烟，并建小庵，鼎盛时期曾有一百多座佛教建筑。目前鸡足山上还保留着十多座新旧寺院，其中包括佛塔寺、祝圣寺、石钟寺等"镇山古寺"。鸡足山的自然景观同样引人入胜，山上松林茂密，修竹丛生，云雾缥缈，溪水潺潺。旅行者可选择步行或乘坐索道上山。

◆见289页地图◆地址：洱海东岸，宾川县城西北30公里处◆门票：55元◆营业时间：8:00—18:00

巍宝山

巍宝山简称巍山，以其悠久的历史、壮丽的自然风光以及深厚的宗教文化底蕴而闻名，山峰南依太极顶，西邻阳瓜江，东连五道河，北与大理的点苍山遥望，山势雄伟，峰峦起伏，绵延数十里，自然景色十分迷人。巍宝山也是南诏国的发样地，南诏土主庙里供奉有历代诏主。自唐代起，巍宝山就是道教圣地，到清末时，道教殿宇遍布全山，使其成为全国四大道教名山之一。鸡足山植被丰富，最佳观赏期是12月梨花和1月至2月樱花盛开时。

◆见289页地图◆地址：巍山县城东南11公里处，巍宝山乡东侧◆门票：60元◆营业时间：8:00—17:00

玉洱园

玉洱园前身是民国时期的大理农林实验场，集中了白族建筑的精华与大理传统花园的浓郁风情。白族民居有着飞檐翘角的门楼、典雅精巧的三坊

鸡足山

一照壁和屋檐画满彩画的围墙，石块堆砌的假山花台和亭台水榭间，种植有各种奇花异草。玉洱园最出名的是满园的山茶花，每逢3月茶花季，园中茶花绽放，花形硕大，色彩缤纷。

◆见308页地图◆地址：大理古城玉洱路中段北侧◆门票：免费◆营业时间：7:00—19:30

蝴蝶泉

"大理三月好风光，蝴蝶泉边好梳妆"，电影《五朵金花》让苍山脚下的蝴蝶泉声名远扬。蝴蝶泉泉水四季不涸，周围绿树成荫。每年农历四月十五左右，万千蝴蝶成群结队地飞来，有的在泉边饮水，有的在花间翩翩起舞，构成了一幅美丽的生态画卷。如今的蝴蝶泉已是一座漂亮的公园，如果你错过了蝴蝶盛会，也能在公园开设的蝴蝶大世界和蝴蝶标本馆中欣赏到千姿百态的蝴蝶。

◆见309页地图◆地址：大理古城以北25公里，周城村北侧◆门票：40元◆营业时间：9:00—17:30◆微信公众号：云南大理蝴蝶泉景区

南诏风情岛

大理南诏风情岛是洱海三岛之一，岛上有巨大的南诏行宫，远远望去，在洱海之上非常显眼。南诏风情岛包括沙壹母群雕码头、太湖石景群落、阿嵯耶观音广场、南诏避暑行宫、白族本主文化艺术广场、海滩综合游乐园、海景别墅、渔家傲别墅等八大景观，高17.56米的汉白玉观音立式雕塑是世界上最高的汉白玉观音雕像。上岛可在双廊酒吧街南侧码头乘船，洱海长线大游船也会在此经停。

◆见310页地图◆地址：洱海东岸，双廊乡◆门票：50元◆营业时间：8:00—17:30

石宝山

石宝山因山中丹霞地貌红砂岩风化出的龟背状裂纹宛若宝物而得名，这里也是白族文化的发源地之一，山间分布有宝相寺、金顶寺等佛教建筑群，以及闻名天下的石钟山石窟。石窟是石宝山的精华所在，开凿于唐宋时期，现存8个洞窟，是中国唯一反映密宗阿吒力教的石窟，其中一、二号窟造像保留了南诏宫廷生活场景，历史价值极高。

◆见288页地图◆地址：大理剑川县城西南25公里处◆门票：65元◆营业时间：9:00—17:00

石宝山石窟

古镇村寨

喜洲古镇

喜洲古镇位于大理市北部，距大理古城约18公里，东临洱海，西靠苍山，是一个典型的白族聚居城镇，以其保存完好的白族民居建筑群闻名，这些建筑多采用"三坊一照壁"和"四合五天井"的传统白族庭院格局，体现了白族建筑的独特风格和精湛的工艺。

喜洲古镇历史悠久，隋唐时期被称为"大厘睑"，在南诏时期是"十睑之一"（睑为南诏国重要的京畿行政区域）。古镇是滇藏茶马古道上的重要站点，历史上曾是商业繁荣的集镇，有着"小上海"的美誉。喜洲不仅是老舍笔下的"东方剑桥"，也是电影《五朵金花》的故乡，拥有浓郁的白族风情。古镇内的白族民居建筑群，如严家大院、董家

大院、杨家大院、赵府等，都是可以追溯至明清时期的建筑，具有很高的历史和艺术价值。

如今的喜洲古镇，已成为大理新移民们钟爱的地方，咖啡馆、民宿和创意市集纷纷入驻，喜洲稻田也成为新晋网红打卡点。

◆见289页地图◆门票：免费◆
营业时间：全天

双廊古镇

双廊古镇，坐落在洱海东北部的海岸线上，东靠佛教名山鸡足山，南接挖色镇，西临洱海。因其得天独厚的区位优势和地理环境以及丰富多彩的民族民俗风情，被誉为"苍洱风光第一镇"。古镇周边还有玉几岛、金梭岛、南诏风情岛等岛屿，舞蹈家杨丽萍和画家赵青等名人的私人别墅就坐落在此，为古镇增添了浓厚的艺术气息。

◆见289页地图◆门票：免费◆
营业时间：全天

沙溪古镇

沙溪古镇，位于剑川县西南部，地处金沙江、澜沧江、怒江三江并流的自然保护区东南部，是一个历史悠久的千年古镇。早在春秋战国时期，沙溪先民就掌握了青铜冶炼技术，是滇青铜文化的发源地之一。这里曾是茶马古道上的重要驿站，因其独特的地理位置和丰富的物产，在汉唐时期就已闻名。古镇兴教寺及镇外石钟山石窟反映了其丰富的历史文化遗产。

沙溪古镇的建筑保留了明清时期的风貌，古戏台（白族建筑的代表）、古寺庙、古商铺至今仍然保存完好。寺登街以四方街为中心，周围辐射着古巷道和寨门。

另外你还可以租自行车环游沙溪坝子（见71页），从四方街出发，一路在半山咖啡、沙溪先锋白族书局、长乐村、南寨门逛逛停停。

◆见288页地图◆门票：免费◆
营业时间：全天

剑川古城

剑川古城位于剑川县，始建于明洪武二十三年（1390年），距今已有600多年的历史，曾是滇藏茶马古道重镇，以其保存完好的明清古建筑群而闻名。剑川古城完整地保留了明代城建格局，西门、北门、南门护城河桥犹存，古民居占全城90%以上，保存有21处明代建筑和146处清代建筑，"三坊一照壁"、"四合五天井"、"走马转角楼"等白族建筑风格随处可见，

沙溪古镇

剑川木雕

剑川素有"中国木雕之乡"的美称，早在南诏时期，这里的木雕体系、纹样和技艺即已成熟，到了明清时期乃至近现代，剑川木匠师傅的美名更是传遍全云南。剑川当地的木工艺人擅长雕刻各种人物、花鸟、山水以及龙凤吉祥如意等图案，用以装饰门窗、家具等。在踏入剑川古城之前，你很可能已经欣赏过剑川木雕，整个大理地区大部分明清建筑上的精美木雕都出自剑川木匠之手。剑川西门街古建筑群的众多明清古宅保留了完整的斗拱和垂花，从中可欣赏传统手工木雕的细腻线条，古城西南仿古建筑剑阳楼上的精美门扇和窗框则展示了机雕技术与传统纹样的和谐相融。

巍山古城

七曲巷四合五天井的何宅、五马坊明代古建张宅、赵藩故居光禄第等古民居值得探访。

◆见288页地图◆门票：免费◆
营业时间：全天◆

诺邓古村

诺邓古村因《舌尖上的中国》而名声大噪，里面提到的诺邓火腿除了拥有独特的腌制工艺，也因诺邓井产出的好盐而口味更佳。古村本身同样历史悠久，它始于南诏时期，有着超过千年的历史，是云南省最早的史籍《蛮书》中记载的至今唯一存在且原名称不变的村落，也是盐马古道上的重要一站，一度商贾云集，百业昌盛，也因此留下不少精美的古建筑。

◆见288页地图◆门票：免费◆
营业时间：全天◆

巍山古城

巍山古城始建于元代，明代改建为砖城，至今仍然保留着明清时期的棋盘式街道格局和大量古建筑。古城内街道以拱城楼为中心，呈标准的井字结构建设，共有25条街道，18条巷，全长14公里，南、北主轴线两侧的房屋则完整保存了明清时期的建筑式样和风格。巍山古城是南诏国的发祥地，历史上曾是滇西文明的诞生地。古城内保存有众多的寺观庙宇，如文庙、文华书院、玉皇阁、东岳宫等。

◆见289页地图◆门票：免费◆
营业时间：全天◆

东莲花村

东莲花村坐落于巍山彝族回族自治县永建镇、红河源头的瓜江东畔，因其历史上水丰草茂、盛产莲藕而得名。东莲花村形成于明代初期，这里的回族先民随军或经商定居巍山坝子北部红河源头，不断采纳和吸收地方民族特色文化。民国年间，以大马锅头马如骥为代表的东莲花人，开辟了巍山庞大的"三进三出"茶马古道交通网络，为筹集抗日军饷、抢运抗日物资、繁荣西南丝绸之路，做出了积极贡献。村中还保留着始建于清初的东莲花清真寺、马如骥大院、马如骐大院等白族风格古建筑，当地清真美食也值得一尝。

◆见289页地图◆门票：免费◆
营业时间：全天◆

大城村

大城村位于洱海东岸，隶属于挖色镇，为白族聚居地，村中保留了许多传统的白族建筑，门楼上则悬挂着标榜家族门第的牌匾。村北的沙漠庙是海东地区极其重要的本主庙，甚至号称"洱海东岸神都"，和绕三灵的海西庆洞神都齐名，庙内主要供奉沙漠景帝、托塔李天王和大义宁国国主杨干贞。

◆见309页地图◆门票：免费◆
营业时间：全天◆

建筑与古迹

崇圣寺三塔

崇圣寺三塔位于古城以北、苍山脚下，三座白色佛塔点缀于苍山洱海间，成为大理的标志和象征。三塔始建于南诏王劝丰祐时期（824—859年），由一座主塔和两座小塔组成，分布在崇圣寺的中轴线上，主塔千寻塔是

建筑与古迹　**295**

一座十六级方形密檐式砖塔，外形酷似西安著名的唐塔小雁塔，三塔所在的崇圣寺曾是大理国时期的皇家寺院，历史上有九位大理皇帝在此出家。金庸武侠小说迷对此段历史一定不会感到陌生，《天龙八部》中写到的"天龙寺"其实就是崇圣寺。

崇圣寺三塔是研究南诏和大理国时期历史文化的重要实物资料，其中观音阁供奉的阿嵯耶观音，是白族佛教密宗、阿吒力教独有的观音形象，每年农历正月初三，崇圣寺还会举办阿嵯耶观音加持灌顶法会。特别提示，拍摄三塔的最佳机位是三文笔村内的三塔倒影公园内，傍晚时分拍摄效果最好。

◆见308页地图◆地址：大理古城东北处，三文笔村◆门票：75元◆营业时间：夏季7:00—19:00，冬季7:30—18:30◆微信公众号：崇圣寺三塔文化旅游区

体验大理新移民的一天

明媚的阳光和慵懒的生活节奏，让大理接纳了一批又一批新移民。既然来到大理，何不抛却旅行者匆忙的脚步与节奏，慢下来假装新移民度过悠闲的一天。早起去博爱路上的北门大菜场逛逛，认识大理当地的特产，你会看到很多没见过的蔬菜瓜果。逛完市场，到广武路的"向月球飞去"吃个早午餐，然后去人民路下段旁边月牙塘小巷里的"猫三咖啡"喝杯咖啡，和其他新移民们聊聊天。晚餐可以去金鸡饭店吃一顿正宗的白族菜。夜晚就去"囍客厅"听听音乐，与新认识的朋友喝点小酒。完美的一天就这样结束了。

上图：大理古城内的街道

大理古城墙

大理古城墙是大理古城的重要组成部分，始建于明洪武十五年（1382年），城墙的建设体现了古代城市防御体系的特点，是研究明代城市建筑和军事防御的重要实物资料。大理古城墙呈方形，开四门，上建城楼，下有卫城。城墙外层是砖砌的，四面各长约1500米、高6米、厚达12米。城墙的四角建有角楼，南北有三条溪水作为天然屏障，增强了城市的防御能力。唐宋时期，大理是云南的政治、经济、文化中心，古城墙见证了这一时期的繁荣。如今的大理古城墙北门（三塔门）和南门都可登临观光，傍晚时分走在古城墙上，眺望弘圣寺塔（一塔）也是一景。

◆见308页地图◆地址：大理古城◆门票：免费◆营业时间：全天

天主教堂

大理天主教堂的历史可以追溯到清光绪元年（1875年），当时法国传教士罗尼设购得房产一处，将其改为教堂。1927年，一位意大利修士又对其做了改建，教堂建筑风格融合了白族建筑艺术与欧洲建筑理念，主体建筑坐东朝西，立面采用了白族"三滴水"式门楼风格以及两面有廊的过厅式建筑，堂内则按巴西利卡形制布局，大理石制作的祭台圣洁唯美。

◆见308页地图◆地址：大理古城新民路6号◆门票：免费◆营业时间：8:00—17:00，周一关闭

严家大院

严家大院是喜洲古镇的标志性建筑之一，由喜洲商帮首富严子珍于清光绪三十二年（1906年）建造，建筑布局体现了白族民居的传统风格，由自北向南的两院"四合五天井"和一院"三坊一照壁"组成，又以"走马转角楼"连成一个整体。院落设计精巧，楼上楼下均有回廊，串联起所有的房间。大院内部装饰华

白族的本主崇拜

白族的本主崇拜是一种独特的宗教信仰,其中"本主"指的是本地区的保护神,即"本境最高贵的保护神"。本主神通常是历史上对民众有贡献的人物,他们的形象常以松柏雕刻,造型古朴生动,极具地方特色。本主崇拜融合了祖先崇拜和英雄崇拜,形成了其宗教的核心。本主神的种类繁多,包括自然之神、龙、英雄人物、帝王将相等,他们都有自己的庙宇、封号、塑像和神话故事。

几乎所有的白族村落都建有本主庙,大部分本主庙一般是一位主神与多神同奉,本主除了拥有在庙中的"座像",还有配套的可移动雕像,又称为"出像",在本主节等活动时出庙巡游。和高高在上的宗教神灵不同,本主绝非不食人间烟火,也有自己的亲友和仇敌,喜怒哀乐如常人,有时有点小毛病和小性格。最有趣的是,邻村本主之间还会有恋爱关系。

大理天主教堂

丽,木雕和泥塑相当精美,后院甚至还有一座西式风格小别墅。院内有图文资料展示严氏家族历史,著名的下关沱茶就是严家商号生产的。

◆见310页地图 ◆地址:喜洲古镇四方街 ◆门票:25元 ◆营业时间:8:30—18:00

喜洲庆洞神都

喜洲庆洞神都又称中央皇帝庙或"建国神宫",这座白族本主庙不仅是当地白族人民的宗教信仰中心,也是研究白族文化和历史发展的重要场所。喜洲庆洞神都的历史可以追溯到南诏时期,传说庙里供奉的最大本主神为"五百神王"段宗榜,他是南诏功臣,曾担任清平官,也是大理国王族段氏的远祖,他曾率兵打败了入侵的狮子国部队,被封为十八功臣之一。现存的本主庙在清光绪十一年(1885年)重建,庙宇朝向东方,包括正殿三间、南厢房三间、门楼三间。这里也是大理有名的"绕三灵"活动的中心,如果你在农历四月二十三至二十五前来,可以加入洱海白族人民在此举行的歌舞狂欢之中。

◆见310页地图 ◆地址:喜洲古镇庆洞村 ◆门票:免费 ◆营业时间:全天

苍逸图书馆

苍逸图书馆是一座历史悠久的公共图书馆,由严子珍捐资兴建,于20世纪30年代末建成开放。严子珍是喜洲商帮著名商号"永昌祥"的创始人,他热心公益,致力于家乡的文化教育发展,图书馆的建立体现了大理白族人家诗书传家的传统。图书馆为中式传统建筑,具有斗拱、飞檐等元素,外观端庄大气,在20世纪40年代末,曾

建筑与古迹 297

是云南知识分子聚集交流的重要文化场所。老舍就曾在他的《滇行短记》中提到了这座图书馆。

◆见310页地图◆地址：喜洲古镇正义门文化广场东侧◆门票：免费◆营业时间：10:00—20:00

兴教寺

沙溪兴教寺始建于明永乐十三年（1415年），至今已有600多年的历史，是国内仅存的明代白族密宗"阿吒力"佛教寺院，建筑布局遵循了传统的三进院落式结构，包括大殿、中殿、寺门、戏台等建筑，大殿和二殿仍为明代遗构，大殿外墙上部的16幅佛教密宗壁画极为珍贵。院内每天还会举行三场白族洞经古乐演出，赶上了静静聆听即可。寺院门外正对的古戏台，是沙溪古镇的文化中心之一，每逢民族节日，戏台与寺院都会成为当地白族人民聚会的场所。

◆见311页地图◆地址：沙溪古镇四方街◆门票：免费◆营业时间：8:00—17:00

玉津桥

玉津桥是沙溪古镇的重要地标之一。古桥始建于清朝康熙年间，是当年马帮由大理进入沙溪古镇的重要通道，见证了沙溪古镇的繁荣与变迁。走上这座石拱桥，桥上的石板经过数百年的风雨和行人马帮的踩踏，已被磨得光滑发亮。桥的一边是怀旧感拉满的沙溪古镇，另一边则是静谧的田野和村庄。这里也是拍摄沙溪山水的绝佳地点，拱桥倒映水面的画面非常上镜。

◆见311页地图◆地址：沙溪古镇东寨门东南250米处◆门票：免费◆营业时间：全天

满贤林千狮山

满贤林千狮山本是剑川城区以西的一座小山，历年来人们在此依山就石雕刻了3000多头狮子，风格涵盖自汉以来九个朝代的不同类型，姿态各异，形象生动，现在则是集中展示剑川石雕技艺和中国石狮文化的主题公园。其中最为著名的是位于山顶的狮王，高达25米、体长18米，是目前全世界体格最大的石雕狮子。

◆见288页地图◆地址：剑川县城西15公里，满贤林公路边◆门票：20元◆营业时间：8:30—17:00

文庙

大理文庙，又称孔庙，曾是云南省内规模宏大、气势雄伟的儒家文化传承地，历经损毁，于2016年重建，主体建筑保留了明清大理殿堂式建筑风格，也融合了白族建筑艺术的特点，内有照壁、泮池、棂星门、大成门、祭台及大成殿等建筑，当地每年都会在这里举行祭孔大典。每逢茶花盛开季节，文庙更是挤满赏花的人，热闹非凡。

◆见308页地图◆地址：大理古城复兴路321号◆门票：免费◆营业时间：8:00—18:30

寂照庵

寂照庵位于苍山间，以其独特的文艺氛围、可爱的多肉植物和清幽的环境而闻名。它原是感

甲马版画

在大理闲逛，你应该会经常见到不同样式、颜色的甲马版画。甲马又名纸马、纸火或甲马纸，是中国民间祭祀财神、月神、灶神、寿星等神祇时所使用的物品，可用于焚烧或粘贴。明朝时大量中原移民将甲马带入大理地区，这种信仰在大理不同的坝子里又发展出各自的谱系。简单来说，大理甲马可以分为汉族甲马和白族甲马，巍山古城里的甲马谱系是大理汉族甲马的代表；与汉族甲马相比，洱海坝子的白族甲马谱系里就增加了各村镇的地方本主神。在甲马版画中最常见的就是红绿喜神，又叫和合二仙，可用于新婚、搭桥、乔迁，在民间深受人们喜爱。而文昌帝君寓意求取高中，最受学子们的欢迎。大至人生礼仪，小至生活琐事，甲马纸符既是沟通的信使，传达着人们对美好生活的向往，也是情感的信物，寄托了当地人对命运的祝愿。

上图：大理随处可见的甲马版画

在大理逛市集

逛市集是我们强烈推荐你在大理体验的活动。作为一方物产丰富的土地，你可以在本地农贸市集认识当地奇特有趣的物产，例如玫瑰糖、乳扇、火腿、鲜花，等等，这里也是你逃离餐厅、体验在地美食的绝佳场所，熟食区的油粉、卤鸡爪、粑粑、新鲜果汁等一定能让你大饱口福。古城北门大菜场就是你体验本地农贸市场的好去处，三月街（见本页）在每月农历初二、初九、十六和二十三也有赶街活动。武庙是大理古城的古玩市场，真真假假的古玩摆满一地，古玩爱好者可以去寻寻宝。

随着大理新移民的涌入，越来越多的创意市集也开始定期举办，市集成为大理新移民摆摊、交朋友、聊天的场所，你不妨也混入其中，和当地人交流大理的生活方式。我们强烈推荐位于古城洱海门外的四季街市，这是如今大理最火爆的创意市集，周末开集，能偶遇许多有趣又好玩的摊主。

三月街集市

通寺的一部分，你需穿过感通寺才能到达，庵门上的题字出自"云南王"唐继尧，每年春末夏初绣球花开时节，这里更是花团锦簇，拍照打卡人数众多。不要错过庵里的自助素斋，各种时令蔬菜和自制酱菜非常可口。

◆见309页地图◆地址：苍山感通索道下站西侧山上◆门票：免费◆营业时间：全天

观音塘

观音塘又名大石庵，距大理古城约5公里，始建于明代，后在清代重修。观音塘的建筑群集戏台、门楼、殿宇、亭阁于一体，严谨有致，院内树木繁茂，花草斗艳。放生池中的巨石上建有一座佛龛式的观音阁，一层供奉观音女像，二层则供奉有不太常见的男身观音。每年农历二月十九观音诞辰、农历六月十九观音得道、农历九月十九观音出家，这里会有热闹非凡的观音会。

◆见309页地图◆地址：五里桥乡上末村◆门票：免费◆营业时间：全天

街区
三月街

三月街的历史可以追溯到唐代南诏国时期，相传观音菩萨制服了盘踞大理的恶魔罗刹，为报答观音菩萨的功德，每年农历三月十五日，当地白族人民就聚集起来祭祀观音，同时进行贸易，这就是三月街（节）的来历。随着时间的推移，三月街逐渐从宗教性质的庙会转变为盛大的物资交流会。到了现代，三月街不仅是传统市集，还增加了赛马、民族歌舞表演等，成为大理地区重要的文化节日。苍山门外的三月街是三月节的主会场,平时每月农历初二、初九、十六和二十三可来这里赶街。

◆见308页地图◆地址:古城苍山门外◆门票:免费◆营业时间:全天

龙泉巷

龙泉巷全长不到300米,却是大理古城最有氛围的街巷。小巷中住着汉族、回族、白族和藏族,民居极具少数民族特色,墙上装饰着许多大理民间故事图画。其中大理石馆是国家方志馆南方丝绸之路分馆之一,馆内珍藏着上百幅大理石珍品,每天都有旅拍者来此打卡拍照。一墙之隔的龙泉坊有许多特色商铺,售卖当地的手工艺品和纪念品。

◆见308页地图◆地址:大理古城南门附近◆门票:免费◆营业时间:全天

洋人街

洋人街原名护国路,是大理古城最具国际化特色的旅游商业街,因在20世纪80年代聚集了大量外国游客而得名。青石板路面两侧商铺林立,西餐厅、咖啡馆与本地菜馆、白族手工艺品小店和谐为邻,建筑也融合了白族传统建筑风格和现代元素,多数都有三坊一照壁、四合五天井等传统院落结构,以及精致的雕花窗棂门槛。夜间的洋人街人气最旺,不少大理旅居者会在此摆地摊。

◆见308页地图◆地址:大理古城护国路◆门票:免费◆营业时间:全天

变压工厂创意园区

变压工厂创意园区将一座废弃的变压厂改造为一个沉浸式艺术场所,为大理古城注入了新的生机与活力。园区建筑融合了工业风的独特线条和开放的大空间设计,通过瓦片、玻璃与透光大理石等材料的运用,形成了园区特有的建筑语言。变压超市、天堂书院、传统工坊、酒吧、茶室等共同组成了一个沉浸式创意文化园区。

◆见308页地图◆地址:大理古城平等路3号◆门票:免费◆营业时间:全天

大理大学

坐落在苍山山坡上的大理大学被誉为"山水中的大学",校园风景令人艳羡。学校不仅有多处可以眺望洱海的地方,最高处的茶场还是欣赏春日樱花的好去处。大理大学的前身包括成立于1978年的大理医学院和大理师范高等专科学校。附近的弘圣路很适合拍照打卡,沿途也有许多宝藏小店等待你的发掘,咖啡馆、茶室、餐厅也应有尽有。

◆见309页地图◆地址:大理苍山大道中段◆门票:免费◆营业时间:全天

大理床单厂艺术区

这里是大理古城最文艺的地方,废弃的大理市床单厂被改建成一个充满创意和现代艺术氛围的场所,书店、画廊、咖啡店、小剧场、摄影馆、工作室等空间错落有致,不仅为艺术家提供了展示和创作的地方,也为旅行者和当地居民提供了丰富的文化体验,其中大理摄影博物馆推

大理的阅读时光

随着大理成为人们口中的"诗和远方",越来越多的独立书店和阅读空间在这片区域涌现。店主可能是前出版人,也可能是纯粹的阅读爱好者。不妨花点时间在书店逛逛,享受属于自己的大理慢生活。位于床单厂艺术区内的海豚阿德书店,如今已是大理的文化地标。这里有丰富的文学、社科类书籍,还售卖大理手工艺品和文创产品。先锋沙溪白族书局(见301页)是南京先锋书店在沙溪古镇的"田园实验",书店选书优秀,后院的诗歌塔独具特色。位于苍山山腰的元阳书院是由元代大儒李元阳后人所开的书店,不仅售书,还提供餐饮和住宿服务,定期举办文化讲座和制茶体验课。

出的《西方摄影师眼中的百年大理》摄影展值得一看。立志于保护高黎贡山白眉长臂猿的云山保护也将办公室设在园区内,有兴趣可以进去看看。

◆见308页地图◆地址:大理古城苍屏街56号◆门票:免费◆营业时间:全天◆微信公众号:大理床单厂艺术区

四方街

四方街是喜洲古镇的核心区域。见证了喜洲古镇的"黄金时代",从南诏时期开始,这里就是商贸往来的重镇、茶马古道上的繁华之地。如今的四方街上有

在大理学手艺

大理将一些极具特色的传统手艺保留至今，包括剑川的木雕和石雕、步骤复杂的白族扎染和线条质朴的甲马版画等。大理古城和其他古镇都有一些对游客开放的体验课程，来大理游玩的同时，不妨带回自己亲手制作的手工艺品。位于喜洲古镇的薄技在民意共同体是个手工艺品店，入驻了甲马、扎染等大理非遗技术的传承人，你不仅可以在这里购买支持大理当地手工艺发展的纪念品，也可以参加体验课程，学习甲马版画和扎染工艺。大理乐天陶舍发源于香港，在北京、上海和景德镇都有工作室，会不定期举办体验课程，教你如何制作白族民居常见的屋脊装饰瓦猫。位于喜洲的蓝续绿色发展中心为扎染老艺人提供手工艺的宣传平台，你不仅可以看到扎染的全流程，还可亲手制作一幅扎染作品。

上图：剑川木雕的代表作——沙溪古镇欧阳大院

文化与展演

大理非物质文化遗产博物馆

博物馆前身是祭祀清代大理鹤庆籍名将蒋宗汉的祠堂，现在开辟为专门展示和研究大理非物质文化遗产的专题博物馆。通过实物展示、图片、视频、现场演示等多种形式，可以了解白族刺绣、白族三道茶、下关沱茶、白族扎染、甲马纸等非遗制作工艺，也能对绕三灵、三月节、茶马古道等民俗文化的前世今生有所了解。博物馆偶尔还有南诏古乐、白族洞经等现场演出。

◆见308页地图 ◆地址：大理玉洱路123号 ◆门票：免费 ◆营业时间：9:00—17:30

大理市博物馆

大理市博物馆前身是清代云南提督衙门和杜文秀帅府，建筑还保留着清代风貌。馆内设有《大理历史文物展厅》《明代陶俑馆》《佛教艺术馆》《古代书画艺术馆》《云南提督历史沿革展》等常设展馆，涵盖了大理地区从新石器时代到近现代的珍贵文物遗存。值得一看的还有园内的碑林，收藏有大理国至民国的675通碑刻，可以找到杨升庵、李元阳、林则徐等名家的笔迹。

◆见308页地图 ◆地址：大理古城复兴路111号 ◆门票：免费 ◆营业时间：8:30—17:30，周一闭馆

大理农村电影历史博物馆

博物馆在2011年正式开馆，

许多纪念品商店和特色小吃店，可以购买当地的手工艺品和纪念品。街中心有座石质题名坊，上有近百名喜洲籍明清进士和举人的留名，西北角的木质翰林坊也是喜洲旧时文教鼎盛的见证。四方街四周还保留有不少古民居，想入内探访需请求屋主许可。

◆见310页地图 ◆地址：喜洲古镇 ◆门票：免费 ◆营业时间：全天

寺登街

寺登街古称南塘，是沙溪古镇的核心区域，也是古镇最古老的街道之一。它被称为"茶马古道上唯一幸存的古集市"，古戏台是其标志性建筑，风格独特，雕刻精美，是研究明代白族建筑艺术的宝贵资料。寺登街上分布着许多商铺和马店，见证了沙溪古镇作为茶马古道上重要驿站的繁荣。街中心的两棵古槐树树叶茂盛，到访者都喜欢在树下拍照留念。

◆见311页地图 ◆地址：沙溪古镇 ◆门票：免费 ◆营业时间：全天

由充满年代感的大理电影院改建而成，馆内分为序厅、农村电影放映场景复原区等10个展区，通过文字、图片、电影海报、剧照等多种形式，详细介绍了农村电影在大理的发展历史，6200余件展品中包括无声电影时代的放映机、《五朵金花》的电影剧照等。博物馆还设有老电影放映体验区，门外也有露天电影可让游人重温老电影的魅力。

◆见308页地图◆地址：大理古城复兴路459号◆门票：免费◆营业时间：9:00—22:00

稼穑集喜洲农耕文化艺术馆

这座艺术馆由喜洲古镇的一座老房子改造而来，专注于展示和传承农耕文化，从粮食的起源、各种生产农具、农耕文化与自然节气到当地农人的农耕景象和日常生活等，都能在这里了解到。天井里还种植着一片小小的稻田，你甚至可以在稻田旁品尝一杯咖啡或者米制布丁。

◆见310页地图◆地址：喜洲古镇城北路，近尹家祠堂◆门票：免费◆营业时间：10:00—20:00

先锋沙溪白族书局

南京先锋书店的第五家乡村书店——先锋沙溪白族书局，前身是沙溪古镇旁一个村庄废弃的粮食加工站，经过建筑师黄印武的巧妙改造，内部空间开阔，书架沿墙排列，其中有不少云南作家的作品、白族历史文化图书以及其他少数民族语言类图书。此外，书局还设有文创产品区，在这里可以选到以沙溪民间艺术"甲马"和白族吉祥物"瓦猫"为设计元素的各类纪念品。

◆见311页地图◆地址：沙溪古镇东北3公里处◆门票：免费◆营业时间：10:00—19:00

南诏博物馆

巍山古城是南诏发源地之一，南诏博物馆位于古城等觉寺内，常设展览有南诏历史文化展、等觉寺（太阳宫）建筑艺术展、文物保护单位图片展等。主殿太阳宫为明代古建筑，尤其值得一看，梁上的两只木雕狮子和屋内展出的两套木门都是民间木雕杰作。博物馆南门外的两座白色密檐式方塔，也是明代建筑，被列入《全国重点文物保护单位名录》。

◆见311页地图◆地址：巍山古城报国街◆门票：免费◆营业时间：9:00—17:00，周一闭馆

先锋沙溪白族书局

大理的扎染工艺

扎染，古称杂花布，又叫绞缬染，是一种古老的民间手工印染工艺，起源于1000多年前的中原地区，与蜡染和镂空印花并称为我国古代三大印花技术。大理扎染是大理白族和彝族民间传统技艺，名列《国家级非物质文化遗产名录》，如今在大理市周城村和巍山县城、大仓、庙街等地还保留着这种传统的制作技艺，其中又以大理周城的扎染最为出名。周城被称为"扎染之乡"，位于原周城民族扎染厂院内的璞真扎染博物馆展示了从画刷图案、绞扎、浸泡、染布蒸煮、晒干、拆线、碾布到最终出品的整套流程，你也可以在这里体验扎染制作或是购买相关纪念品。

天龙八部里的大理国

金庸在小说《天龙八部》中描述的大理国，在中国历史上真实存在过。据史书记载，大理国的历史可以追溯到唐朝时期，它应该是南诏王室后裔在南诏国灭亡之后重新建立的部族国家，以大理为政治、经济和文化中心。

大理国历史上有很多位君主都留下了深刻的印记，其中最为人熟知的是段正淳，他是大理国第十五位皇帝，也是金庸在《天龙八部》中所描写的大理国皇帝。根据历史记载，段正淳在位期间实行了一系列的改革，力图振兴王室，并与周边国家保持友好关系。然而，由于种种原因，大理国的命运最后还是走向了不可逆转的衰落。

金庸在《天龙八部》中对大理国的历史有一定的描述，但是在描写历史人物和事件时进行了虚构和创作，以符合小说的情节需要。现实中的段氏大理国，在宋朝时期与朝廷友好往来，当地汉文化与佛教文化也在这一时期得到了良好发展。但在蒙古人南征的铁蹄下，大理国也难逃亡国命运，于1253年覆灭。

凤阳邑茶马古道

天龙八部影视城

影视城最早是为拍摄金庸先生的武侠小说《天龙八部》而建的，后来成为多部影视作品的取景地，也是旅行者体验古代文化和武侠风情的绝佳场所。影视城背靠秀美的苍山，东临碧波万顷的洱海，主体建筑包括仿宋城墙、城门、皇宫、王府、大理街以及有着异域风情的女真部落、西夏城等，每天都有定时的剧装表演，让你可以穿越时空回到宋代，体验武侠江湖的豪情。

◆见309页地图 ◆地址：苍山大道中段西侧山上 ◆门票：40元 ◆营业时间：8:30—18:30

古迹

元世祖平云南碑

元世祖平云南碑是大理地区的一块著名古碑，立于元成宗大德八年（1304年），由元朝文臣程钜夫奉元成宗敕令所撰写。碑文详细记载了元世祖忽必烈如何平定大理，并在云南建立行省的经过，是研究元代政治、军事和地方历史的重要文物。全碑由青石碑座、碑身和大理石碑额构成。碑身立于巨型赑屃背上，分上下两节，中间用燕尾榫连接加固，碑额刻有双龙捧月浮雕，篆刻有"世祖皇帝平云南碑"八个大字。石碑距古城苍山门仅700米，沿三月街步行上坡即到。

◆见308页地图 ◆地址：大理三月街西端 ◆门票：免费 ◆营业时间：全天

凤阳邑茶马古道

连接云南与西藏的凤阳邑茶马古道始建于汉代，成形于南诏大理国时期。它不仅是茶马古道大理段的一部分，也是南诏都城太和城及阳苴咩城的官道之一。这条古道见证了历史上的商业贸易和文化交流，承载了丰富的历史与文化印记。古道全长约1900

米，保留原始状态的部分约700米，青石铺就的古道两侧，老屋古井爬满了藤蔓和青苔。这里也是南诏故都太和城遗址，可顺道去看看"云南第一碑"南诏德化碑，这是南诏第五代国王阁罗凤在与大唐的天宝战争后，为记载起兵缘由和修好意愿而立的。

◆见309页地图◆地址：大理下关镇太和村遗址◆门票：免费◆营业时间：全天

日咖夜酒

寻咖啡

这里几乎是古城性价比最高的专业咖啡馆，店面虽有些小，但环境不错，坐落在新开办的非遗传承园区紫藤记·杨家花园里，有一个采光满分的玻璃房。大部分座位都是露天的，头顶是枝叶繁茂的高山榕。

◆见309页地图◆地址：大理古城富美邑村环海西路照壁旁◆人均：25元◆营业时间：9:00—22:00

囍客厅

位于三月街的一条侧路上，囍客厅和游客的活动路线几乎完全错开，因此到访的基本都是常客，他们再带来新朋友，因为新移民的捧场，这里已发展成了一处其乐融融的文艺据点，常常举办各种有趣的活动。

◆见308页地图◆地址：大理古城文笔街11号◆人均：70元◆营业时间：17:00—24:00，周一店休

山林草木酒馆

正如它的名字一样，这里的调酒师运用山林草木等元素，调出口味相当惊艳的鸡尾酒。酒香不怕巷子深，这里每晚坐满了新移民和慕名而来的旅行者，自制冰激凌（25元起）也是有口皆碑。

◆地址：大理古城人民路醉琉璃北行10米路东◆人均：70元◆营业时间：19:30—24:00，周一、周二店休

下午实验室

这个名字有些奇怪的精酿啤酒吧，门口挂着"西七制酒"的招牌。店主专注于研制精酿啤酒，酿酒罐旁的黑板上写着各种啤酒的具体信息。这里也供应咖啡和茶，周六晚上还常放映露天电影。

◆地址：凤阳邑茶马古道◆人均：40元◆联系电话：16601124971◆营业时间：不定期开放，可电话预约

收获咖啡

这家咖啡店在普洱有合作的咖啡庄园，由此可见其专业度。咖啡店位于大理大学北门旁，简洁的白色店面干净质朴，店里还提供拉花、手冲咖啡等专业课程。

◆地址：苍山大道中段◆人均：20元◆营业时间：9:30—20:00

田珈琲

位于喜洲古镇的这家咖啡店，主打日式咖啡，老板只做手冲，你也可以尝试美式、奶咖，并自己挑选喝咖啡的杯碗，这些

日咖夜酒 303

用具都是老板的精心收藏。

◆见310页地图◆地址：喜洲镇市坪街80号◆人均：40元◆营业时间：9:30—20:00

無川咖啡馆

这家直接面朝喜洲稻田的咖啡店极受欢迎，你可以边喝咖啡或奶茶，边欣赏稻田边的马儿和天边飞过的白鹭。

◆地址：喜洲古镇镇东路◆人均：30元◆营业时间：10:00—19:00

渡鸦咖啡烘焙

这家沙溪古镇的咖啡馆面积不大，氛围宁静，豆子都是自己烘焙的。每天供应的甜品都不同，巧克力熔岩蛋糕和百香果冻芝士味道都很不错。

◆见311页地图◆地址：沙溪古镇南古宗巷38号◆人均：30元◆营业时间：10:00—18:00，周一、周二店休

吃茶去

这家位于四方街的茶店位置便捷，坐在店里打望四方街往来的各色人群，很是惬意。除了滇红、熟普、月光白等茶品，也提供奶茶、果汁和咖啡等饮品。

◆见311页地图◆地址：沙溪古镇四方街◆人均：40元◆营业时间：12:00—18:00，周五店休

探索

怒江傈僳族自治州

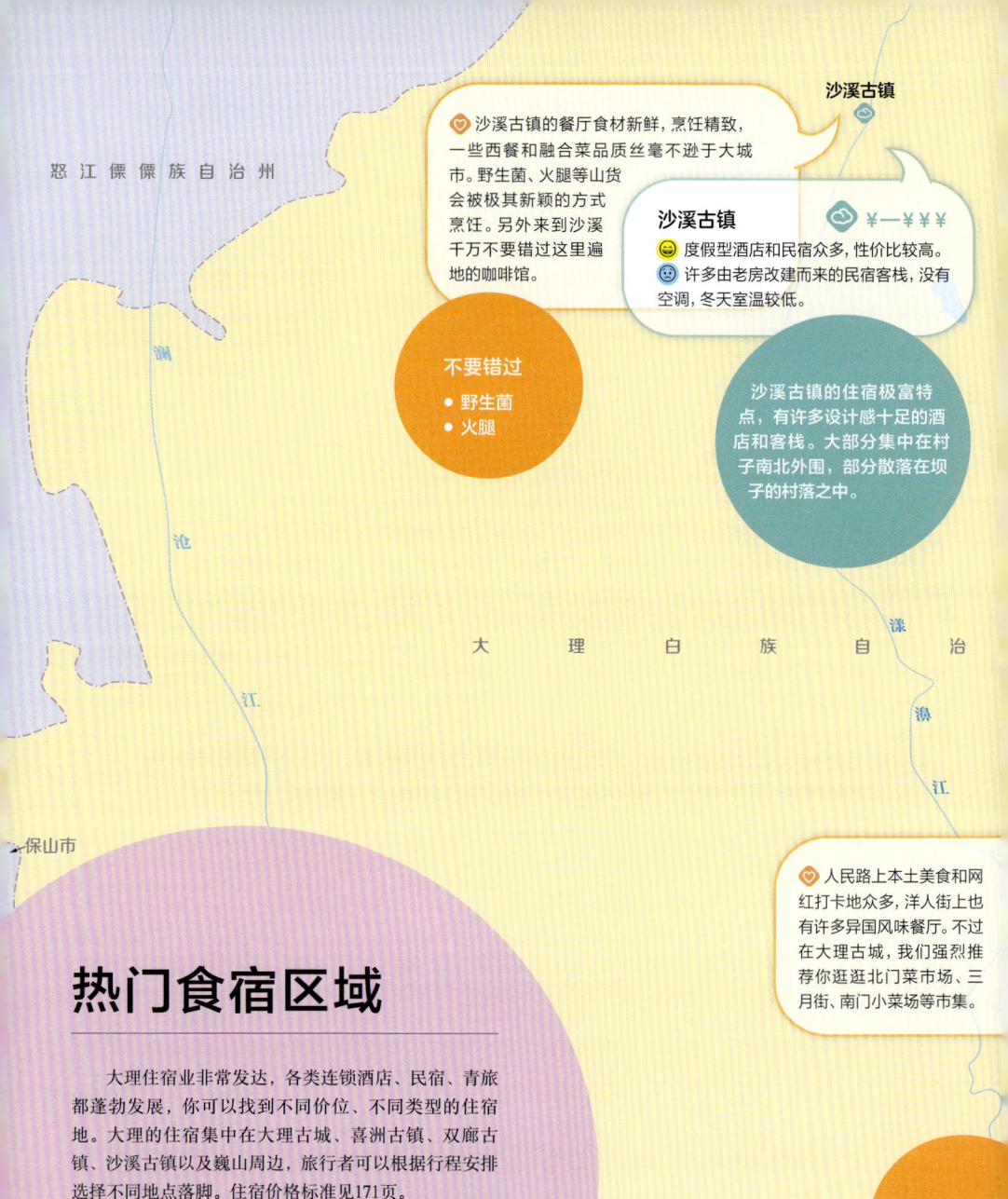

沙溪古镇

♡ 沙溪古镇的餐厅食材新鲜，烹饪精致，一些西餐和融合菜品质丝毫不逊于大城市。野生菌、火腿等山货会被极其新颖的方式烹饪。另外来到沙溪千万不要错过这里遍地的咖啡馆。

沙溪古镇 ¥—¥¥¥
☺ 度假型酒店和民宿众多，性价比较高。
☹ 许多由老房改建而来的民宿客栈，没有空调，冬天室温较低。

不要错过
- 野生菌
- 火腿

沙溪古镇的住宿极富特点，有许多设计感十足的酒店和客栈。大部分集中在村子南北外围，部分散落在坝子的村落之中。

澜沧江

大 理 白 族 自 治

漾濞江

保山市

♡ 人民路上本土美食和网红打卡地众多，洋人街上也有许多异国风味餐厅。不过在大理古城，我们强烈推荐你逛逛北门菜市场、三月街、南门小菜场等市集。

热门食宿区域

　　大理住宿业非常发达，各类连锁酒店、民宿、青旅都蓬勃发展，你可以找到不同价位、不同类型的住宿地。大理的住宿集中在大理古城、喜洲古镇、双廊古镇、沙溪古镇以及巍山周边，旅行者可以根据行程安排选择不同地点落脚。住宿价格标准见171页。

　　大理遍布各色餐厅和小吃店，这里既有地道的白族当地特色餐厅，也有新移民主理的融合菜餐厅，当然随着外国游客的涌入，异国风味餐厅也异军突起。除了餐厅，市集和小吃街也是你寻找美食的好去处。

不要错过
- 耙肉饵丝

保山市 保山市

双廊住宿点密集，一般离洱海越近，价格越高。许多网红酒店和民宿一房难求，需要预订。

双廊古镇 ¥¥—¥¥¥¥
- 😊 许多酒店都有面朝洱海的湖景房，环境安静，私密度高。
- ☹ 价格较高，如遇节假日部分房源非常紧张。

♥ 双廊古镇的餐饮可能比不上大理古城和喜洲古镇，但是各色白族经典菜馆还是能满足大部分游客的需求。

◎ 双廊古镇

喜洲古镇

喜洲古镇 ¥¥—¥¥¥¥
- 😊 以安静著称，适合寻求宁静的度假体验者。
- ☹ 部分酒店价位偏高，交通不太方便，前往古城或其他古村落可能需要包车。

喜洲古镇附近的酒店不多，总体价位较高。

♥ 喜洲的白族菜肴比大理古城的更为地道和家常。豌豆粉、生焖鲈鱼、卤肉等家常菜都值得品尝。

不要错过
- 喜洲粑粑

大理古城

⊙ 大理

大理古城 ¥—¥¥¥¥
- 😊 交通便捷，靠近主要景点，晚上游玩和消夜选择多。
- ☹ 古城内夜生活较为丰富，有时会比较吵闹。

古城内是大理住宿业最先发展起来的片区。古城外的酒店设施会新一些，价位也比古城内低。

巍山整体住宿点密度较小，选择范围不大，不过适合慢节奏旅行者。

♥ 巍山小吃中的粑肉饵丝、各类野生菌，以及将西北面食演化后的"一股面"，都是当地不容错过的特色佳肴。

巍山 ⊙

巍山 ¥¥¥
- 😊 即使遇上节假日，酒店价格涨幅也不大。
- ☹ 选择范围较小，以精品客栈为主。

旅行者推荐 INSIDERS' LIST

📒 场 所

桃溪青舍青年酒店
- 18987082969
- 大理古城内西门村11组11号

历历万乡青年社区
- 19116196884
- 中和村斜阳峰巷下段

喜林苑·严宝成府客栈
- 0872-2452988
- 喜洲古镇城北村5号

独上兰舟野奢美宿
- 17842266017
- 沙溪古镇灯塔村

乐天陶舍
- 0872-2561196
- 大理古城苍坪街56好床单厂艺术区

向月球飞去（广武路店）
- 19187253013
- 大理古城广武路74号

金鸡饭店
- 13330558329
- 大理古城人民路福安巷内

一然堂素食馆
- 0872-2380320
- 大理古城博爱路53号武庙北侧巷内

深夜食堂（护国路店）
- 18487492116
- 大理古城银苍路88号

囍客厅
- 18608855873
- 大理古城文笔街11号

海豚阿德书店
- 0872-2526230
- 大理古城苍坪街56号床单厂艺术区

大照壁豌豆粉老店
- 13577212734
- 观音塘上末村

收获咖啡Harvest Reserve
- 18987078803
- 大理市弘圣路2号（大理大学北门外）

田珈琲
- 18187483035
- 喜洲古镇市坪街80号

山茧咖啡
- 19987217389
- 双廊古镇大建旁村

渡鸦咖啡烘焙
- 13312745202
- 沙溪古镇内南古宗巷38号

吃茶去
- 13631613719
- 沙溪古镇寺登街44号

📘 书 籍

《大理外传：一个英国人的大理速写本》万哲生 著 2005年，英国画家万哲生与新婚妻子万可来到大理度蜜月，他们在大理租下房子，安顿下来。十余年间，他画下大量速写，记录大理的人文、美食和自然风光，为这座城市著书立传。

《苍洱之间》万哲生 著 近代中国语言学大家罗常培在20世纪30年代的旅行笔记，对大理、喜洲和鸡足山等地都有记述，既有日常琐事（甚至包括吐槽），又有严谨的学术研究。

《仿佛若有光》黄菊 著 十四位新移民在大理的生活故事，他们各自回忆自己在大理居住时的有趣片段。

🎬 影 视

《去有风的地方》2023 都市白领许红豆因为闺蜜去世，生活和工作陷入低谷，她独自前往大理云苗村的"有风小院"休息调整。在那里，她认识了辞去高薪工作回乡创业的当地人谢之遥，还有一群从大城市来的同龄人。这部讲述"大理新移民"和当地青年的电视剧再次提升了大理的热度。

《五朵金花》1959 讲述了人民公社的副社长金花与剑川铁匠阿鹏一见钟情，经过一系列啼笑皆非的波折，在苍山脚下、蝴蝶泉边重逢的故事，正是这部经典音乐电影把"大理三月好风光"带到了全国人民面前。

《心花路放》2014 耿浩和好哥们郝义经历了一场荒诞而有趣的公路之旅，大理在其中是重要的目的地，电影展现了年轻人口中的"远方"，去大理也成为人们逃离当下生活的一个象征。

实用信息

✈ 抵离大理

飞机
大理机场 （见289页地图；0872-2428915）大理凤仪机场与多个城市有航班连接。节假日机票价格涨幅较高，建议提前预订。也可选择飞往昆明长水国际机场或丽江三义机场，再换乘其他交通工具到达大理。

火车
大理站 （见289页地图）广州、贵阳、重庆、成都等城市有直达大理的高铁，北方和东南沿海城市的朋友可能需要先到昆明转乘高铁或普通火车到达大理。昆明到大理的高铁大约需要2小时。

长途汽车
大理作为云南省内的重要旅游城市，拥有5个功能齐全的客运站，为游客和当地居民提供便捷的长途客运服务。大巴时刻表和始发站可参考微信公众号出行365。

大理汽车客运站 （0872-2123436）位于大理市下关区，是大理市的主要客运站之一，提供前往云南省内各地以及周边省份的长途汽车服务。

大理客运北站 （0872-2292203）位于大理市下关区榆华路，是大理市的另一个重要客运站，长途客运连接大理与昆明、丽江等热门旅游目的地。

大理客运站东站 （0872-2329184）位于大理市东部，为东部地区的乘客提供长途汽车服务。

大理汽车客运站新站 紧邻大理火车站，有发往香格里拉、昆明、丽江等地的班车。

大理兴盛路客运站 （0872-2129832）位于大理市兴盛路，是一级汽车客运站，提供大理至周边地区的客运服务。

自驾
如果你喜欢自驾游，可以通过杭瑞高速、昆楚大高速、大永高速、大丽高速等路线进入大理。自驾途中可以欣赏高原山地等多样的地形景观，但需要有良好的驾驶技术。

🚌 州内交通

公交车
大理市内 有约30条公交线路，覆盖市区主要区域，包括直达大理古城的4路和8路公交车。公交车票价一般在2—3元，可以使用手机支付。

从大理火车站到大理古城 可以乘坐8路公交车，需40—55分钟，票价为3元。

出租车和网约车
出租车在大理市内较为常见，起步价为10元，每公里2元，也可以通过网约车平台进行叫车服务。从大理机场到大理古城，滴滴出行费用80元左右，出租车约100元。

自行车和电动车
大理是非常适合骑行的旅行地，可选择租用自行车或电动车游览市区和周边景点。大理古城内有许多租车点，提供各种类型的自行车和电动车。

机场大巴
从大理凤仪机场到大理古城约30公里，有机场大巴（25元）往返于机场与大理市城区，到达市区后可能需要转乘其他交通工具抵达古城。

包车
在大理，包车是灵活性和舒适性俱佳的选择，你可以包车环洱海，也可以包车从大理古城前往周边的沙溪古镇、巍山古城等地。当地旅行社多数都提供包车服务，可以根据自己的需求预订。一些在线旅游平台如飞猪也提供大理包车服务，用户可以在线查看服务详情、价格并进行预订。另外，直接联系你入住的酒店，他们通常也提供包车服务，价格面议。

🔍 旅行信息

微信公众号
大理旅游：提供关于大理旅游的实用信息，包括门票预订服务和旅行攻略。

大理文旅：有关大理吃住行的旅行推荐。

官方小程序
云南省官方开通的"游云南"小程序提供了通往各景点的大巴票信息，包括98元环洱海三日畅行卡，方便游客规划环湖旅行。

三月街集市

大理地图

大理古城

景点 | 餐饮 | 住宿

- 崇圣寺三塔
- 大理古城墙
- 桃溪青舍青年酒店
- 变压工厂创意园区
- 阿咪乃清真烤鱼
- 大理非物质文化遗产博物馆
- 玉洱园
- 向月球飞去
- 大理农村电影历史博物馆
- 洋人街
- 深夜食堂
- 洱月小厨野生菌
- 三月街
- 元世祖平云南碑
- 囍客厅
- 文庙
- 天主教堂
- 金鸡饭店
- 一然堂素食馆
- 大理床单厂艺术区
- 历历万乡青年社区
- 大理市博物馆
- 海豚阿德书店
- 龙泉巷

大理地图 309

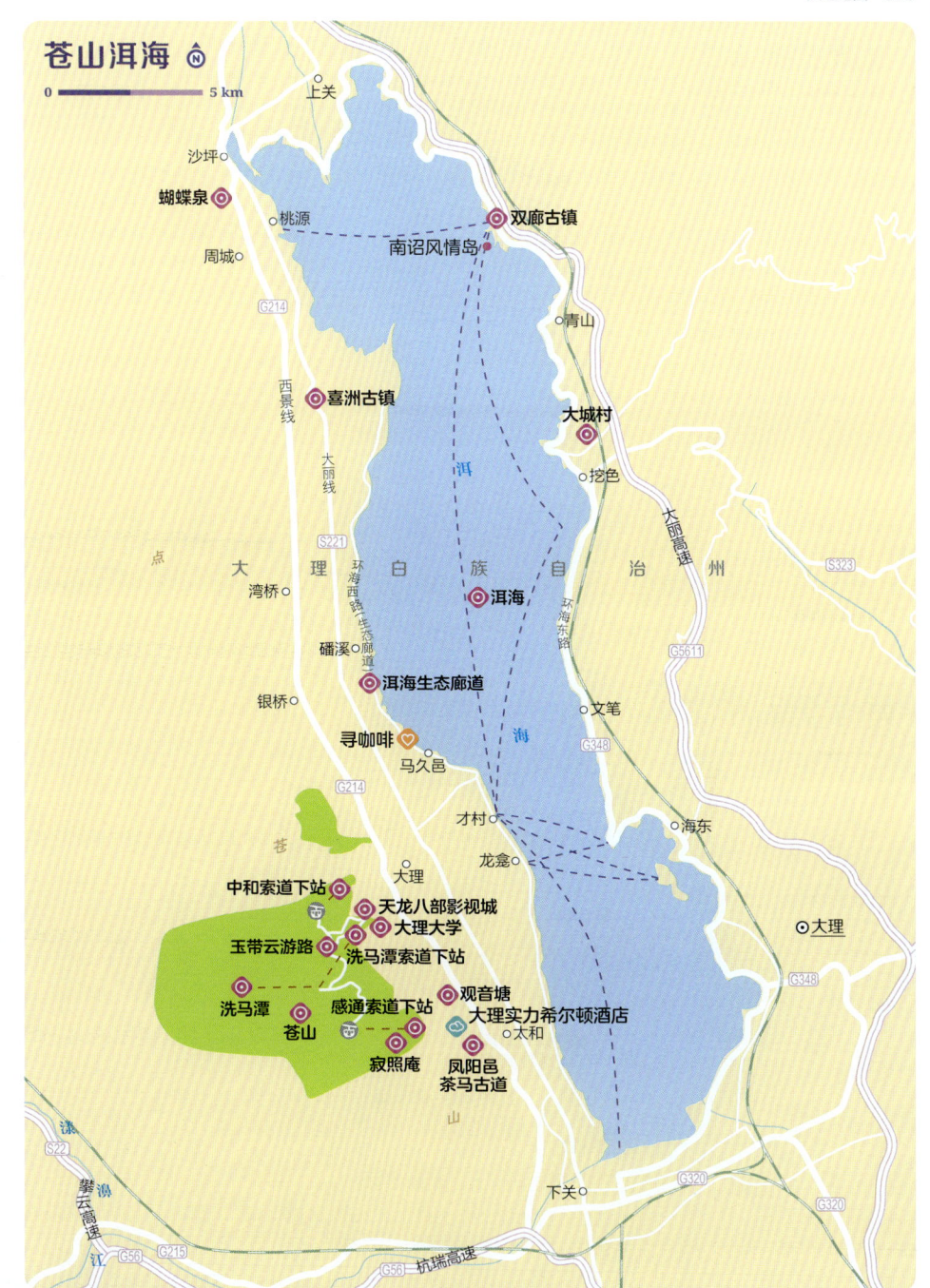

苍山洱海

310 大理

喜洲古镇

0 — 200 m

- 稼穑集喜洲农耕文化艺术馆
- 田珈啡
- 喜林苑
- 四方街
- 苍逸图书馆
- 喜洲古镇
- 严家大院
- 喜林苑·严宝成府客栈

至喜洲庆洞神都(5km)
至喜洲稻田(1.2km)

双廊古镇

0 — 500 m

洱海

- 魁星阁
- 喜来饭店
- 杨丽萍太阳宫艺术空间
- 双廊古镇
- 本主庙
- 南诏风情岛
- 山茧咖啡

图例：
- 景点
- 餐饮
- 住宿

大理地图 311

沙溪古镇

- 沙溪古镇
- 寺登街
- 兴教寺
- 四方街
- 渡鸦咖啡烘焙
- 吃茶去
- 大猫驿客栈
- 玉津桥

至 先锋沙溪白族书局 (1.2km)

探索

景点
餐饮
住宿

巍山古城

- 巍山古城
- 南诏博物馆
- 文庙

至 东莲花村 (27km)
至 巍宝山 (12km)

探索

滇西南

电话区号：保山 0875　德宏 0692　临沧 0883

从高黎贡山的多样生物，到腾冲的火山地热奇观，从芒市的异国风情到沧源的佤山古寨崖画，滇西南的魅力就在于它能为旅行者提供一次奇幻旅行。

你可以一边泡温泉一边看樱花落下，在和顺古镇悠闲地待上一整天，品味文人气韵，也可以负重翻越高黎贡山，体验古代西南丝绸之路的行路艰辛；上一刻，你还在芒市的街头寻找古老的寺院与东南亚风格建筑，转过身来，你又能在佤山深处的翁丁古寨中投入拉木鼓的传统仪式中，总有一站让你的滇西南旅行收获精彩。

数说滇西南

99座 腾冲火山数量

70+年 保山咖啡种植历史

98℃ 腾冲温泉最高温度

135家 保山市咖啡馆

503.8公里 德宏边境线长

76米 勐焕大金塔高度

5128米 高黎贡山最高海拔

382种 高黎贡山特有植物数量

在滇西南，你还可以这样玩

2天 杜鹃花精华之旅（见100页）

2—3天 傣乡泡汤之旅（见162页）

3天 高黎贡山温泉之旅（见160页）

4天 芒市瑞丽中缅边境之旅（见132页）

4天 普洱咖啡体验之旅（见148页）

5天 普洱茶文化之旅（见142页）

何时去

4月至6月
4月德宏迎来盛大的泼水节，5月沧源又有摸你黑的狂欢，不妨来一次高山徒步，探访高黎贡山密林中的高山杜鹃。

7月至8月
雨季潮湿，户外旅行要注意道路安全，菌子野菜纷纷上市，美食爱好者有口福了。

9月至10月
常规旅游旺季，佤族新米节和傣族出洼干朵节都在这一时段举行，正好去凑个热闹。

11月至次年3月
滇西南地区进入旱季，高黎贡山百花岭迎来观鸟季，腾冲江东银杏村到了最佳观赏期，冬季的腾冲，最适合舒服地泡个温泉。

芒市勐焕大金塔

腾冲火山地热国家地质公园
拥有丰富火山地貌的腾冲，注定会为你带来多样的旅行体验。乘坐热气球上天，俯瞰大地上的火山"北斗七星"。

高黎贡山自然保护区
南北走向的高黎贡山纵贯滇西南地区，带来美丽的高山风景与丰富的生态多样性，深入高黎贡山，你就走近了森林温泉、林中瀑布和大树杜鹃王。

芒市City Walk
这座富有东南亚风情的城市，风景都隐藏在绿树成荫的街巷中，最适合来一次City Walk。

和顺古镇
这座侨乡小镇，还保留着古老的宗祠与大宅，以及离家男子为妻子修建的河岸洗衣亭。

翁丁佤寨
来到翁丁佤寨，一定不要错过佤族独特的节日活动——摸你黑，千名佤族男女一起甩动长发的舞蹈，带来狂欢的高潮。

滇西南亮点

0 47 km

自然　315

腾冲火山地热国家地质公园

自然

腾冲火山地热国家地质公园

腾冲境内共有99座火山，火山锥、火山溶洞、熔岩石地、火山湖等火山地貌规模宏大，种类齐全。想一次性看到这些火山地貌吗？那腾冲火山地热国家地质公园能满足你。

公园内有大空山、小空山等大小七座火山，又称"北斗七星"。进入公园，可先去**火山博物馆**预习一下关于火山的知识，再去实地看看火山口的真容。沿步道步行约20分钟登顶**大空山火山口**，眺望山下的田野风光，然后沿小路下去，见识火山"锅底"。**小空山火山**景观与大空山相似，同样可以沿步道登顶和下到"锅底"。火山锻造的另一种地质奇观是柱状节理，这是一片棱角分明的石头柱群，可先在观景台上欣赏柱状节理全景，然后步行直达柱状节理群脚下，近距离触摸这种奇特的火山地貌。

景区内设有**火山体验馆**，可以"穿越"到星际火山、海洋火山、陆地火山，沉浸式体验火山喷发的生死极速。还有"上帝视角"可欣赏火山风景，那就是乘坐热气球升至高空，鸟瞰"北斗七星"全貌（热气球视实时天气状况开放）。

如果你在年初来到腾冲，建议去火山公园附近的和睦村走，这里是云南红花油茶的原生地，村里有几千株古茶树，春节前后花事最盛。

◆见314页地图 ◆地址：保山市腾冲市马站乡 ◆门票：门票35元，3日有效 ◆营业时间：8:00—18:00 ◆微信公众号：腾冲火山热海

北海湿地

北海湿地由青海和北海两个毗邻的天然湖泊组成，属高原火山堰塞湖生态系统，水面上大部分覆盖着厚达一米的草排，春季时节，草排上生长的北海兰、苇席草、茭菰草、漂草和野花纷纷盛开，远远望去，犹如漂浮于水面的巨型五彩花毯。进入景区，可沿湖畔栈道一路游览到达湖心，也可乘坐游船，荡舟湖上。景区入口是科普馆，进去看看，能了解不少湿地生态知识。

北海湿地位于腾冲火山地质公园和银杏村中间，相距也不过十余公里，可自驾或包车一并游览。

◆见338页地图 ◆地址：保山市腾冲市238省道旁 ◆门票：55元
◆营业时间：8:30—19:00

百花岭

高黎贡山是一条南北走向的巨大山脉，北至青藏高原东南部，南至云南腾冲、芒市一带，东面有怒江奔腾而过，西面是蜿蜒妩媚的龙川江，是地球上迄今唯一保存有大片由热带森林过渡到温带森林的地区，结构极为完整的植被和温度共同造就了无可比拟的物种多样性。

在这片高山纵谷间，分布着434种特有植物，近30年来累计发现新物种518种，因此它又被称为"世界物种基因库"。

1986年成立的高黎贡山国家级自然保护区包括保山市和怒江州部分区域，并未完全对外开放，但在保护区外划定了百花岭热带雨林（隆阳区）、林家铺五道溪（腾冲）、大树杜鹃科考旅游区（腾冲）以及南斋公房徒步古道等几处试验区域，面向旅行

翻越高黎贡山，从保山到腾冲

西南丝绸之路的永昌道分为南斋公房古道和北斋公房古道，目前可以通行的是南斋公房古道，它连接百花岭和腾冲，从高黎贡山东侧的百花岭保护站到西麓的林家铺，全程25公里山路，上山17公里，下山8公里，途中需翻越海拔3200米的垭口，需8—12小时（尽量在7:00前出发，避免天黑后滞留山间）。如果你是负重徒步，有睡袋也可在垭口的南斋公房住上一夜，期待山间日出。请一位向导很有必要（到垭口400元，一日翻越全程600元，租马驮行李600元/匹），保护站和民宿都可代为安排。下垭口的山路相对容易辨别，如果山区徒步经验充足的话，可以自行完成。一般来说整个行程在林家铺结束，这里离界头镇只有26公里路程，可沿村中小道一路走到石墙村（记得沿途向村民问路），一路上都是高黎贡山下的田园风光，最后到达界头石墙村，泡泡温泉，结束徒步。

上图：高黎贡山百花岭瀑布

者开放。进入试验区需持入山许可证，可提前在**高黎贡山保山管理局**（0875-2196539；保山市隆阳区金山路6号）办理。亲近高黎贡山的最佳地有两处，一处是高黎贡山西侧的腾冲界头镇（见本页），另一处就是高黎贡山东侧的百花岭。

进入百花岭的起点通常从旱龙寨开始，百花岭保护站设在这里，院内有**高黎贡山宣教中心（生物多样性博物馆）**，提供有关高黎贡山的详细介绍，可以了解当地的自然资源和人文历史等。然后步行前往**澡塘河温泉**，从进山登记口左侧上山，步行约1小时会经过一个落差达10米多的美人瀑，之后下行约30分钟即可抵达澡塘河温泉，畅泡温泉后从另一条山路返回旱龙寨进山口。两条山长度都在2公里左右，徒步难度不大，沿途皆是植被丰富的密林，正好可以欣赏高黎贡山的野生动植物。

如果还有兴致和体力，可徒步前往海拔更高的**摆老塘变色温泉**，它的神奇之处在于泉水会随季节、天气而变化出乳白、粉红、天蓝等多种颜色，是傈僳族眼中的"圣泉"。不过，这段徒步行程往返约15公里，最好有向导带路。百花岭保护站和当地民宿都会提供向导服务。

百花岭也是中国五星级的观鸟圣地，在高黎贡山森林中生活着700多种鸟类，每年11月到次年3月，许多爱鸟者和摄影爱好者都会来到这里，在森林间寻找鸟儿的身影，聆听它们的歌唱。想看到珍稀鸟类，通常需要有经验的当地人带路。

百花岭食ం集中在百花岭村和旱龙寨，以农家乐和民宿为主，房间条件尚可，提供一日三餐。推荐**灵芝家民宿**（鱼塘新村到旱龙寨间；微信公众号：百花岭灵芝家民宿），除了有巨大落地玻璃窗的星空房，热情的老板还能为你提供百花岭和翻越高黎贡徒步路线以及观鸟攻略。

◆见338页地图 ◆地址：保山市隆阳区 ◆门票：免费 ◆营业时间：全天 微信公众号：高黎贡山保护区保山管护局

界头镇

探索高黎贡山，除了百花岭，位于腾冲最北边的界头镇同样不容错过。雄峻的山脊耸立于天际之下，初春来此，可以欣赏十万亩油菜花海，徒步高山，古老的大树杜鹃等待你去造访，龙上寨里，还藏着古老的高黎贡手工造纸技艺。

龙上寨（界头镇新庄社区）的手工抄纸技艺，据传是明代由中原传入，当地丰富的滇结香树皮为造纸技艺提供了独特的材料。2012年建成的**高黎贡**

自然 **317**

界头油菜花

手工造纸博物馆（免费，9:00—18:00，周一闭馆）由六幢小巧别致的黄土房屋组成，杉木墙面、竹子屋顶、火山石地面与大幅玻璃的组合设计感拉满，六个展厅分别对应手工抄纸的不同工序，穿行其中，参观的同时也能欣赏到窗外的田园风光，中心庭院设有茶室，三楼还有客房与观景平台。此外，村中还有不少农户家中也有造纸小作坊，可现场观摩造纸流程，或者自己上手完成一张抄纸并作为纪念品带走。

界头镇所在的高黎贡山森林中，生长着世界上最大、最高的大树杜鹃，每年1月至3月开花，高大的树冠间开满一团团的紫蔷薇。在大塘社区的高黎贡山自然保护区内，有一株世界公认的**大树杜鹃王**，树冠高达2.8米，树龄已有630多岁。要拜访大树杜鹃王，需在林中步行约5公里，出发前最好先咨询高黎贡山大塘管护站（大塘村）能否前往。

无独有偶，在界头镇白果社区还有一株**千年银杏王**，树龄竟然有1600年。参观完龙上寨高黎贡手工造纸博物馆，请当地人指路，步行约3公里即可找到。

徒步结束后，不妨去泡泡界头的温泉。界头以北的大塘村有处露天温泉**大塘热田**，随时都是热浪滚滚，不过当地人泡的免费公共澡堂环境不太好，可以去村里的温泉农家乐泡澡。石墙温泉是纯天然硫黄温泉，目前还是野温泉，只需20元就能舒舒服服地泡个露天温泉。

◆见338页地图◆地址：保山市腾冲市界头镇◆门票：免费◆营业时间：全天

黑河老坡

黑河老坡位于芒市中山乡与勐戛镇交界处，是欣赏高山草甸和亚热带原始森林的好去处。全程沿着蜿蜒曲折的木栈道向

在瑞丽淘珠宝

因为与出产翡翠、玉石的缅甸是"邻居"，来到瑞丽，可以去市区北部的**瑞丽珠宝街**看看，这里有几十家经营翡翠和玉石的店铺，切勿冲动购买，如果买了记得索要瑞丽市质监局出具的鉴定证明。而城南6公里外的**姐告口岸**有更多来自缅甸的玉石原石和珠宝店，不妨前去开开眼。姐告玉城前每天8:00有早市可赶，主要售卖玉石原料，看看就好，不要轻易出手。在大国门（出境口岸）旁有免税商店和珠宝商城，除了珠宝也可以买到化妆品等。买珠宝要小心仿冒，但缅甸小吃倒是非常地道，可以放心品尝。

上图：瑞丽街头的玉石翡翠摊

从瑞丽到弄岛

从瑞丽到弄岛是一条向西的田园大道，自驾或骑车都很方便，不到30公里的路程上，有喊沙奘房、一寨两国、大等喊等景点，瑞丽江就在你的南侧，身边掠过的是中缅两国的傣乡村寨和茂密的香蕉地。

首先到达的是**喊沙奘房**。"奘房"是南传佛教中对寺庙的称呼，也就是佛教徒出家修行、传经布道的地方。喊沙奘房是瑞丽当地最气派的奘房，有着金碧辉煌的佛塔顶。喊沙寨中还有一些傣族竹巴房可以去看看，若逢节庆，这里还有孔雀舞传承人现场表演最正宗的傣族孔雀舞。

接下来经过**一寨两国**（门票40元，8:00—19:00），它位于中缅边境71号界碑旁，国境线将一个傣族村寨一分为二，中方一侧的称为银井寨，缅方一侧的称为芒秀寨，在这里"出国"非常容易，坐上大秋千，瞬间就"荡"出了国境线。荷塘边的傣族传统竹房里，有脖子上套满金色项圈的布岛族妇女（又以长颈族闻名）演示织布工艺，登上荷塘尽头的芒秀金塔可俯瞰寨子。

大等喊有"傣家农村公园"之称，是一座古朴的傣族村寨，20世纪80年代风靡一时的电影《孔雀公主》就曾在这里拍摄。

这次田园大道行的终点站就是弄岛镇。这里靠近国境线，从缅甸上游流到此处的南姑河据说是宝玉石成矿中最富饶、盛产红蓝宝石的区域之一，岸边的**旅游淘宝场**（门票50元，8:00—17:00）为你提供自己动手在河水里淘宝石的机会，当然不必奢望真能捡到宝，实在不行就在这里买点纪念品吧。

上攀登，春季时节的高山草甸，山花烂漫，牛羊成群，所以徒步3公里的山路也不觉疲累。到达山顶，有时能看到仙境般的高山云雾奇观。景区设有露营地，可租用帐篷住一晚，等待绚丽的高山日落美景。注意，老坡海拔较高，早晚温差较大，需带足保暖衣物。

◆见314页地图◆地址：德宏傣族景颇族自治州芒市中山乡◆门票：20元◆营业时间：全天

莫里雨林

距瑞城区不过20多公里就有一处美丽的热带雨林，丰茂的森林中清溪涓涓流淌，沿步道顺溪流一路向前，头顶林木蔽日，路边的信息牌介绍了各种热带植物的知识，你会看到大叶榕、细叶榕、"森林魔王"绞杀藤以及有"上亿万年活化石"之称的树蕨等数十种珍稀植物。途中经过孔雀园、梅花鹿园、八宝树王、树包石等标志性景点，终点是30多米高的**莫里瀑布**（又称扎朵瀑布），凌空直下，气势如虹。

值得一提的是莫里雨林中还有一处佛教圣迹，在**佛赐温泉**边有块围箩石，石壁上嵌有一个巨型"足印"，趾掌清晰可辨。据称这是佛祖留下的脚印，在东南亚佛教界享有盛名，旁边的大佛寺每逢佛教节日就迎来众多香客朝圣。

◆见337页地图◆地址：德宏傣族景颇族自治州瑞丽市302国道◆门票：35元◆营业时间：8:30—18:00

温泉

热海

腾冲是中国地热资源最为丰富的地区之一，地热活动区和温泉群到处都是，其中最妙的地热奇观便是腾冲热海。它仿佛是大自然在此设立的地热博物馆，短短2.5公里的山路步道串联起了蒸汽泉、间歇泉、温泉、热泉、泉华等多种地热表现形态，在经过泉华谱、珍珠泉、姐妹泉、鼓鸣泉、怀胎井等景点后，最终到达著名的**大滚锅沸泉**——直径6米的热泉水温高达96.7℃，泉水翻滚，蒸汽升腾，非常壮观。伴着刺鼻的硫黄味儿，在"锅边"吃一个温泉煮蛋或者温泉煮土豆，几乎是每个游客的选择。

坐拥"中国温泉朝圣地"的美誉，热海有品质极好的天然温泉，景区设有美女池和浴谷温泉，可购买套票进去泡泡。时间充裕也可在此住一晚，热海玉温泉别墅酒店内有各种主题的露天汤池，正好体验一下泡着温泉仰望星空的惬意。

◆见338页地图◆地址：保山市腾冲市刘家寨◆门票：门票50元，3日有效◆营业时间：夏季8:00—21:00，冬季8:00—20:00 微信公众号：腾冲火山热海

樱花谷

这里的樱花未必是腾冲最美的，但加上高黎贡森林与林间温泉，这番景观却值得你专程前往。樱花树分散在林间，11月下旬起是粉色冬樱，到春天则是白色春樱，由低海拔到高海拔渐次开放。沿步道漫步，还能看到桫椤等珍稀树木，大树杜鹃也会在每年春节前后开放。风露池、玉女池、云碧泉、小龙泉四处温泉池就分散在如此苍翠的森林中，泉水清澈透底，水质极佳，走累了正好跳入池中泡一泡，放松身心。休息好了，再顺着樱花谷天梯下到龙川江边，看守谷石阵的鬼斧神工，走过惊险的悬桥，或者体验一次跨江溜索的刺激。景区内有中餐厅、烧烤区等，也有小木屋提供住宿，适合悠闲地度过一天。

◆见338页地图 ◆地址：保山市腾冲市北海乡双坡村 ◆门票：90元 ◆营业时间：8:00—18:30

古镇村寨

和顺古镇

和顺古镇古名"阳温暾"，"暾"字有时也写作"登"或"墩"。这个云南边境上的汉族小镇兴于明洪武年间，先祖从中原跋山涉水而来，形成八大姓氏，历来有外出谋生经商的传统，发达者往往又回到镇上，修宗祠、起大宅、创办图书馆，才有了如今的古镇规模。

镇子依山而建，南高北低，景点较多且分散。古镇正门入口处的**和顺图书馆**创办于1928年，体现了和顺崇文重教的传统，馆

泡在腾冲

如果你计划去腾冲旅行，记得在行李箱里放进你喜爱的浴巾和泳衣，只要乐意，你在腾冲的每个夜晚都能舒服地泡个温泉。腾冲号称有88处温泉，从免费的村民浴池到几千元的豪华汤屋，选择众多，丰俭由人。

永乐温泉

永乐温泉村位于腾冲市区东南方向，村中沿219国道分布着大大小小十几家温泉，不嫌环境简陋，可去大滚塘半山腰的大洞温泉体验一下当地人泡的"土温泉"，大旅行家徐霞客也曾造访过此处。想泡得舒适一点，就去条件更好的洞山温泉村和永乐温泉度假酒店，那里有不少露天汤池。

悦椿温泉村

位于腾冲北海乡玛御谷温泉小镇，属腾冲玛御谷悦榕庄酒店旗下，拥有39个户外泡池以及情侣小池和儿童池，还可一边泡温泉一边品尝免费小食。

荷花温泉

位于荷花乡热水塘，19个浴池沿山隐于绿树间，在森林中泡温泉的感觉很棒，还能享受自助餐和水果茶点，非常适合家庭出游。

柏联温泉

位于和顺古镇张家坡，23个露天园林式火山温泉泡池由小河相隔，颇具隐秘野汤的味道，还提供姜茶、软饮、点心和水果，虽然价格较贵，但应该是腾冲温泉的最佳享受。

上图：腾冲地热温泉

西南丝绸之路（蜀身毒道）

东汉元狩元年（公元前122年），张骞出使西域归来，向汉武帝报称在大夏（今阿富汗北部、塔吉克斯坦及乌兹别克斯坦南部一带）见到了蜀地的布匹和筇竹杖。这一事实表明，早在张骞凿空西域、开辟丝绸之路之前，便存在着一条从四川经云南、缅甸直达印度的通商小道。这就是著名的南方丝绸之路（又称蜀身毒道，蜀是四川，身毒指印度）。

蜀身毒道分灵关道（成都过雅安至大理）、五尺道（成都过昭通、曲靖、昆明至大理）、博南古道（大理过澜沧江、博南山）和永昌道等数段。其中的永昌指的就是保山，这条古道分南北经南斋公房和北斋公房翻越高黎贡山，过腾冲后再次分两路出境至缅甸，再到印度、阿富汗等国，直到近代仍是西南马帮往来东南亚的主要通道之一。如今南斋公房古道仍可通行，作为南丝路渡过怒江的主要通道之一，怒江上的铁索桥双虹桥（保山隆阳区杨柳乡挡掌坝）至今仍能供人马通行。

舍中西合璧，至今仍对村民开放借阅。昔日著名商号"永茂和"李家大宅，如今被开辟为**弯楼子民居博物馆**，展出了当年李家从海外带回来的各种西洋物件。

漫步于当年八大姓分街聚居的石板巷弄中，能看到八大姓氏各自修建的李氏宗祠、刘氏宗祠、寸氏宗祠、尹氏宗祠、贾氏宗祠、张氏宗祠、杨氏宗祠和钏氏宗祠。其中，**寸氏宗祠**已有近两百年历史，大门为印度工匠所建，颇具异国风情。**李氏宗祠**则是八大宗祠中规模最大的，为传统的三坊一照壁院落，每逢清明节，四面八方而来的族人在李氏宗祠举办一年一度的千人清明祭祖活动。面朝野鸭湖的**刘氏宗祠**则相对小巧精致。

一路走至古镇外，可以看到几座小火山，北面的老龟坡上有两个火山坑（大坑小山、小坑大洞），有兴趣不妨上去看看。

古镇非常适合闲逛，咖啡馆、茶室和精品民宿随处可见，如时间充裕，可在这里住上一

和顺古镇的荷花池塘

两天。

◆见314页地图◆地址：保山市腾冲市西南◆门票：55元，3日有效◆营业时间：7:30—19:30，收费景点8:00—19:00

银杏村

黑色火山石与金黄银杏叶的强烈撞色，已经成为江东银杏村的标志秋色，吸引无数旅行者前来打卡。江东村屋里院外、家家户户、田间地头种植了3000多株银杏树，每到11月中旬至12月初，整个村子满树满地金黄，古朴的石头民居和挂满石墙的玉米同样上镜。

从银杏广场开始，金色就一路相随，往北是陈家寨、中寨、坝心等地，都有灿烂秋景，后山有观景台可拍摄树落全景。往南可徒步前往石门古战场，沿森林小径向前，往左上山能遇到一座白塔，这里就是古战场遗址，可以俯瞰遍地金黄的银杏村。

银杏村中多数农家小院都经

营农家乐，可随意找家小院品尝当地特色的银杏炖鸡、银杏花炒蛋和银杏小肠炖排骨等美食。

◆见338页地图◆地址：保山市腾冲市固东镇江东社区◆门票：8月1日至次年2月底门票30元，3月初至7月底20元◆营业时间：7:00—20:00

下绮罗

侨乡下绮罗与和顺古镇齐名，已有600多年历史，风光秀丽，民风淳朴，村中尚存明清时期的民居、古井、各型家堂和寺院等。

游览下绮罗可从十字路口的**马帮大院**开始，在体验马帮文化的同时也顺道看看珠宝翡翠，十字路口右拐是进村的路，没走几步就是**观音寺**，古朴的寺院佛道合一，藏有几块民国时的牌匾。外侨和本乡人士于1919年捐资创办的**绮罗图书馆**（免费，12:00—15:00）比和顺图书馆更加古老，至今仍在使用，里面挂有一些腾冲的历史照片。继续往前走到**李氏宗祠**，牌匾为于右任手书，现在已成为老年协会的麻将馆。**绮罗文昌宫**是一片庞大的寺院建筑群，外观颇具古朴气象，内有孔子殿、文昌宫和魁星阁。文昌宫对面是**李珍国故居**（门票30元），李珍国曾在清光绪元年（1875年）英军探路队闯入云南时率部击杀翻译马嘉理等人，故居内还保留着当年坐堂出巡的牌匾以及照片、文件等历史资料。

村中有条老虎巷，传说旅行家徐霞客云游腾冲时曾在此落脚，巷尾的**李家大院**（门票10元，8:30—21:00）是一座两进院落的百年老宅，梁柱、雕花和红底描金的家堂都值得一看，二楼

到滇西南过节

滇西南生活着众多少数民族，最能体验民族风情的无疑就是各种各样的节庆，一年中几乎每个月都有节日活动，如果遇上了就尽情投入其中吧。

目瑙纵歌节 每年正月十五，是景颇族最盛大的节日，德宏各地都会举行庆祝活动，万人载歌载舞，场面非常热闹。

阿露窝罗节 每年3月19日、20日，阿昌族最隆重的节日，德宏芒市金塔、银塔等地最为热闹，保山、腾冲等地的主要节庆广场也会有庆祝活动。

泼水节 又称傣历新年，清明节后的第7天开始，为期3—4天，德宏州傣族和德昂族最盛大的节日，各地都有以水为主题的狂欢活动。

摸你黑狂欢节 5月1日开始，沧源佤族的节日，庆祝活动至少要持续一周，头3天最为热闹。

新米节 佤族的秋收节，根据作物生长和农历时令确定具体时间，通常在每年9月、10月间举办。

中缅胞波节 "胞波"意为"兄弟"，是中缅两国的联谊节日，每年10月2日至7日在瑞丽举行，各种庆祝活动令人眼花缭乱。

出洼干朵节 每年10月举行，傣族庆祝丰收的节日，会有盛大的敬佛和狂欢活动。

上图：泼水节

翁丁佤寨

的空心照壁是李家大院的特色。小山坡上有座建于明代的**红水映禅寺**，主建筑保存完好，红墙青瓦，香火仍盛。

◆见336页地图◆地址：保山市腾冲街道热海社区◆门票：免费◆营业时间：全天

鲁史古镇

1636年9月，年近五旬的徐霞客离开家乡江阴，前往位于西南边陲的云南。三年旅途劳顿之后的明崇祯十二年（1639年）中秋，徐霞客走到了凤庆县鲁史镇，"百家倚岗而居，是为阿禄（鲁）司"。阿鲁司在彝语中意为"小城镇"，但在当时可是茶马古道第一重镇，往来马帮由北到南运出丝绸和其他百货，又从南到北运出茶叶和药材。

今天的鲁史古镇，虽已繁华不再，但仍然保留着"三街七巷一广场"的格局，走在青石板上，依稀可见马队走过留下的马蹄印迹。高处和低处分别是上平街和下平街，一条长长的楼梯街上下贯穿。狭窄的街巷边是商铺及四合院、三合院的民居，受往来商队的影响，建筑也带有大理白族民居的风格。镇子中心是四方街广场，有戏台和阿鲁司衙门，最西边的云大书院是古镇上最庞大的建筑，虽与老宅不太协调，不过登上顶楼（5楼）恰好可以俯瞰山坡上鳞次栉比的古镇老宅，以及远处层层叠叠的群山。古镇生活节奏悠悠，很适合闲逛半日，再尝尝当地特色的凤庆腊肉、粑粑卷、烤崩和红茶烧肉等。

◆见314页地图◆地址：临沧市凤庆县◆门票：免费◆营业时间：全天

古墨村

诗礼乡，古墨村，如此富有诗意的名字，却藏在凤庆遥远的乡村间。事实上，古墨村先民正是来自中原。明初，部分南京百姓被迫迁移至云南的周边区域，其中杨氏一族辗转来到了凤庆，也带来了中原诗书传家的风气。因古有文墨，后世便将此地命名古墨。

古墨村被清澈的情人河分为新旧两部分，走进古墨村，就像走进石头的世界，从村道到院墙，都是用当地的青石砌成的，民居则带有大理南诏建筑风格，有飞檐门楼、白墙青瓦。房子四周生长着古老的核桃树，每年八九月就是核桃丰收的时节。情人河下游河畔有保存较为完整的古磨坊群，村民就地取材，用石块堆砌成墙，用青黑色的石板铺设屋顶，石板大小错落，有如鱼鳞，别具风味，其中最早的磨坊还是嘉庆年间的。沿河也全是树荫蔽日的大核桃树。

◆见314页地图◆地址：临沧市凤庆县诗礼乡◆门票：免费◆营业时间：全天

翁丁佤寨

佤族，世代居住在滇西南临沧等地，他们没有通用文字，但擅长用实物和木刻记事、计数或传递消息，他们住在竹木茅草建成的干栏式屋舍中，以牛为部族图腾。位于临沧市沧源县的翁丁佤寨，已有400多年历史，曾是保存最为完好的佤族群居村落，不幸的是2021年2月14日的一场大火，将老寨全部烧毁，幸运的是经历两年重建，2022年12月，翁丁佤寨重新开门迎客。

走进今天的翁丁佤寨，虽然是全新的建筑，但经过科学的规划与严格的复建，仍保留着完整的佤族寨门、图腾柱、寨桩、神林、木鼓房和佤族干栏式茅草房。弯角雄壮的牛头骷髅在寨子里处处可见，它们是吉祥的祝福与象征，高高的寨桩矗立在广场中央，桩上的木刻大部分表达生殖崇拜，另一部分讲述佤族的创世传说，桩底的大鹅卵石是佤族的寨心石，代表寨子的中心。每逢节日，存放在木鼓房里的木鼓就会被村民齐心协力拉出来，一边敲击一边向前。手工作坊里，佤族女子仍旧在用古老的方式织布。宁静的村寨，传统的生活，吸引着旅行者与来此游览、拍摄，并且投入取新火、拉木鼓、射弩竞技、摸你黑狂欢节等佤族民俗活动中。

◆见339页地图◆地址：临沧市沧源佤族自治县南芒段◆门票：55元（含观光车）◆营业时间：9:00—17:00

孟定坝子

孟定，傣语意为"会弹琴的坝子"，这座小小的傣乡小城，却有着迷人的河坝风光与浓郁的民族风情。每年泼水节，这里的热闹程度丝毫不亚于芒市与瑞丽。

城北8公里处的棕榈山坡上，有座**洞景佛寺**（8:00—19:00），一早上山，朝霞中的佛寺最为漂亮，金碧辉煌的大殿内供奉着高大的释迦牟尼佛像。这座佛寺因为埋藏有佛祖舍利而闻名东南亚地区，1994年，重修佛塔时挖掘出佛像69尊及珠宝、铜像、小塔等物品，同时出土的两片铜刻铭文中记载了该寺藏有圣物"舍利子"的事实。佛寺右面的山岗平台上，还有座洞景白塔。

距孟定城区约6公里的**芒团村**（孟定镇遮哈村）有着"中华傣家造纸第一村"的美名，传承着古老的构树皮手工造纸工艺，构树皮做成的纸张曾经只能是土司使用，如今，不少人家都有自己的造纸小作坊，可以体验一下做一张树皮纸的过程，也可以去看看村里的纸文化展览馆。每逢节假日，村子中央的泼水广场上会有孔雀舞表演。

在滇西南，这些美食你吃过吗

保山豆粉火烧 这是保山最有特色的小吃之一。豌豆凉粉配上火烧猪肉，肉皮烧到发脆，与凉滑的豌豆凉粉格外搭，最重要的是调料中的醋必须是下村醋，最地道的豆粉火烧就出自下村。

腾冲大救驾 大救驾这个名字很气派，其实它就是炒饵块。传说南明永历皇帝逃亡之时经过腾冲，饥肠辘辘之际，当地人炒了一盘饵块送上，令其赞不绝口。从此，腾冲炒饵块就改名"大救驾"了。

德宏撒撇 撒撇是一种特殊的做法，德宏傣族的撒撇是将生牛肉（或羊肉、鱼肉等）捣烂成泥，放上各种香料，再加入由这些动物的苦肠（小肠中一段分泌胆汁的导管）熬制的"苦水"，最后用米线、蔬菜等蘸食的一种吃法。不光味道苦，你还要克服食材与肠道碰撞发生的生理反应。

瑞丽泡鲁达配鸡爪 泡鲁达是一种源自东南亚的甜品，通常由西米、牛奶或椰奶加入干面包片、椰子脆片等，口感香甜可口，一杯泡鲁达配上酸辣的柠檬泡鸡爪一起吃，在芒市、瑞丽等地非常流行。

沧源佤族烂饭 这是佤族特有的一种主食，就是将鸡肉或鸽子肉撕碎与饭一起焖煮成稠粥样，再配上佤山特有的香料和调味，入口软糯，营养丰富，香味独特。

上图：德宏撒撇

孟定紧邻缅甸，自然有条**中缅街**，东南亚风情建筑内是各种珠宝、首饰、小商品店铺，闲逛的同时也能品尝到酸肉炒饭、秘制牛肉牛杂等异域特色美食，旁边就是酒吧街，从下午到晚上都热闹非凡。

◆见314页地图◆地址：临沧市耿马傣族佤族自治县◆门票：免费◆营业时间：全天

金鸡镇中访永子

与板桥古镇相距不过3公里的金鸡镇,相传是吕不韦后人的聚居地,四方街尚存一座古戏台,不过令金鸡镇闻名天下的却是一枚小小的围棋子——永子。

云南历来就是中国围棋子的主要产地,明代曾在皇宫任职的保山人李德章返乡之后,尝试用永昌本地出产的玛瑙、琥珀、紫英石和缅甸翡翠等做原料,经过研磨、熔炼、滴制等工序,烧制出精美的围棋子,黑子黑如鸦青,白子白似牛乳,质地坚硬,细腻如玉,被称为"永子"。

此后,永子(云子)制作技艺失传,直到20世纪70年代,才在昆明重新制作成功,并作为国礼赠送给国际友人。如今,永子制作技艺已被列入国家级非物质文化遗产,金鸡镇育德村的永子文化园就开设有永子生产工艺展示车间、永子生产工艺传习所、永子非物质文化遗产传承馆等场馆,你可以在这里欣赏到永子的现场制作流程。

板桥镇

板桥古镇始建于东汉时代,至今已有1800多年的历史,素有"梅花古渡"的美誉,是古南方丝绸之路永昌古道上的重要驿站。始建于明洪武年间的青龙街曾为"迤西第一大集市",被大旅行家徐霞客称为"板桥孔道",基本格局保留至今。

青龙街南端有座**魁星阁**,为清代所建,当地人自愿捐资修建魁星阁,以截断"火"源。万家大院是当地富商家宅,**万氏祖祠**已有300多年历史,大小六个庭院,保存较为完好。**百年老茶馆**位于青龙街中段,已有180余年的历史,每逢赶场天,茶馆里仍是人声鼎沸。

如今的青龙街,被打造为非遗文创街区,保留了前店后寝的民宅格局,"四宝斋"银楼的乌铜走银绝技值得一看。南段开了不少餐馆,杂酱拌饭、烧肉米线、浆饺、炸藕和现榨的木瓜水,都是值得一尝的当地美味小食,临走时不妨再去桂香楼和芝兰轩打包几样板桥的传统糕点。

◆见314页地图 ◆地址:保山市隆阳区 ◆门票:免费 ◆营业时间:全天

滇西抗战纪念馆

文化与展演

滇西抗战纪念馆和国殇墓园

1944年5月,中国远征军发起滇西大反攻,强渡怒江,血战腾冲古城,于9月14日全歼日寇,收复腾冲,9168名远征军官兵壮烈牺牲。为了纪念这段血染的历史,1945年7月,当地政府在腾冲叠水河畔小团坡下建成国殇墓园。

大门、陈列馆、忠烈祠、烈士墓、纪念塔等建筑沿主轴线由北向南分布，松柏参天，杜鹃盛开，庄严肃穆。主体建筑**忠烈祠**有蒋中正题词"碧血千秋"，祠堂左侧是盟军阵亡将士纪念碑，纪念阵亡的19名外籍盟军将士。忠烈祠后方的小团坡上，安葬着腾冲战役中牺牲的二十集团军的3346位阵亡将士，每块简陋的墓碑上都镌刻着一位牺牲士兵的军衔和名字，坡顶矗立着**腾冲阵亡将士纪念塔**，塔基上镌刻有"民族英雄"四个大字。

1986年，**滇西抗战纪念馆**在墓园落成，七个展厅展出文物12,000件、图片1500余张，大部分来自馆长段生馗毕生的收藏，从中日双方的武器军械、生活用品、历史文献、纪念章，到飞虎队飞行员照片、野人山远征军女兵头骨等，讲述了70多年前的那场惨烈的战争。纪念馆附设的中国远征军名录墙上，镌刻着10万多名参与滇西抗战的中国远征军将士、盟军将士及地方各界参战人士姓名。

◆见336页地图◆地址：保山市腾冲市天成社区太极小区2号◆门票：免费◆营业时间：周二至周五9:00—17:00，周末9:00—17:30

腾冲博物馆和腾越历史建筑群

想了解抗战之外的腾冲，不妨到**腾冲博物馆**看看。历史一厅是腾冲历史概述，历史二厅是茶马古道文物展，主要陈列商帮文物和藤编、民族服饰等非物质文化遗产，但在内容与展陈上比滇西抗战纪念馆逊色不少。博物馆周边还保留着不少历史建筑，可顺道一游。

英国领事馆旧址（霁虹街粮食市场内）在博物馆后方，中间隔着体育场，需要从公路绕一大圈，途中可顺道一游建于明天启六年（1626年）的腾药发祥地**药王宫**。英国领事馆设立于清光绪二十五年（1899年），至1942年日军侵占腾冲前夕撤离，通体用当地特产的火山石砌成，见证了腾冲昔年身为贸易中心的繁华。逛完英国领事馆可以绕到凤山路旁的黉学路，这里有怒江以西唯一一座学宫**腾冲文庙**，明清两代营建的文庙古朴大气，历经战火后仅存大成殿和启圣宫两处建筑，尚余当年风貌。日军曾把司令部设于文庙，仔细找找，柱子和台基上还能看到当年留下的弹痕。

◆见336页地图◆地址：保山市腾冲市天成社区霁虹小区3号◆门票：免费◆营业时间：9:00—17:30，周一闭馆

保山市博物馆

保山古称永昌，曾是西南丝绸之路上的重镇，近代战争史中，它是抗战的前沿阵地，想多了解保山，可去保山市博物馆看看。这座建筑仿古滇国铜鼓造型，设有"史前文化""哀牢青铜文化""滇西抗战""民族民俗文化""高黎贡山人类与环境"等7个常设展厅，关于高黎贡山的介绍可以帮助你规划接下来的旅行，最值得一看的则是滇西抗战展厅，通过军用物资、弹药等实物与多媒体展示，生动再现了中国远征军滇西抗战这段壮烈历史。

◆见337页地图◆地址：保山市文化中心广场永昌文化园4号◆门票：免费◆营业时间：8:30—11:30，14:30—17:30◆微信公众号：保山市博物馆

腾冲博物馆浮雕

芒市树包塔

建筑与古迹

勐焕大金塔

德宏傣族景颇族自治州首府芒市的傣语名为"勐焕",意为孟人之城。因为与缅甸接壤,异域风情弥漫,盛行南传上座部佛教,勐焕大金塔是芒市最亮眼的建筑,也是中国第一金佛塔。大金塔位于芒市城区雷牙让山之巅,传说释迦牟尼生前转世为金鸡阿峦时曾在此逗留。整座塔高76米,塔底基座直径50米,一至三层大殿均为空心,中心方柱东西南北塑有4座佛像,二、三、四层外平台各建有8座造型别致的小塔,顶部则是耀眼的大金顶。当地人喜欢在早晚登上山头,在大金塔前俯瞰芒市全景,远眺缅甸风光。与之相对的山头上,则建有一座同等规模的**大银塔**(门票40元),两塔之间由一条小塔林立的步道相连。银塔洁白无瑕的塔身在蓝天白云的衬托下格外纯洁,不少游客都会在这里换上傣族服饰拍照打卡。这里更是欣赏日落的好地方,不妨逗留到夕阳西下时。

◆见314页地图◆地址:德宏傣族景颇族自治州芒市城南雷牙让山顶◆门票:40元◆营业时间:8:30—22:00

树包塔

说它是芒市版"吴哥窟树洞"稍显夸张,"树包塔"倒是非常贴切的形容,而它的正式名字是"铁城佛塔",位于城区老街上,一株枝叶葱茏的大榕树包裹着一座砖砌六面佛塔,盘根错节,密不可分,塔身神龛内供奉有佛像。佛塔始建于清康熙年间,榕树的年龄据称有200年左右,当年一粒偶然落在塔中的榕树种子顽强生长,终于将佛塔包裹起来,共同见证着人类的信仰与自然的力量在此交融。树包塔四周的四座小塔是当代所建,每天都有人来此上香供奉。

◆见331页地图◆地址:德宏傣族景颇族自治州芒市胞波路◆门票:免费◆营业时间:全天

姐勒金塔

瑞丽最大的金塔,与缅甸仰光大金塔、印度尼西亚婆罗浮屠塔齐名,是亚洲地区著名的佛塔之一。青翠树林之中,大小不同的长方形青石叠成巨大的塔基,塔基上16座小塔包围着中央的主塔,圆锥体塔身贴满金色瓷砖,顶尖置有铜冠,系有近百个风铃,微风吹来,铃声悦耳。披着黄色袈裟的佛像迎接来自中缅的参拜者,陪伴它们的是南传佛教的威武神兽和自由自在的孔雀。每当有佛事,四周村落甚至是缅甸的傣族人都会聚到这里,赤脚礼佛参拜。夕阳下的金塔分外漂亮,很多人专门赶在这时候来拍照打卡。

◆见337页地图◆地址:德宏傣族景颇族自治州瑞丽市瑞丽5路◆门票:5元◆营业时间:8:00—19:00

广允缅寺

沧源县城不大,广允缅寺规模也不大,但它却是云南省南传上座部佛教的三大古建筑之一(另外两处为景洪市的曼飞龙白塔、勐海县的景真八角亭)。广允缅寺始建于清道光年间,保留了南传上座部佛教寺院的基本形式,同时也受到汉地建筑影响,殿堂为重檐歇山顶,主殿门柱上两只五爪金龙也是汉式风格,但

建筑与古迹 **327**

探索

沧源崖画

尽情"互黑"的狂欢节

"摸你黑"是佤语"mohninhei"的音译，本意是"这就是我们追求的，就这样吧"，汉译的字面意义则相当贴切，可以简单粗暴地理解为以泥为水的狂欢节。

据说佤族先祖从水牛在稀泥地里打滚裹泥获得启发，学着在身上涂满泥浆来抵御炽烈的阳光和毒蚊飞虫。远古的习俗流传至今，便成了"摸你黑"，人们通过"抹黑"彼此来表达祝福。如今，传统的"摸你黑"已经演变成一年一度的中国佤族司岗里摸你黑狂欢节，泥浆也进阶为用纯天然药物"娘布洛"制作的药泥，每年5月1日，摸你黑狂欢节就在佤族聚居地沧源等地盛大举行，庆祝活动通常持续7天。沧源县城主会场摸你黑广场最为热闹，人们互抹药泥，同时上演的还有百名木鼓齐响、上千佤族男女甩长发的歌舞活动，现场当然也少不了美食集市。因为和五一小长假同期，摸你黑也成为旅行者体验佤族风情的最佳机会。

梁枋门柱上装点的金漆透雕又是傣族的传统工艺。殿内保留着10幅精美的壁画，多为墨勾轮廓，再填色，风格和技巧与大部分佛寺中的明清作品相似。

◆见339页地图◆地址：临沧市沧源县勐懂镇大街北侧◆门票：免费◆营业时间：8:00—17:30

沧源崖画

沧源崖画是中国南方最古老的崖画之一，在东西长约20公里、海拔1500米左右的山崖上，分布着11处崖画点，在3000多年前的新石器时代晚期，生活在这里的先人就以手指或羽毛蘸抹红色颜料，用简单的线条和几何图形勾勒出他们的生活日常，风格粗犷简洁，表意清晰，是研究南方古代民族历史的重要资料。

沧源崖画较为分散，目前容易到达的有两处，位于勐来乡永怕村的**沧源崖画**（门票30元，9:00—18:30）是一号崖画点。从售票点上山，一路绿树森森，泛着苔藓青绿的牛头骷髅高挂树上，路过一座小亭后继续向前，转弯便是一大片山壁，登上观景台近观，古老的崖画虽然已经褪色，却仍清晰可辨，充满原始生趣。沿勐董河谷往北20公里的丁来村旁还有一处丁来崖画，是二号崖画点，规模较小，画作清晰度更高一些，一个代表村寨的长圆形里画有14座干栏式的房屋，还绘有人们来往赶集、准备宴会等场景，堪称上古微缩版清明上河图。

沧源崖画所在的勐来乡班考村，还有一处**国画长廊**（免费），它其实是一条长约1公里、穿行于山谷间的栈道，两旁是甘蔗田和玉米地，团团簇簇的亚热带植物夹杂其间，高处裸露的崖壁上，俨然是大自然以风蚀

水迹为笔墨而作的山水长卷,因此得名国画长廊。有时间不妨走进山谷,欣赏这处天然画卷。

◆见339页地图◆地址:临沧市沧源佤族自治县勐来乡◆门票:30元◆营业时间:9:00—18:30

梨花坞

保山城西南的九隆岗下,有座梨花坞,又名大梨园,山坞中遍植梨花,依山势建有寺院。这一切,都要感谢一个人——保山名人王宏祚,他曾官至清廷尚书,是他发愿修建了这处寺院。主建筑慈云阁层楼高耸,供奉着观世音菩萨;藏经楼、读画楼、醉月楼、养云池、雨花亭等亭台楼阁错落有致。每年农历二月二十九、六月十九和九月十九都有观音会,热闹非凡。而每到春天,梨花盛开,千树如雪,这里又成为赏花胜地,寺中制作的素席味美可口,备受游人欢迎。

◆见337页地图◆地址:保山市隆阳区九隆岗◆门票:免费◆营业时间:全天

松山战役旧址

纪念地
松山战役旧址

在第二次世界大战中,怒江西岸龙陵县的松山,是抗战史上最惨烈的战场之一。1944年6—9月,中国抗日军民浴血奋战,在此全歼日军3000余人,史称松山战役。这场胜利,打破了滇西战役的僵局,是中国战略反攻阶段的转折性战役。松山战役旧址主要集中在龙陵县腊勐镇大垭口村和松山村,沿滇缅公路两侧分布,包括大松山、小松山、黄土坡、阴登山、滚龙坡和大垭口等地,城区内还保留有日军司令部旧址、日军军政班本部旧址、董家沟日军慰安所旧址等遗址。

在主要的战役旧址松山上,激战之后留下的爆破坑、战壕、掩体、暗堡等遗迹仍清晰可辨,沿着栈道跟随指示路牌可一一到访。山腰有中国远征军雕塑群,402座雕像组成了将军方阵、娃娃兵方阵、女兵方阵、老兵方阵等12个方阵,1942年,正是这批中国远征军首次跨出国门,入缅抗击日寇。附近的中国远征军阵亡将士公墓墓碑则为纪念第八军一〇三师阵亡将士而立。站在观景台上,怒江沿岸群山和滇缅公路尽在眼前。山顶有两处大爆破坑,是日军地堡被炸飞的痕迹,松山山头因此被生生削矮了一截。

◆见338页地图◆地址:保山市龙陵县腊勐镇◆门票:免费◆营业时间:全天

公园
太保山公园

保山城区西侧的太保山公园,是登高望远、俯瞰保山全景的绝佳去处。公园林木葱郁,步行上山,会看到山腰有座明代修建的**玉皇阁**,二层字匾从正、左、右三面分别是"至诚无忌""龙飞凤舞"和"海晏河清"四字,不妨试试你的眼力。继续上行,穿过松山元祠牌坊,来到山顶,这里还保留着一处保山城城垣遗迹。站在**望城楼**上,整个保山尽收眼底。山顶西侧有座建于明嘉靖年间的**武侯祠**,正殿四周有几株百年古树,殿内供奉着诸葛亮泥塑彩像。

有时间可从武侯祠旁的停车场沿公路下山,到访山下的**易罗池**,池畔绿树成荫,池中有座濯缨亭,与对岸的文笔塔相映成趣。池畔还有一座**滇西抗日战争纪念碑**,是为纪念长眠于此的滇西战役阵亡将士而建。

◆见337页地图◆地址:保山市隆阳区保岫西路◆门票:免费◆营业时间:全天

勐巴娜西珍奇园

"勐巴娜西"在傣语中意为"一个神奇美丽富饶的地方",这座珍奇园更像是一座热带植物园,种植了云南地区种类繁多的热带植物,可以跟着标牌好好认识这些稀奇的植物。园区内还散养了不少孔雀,可能不经意间你就会发现有只蓝翎孔雀跟随左右。园内移植了大量百年古树,更珍奇的"古树"则是树化石,在硅化木玉陈列馆内展示了200多种经历长久地质作用而玉化的"树木"奇石,游览步道两侧也摆放着形状各异的亿年树化石,令人大开眼界。

◆见331页地图◆地址:德宏傣族景颇族自治州芒市勇罕街29号◆门票:40元◆营业时间:8:00—18:30

勐巴娜西珍奇园里的孔雀

日咖夜酒

新寨农庄咖啡·寂心

要品尝保山本地咖啡,这家店不会让你失望,水果特调咖啡和传统手冲咖啡味道都不错。

◆地址:保山市青龙街279号◆人均:32元◆营业时间:10:00—22:30

数数书局

集民宿、书店与咖啡馆于一体,楼顶庭院正对和顺古镇与田园风光,最适合傍晚在这里喝杯咖啡,享受美景。

◆地址:保山市腾冲市和顺酒吧文化街水碓村67号◆人均:55元◆营业时间:8:00—21:30

山海酒吧

下午可以喝咖啡,晚上则适合喝酒听歌,现场驻唱歌手歌唱水平不错。

◆地址:保山市腾冲市和顺小巷酒吧街4栋◆人均:48元◆营业时间:9:30至次日1:00

雷牙让书店

大金塔下的咖啡馆,书香与咖啡最配,落地玻璃窗外就是美丽的芒市风景。

◆见331页地图◆地址:德宏傣族景颇族自治州芒市大金塔景区宜乐街7号◆人均:40元◆营业时间:10:00—21:00

106cafe&bar

中古家具营造出一派美式复古风,白天提供咖啡,soe深烘豆美式是招牌,晚间提供多款精酿啤酒,偶尔会有乐队现场表演。

◆地址:德宏傣族景颇族自治州芒市银路路8附29号◆人均:37元◆营业时间:10:00至次日1:30

中国咖啡第一村

说到云南小粒咖啡,有多少人知道,它其实就来自保山地区,是中国乃至全球品质较好的咖啡之一,颗粒饱满,香气浓郁,口感醇厚,早在20世纪50年代就在英国伦敦市场上被评为一等品。来到保山,一定要去有"中国咖啡第一村"美称的**潞江镇新寨村**看看。

新寨村位于高黎贡山间,村子里家家户户都种植咖啡,全村咖啡种植良种覆盖率达98%。万亩咖啡园中分布着四座咖啡庄园,你可以在这里看到咖啡种植、采摘、晾晒、处理、烘焙、成品制作的全过程,现场品尝不同口味的小粒咖啡。其中,**乎壳咖啡庄园**是一组带有浓郁傣族风情的竹楼建筑,在热带植物的簇拥下,拍照非常上镜,除了品尝咖啡,也提供住宿。

向西转入胞波路，约360米到达 ❺ 树包塔（见326页），看树与塔的共生奇迹。

在道路尽头左转进入团结大街，一路来到是 ❻ **宏利综合农贸市场**，在富有烟火气息的市场里尝尝水果和特色小吃，就当是一顿早午餐。

漫步芒市

芒市是座富有东南亚风情的城市，漫步街头，行道树种植散发着水果的香味，佛塔寺庙香火缭绕，路边小摊售卖着当地的特色美食。这条步行路线，经过佛寺与农贸市场，最终停留在芒市最美的夜色之中。

- 起点：五云寺
- 终点：勐焕大银塔
- 距离：约6公里
- 时间：6小时

漫步芒市 331

芒市老城区寺院众多，❶**五云寺**是芒市始建的第一座佛寺，供奉着从缅甸迎入芒市地区的第一尊佛像"帕拉过勐"。

向南进入菩提街，约200米即到❷**菩提寺**，整体结构是傣族干栏式风格，但受汉地影响屋顶采用了歇山式，门前一对石雕"嘎朵"，又是典型的东南亚守护神兽。

起点
❶ 五云寺

❷ 菩提寺

树包塔
❺

❸ 观音寺
❹ 中缅友谊树

继续往南100米是❸**观音寺**，小小寺院中供奉着南海观音。

向南路过芒市宾馆，可以去看看是❹**中缅友谊树**，1956年12月15日周恩来总理和缅甸总理在这里种下的两株缅桂花树至今仍枝繁叶茂。

❼ 勇罕街

向东沿勐焕路走到是❼**勇罕街**，人行道种着菠萝蜜树，非常阴凉，九十月间成熟的菠萝蜜散发出诱人的香气。

勐巴娜西珍奇园
❽

再向东拐进是❽**勐巴娜西珍奇园**（见329页）。

勐焕大金塔
❿

雷牙让书店
❾

休息好再登上雷牙让山顶，欣赏❿**勐焕大金塔**（见326页）的富丽堂皇。

勐焕大银塔 ⓫ 终点

接下来，可以扫辆共享电瓶车慢悠悠骑约3.7公里，来到雷牙让山脚的❾**雷牙让书店**小坐片刻，在咖啡香气中阅读，或是欣赏窗外芒市城区全景。

记得在日落前赶到对面山顶的⓫**勐焕大银塔**，这里是观赏日落的最佳位置，接下来就请耐心等待日落美景吧。

探索

保山

😊 性价比较高。
☹ 没有特色，中规中矩。

特色美食繁多，板桥火烧肉、火瓢牛肉最为出名，拌豆粉、甩粑粑等小吃味道也是各有千秋。

不要错过
- 火瓢牛肉
- 拌豆粉
- 甩粑粑

市区的住宿选择不少，作为中转地，入住三馆一场周边最为便利，美食街也近在咫尺。

腾冲

😊 在腾冲能找到不少温泉酒店、观半山酒店和古宅民宿，在私密性和设计感上非常棒，值得一住。
☹ 旅游旺季房价上涨幅度较大。

老牌旅游目的地，酒店分布广泛。旅游客运站一带的社区里有许多性价比颇高的客栈和民宿，腾越文化广场周边则云集了不少大中型酒店。

地道的口味依然隐匿在小街小巷中。从繁琐的八大碗、土锅子到简单的烤饵块、稀豆粉、清汤饵丝，花样繁多，口味丰富。

不要错过
- 八大碗
- 大救驾

芒市

😊 交通便捷，周边美食聚集。
☹ 民族节庆期间和旺季价格上涨甚至翻倍。

本地人爱去的美食街就是红星街，烧烤夜市集中在菩提寺旁边的西里夜市，傣族古镇上则聚集了傣族菜、景颇菜、缅甸等各色美食。尝尝东南亚流行的饮料泡鲁达配鸡爪，胆大者不妨挑战一下德宏撒撇。

不要错过
- 傣族和景颇族小吃
- 东南亚美食

集中在芒市大街和团结大街上，以商务宾馆和连锁酒店为主。

不要错过
- 佤族特色
- 烧烤

当地早餐摊位集中在农贸市场，本地风味的豆豉米干、佤族特有的烂饭必须尝尝。来希路至操你黑广场一带集中了不少烧烤摊、小饭馆和茶楼酒吧。

沧源
☺ 性价比还行，周边餐饮购物方便。
☹ 硬件设施一般，狂欢节和黄金周价格可能上涨两三倍。

沧源的住宿上旅游业的发展，基本没有什么特色酒店和民宿。

热门食宿区域

滇西南的住宿选择丰富，保山市区、腾冲和顺古镇、芒市市区住宿点密集，其中和顺古镇不乏设计感十足的客栈和民宿，沧源酒店选择较少。住宿价格标准见171页。

滇西南的小吃和特色美食花样繁多，保山以板桥火烧肉、火瓢牛肉出名，腾冲的八大碗和大救驾名声在外，在芒市则可以大胆尝试东南亚特色美食，沧源则以佤族特色烂饭和烧烤闻名。

旅行者推荐 INSIDERS' LIST

📝 场所

保山官房大酒店
- 0875-2136999
- 保山市隆阳区上巷街与同仁街交叉口东北

百花岭灵芝家民宿
- 18725309373
- 保山市百花岭鱼塘新村到旱龙寨间

腾冲开臣璞悦酒店
- 0875-3069999
- 腾冲市腾越街道玉泉路145号

自在悬崖酒店
- 16608757517
- 腾冲市北海乡玛御谷温泉度假小镇内

和顺柏联温泉
- 0875-5153333
- 和顺古镇西端

张家大院客栈
- 15348754698
- 腾冲市张家坡十字路村17村民小组27号

不晚酒店
- 18908756640
- 和顺古镇水碓社区上三社53号

肆拾号院坚果树下民宿
- 13108828508
- 芒市阔时路40号

德宏芒市宾馆
- 0692-3013333

芒市菩提街1号

下村严生豆粉
- 15025029600
- 保山市下村同仁街7号

朝花溪食民族菜
- 19116011616
- 腾冲市和顺镇市东方路东方医院往前100米

肆喜家私房菜
- 15769999720
- 腾冲市上绮罗社区杨家巷小区153号

福萍小吃店
- 15987755687
- 腾冲市194县道洲官小区413号

忆家私房菜
- 18687557221
- 腾冲市腾越街道栗树园小区8号

小瓦碴厨房餐厅
- 0692-2210757
- 芒市胞波路169号

品德宏·孔雀宴的发源地（金塔园店）
- 0692-2910000
- 芒市文蚌路36号

勐焕老奶冷饮店
- 18288190107
- 芒市斑色路4号附近

📖 书籍

《神往极边》王成平 著 极边是明代旅行家徐霞客对腾冲的形容，此书重点记述了腾冲与古代南方丝绸之路、滇缅公路、史迪威公路有关的或悠远或悲壮的历史事件。

《1944:松山战役笔记》余戈 著 以翔实的战斗详报、地方史志、新闻通讯等材料为基础，回顾了腾冲战役的艰辛与残酷，让人们得以了解中国抗日战争史上的这场攻坚战。

《秘境高黎贡》鲁韬 著 以图文介绍了高黎贡山的生态系统、地形地貌、动植物资源以及该地区少数民族生存状态，同时进行了纪录片《秘境高黎贡》的拍摄与制作。书影合集，成为高黎贡山地区生态自然、民族文化、古道文化影像的"缩写本"。

《德宏飞鸟集》《德宏草木记》德宏州委宣传部 编著 关于德宏的自然风物与民俗文化的记录，图文并茂，能帮助你全面了解德宏这片美丽的土地。

🎬 影视

《我的团长我的团》2009 讲述了一群小兵远征缅甸又重返腾冲，血战到底的热血故事，电视剧主要在腾冲取景。

《滇西1944》2010 这是一部讲述中国抗日军民在滇西正面战场浴血备战的故事，是世界反法西斯战争胜利65周年献礼剧，大量镜头拍摄于腾冲松山战役旧址，剧中还出现了腾冲热海大滚锅的场景。

《武侠》2011 该片讲述了一对武林夫妻与捕快之间斗智斗勇的故事。影片在腾冲银杏村取景，展现了金色的山村风光。

《都是一家人》2019 讲述了各民族同胞走出边疆山寨，走进沿海开放城市创业生活的故事。该剧在沧源县翁丁佤村拍摄，全景展示了古寨风景以及佤族的民族歌舞和特色美食。

实用信息

✈ 抵离滇西南

飞机

保山云瑞机场 （见314页地图；0875-2232266）位于城南杭瑞高速汉庄收费站东侧，有昆明航空、湖南航空两家基地航司，已经与北京、上海、广州、成都、南京等15个城市开通直飞航班，省内每周与昆明、澜沧、普洱、西双版纳有2—3趟固定航班。

腾冲驼峰机场 （见314页地图；0875-5198866）距腾冲离市区10公里，共有4家航司在此开通10条航线，通航北京、上海、浦东、成都、昆明、郑州、武汉、广州、重庆等城市。

德宏芒市机场 （见314页地图；0692-2934651）距市区6.5公里，目前通航北京、上海、广州、杭州、武汉、长沙、西安、成都、重庆、贵阳等22座城市，有昆明、西双版纳、澜沧、普洱4条省内航线，以及至缅甸曼德勒的1条国际航线。

临沧机场 （见314页地图；0883-2683208）距市区约23公里，中国东方航空在此开通有飞往昆明、成都、上海的3条航线。

沧源佤山机场 （0883-7123666）距城区38公里，已开通飞往昆明、西双版纳、成都、长沙、上海等地的航线。

火车

保山站 （见337页地图；0875-12306）大瑞铁路上的一站，每天有开往大理、楚雄、昆明等地的车次。

临沧站 （0883-12306）临沧是大临铁路的区段站，每天有开往昆明、楚雄、大理等地的车次。

长途汽车

保山客运站 （见337页地图；0875-2122311）保山主要的客运站，每天有发往云南各地如昆明、大理、丽江、临沧、瑞丽等地的班车。

保山客运南站 （见337页地图；0875-2225645）主要运营发往保山隆阳区各乡镇的车，去百花岭（高黎贡山）和松山都要在这里坐车。

腾冲旅游客运站 （见336页地图；0875-5152488）对旅行者来说比较重要的客运站，每天有发往昆明、大理、丽江、瑞丽、景洪等地的班车。

芒市客运北站 （0692-2121437）主要运营州际长途车，每天有发往昆明、景洪、鹤庆、六库、丽江、下关、临沧等地的班车。

芒市三棵树客运站 （0692-2123129）专营发往瑞丽和畹町的中巴车，滚动发车。

临沧客运站 （0883-2123227）每天有发往昆明、保山、普洱、景洪、沧源的班车，去孟定坝子也在这里坐车。

沧源客运站 （0883-7121237）每天有去往昆明、临沧以及孟定、凤庆、斑老等较远乡镇的班车。

🚍 区域内交通

抵离机场

保山云瑞机场 市区有机场专线（10元；往机场9:00—20:30，往市区10:30—22:25）往返市委大楼与保山云瑞机场，从市区打车前往通常约为40元，16路公交车（2元；7:00—19:00）会经过机场岔路口，下车后需步行600米左右到机场。

腾冲驼峰机场 腾冲旅游客运站城市候机楼有机场大巴（10元；7:30—22:00）前往驼峰机场，打车约40元。

德宏芒市国际机场 2路、12路公交车（3元；6:30—21:30）起点是城区三棵树，到机场约需40分钟。打车到机场约需30元。

临沧博尚机场 有机场大巴从临沧空港观光酒店前往机场（20元），配合抵离航班发车。打车前往机场约需80元。

沧源佤山机场 城区有机场巴士（30元）从加林赛大酒店前往机场，配合抵离航班发车。机场有巴士发往耿马、双江、孟定等地（100元/人）。

公交车
保山、腾冲、芒市、临沧等地城区公交车路线众多，城郊热门景点一般也有旅游专线可到。

出租车和网约车

临沧 出租车起步价6元，保山起步价7元，腾冲、芒市都是8元，夜间打车起步价高2—4元。

腾冲 出租车到各主要景点和机场有政府限价，单程至和顺古镇35元、热海40元、北海20元、火山公园90元。

滴滴出行、曹操专车等网络平台在滇西南大城市比较方便，不过中心区域短途并不具备价格优势，到客运站、机场或重要景区等长线则便宜不少。

🔍 旅行信息

微信公众号

腾冲文旅 提供吃喝玩乐购等各种实时旅行资讯。

高黎贡山户外 提供高黎贡山户外徒步路线、越野跑步赛事等团队服务。

芒市文旅 提供本地旅游资讯。

节假日
德宏会在州纪念日、目瑙纵歌节、泼水节放假，还会在阔时节和阿露窝罗节分别为傈僳族和阿昌族安排假期。

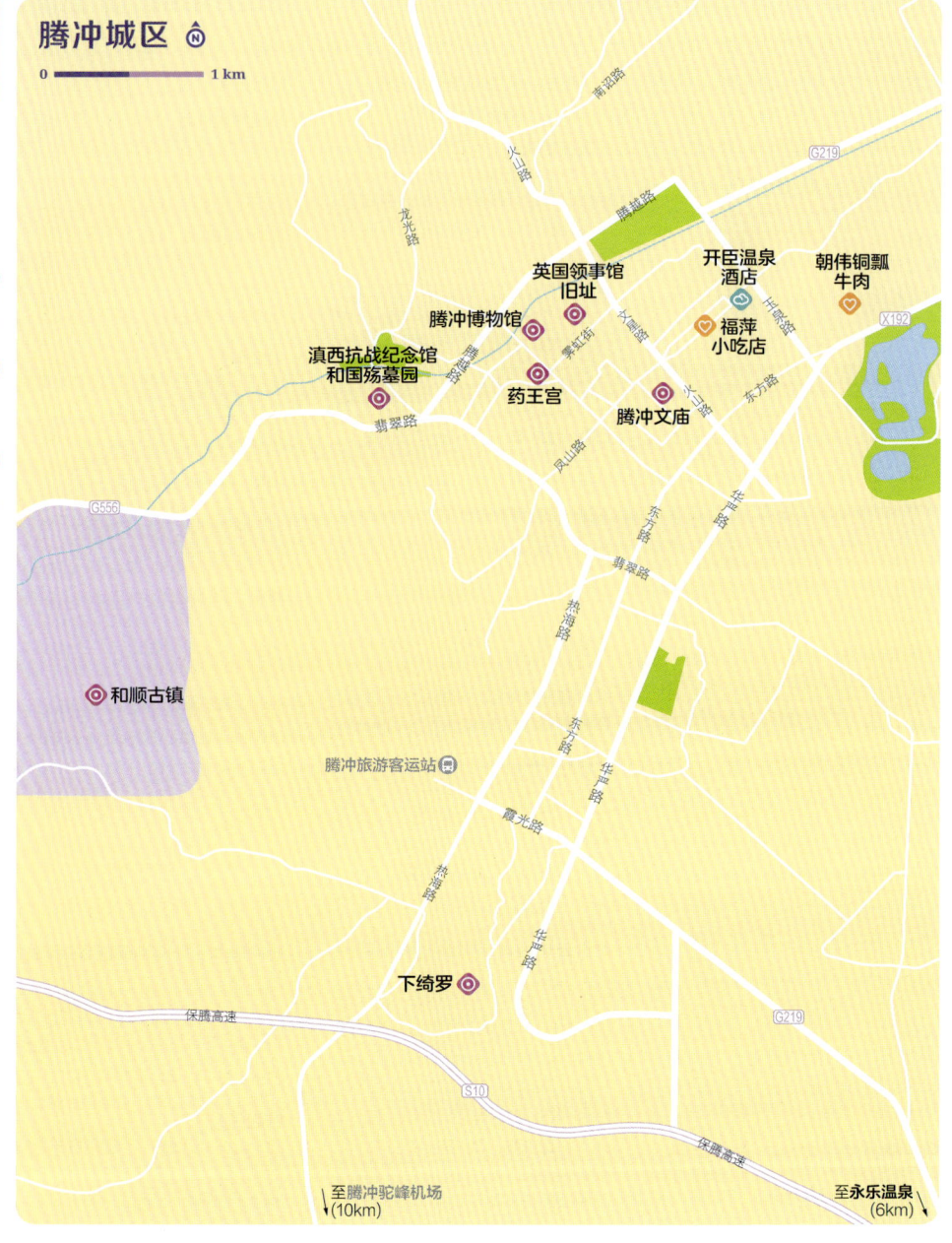

滇西南地图

滇西南地图 337

保山城区

0 — 1 km

- 太保山公园
- 保山官房大酒店
- 梨花坞
- 下村严生豆粉
- 保山市博物馆
- 保山客运站
- 保山客运南站

至保山站(9km)
至保山云瑞机场(8km)

道路：建设路、太保北路、正阳北路、保山西路、九龙路、永昌路、保山东路、大保南路、正阳南路、龙泉路、隆阳路、新桥路、兴昌路、杭瑞高速、G56

图例：
- ● 景点
- ● 餐饮
- ● 住宿

探索

瑞丽周边

0 — 11 km

- 陇川
- 莫里雨林
- 姐勒金塔
- 瑞丽
- 姐告口岸
- 喊沙奘房
- 一寨两国
- 旅游淘宝场
- 大等喊

德宏傣族景颇族自治州

缅甸

南碗河、南兰河、南卡江、南管河、芒林水库、瑞丽江

S320、S90、G556、G320、G56

腾冲周边

0 — 5 km

滇西南

缅甸

怒江傈僳族自治州 ◎泸水

大理白族自治州

- 景点
- 餐饮
- 住宿

大树杜鹃王

大塘热田

滇滩

明光河

高黎贡手工造纸博物馆

千年银杏王

界头镇

西沙河

石墙温泉

高黎贡山自然保护区

固东

猴桥

银杏村

百花岭

腾冲火山热海国家地质公园

马站

保山市

北海湿地

樱花谷

北海

槟榔江

和顺古镇 ◎腾冲

热海

腾冲驼峰机场

芒棒○

龙川江

五合

怒江

德宏傣族景颇族自治州

◎梁河

○新华

松山战役旧址

团田

和顺古镇

- 和顺图书馆
- 寸氏宗祠
- 弯楼子民居博物馆
- 刘氏宗祠
- 李氏宗祠

沧源

- 翁丁佤寨
- 沧源崖画
- 沧源客运站
- 广允缅寺
- 沧源

滇西南地图 339

探索

景点
餐饮
住宿

探索

滇东南

电话区号：红河 0873　文山 0876

冬春的元阳梯田与盛夏的普者黑荷塘，无疑是红河和文山最亮眼的风景。滇东南这片土地养育着哈尼、彝、壮、苗等多个民族，明代汉族移民带来雕梁画栋与儒家礼教，百年滇越铁路又为沿线城镇注入财富、活力和法式风情。多元文化在此碰撞交融，留下一座座诗意的古城、洋气的建筑、沧桑的车站，如今这些城镇又多了展馆、餐厅、民宿，向旅行者述说着昔日风华和今朝活力。

数说滇东南

约3000米 海拔落差

约60% 少数民族占比

848公里 红河哈尼族彝族自治州国境线长

约113平方公里 元阳梯田面积

约1533平方公里 文山以三七为主的中药材种植面积（2023年）

76.4米 河口瑶族自治县海拔

300+年 蒙自过桥米线历史

270+ 普者黑荷花种类

在滇东南，你可以这样玩

3天 玩转元阳梯田之旅（见24页）

3天 滇越铁路之旅（见118页）

4天 普者黑峰林仙境行（见30页）

5天 元阳梯田之旅延长线（见26页）

6天 红河多元美食之旅（见120页）

何时去

元阳和普者黑的自然景观季节性很强，旅游高峰期分别在春节前后和暑假。游览人文景点四季皆宜，河口瑶族自治县为云南海拔最低点，夏天湿热，冬天温暖。

4月至6月
农历三月，壮族三月三活动精彩纷呈。五六月建水燕子洞的燕群最为壮观。

7月至8月
普者黑荷花盛开，彝族花脸节持续一整月。农历六月中旬迎来哈尼族矻扎扎节。

9月至10月
9月28日，建水会举办祭孔大典。

11月至次年3月
元阳梯田进入水景季。11月哈尼族十月年、正月苗族花山节热闹非凡。1月至3月，樱花、桃花和油菜花也会相继盛放，是赏花的好时机。

元阳梯田

东风韵

便捷的交通使弥勒成为昆明的后花园,这里不仅是一座宜居的养老城市,也有充满艺术气息的东风韵小镇,温泉、卤鸡和葡萄酒都让人流连忘返。

建水古城

景点丰富的建水值得悠闲地逛上几天,古色古香的建水古城尤其值得一看,小桂湖和广慈湖畔夜市灯火通明,复古小火车穿过法式老车站。

蒙自海关旧址历史陈列室

南湖岸边的蒙自海关旧址历史陈列室见证了云南第一个海关的诞生,也在战争年代为西南联大师生提供了一方安身之所。

元阳梯田

即使已经看过太多元阳的风光大片,当真正置身于连绵到天际的梯田之中时,仍会被哈尼族的智慧和这片土地的壮美深深震撼。

滇东南亮点

普者黑

普者黑的喀斯特地貌既有桂林山水的壮美，又有江南水乡的灵秀，夏季万亩荷花盛放，不妨乘船穿行于湖光山色之间。

中越铁路大桥

满街的中越双语文字、正宗的滴漏咖啡和卷粉、诱人的热带水果、戴着斗笠穿着传统服饰的姑娘……

徒步穿越云海梯田

元阳梯田有一条相对成熟的徒步环线，串起了坝达、麻栗寨、箐口、全福庄四座村寨，全程10.4公里。穿行于森林和梯田之间，一路有潺潺流水相伴，上午更是常置身于云海之中，水面倒映着的蓝天触手可及。在田埂上与牵着耕牛的农人擦身而过，在村寨广场遇见嬉戏打闹的孩童，在蘑菇房前看到穿着哈尼服饰的妇女劳作闲聊，都让人感到久违的烟火气息。

这条路线海拔爬升不大，岔路口都有指向牌，需要问路的话，也容易碰到老乡，经过村寨就有小卖部提供补给。体力好且时间充足的旅行者，不妨徒步走一整圈，当然也可根据情况任选其中一段体验，路过麻栗寨还可沿公路往返1.5公里外的老鹰嘴，日落前到坝达刚好看日落。

少数客栈会为住客免费提供登山杖，老板也可能有其他私藏路线，比如多依树至大瓦遮的半日徒步。不想拘泥于固定路线，大可随性悠游于梯田之间，沿着水渠便能走到某个村寨，继而回到公路上。大雨过后，山路泥泞湿滑不宜徒步；夏秋季节杂草掩盖田埂，要留心脚下踏空。

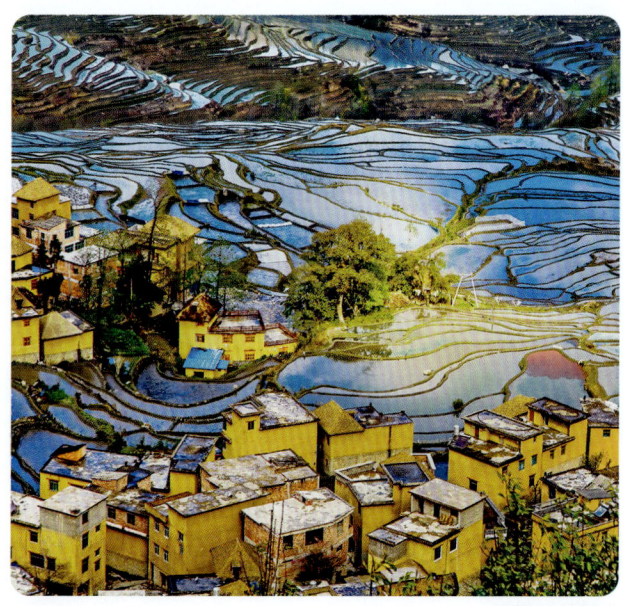

元阳梯田和哈尼人家

自然

元阳梯田

1300多年前，哈尼族的一支族人在哀牢山南部定居下来，他们用手中的锄头和犁耙，在陡峭的山地上雕刻出一条条诗意的曲线。世代耕作的梯田在南方并不罕见，唯独红河哈尼梯田入选《世界遗产名录》，其落差之大、规模之巨，远非他处可比。而元阳梯田无疑又是这部"鸿篇巨著"的绝对主角。

冬春时节，尤其是11月至次年2月，元阳梯田迎来最美的水景季，近20万亩梯田如镜子般映着天光云影，每一个日出日落都值得守候。晴空万里时，水天一色的蓝梯田与铺满浮萍的红梯田相映成趣；雨天也不会扫兴，云雾缭绕的梯田仙气倍增。没有水景的季节，稻田随着春种秋收在黄绿之间变幻色彩，化身为一幅斑斓的诗意画卷。

多依树适合看日出，正对梯田最高处的**多依树观景台**观赏角度最广，旺季的清晨总是挤满长枪短炮，摄影爱好者需要赶早去抢占机位。在这里取景，梯田右前方常被晨雾笼罩、若隐若现的村寨是**普高老寨**，寨中广场也可观景，有小路下到梯田深处。观赏梯田侧影的最佳地点在**黄草岭**，观景台的视角不如精品客栈集中区。**多依树村**与黄草岭隔梯田相望，在观景台可赏红梯田和罕见的方梯田，还可进寨探寻几近湮没的**宗瓦司署**。

从多依树村往东，在**阿者科古村**（见349页）看过哈尼族传统蘑菇房，随后来到蓝梯田集中的**爱春**，晴天上午9—10点景观最佳。继续东行至**联办厂**，在沿途公路边可近距离观赏壮观的云海。下公路前往原生态的哈尼村寨**大瓦遮**，这片梯田与老虎嘴异曲同工，因路途偏远成为看日落的小众秘境。

坝达拥有元阳落差最大的梯田景观，3700多级天梯，从海拔900米的河谷一直延伸到2000多米的山顶，气势恢宏。**坝达观景台**视野开阔，是著名的日落打卡地，北边不远处的**坝达村**也有免费观景台，风光并不逊色，还可避开人潮。从坝达村继续向北，穿过麻栗寨再走一段公路，就到了岩石悬崖上的天然观景台**老鹰嘴**，在这里可俯瞰山下密集壮观的红梯田。

老虎嘴曾诞生了让元阳梯田惊艳世界的标志性摄影作品，站在**老虎嘴观景台**俯瞰，脚下的梯田线条宛如汹涌巨浪，日落时分倒映着满天红霞，如梦似幻。不幸的是，2018年6月老虎嘴发生山体滑坡，造成170余亩梯田不同程度损毁，经过多年修复，直到2023年4月才重新开放。老虎嘴所在的攀枝花乡有一座**勐弄司署**，古建爱好者可顺道去探访。

除了世界级的自然景观，元阳梯田还孕育出独特的哈尼农耕文化和民族风情。箐口是离新街镇最近的哈尼族村寨，也是景区游客中心所在。附近有政府斥巨资打造的**哈尼历史文化博物馆**，可在此了解"森林—村寨—梯田—水系"四素同构的自然生态循环系统，以及哈尼族民俗文化。游客中心以南约2公里处的**哈尼梯田小镇**开发痕迹较重，原生态的蘑菇房在景区深处的阿者科和大瓦遮仍可看到。除了哈尼族，这一区域还居住着彝、苗、瑶、傣等民族居民，节庆活动丰富，若刚好碰上过节或赶集，一定不要错过那场视觉和味蕾的双重盛宴。

红河梯田

◆见342页地图 ◆地址：红河哈尼族彝族自治州元阳县新街镇 ◆门票：70元，含多依树、坝达、老虎嘴三处观景台，其余免费 ◆营业时间：6:00—19:30 ◆微信公众号：元阳哈尼梯田景区

红河梯田

低调的红河县就在元阳县隔壁，同样拥有梯田风光和哈尼族民俗。红河梯田的水景季比元阳晚一个月，在12月至次年4月，镜面效果不如元阳，但当地人为防止土质疏松而在田间"无心插柳"，成就了杨柳婀娜映梯田的独特景观。这里游人稀少，可以独享大片梯田美景，但也意味着食宿交通等配套设施都不够完善。

撒玛坝梯田号称世界上集中连片最大的梯田，甚至比元阳的坝达梯田还要浩瀚，哈尼语"撒

哈尼族十月年长街宴

十月年是哈尼族的重要节日，相当于汉族的春节，从农历十月第一个属龙日开始，到下一个属龙日结束。最吸引旅行者和摄影爱好者的活动当数长街宴，低矮的竹篾方桌上摆满了丰盛的酒菜，从村头到村尾桌桌相连，百姓盛装出席，热烈祝酒，载歌载舞。

元阳景区的长街宴一般在旺季春节期间举办，红河县甲寅镇自诩十月年习俗最正宗，绿春县则以2000多桌、绵延4000多米的世界最长宴席入选吉尼斯纪录。随着旅游业的发展，似乎每个哈尼族聚居地都想抓住长街宴这张名片，游客不再能享用免费晚餐，需购票才能落座同乐。

普者黑

乘船游普者黑

普者黑景区没有大门票，但将乘船游和观光车日票打包，价格不菲。

东线（230元）柳叶小舟往返于蒲草塘码头和青龙山码头之间，穿过银苑桥、普兴桥、情人桥，可以隔着湖面遥望仙人洞村和普者黑村。打水仗仅限夏天，红旗意为邀战，白旗意为免战——别举错了！泼水狂欢需要的"武器"、雨衣、防水袋等很容易买到。

中线（290元）画舫船往返于青龙山画舫码头和仙人洞村附近的浪漫广场码头，途经天鹅湖湿地，可凭船票进入天鹅湖景区徒步游览。

西线（220元）竹筏船绕西荒湿地一圈，看点相对较少。

柳叶小舟为船夫手划，乘客也可以跟着划，另外两种都是电动船。三条线路水上游览时间都在1小时左右。时间和预算充裕可以买环线票，338元选2条线路，558元畅玩3条，都赠送天鹅湖门票，后者还含两日观光车票。

上图：乘船游普者黑

玛坝"正是宽阔的田地之意。站在观景台上，能将4300多级梯田尽收眼底，日出时景色最佳。上午继续到**桂东梯田**赏云海，再转战**杨柳梯田**看杨柳和红浮萍点缀于田间，下午前往棕榈密布的**他撒梯田**等日落霞光。

◆见342页地图 ◆地址：红河哈尼族彝族自治州红河县宝华镇 ◆门票：撒玛坝梯田30元，其余免费 ◆营业时间：撒玛坝梯田8:00—17:30 ◆微信公众号：撒玛坝万亩梯田景区

普者黑

彝语"普者黑"意为盛满鱼虾的湖泊，比鱼虾更诱人的是每年夏季湖中盛放的4万亩野生荷花。普者黑是典型的高原喀斯特湿地，你可以爬到山顶远眺星罗棋布的山峰，乘坐各式游船穿行于相连贯通的湖泊之间。暑假绝对是旺季，嘈杂而昂贵，6月下旬和9月上旬前来，性价比最高。花季结束，普者黑又变回宁静的高原水乡，迎接每年冬季飞来的候鸟。

景区范围很广，分为青龙山、蒲草塘、大湾子、嗨努咪嘚（天鹅湖）、西荒湿地、水上运动公园六个游览区，设有东线、中线、西线三条水上游览线路，以仙人洞村和普者黑村之间的东线区域为核心。

仙人洞村开发较早，是相当成熟的民俗村，建筑风格古色古香，彝族装饰随处可见。临湖一圈都可亲近荷花，村子中央还点缀着小片荷塘。村口附近的密枝山可沿石阶步道轻松登顶，是相对小众的日落观景点。旺季晚上仙人洞村会组织篝火晚会。

普者黑村是景区内最大的村子，《爸爸去哪儿》的取景地就在这里，临湖区域几乎已被精品民宿占满，主街也将被改造为步行街。村口的**普兴桥**上可以打望

往来游船，甚至在高处还能参与打水仗的游戏，桥两边的水岸有很多观景餐馆和民宿。村子深处还有**水陌青田**（48元）和**紫云仙宫**（38元）两处观景，可乘马车或观光车往返。

青龙山位于普者黑湖中央，山顶四座观景台角度各有千秋，观赏日出日落皆宜，很多普者黑的经典照片都出自这里。石阶步道和观景台都很狭窄，旺季人多时和雨后都要格外注意安全。从普者黑村穿过情人桥不远，即到青龙山。北面的栈道口旁边是山海经主题溶洞光影秀青丘画壁（78元），还可以在此体验**水上浆板**（108元起）。苗族村寨**菜花箐**离这里不远，沿途会经过**三生三世十里桃花拍摄地**（30元），不过只有二三月才能看到真桃花，届时油菜花也很美。

天鹅湖又称嗨努咪哔（85元），是一片漂亮的湿地，冬季可观天鹅等候鸟，沿栈道徒步，一路风景怡人。景区北口在蒲草塘码头旁，南口离双甲山码头不远，对面就是**西荒湿地**，免费的荷花景观并不逊色，冬季还可赏芦苇。双甲山码头以北1.5公里处的六十多公顷**诺香玫瑰园**4月至10月花开成海。

◆见343页地图◆地址：文山壮族苗族自治州丘北县城以北13公里◆门票：免费，水上游览项目见346页方框◆营业时间：5月至10月8:00–17:30，11月至次年4月8:30–17:00◆微信公众号：普者黑景区

舍得草场

与普者黑同属丘北县的舍得彝族乡有一片海拔2000多米的高原草场。如果说普者黑是温柔妩媚的彝家少女，舍得就是粗犷豪放的彝族汉子。站在羊雄山顶，十余万亩草场如一块无边无际的绿毯，点缀其间的除了成群结队的牛羊骏马，还有一座座风力发电塔。去舍得草场一般需从普者黑自驾或包车往返，山路崎岖。如果想看日出云海，得起个大早。这里海拔较高，注意保暖。

◆见342页地图◆地址：文山壮族苗族自治州丘北县舍得乡◆门票：免费◆营业时间：全天

坝美

离普者黑不远的坝美也是喀斯特地貌，景区以陶渊明笔下的《桃花源记》为线索，试图营造一种"忽逢桃花源"的神秘体验。然而经过多年的旅游开发，农田阡陌仍在，农家早已变身热闹的农家乐，只有淡季还能找到一点宁静避世的感觉。春天桃花、油菜花盛开时最漂亮；夏天如遇连日暴雨，河水上涨可能会封闭进入的溶洞，届时景区将关闭，最好提前咨询确认。

四面环山的坝美曾长期与外界隔绝，乘船经溶洞进入景区，眼前豁然开朗。第一站为将军峰，沿栈道前行，很快就到了景区核心腹地**坝美村**，这个由百余户壮族民居组成的村落一派田园风光，"土地平旷，屋舍俨然，有良田、美池、桑竹之属"。再向前是戏水区和猴爬岩，乘船穿过第二段溶洞后到达汤那河谷，可乘坐小火车或徒步游览峡谷景观，最后从汤那洞乘船出来。

◆见343页地图◆地址：文山壮族苗族自治州广南县城以北36公里◆门票：25元，套票165元（含观光车和游船），另有与普者黑一起的优惠套票◆营业时间：5月至10月8:00–17:30，11月至次年4月8:00–17:00◆微信公众号：坝美世外桃源旅游景区

坝美

异龙湖

云南九大高原湖泊之一，也是红河最大的湖泊，石屏的母亲湖。夏观荷花，冬赏候鸟，秋季则盛产大闸蟹。异龙湖周长30多公里，环湖一周铺设了步道与自行车道，可在离石屏城区最近的湿地公园入口处租自行车。这片湿地是市民日常休闲的地方，周末及节假日说不定能看到盛装打扮的花腰彝族青年载歌载舞。园内有约2公里长的栈道深入湖中，想坐船要去环湖南路的异龙湖游船风景区，乘坐石屏米轨小火车（见356页）也可以远远欣赏湖景。

◆见367页地图◆地址：红河哈尼族彝族自治州石屏县城东南郊◆门票：免费◆营业时间：全天

锦屏山

弥勒城北的锦屏山上有一座古刹**弥勒寺**，寺内供奉着弥勒佛，城市、寺庙皆与佛同名，实属罕见。一尊金灿灿的弥勒佛像坐立于锦屏山巅，爬上1999级台阶便可走到高19.99米的大佛跟前，由南怀瑾先生亲笔题字。正月初九的弥勒寺庙会至今已有400多年的历史，初八晚上市民就开始登山拜佛，人山人海，香火旺盛，初九更有万人赶庙会的盛况。

◆见368页地图◆地址：红河哈尼族彝族自治州弥勒市城北10余公里◆门票：30元，正月初九加收10元卫生费◆营业时间：8:00—18:00，元旦、除夕、正月初八加开夜场19:00至次日2:00◆微信公众号：弥勒市锦屏山风景区

燕子洞

这处溶洞景观因来此旅居的雨燕而得名。每年3月至7月，上百万只雨燕在洞口附近几百米的洞内筑巢，燕群"朝九晚五"出巢回巢时如万箭齐发，五六月时最为壮观。景区有自产自销的燕窝，8月燕群离去后还会举办燕窝节。入口处数十米高的洞顶悬挂着众多祈福匾额，都是每年3月举行悬匾活动时斥重金请攀岩高手挂上去的。游客较多时，景区也会在水洞游览中安排徒手攀岩表演。免费开放的旱洞和自然林地可以逛上1小时。

◆见367页地图◆地址：红河哈尼族彝族自治州建水县面甸镇泸江河峡谷◆门票：水洞55元，洞外公园免费◆营业时间：9:00—17:00◆微信公众号：建水燕子洞

燕子洞

湖泉生态园

近几年，弥勒紧抓休闲康养的旅游定位，吸引大批北方老年人前来旅居度假，湖泉生态园这座免费的城市公园自然成为他们和当地人一起日常遛弯的好地方。约1.1平方公里的湖面波光粼粼，沿着湖边步道漫步，不时可见各种水鸟在水面嬉戏。除了湖光山色，生态园还有沙滩、温泉、酒店、茶楼等多种业态，各年龄层的人都能在这里享受悠闲时光。**湖泉半山温泉**与公园融为一体，公园东南的**红河水乡**是一座新建的旅游小镇，南侧还有两座高尔夫球场。

◆见368页地图◆地址：红河哈尼族彝族自治州弥勒市温泉路◆门票：免费◆营业时间：全天

太平湖森林小镇

很难想象，这个绿意盎然、

繁花似锦的4A级景区，曾是一片缺水、少土、多石的石漠化土地，多年的耕耘治理成绩斐然，可以在**石漠化公园**里了解太平湖的前世今生。2018年，美国著名大地艺术家斯坦·赫德（Stan Herd）以彝族女性为原型，在此创作的亚洲首幅作品《太平公主》完工，成为小镇的标志性景观。这里不但适合拍照，也有越野摩托、小黄鸭、花海滑道等游玩项目，景区内的**太平湖森林木屋酒店**有独栋木屋、高级房车、野奢帐篷等多种选择。

◆见368页地图◆地址：红河哈尼族彝族自治州弥勒市弥阳镇太平水库旁◆门票：80元◆营业时间：8:30—18:00 微信公众号：弥勒太平湖国际生态旅游度假区

民族风采

阿者科古村

千万不要被元阳梯田随处可见的水泥蘑菇房迷惑，真正的哈尼族传统民居藏在景区深处的阿者科。蘑菇房一般以石材为基，土黄的墙身可达半米厚，用深棕色的茅草或稻草覆盖屋顶，远看好似一朵朵菌脚粗壮的蘑菇。房子底层圈养家禽牲口、堆放柴草农具，饮食起居都在二层，顶层阁楼则用于储存粮食，另一端筑有晾晒露台。

走进童话世界般的阿者科，你可以跟随清晰的路标，边逛村寨边了解哈尼文化，在视野开阔的观景台驻足远眺，或者深入周边的梯田，寻找拍摄村寨全景的最佳角度。村里有小吃店和餐馆，价格不菲的原舍阿者科酒店提供高端食宿，住客可免门票。

◆见342页地图◆地址：红河哈尼族彝族自治州元阳梯田景区内◆门票：30元◆营业时间：8:00—18:00 微信公众号：阿者科Azheke

可邑小镇

可邑是彝族支系阿细人生活了近400年的家园，"可邑"在阿细语中指吉祥如意的地方。走进古村随处可见彝族文化气息，土黄的屋墙上画着阿细跳月（彝族三弦舞）不同年龄段的舞步，你也有机会看村民亲自跳一场欢快的舞蹈。在**民族博物馆**里可以详细了解阿细人的分布、起源、迁徙、发展历史、生产生活场景，以及《阿细先基》（阿细人的一部宏伟史诗）、阿细跳月、火把节等民俗文化。景区内还有

阿者科

2公里木栈道穿行于山林之间，山顶立着一头威武的石老虎守护村落。

◆见368页地图◆地址：红河哈尼族彝族自治州弥勒市西三镇◆门票：40元◆营业时间：8:00—16:30 微信公众号：弥勒市可邑小镇景区

艺术园区

东风韵

作为"网红"打卡地，这里确实很上镜，尤其是艺术家罗旭原创的一系列红砖结构建筑。万花筒艺术交外形既像酒瓶又似火焰，将弥勒的红酒与彝族文化巧妙结合，馆内陈列的上千个表情各异的陶俑源自罗旭的作品《千人合唱团》。走进旁边的小

蚁工坊

镇博物馆，你可以了解景区的前身——东风农场的渊源，以及当年农垦知青的生活，尤其让人动容的是一整面墙的农垦人花名册，馆内还用照片记录了几座核心建筑的设计施工过程。

站在**国际艺术中心**的观景平台，可将浪漫花海尽收眼底。景区有观光车、共享电动车代步，沿花海小路和湖边栈道漫步更适合随时拍照。小镇内有精品酒店、音乐餐厅、商业街区、旅拍服务等丰富业态，玩累了在这里享用下午茶也不错。在小镇可以远远看到云南红酒庄的大牌子，两者相距不到3公里，有联票优惠。

◆见368页地图◆地址：红河哈尼族彝族自治州弥勒市葡萄观光大道◆门票：80元◆营业时间：8:00—18:00◆微信公众号：东风韵

蚁工坊

云南艺术家罗旭继昆明土著巢、弥勒东风韵（见349页）之后的又一作品。他变废为宝，将一片破败老窑里的垃圾山坡打造成独特奇美的艺术园区。蚁工坊正如其名，这里的建筑和雕塑几乎都以蚁穴为灵感，色彩鲜亮、风格前卫，和东风韵一样适合拍照，但规模要小得多。这里有吃有住有咖啡喝，还可欣赏艺术、体验制陶，是亲子游的不错选择。

◆见366页地图◆地址：红河哈尼族彝族自治州建水县临安镇龙窑生态城内◆门票：40元，艺术展馆每馆10元，通票50元，入住客房享门票免费◆营业时间：3月至10月9:00—21:00，11月至次年2月9:00—20:00◆微信公众号：建水蚁工坊

古镇村寨

建水古城

元灭大理国后设建水州，大量迁入的汉人积极推广儒学、修建文庙，明清两代，建水人才蔚起，被冠以"滇南邹鲁""文献名邦"的美誉。明洪武年间，临安府治迁至建水，筑起砖墙和四座城楼，古城的基本格局保留至今，城内不少经典建筑也都建于此时。"金临安，银大理"，曾与大理相提并论的建水，如今虽名气稍逊，却难得地保持着一片古朴宁静。

一条临安路横穿古城，东起标志性建筑**朝阳楼**（见357页），串起**学政考棚**（见357页）、**临安府署**（见357页）和**建水文庙**（见357页），**朱家花园**（见356页）则在历史上出过很多文化名人的翰林街上。除了游览这几处收费景点，建水古城也很适合随意走街串巷，逛逛朱德旧居和几座书院、寺庙，或者去寻找大小不一、造型各异的**古井**（见357页方框）。每逢春节等假期，建水各景点都会举办热闹的主题活动。

◆见342页地图◆地址：红河哈尼族彝族自治州建水县临安镇南庄段◆门票：免费◆营业时间：全天

石屏古城

与建水相比，石屏更加低调质朴且富有生活气息，公历逢五逢十的街天尤其热闹，古玩、草药等各色小摊被挤得水泄不通。古城形如龟背，东西南北四条主街在老州街前交会，若干条巷道

古镇村寨 **351**

石屏古城

纵横交错，其间遗存大量明清及民国时期的古建筑。这里的所有建筑都可免费参观，不过李恒升旧宅、石屏风常常大门紧闭，古城北边的石屏一中民国建筑群不再对外开放，只能从外面看看气派的牌坊式老校门。

石屏县博物馆（9:00—17:00，周一闭馆）所在的玉屏书院是清中后期石屏规模最大的文化教育中心，三进四合院恢宏大气，穿过玲珑华美的龙门，院内古树参天，展厅介绍了石屏的历史文化，尤其是重视教育、投资兴学的传统。紧邻博物馆的大方咖啡和屏缘别院环境和氛围都不错。向南即是古朴的**石屏文庙**，常有老人坐在院里打牌聊天，自得其乐。

袁嘉谷纪念馆（9:00—17:00，周二闭馆）位于南正街，这座清代建筑面积虽不大却非常精巧，二层展厅讲述了石屏名人袁嘉谷的传奇一生，他1903年考中经济特科一等第一名，授翰林院编修，曾任浙江提学使兼布政使、云南盐运使、东陆大学和云南大学教授，辛亥革命后回云南致力于学术研究，著述颇丰。

李怀秀李怀福非物质文化遗产传习所（8:00—12:00，14:00—17:00，周一闭馆）由一对彝族姐弟创办，二人曾获中央电视台青年歌手电视大奖赛原生态唱法金奖，多次在国内外演出。传习所以海菜腔、烟盒舞等"非遗"歌舞为主，辅以服饰、刺绣等彝族特色，还会不定期地举办演出。

石屏车站位于古城西北角，站房被辟为石屏故事主题餐厅，旁边崭新的车站是**石屏米轨小火车**的售票处和站台，紧挨着的**石屏铁路博物馆**（9:00—17:00，周一、周二闭馆）不仅以图文介绍了滇越铁路和个碧石铁路的历

石屏周边的彝族古村落

除了近郊的郑营村，石屏周边还有几座相对冷门的彝族古村落，公共交通不便，更适合自驾探访。

老旭甸村（石屏县牛街镇）有个更霸气的名字"化石村"，村里层层叠叠的土掌房民居都是用3.75亿年前的化石垒砌而成的。走近细看，可见墙上镶嵌着树枝、叶片、水生动物等各类化石，让人产生穿越的错觉。

慕善村（石屏县哨冲镇）是典型的花腰彝族聚居村落，花腰是云南彝族尼苏支系的一部分，妇女服饰艳丽精美。这里至今仍保留着花腰彝传统的语言文字、歌舞、手工刺绣等民族文化，每逢节庆还有烟盒舞和海菜腔表演。

贝贡村（建水县西庄镇）藏在建水与石屏交界的山岭丛林中，村民大多为彝族，"贝贡"是彝语山坳的意思。古村的看点在于黄墙灰瓦与雕梁画栋的建筑艺术，许多老宅久无人居，透着一种残败之美，但依稀可见孔氏家族当年的辉煌。

过桥米线之乡

蒙自是过桥米线的故乡，菜单上的米线分多种档次，配料越多价格越贵。传统吃法价格较高，更实惠的选择是跟着当地人去窗口自选配料，由店员烫好后，端起飘着菊花花瓣的高汤自助加米线。过桥米线的碗尺寸豪放，最高级别的碗大得堪比脸盆。

兴盛路上集中了多家米线店，城郊的**蒙自过桥米线小镇**反而略显冷清。米线店一般清早开门，下午三四点就收摊了，只有生意火爆的**火烧房子菊花米线**24小时营业。

上图：蒙自过桥米线

史，还展出等比复制的机车模型，以及机车零件、车票、书信等老物件。

◆见367页地图 ◆地址：红河哈尼族彝族自治州石屏县西山路 ◆门票：免费 ◆营业时间：全天

郑营村

明洪武年间，明军平滇后在宝秀镇驻防十二营盘，郑营就是其中之一。为响应朱元璋推行的"移中土大姓，以实云南"政策，郑姓、陈姓、武姓等汉人纷纷迁入，曾任个碧石铁路总经理、热心公益与教育的陈鹤亭，就是从郑营走出去的陈氏名人。如今600多年过去，三街九巷的古老格局未曾改变，各氏宗祠、民居合院保存完好。从村口沿青石板路前行，依次经过的陈氏宗祠、陈氏民居和郑氏宗祠三座建筑最为气派，繁复精湛的装饰值得驻足品味。有时间也可以在村里随意逛逛，古朴的民居、悠闲的百姓、怡人的田园，皆可入镜。

◆见367页地图 ◆地址：红河哈尼族彝族自治州石屏县宝秀镇赤瑞湖畔 ◆门票：免费 ◆营业时间：全天

城子古村

城子古村有600多年历史，上千座彝族土掌房依山而建，层层叠叠十多级，左右毗连，户户相通，你家屋顶便是我家庭院，犹如迷宫一般。村子最高处的**城子村史馆**原为昂土司府遗址，正是明代昂土司府的存在，使城子成为当时滇东南政治、经济、文化中心之一。将军府是全村规模最大的土掌房，穿过四合院顺着木梯爬上屋顶，整个城子村一览无遗。村口有农家院提供简单食宿，可以尝尝地道的苦荞粑粑。

◆见368页地图 ◆地址：红河哈尼族彝族自治州泸西县永宁乡 ◆门票：古村维护费20元 ◆营业时间：全天

文化与展演

西南联大蒙自分校纪念馆

南湖东北角的这栋黄色洋楼，曾是蒙自开埠通商后开设时间最长、影响力最大的哥胪士洋行，后来用途几经变化，其中最值得纪念的是作为西南联大校舍的短暂历史。西南联大成立之初，因昆明校舍不敷使用，文学院、法商学院于1938年4月迁至远离战火的蒙自，合并为文法学院，又称西南联大蒙自分校。闻一多、朱自清等文人学者曾在此学习生活，学生们还成立了南湖诗社，令这座边陲小城一时书香浓厚。纪念馆详细介绍了联大历史、蒙自分校的办学历程、对蒙自近现代发展产生了深远影响。街边挂着游客中心牌子的实为一家复古咖啡馆，有联大主题的文创纪念品出售。

◆见368页地图◆地址：红河哈尼族彝族自治州蒙自市南湖北路哥胪士洋行旧址◆门票：免费◆营业时间：9:00—17:00，周一闭馆

蒙自西南联大先锋书店

2023年，先锋书店在蒙自南湖竖起一座文化新地标，西式钟楼建筑与联大纪念馆交相辉映，每逢整点沉稳庄严的钟声回荡在南湖上。拾阶而上登临观景平台，能将湖畔风光尽收眼底。暮色渐起，平静的湖面映着书店昏黄的灯光，不禁让人想起联大师生在这里挑灯夜读的岁月。店内设有联大主题图书区，也能找到不少与滇越铁路、云南历史文化相关的书籍。文创区除了卡通版闻一多等联大主题创意产品外，还有蒙自明信片和"非遗"手工艺品等。

◆见368页地图◆地址：红河哈尼族彝族自治州蒙自市南湖湖心岛◆门票：免费◆营业时间：10:00—21:00 微信公众号：独立先锋

望云传统文化博物馆

这座中西合璧的宅院是蒙自富绅周柏斋建于1916年的私宅，俗称周家大院。抗战时期这里曾被用作西南联大蒙自分校的女生宿舍，如今被一位名叫黄金的蒙自收藏爱好者打造成传统文化博物馆，十余个展厅涉及文玩、家具、匾额、石刻、书画瓷器、竹木牙雕等，千余件古代艺术品全部为私人所藏，其中陈列在石刻厅中央的明永平公主墓志铭和唐代楷书八棱经幢，是馆主重金拍

蒙自南湖文化漫步

市中心一汪32万平方米的湖面，为蒙自增添了不少灵气。湖中众多亭台楼阁，都抢不走岸边几座洋楼的风华。在南湖赏景的同时，不妨用一场文化漫步串起这些承载着蒙自历史的老建筑。

从南湖北岸的老城区开始，先找一家越南小吃或新安蘸水卷粉填饱肚子，逛逛香火旺盛的**玉皇阁**和藏品丰富的**望云传统文化博物馆**（见本页）。然后沿承恩街向南，穿过南湖北路，走上贯穿南北的中堤，左转便来到湖中央的**瀛洲亭**，这座六角攒尖顶楼阁式三层重檐亭始建于清康熙年间。继续向前到湖心岛后右转，沿南湖南路东行百余米，右手边的**蒙自海关旧址历史陈列室**（9:00—16:30，周一闭馆）是中法战争后云南开设的第一个海关和中国第一个邮局所在地。旁边鱼水路上的**法国驻蒙自领事府旧址**（周二至周日8:30—17:30，周一11:30—17:30）现为蒙自市文化馆，建筑外墙有一些图文展板。海关旧址对面湖边的**法国花园**曾经开过红酒庄，现已闲置。沿海关路从南湖南路走到北路，迎面就是值得好好参观一下的**西南联大蒙自分校纪念馆**（见352页）。最后从南湖北路回到湖心岛，在**蒙自西南联大先锋书店**（见本页）徜徉书海、喝杯咖啡、淘些文创纪念品。

上图：蒙自南湖

个旧市博物馆的锡矿石

文山少数民族节日

彝族花脸节 公历7月18日至8月18日，普者黑景区和丘北县城会举办持续一个月的节庆活动，包括开幕式文艺表演、祭祀仪式、篝火晚会、放荷灯等，当然少不了抹花脸狂欢。

苗族花山节 花山节是悼念苗族祖先蚩尤的日子，通常在农历正月初一到十五进行，届时将举办立花杆、爬杆夺魁、跳芦笙舞、斗牛、山歌对唱等热闹的比赛和活动。

壮族三月三 农历三月的第一个属虎、属龙、属马日举行，是壮族最隆重的节日，有对唱山歌、抛绣球、跳竹竿舞、打扁担等习俗，可以品尝祭竜粑粑，观看原生态歌舞表演。

得的镇馆之宝。

◆见368页地图◆地址：红河哈尼族彝族自治州蒙自市老城区武庙街◆门票：免费◆营业时间：9:30—12:00，13:30—17:00，周一闭馆

红河州博物馆

这里是全面了解红河历史和民族文化的好地方。沿旋转步梯先到顶层，自上而下参观。三层历史文化展厅以时间为序，展品从史前化石、原始工具，到青铜器、陶瓷器，再到与马帮、滇越铁路、个碧石铁路、云南锡业相关的近现代文物，丰富厚重。二层民族文化展厅通过多彩的艺术陈列和场景复原，展示了红河州各世居民族的服饰、建筑、手工艺、乐器等特色文化，信息丰富的数字化互动设备值得坐下来好好浏览一番。一层综合介绍全州多元文化、地理信息、历史沿革、旅游资源和"非遗"传承等内容。

◆见368页地图◆地址：红河哈尼族彝族自治州蒙自市天马路65号红河广场西侧◆门票：免费◆营业时间：9:00—17:00，周一闭馆◆微信公众号：红河哈尼族彝族自治州博物馆

个碧石铁路陈列馆

这座法式建筑曾是个碧临屏铁路公司的总部办公楼。个碧临屏铁路是个旧—碧色寨—临安（建水）—石屏的寸轨铁路，也称个碧石铁路，全长177公里，于1915年动工，1936年全线通车，直到1991年停止运营。个碧石铁路是全国唯一一条民营铁路，滇越铁路通车后，法帝国主义大肆掠夺云南锡矿资源，个旧爱国民族实业家集资独立自主修建了这条铁路。

如今，建筑内部开着洋气的法国楼餐厅，但陈列馆的部分被完整保留，楼外便是个旧站旧址。有兴趣的话还可到湖对面的**个旧市博物馆**（9:00—12:00，14:00—17:00，周一闭馆）了解百年锡都的历史。

◆见369页地图◆地址：红河哈尼族彝族自治州个旧市金湖西路163号◆门票：免费◆营业时间：10:00—17:00

文山州博物馆

博物馆一层为城市规划馆，二层设"文山记忆""铜鼓故事""多姿民族"三个固定展厅，三层为临时展厅。全面介绍了文山的历史文化、风土人情、三七产业（文山三七是当地特有的一种中药材），以及壮、苗、

建筑与古迹

彝、瑶、回、傣等民族各具特色的传统服饰、民居建筑、节日庆典等。

文山被称为"铜鼓之乡",在铜鼓展厅可以看到文山出土的各种不同类型的铜鼓,有的原始古拙,有的纹样精美,铜鼓在当地少数民族社会生活中发挥着重要作用,壮族、彝族铜鼓舞被列为第一批国家级非物质文化遗产。此外,酷似生动表情包的西汉时期"人面鱼形四鸟纹青铜当卢"也很有特色。

博物馆所在的华龙湖适合休闲散步,登上城郊的**西华公园**和**文笔塔**可俯瞰文山城景。

◆见343页地图◆地址:文山壮族苗族自治州文山市华龙东路与华龙南路交叉口◆门票:免费◆营业时间:9:00—17:00,周一闭馆

建筑与古迹

碧色寨

滇越铁路与个碧石铁路在碧色寨交会,从1910年滇越铁路通车以来的30多年间,碧色寨车站作为两条铁路的转运站,是当时地位超过昆明的唯一特级站,每天停靠40余对列车,云南85%以上的进出口物资都要在此集散。国内外商号、公司应运而生,大城市见不到的西洋生活,在碧色寨的小山村却很常见。直到1940年日本占领越南,中国政府下令拆除碧色寨至河口段铁轨,炸毁中越铁路大桥,以防日本沿滇越铁路侵犯中国。1959年10月,蒙自至碧色寨段的寸轨铁路也被拆除,碧色寨降为四等小站。

直到《芳华》《我们的西南联大》等影视剧在碧色寨取景,旅游公司打造滇越铁路历史文化公园,才赋予了老站新生。尽管风光不再,但你仍能在两座老车站和众多历史建筑中看到曾经的辉煌。**滇越铁路碧色寨车站**和对面的**蒙自海关碧色寨分关旧址**是热门拍照打卡地,跟着路标朝个碧石铁路碧色寨车站的方向走,沿途会经过多座旧址、寸轨小火车,以及中国第一座红土网球场。

景区不可免俗地打造了一条商业街,会舍过桥米线馆、安南咖啡、梵间人文艺术酒店品质不错,铁路另一侧和美食广场则多是当地人经营的小吃生意。

◆见368页地图◆地址:红河哈尼族彝族自治州蒙自市草坝镇◆门票:免费◆营业时间:全天◆微信公众号:碧色寨景区

沙甸大清真寺

沙甸是云南著名的回族聚居区,拥有我国西南地区规模最大的清真寺。沙甸大寺始建于清康熙年间,曾为宫殿式建筑,经过历代重修扩建,如今具有浓郁的伊斯兰建筑风格,绿色的圆顶下,大殿宏伟空旷,四周宣礼塔高耸。非礼拜者不能进入大殿,可在站门口观望、拍照,光洁的大理石地面映射出明亮的拱窗与穹顶,如果正逢宣礼时分,气氛更加肃穆。注意着长衣长裤前往参观。

到沙甸可顺便游览大寺附近的**鱼峰书院**,这座始建于清光绪年间的书院,百年来桃李芬芳,现为州图书馆沙甸分馆。

沙甸大清真寺

◆见369页地图◆地址:红河哈尼族彝族自治州个旧市正道路与团结路交叉口◆门票:免费◆营业时间:晨礼至宵礼◆微信公众号:沙甸大清真寺

团山民居

乘观光小火车体验米轨

　　国际标准铁轨宽度是1435毫米，而滇越铁路宽仅一米，故称"米轨"，个碧石铁路初建时宽0.6米，按当时测量单位为6寸，故称"寸轨"，1970年也改为米轨。你可以在云南铁路博物馆、石屏铁路博物馆（见351页）和个碧石铁路陈列馆（见354页）了解更多关于这两条铁路的传奇故事。如今，个碧石铁路沉寂多年，滇越铁路昆明—河口段也只剩几趟货车在跑，不过你可以在建水—石屏段、开远—大塔段乘坐鲜艳复古的观光小火车体验米轨。

建水古城小火车（往返硬座/软座100/120元，旺季120/150元，详见同名微信公众号）由建水临安站出发，在双龙桥、乡会桥停靠20—30分钟，可匆匆游览两座古桥和法式风格的乡会桥车站，到团山站后有充足的时间参观民居，返程直达不停车。每天开行两趟，全程4—5小时。即使不坐小火车，也可到离古城不远的临安站逛逛，或乘坐19路公交去十七孔桥（双龙桥）、乡会桥、团山，这样游览没有时间限制，还可在乡会桥或团山的精品客栈安静地住上一晚。

石屏米轨小火车（票价80—150元，旺季100—170元，按不同线路分单程/往返/联票，详见同名微信公众号）的最大亮点是沿途可以观赏异龙湖（见348页）的美景，乘客也比建水少，尤其是节假日期间。2024年元旦，全新升级的火车线路可花约4小时串起石屏与建水一线，途经仁寿村站、龙井站、坝心站、临安站、团山站。

开远市南北轨道交通列车（往返硬座/软座20/50元，详见同名微信公众号）价格更加亲民，工作日每天开行两趟，周末及节假日加开一趟。由开远站始发，中途停靠5站，终到大塔站，往返约2小时。其中1909广场附近有一片花海，七孔桥经南洞至大塔一段，则是滇越铁路穿越崇山峻岭的缩影。◆

团山民居

　　团山是典型的家族聚居村落，难得完好地保存了19世纪的传统民居和乡村风貌，入选《世界纪念性建筑遗产保护名录》。全村以张姓为主，明洪武年间，原籍江西的张福到临安经商，几经辗转定居团山。清光绪年间，张氏后裔前往个旧开采锡矿，积累了一定财富后，便回乡建盖豪宅。如今仍能从这些民居建筑规整的形制、飞翘的檐角、精巧的装饰中看出当年大户人家的气派，随处可见的木雕、石雕、砖雕寓意深远，楹联和诗词书画格调高雅，值得细细品味。

　　张家花园是仅次于建水古城朱家花园（见本页）的又一座大型民居，除了传统的居室、花园、祠堂外，还有独立的碉堡和寨门，堪称城堡式私家园林。园内的**团山村史馆**介绍了张氏族人的"百忍"家风。循着地图和路标绕一圈，可以看遍北寨门、留苑、张氏宗祠、皇恩府、司马第、古井等精美建筑。

　　张家花园旁的结庐客栈背靠参天古树，幽静雅致，云上乡愁书院内开设乡愁餐厅，村民也经营实惠的食宿店铺，售卖蒲团、竹编等手工艺品。

◆见367页地图◆地址：红河哈尼族彝族自治州建水古城以西13公里团山村◆门票：35元◆营业时间：8:00—18:00◆微信公众号：建水团山民居

朱家花园

　　朱氏家族是建水历史上有名的富商巨贾和权势豪门，清末发迹，农工商宦并举，两代人历时30余年打造出这座豪宅，214间屋舍围着42个天井，宗祠、戏

建筑与古迹 357

台、园林、水景应有尽有，纵四横三的布局精巧玲珑，木雕、对联、字画等装饰华丽繁复，不愧为"滇南大观园"。宗祠后方，古朴的戏台虚悬于一汪碧水之上，池周有24幅精美的石雕。怀远厅里的展览讲述了朱家的百年沧桑，西侧展厅则有建水古井介绍。

朱家花园内的水井颇有讲究，井壁上开有小孔，据说过去井水沿小孔汩汩流淌出来，似乎印证了民间"水即是财"的风水之说。然而朱家的财运并未持续太久，军阀混战时，朱朝瑛兄弟先是参与辛亥临安起义，后又逆潮而动，终因支持袁世凯而使整个家族迅速衰落。

◆见366页地图◆地址：红河哈尼族彝族自治州建水古城翰林街16号◆门票：35元◆营业时间：8:00—19:00◆微信公众号：建水朱家花园 临安府署

建水文庙

这里始建于元代，后经50多次扩建，成为全国第二大文庙。步入六进式院落，主要建筑沿南北轴线纵深分布。先师殿内悬挂着清朝八代皇帝御题的匾额，屏门木雕栩栩如生。文庙内的子建书屋有针对青少年的多种体验项目，节假日期间的实景演出、礼乐演奏、儒家三礼等活动办得有声有色，每年9月28日孔子诞辰日的祭孔大典最为隆重，当天文庙通常免费开放。

◆见366页地图◆地址：红河哈尼族彝族自治州建水古城临安路268号◆门票：40元◆营业时间：8:00—18:30◆微信公众号：建水文庙

临安府署

俗称临安府街，明清时期一直是临安府府治所在，管辖建水、石屏、蒙自等多个州县和土司掌寨。府署始建于明洪武年间，沿用至清末民初，经历过六次较大规模维修，现有建筑为2016—2019年在原址基础上恢复而成，其中府署大门和大堂卷棚为清代遗存。

◆见366页地图◆地址：红河哈尼族彝族自治州建水古城临安路184号◆门票：32元◆营业时间：8:00—18:30◆微信公众号：建水朱家花园 临安府署

学政考棚

始建于清康熙年间，是云南保存最好的一座古代考棚，在全国也不多见。云南省最高教育行政长官提督学政定期到此，集中临安、元江、开化（今文山）、普洱四府考生举行院试，即科举前的预备考试。建水自古尊师重教，英才辈出，科举考试中榜考生常占云南的半数之多。如今这座考棚变身科举博物馆，详尽展示了古代科举制度和当地科举文化。逛累了可在门口的眼帘咖啡兼书屋小坐。

◆见366页地图◆地址：红河哈尼族彝族自治州建水古城临安路134号◆门票：20元，与朝阳楼联票30元◆营业时间：9:00—17:00◆微信公众号：建水学政考棚

朝阳楼

始建于明洪武年间，为三重檐歇山顶结构，巍峨矗立于古城东门（迎晖门）之上，当地人习惯称其为东门城楼。城楼东面

走街串巷寻古井

明洪武年间，大批军屯士兵和汉族移民迁入建水，带来了凿井技术。而后随着商贸繁荣、人口增长，水井普遍出现在建水古城的街头巷尾，清洌的甘泉一年到头取之不竭，很多水井沿用至今，青石井圈被绳索勒出道道深痕，井台也被岁月打磨得光滑铮亮。即便自来水通达家家户户，打井水仍是建水人不可或缺的生活日常和精神信仰。

建水古城内外有大小水井百余口，"龙井红井诸葛井，醴泉（东井）渊泉（小节井）溥博泉（大板井）"，这副对联囊括了其中的六口名井，除红井被填埋以外，其他几眼都保存完好，可以逐一寻访。古井也不都是普通的圆井，还有两眼井、三眼井、四眼井、方井、月牙井等多种形制。如果想展开地毯式搜索，不妨先在朱家花园（见356页）的古井展厅做一番功课。

建水古井之冠非西门外的大板井莫属，这口直径2.7米的大圆井，永远围满打水的百姓和打卡的游人。大板井里常年养着"守井鱼"监测水质，好水出好豆腐，建水豆腐名声远扬，大板井功不可没。井旁的曾记板井豆腐坊始创于清光绪年间，如今已传至第六代，你可以在这里畅饮鲜豆浆、品尝各类豆制品、参观豆腐制作过程。◎

探索

建水紫陶

建水紫陶为中国四大名陶之一，集书法、绘画、雕刻、镶嵌、烧制等工艺于一身，讲究"阴刻阳填，断简残贴，无釉磨光"，兼具实用性与观赏性。到了建水一定要逛逛紫陶店，古城内的翰林街和临安路西段有不少紫陶店，想深入了解不妨去古城外的博物馆、生产基地和私人陶庄逛一逛。

建水紫陶博物馆（免费，9:00—11:30和14:00—17:30，周一闭馆，微信公众号：紫陶博物馆）详细展示了建水紫陶的历史文化、工艺技术、发展成果和未来规划，也涉及建水古城的历史沿革和"非遗"项目。博物馆所在的紫陶里街区是以紫陶为主题的文旅综合体。

碗窑村在紫陶街（见本页）西北口对面，是建水紫陶的发祥地和主要产地，约1公里长的街道两旁，尽是陶坊、陶艺工作室、艺术馆、体验馆，可以买到各种类型和档次的紫陶产品。碗窑村还有一座132米长的百年龙窑，至今仍在烧制。

贝山陶庄（门票30元，8:30—20:00）位于城郊，由紫陶大师向炳成花费十余年设计建造，整座陶庄由紫陶和石块搭建而成，犹如一座有着异域风情的古堡，非常适合拍照，站在高处可眺望建水的城市风貌。

上图：建水紫陶

高悬的"雄镇东南"四字刚健有力，西面的"飞霞流云"则潇洒俊逸。登上城楼，近可俯瞰建水古城，远可眺望文峰塔。城楼内展有百年前法国驻滇总领事方苏雅（Auguste Francois）拍摄的老照片。

◆见366页地图◆地址：红河哈尼族彝族自治州建水古城临安路东端◆门票：15元，与学政考棚联票30元◆营业时间：8:00—21:00

街区

紫陶街

广慈湖畔的紫陶街曾是建水工艺美术陶厂，变成商业街区后，最初只有展示售卖紫陶的店面，随着各类美食商家入驻，这里逐渐成为热闹的美食街。这里晚上比古城还要热闹，夜市小吃摊布满整个街区，从建水特色的烧豆腐、草芽米线、烧烤，到传统糕点狮子糕、燕窝酥、冬瓜茴饼，再到各地小吃、水果和饮品，应有尽有，琳琅满目。吃饱喝足后正好逛逛小店，到广慈湖边漫步消食。

◆见366页地图◆地址：红河哈尼族彝族自治州建水县紫陶大道与永祯路交会处◆门票：免费◆营业时间：全天

供销记忆

建水供销集团打造的集住宿、餐饮、沉浸式购物于一体的供销文化体验园，从外到内的布置都充满年代感。供销食堂墙上装饰着黑板报、奖状、磁带、明星海报，生活超市还原了乡镇供销社的面貌，连女店员都身穿老式制服、扎两根麻花辫，整墙的黑白电视和小人书，让人瞬间回到20世纪80年代。园区还有供销旅社和老电影院，文化墙上的一块块招牌是专属于建水人的回忆杀。这里不仅可以吃、住，也非常适合拍摄复古大片。

◆见366页地图 ◆地址：红河哈尼族彝族自治州建水县迎晖路149号 ◆门票：免费 ◆营业时间：园区全天开放，生活超市9:00—22:00

南正街

开远旧称"阿迷"，位于滇越铁路昆河段中点，曾是重要的交通枢纽和工业城镇。南正街承载着开远的悠久历史，如今围绕九天阁、阿迷县立中学牌坊等遗迹，打造了仿古建筑和米轨站台，还有一座**滇越铁路历史文化陈列馆**（免费，9:30—11:30、13:30—17:30和18:30—20:30）。晚上的夜市尤其热闹。

开远的**观光小火车**（即开远市南北轨道交通列车，见356页方框）比建水和石屏性价比更高，可在开远站乘坐。

◆见369页地图 ◆地址：红河哈尼族彝族自治州开远市灵泉西路与人民南路之间 ◆门票：免费 ◆营业时间：全天

口岸
河口

河口因地处红河和南溪河交汇处而得名，两条河流淌于中越之间，泾渭分明地汇入越南北部最大的河流。新建的国门联检大楼宏伟威严，从河边的**口岸花园**绕到桥头，可以和界碑合张影，打望**南溪河公路大桥**上往来穿梭的过境行人。远处与之平行的**中越铁路大桥**则冷清许多，只有几趟货车在米轨上穿越边境，桥头咖啡馆和餐馆的观景视野极佳。

河口的几处旧址建筑比较集中，建于1897年的海关旧址现为**同盟会河口起义纪念馆**（9:00—17:00，周一闭馆），院内有家老牌餐厅红河谷1897，菜品口味和装饰情调足以让你假装在越南。海关对面的**邮政大楼旧址**现为一家酒店。沿异域风情街走到东北尽头，是已变成餐厅的**河口站旧址**，走到站台还能看到米轨。河口对汛督办公署旧址稍远，位于河口镇人民政府院内，如今被辟为**河口县博物馆**（9:00—17:00，周一闭馆），两层展厅介绍了河口作为要塞边城的历史轨迹和民族风情，门口有一系列清代勘界时立下的界碑复制品。

走在滨河路上，抬眼便是对岸的越南老街市，想要拥有更高的视角可去城郊的**口岸森林公园**。口岸附近有许多越南特产小店，**中国·越南城**则是当地政府专为越南人修建的商贸区。有时间还可去离口岸12公里的边境旅游村**八条半**逛逛。

◆见342页地图 ◆门票：免费 ◆营业时间：全天

滇越铁路上的建筑奇观——人字桥

人字桥的官方名称为"昆河线135号桥"，因形似一个巨大的"人"字而俗称"人字桥"。1907年，滇越铁路工程在此遇到了世界级技术难题：要在相距约70米的两座绝壁之间、离谷底100米高处架设一座桥。据说当时法国工程师鲍尔·波丁（Paul Bodin）碰巧看到一把不慎掉落而插在地上的剪刀，人字桥的设计灵感由此而来。

整座桥没有桥墩，全靠钢板、槽钢、角钢、铆钉连接而成，结构极为精巧。工程历时20个月，由于没有大型施工设备，中国劳工只能身系长绳吊在崖壁上作业，800多人在架桥过程中不幸丧命。战乱期间，人字桥屡遭日军轰炸、国军强拆，难得完好保存下来，连一颗螺丝都未曾更换过。

如今只有当作朝圣，才能克服抵达人字桥的长途跋涉。从蒙自到河口有一条颇费周折但美景不断的路线：蒙自—和平乡—人字桥—湾塘乡—白寨—河口，想当天走完必得赶上首班车，沿途会经过彪水岩瀑布和白寨大桥。

热门食宿区域

不要错过
- 卤鸡
- 羊汤锅
- 葡萄酒

弥勒盛产葡萄酒，餐馆以杯卖红酒，红酒烤肉也不错。

古城老宅的高档民宿设计感十足，临安路中段的客栈性价比高，小桂湖、紫陶街方便逛夜市。

不要错过
- 过桥米线
- 越南小吃
- 新安美食

随处可见大方烤架烧豆腐，紫陶汽锅成就了汽锅鸡，草芽米线里的草芽还可凉拌、炒制、煮汤或烧烤。

建水 ¥¥—¥¥¥
- 交通便捷，住宿选择非常丰富，青年旅舍、特色客栈、精品酒店一应俱全。
- 旺季部分住宿价格较高，房源紧张。

不要错过
- 建水豆腐
- 汽锅鸡
- 草芽米线

除了过桥米线，蒙自一中附近还有地道的越南小吃店。新安所以蒸肉饭、蘸水卷粉、烧豆腐等著称。晚上可以到大树寨夜市边吃边逛。

根据不同农时，出产泥鳅和黄鳝、梯田鱼、田螺。多依树大部分民宿兼营餐饮，哈尼梯田小镇可观景用餐，胜村和新街物美价廉。

元阳梯田 ¥¥
- 精品民宿设有观景房，坐在窗前即可赏梯田和云海。
- 春节前后房价可能翻几倍，最好尽早预订。冬季早晚很冷，大多数客栈没空调，仅靠电热毯取暖。村寨里的住宿往往离公路和停车场较远。

看日出考虑普高老寨、黄草岭和多依树观景台，哈尼梯田小镇条件不错，胜村价格实惠，新街镇交通便利，后两者有机会赶集。

红河各地住宿选择的丰富度与旅游发展程度成正比，旅行者可以根据行程安排选择不同城市落脚。文山只有普者黑和坝美旅游业相对发达，住宿以当地民居改建的客栈、民宿、农家乐为主。住宿价格标准见171页。

在红河，各地米线的配料、吃法和口感各不相同，只有亲口尝了才知道。百年老宅和法式车站改建的高档餐厅，菜肴精致。

普者黑 ¥¥

😀 临湖区域的湖景房视野很好，住在核心景区里方便游玩。
☹ 7、8月旺季价格较高，淡季有些客栈会歇业。

住宿集中地在仙人洞村和普者黑村，精品客栈几乎都临湖，湖景房更贵，有些提供高铁站免费接送。丘北县城更实惠，季节波动不大。

普者黑

❤ 夏季以荷花、荷叶入菜，冬季吃藕，全年都有炸小鱼小虾。羊肉汤和牛肉汤适合烫米线或煮火锅，豆浆鸡火锅也不错。

不要错过
- 荷花宴
- 豆浆鸡火锅

坝美

❤ 坝美食材新鲜，荤菜主打腊肉、土鸡，红薯叶和干笋是当地特色，早餐推荐五色糯米饭。广南板鸭在云南享有盛名。

不要错过
- 农家菜
- 广南板鸭

文山 ¥

😀 各种档次选择众多，性价比较高。
☹ 普遍缺乏特色。

州府文山市有大量快捷酒店，适合中转落脚。

❤ 传统汽锅鸡里会加入三七，鲜香中略带苦凉。特色小吃椒盐饼酥脆爽口，老字号赵家椒盐饼店有多家分店。

不要错过
- 椒盐饼

不要错过
- 越南菜
- 云南菜
- 瑶族风味

❤ 有正宗的越南菜、云南菜和瑶族风味。不要错过滴漏咖啡和越南小吃，街边还有新鲜的热带水果。可到异域风情街、越聚小镇逛夜市。

旅行者推荐 INSIDERS' LIST

📝 场所

花窝窝客栈（二号院店）
- 18213637377
- 元阳县元阳梯田多依树黄草岭

浔·倾城湖畔旅行酒店（建水紫陶街店）
- 13987178893
- 建水县翠屏路延长线下段商17栋

拾壹静舍民宿
- 18537020772
- 石屏县石屏古城西正街州衙老街

红河官房大酒店
- 0873—3660999
- 蒙自市南湖南路8号

朴里全湖景精品客栈
- 19187622790
- 普者黑景区普者黑村

岸庐尚阁民宿客栈、岸庐咖啡
- 15087990002
- 普者黑景区普者黑村12号古井园情人桥旁

丽僬湖景轻奢民宿、丽僬咖啡Loustland coffee
- 19184178697
- 普者黑景区普者黑村小红坡组团

河口牧歌精选酒店
- 0873—3069488
- 河口县兴盛路槟榔家园3栋1号

老弥勒传统小吃（丽景店）
- 0873—6187889
- 弥勒市温泉路中段法院对面

髯翁森林公园休闲书吧
- 13308732953
- 弥勒市弥阳镇上清路髯翁森林公园商业街

豆豆屋·滇越故事餐厅
- 0873—3429200
- 河口县人民路3号异域风情街

瓦庐食府
- 19169391312
- 普者黑村牛头广场农耕时代客栈对面

两家亲牛肉馆
- 18887627839
- 普者黑景区仙人洞村117号

桥园老北桥米线馆（文山总店）
- 15126707595
- 文山市钟灵小区东一路16号

📖 书籍

《建水记》于坚 著 诗人于坚继《昆明记》后的又一本散文、摄影集，他从青年时代起就多次到建水，在大街小巷体悟这座古城的建筑、手艺、生活方式，探寻建水人为何至今仍能诗意地栖居。

《来自铁路的二十四封邮件》程新皓 著 艺术家程新皓从昆明出发，用19天走完滇越铁路云南境内的465公里，每走一公里捡一块铁路上的砟石，从不同角落给一位虚构友人发邮件，最终以24封邮件完成了对这趟特殊旅程的书写。

《石屏随笔》缪崇群 著 作者是第一位把个碧石铁路和石屏展示给全国人民的散文家。抗日战争爆发后，他辗转流亡到石屏，在省立石屏师范学校任教，本书记录了他在石屏一年多的时光。

🎬 影视

《芳华》2017 冯小刚导演，改编自严歌苓的长篇小说，讲述了文工团里几个正值芳华的青春少年的不同命运。电影里出现的火车站，正是蒙自碧色寨的百年老站。

《花腰新娘》2005 影片取材于石屏县哨冲镇彝族女子舞龙队的真实故事，以花腰彝独有的"三年不落夫家"的婚俗为背景，展现了丰富多彩的花腰彝民俗。

《屋顶足球》2023 云南一群喜爱足球的山区女孩，为实现梦想组建了一支非专业球队，在屋顶上训练，克服重重困难，最终迈向更阔的世界。影片主要取景地在泸西城子古村。

《三生三世十里桃花》2017 这部红极一时的古装玄幻剧，因其如仙境般唯美的画面使取景地普者黑名声大噪，同属丘北县的舍得草场也有取景。

实用信息

✈ 抵离红河

飞机

弥勒东风机场（0871-67091111）距弥勒市区约15公里，目前有前往腾冲、西双版纳、丽江、普洱等地的航线。

火车

2022年底弥蒙高铁开通运营，北连南昆高铁，南接玉河铁路。到铁路沿线城市旅行，火车要比汽车便捷许多。

建水站（见366页地图）建水与昆明之间有多班城际列车，经停玉溪，最快仅需2小时。从建水坐火车前往蒙自、弥勒、河口都很方便。

蒙自站（见368页地图）蒙自的老车站，昆明至河口的城际和普快列车在此经停，每天共4班。

红河站（见369页地图）蒙自城郊新建的高铁站，以直达弥勒、昆明、大理的动车为主，也有少数几趟城际列车经停，距蒙自站约10分钟车程。

河口北站（见367页地图）玉河铁路终点，每天有4班城际和普快列车往返昆明，途经蒙自、建水、玉溪。

弥勒站（见368页地图）位于城南约10公里处的高铁站，弥蒙高铁与南昆高铁在此交会，有较多车次往返昆明，到昆明南站和普者黑最快仅需半小时，到红河站也不到1小时，还可直达大理、丽江，以及广西壮族自治区和广东省的多地。

长途汽车

红河州内乘坐客运班车都可通过微信公众号"红交集团"查询购票，但需注意有些车站显示的班次并不完整。

元阳南沙汽车客运站（0873-5643485）南沙为元阳新县城所在，距离梯田景区约30公里，有密集班次往返建水，也有车到蒙自、昆明、红河、绿春、开远等地。距离梯田景区更近的老县城也有一个小站元阳新街汽车客运站，只有很少几班车到建水、蒙自和昆明。两站之间车程约1小时，拼车每人15元。

建水汽车客运站（0873-7653538）有密集班次往返元阳、蒙自、石屏、开远、昆明，还可到红河州各地以及普洱、景洪、文山。燕子洞景区专线车也在这里。

石屏汽车客运站（0873-4844768）连接建水、红河、蒙自、昆明、元江等地。注意去郑营村的班车不在这里，而在石屏陶村新区客运站。

蒙自汽车客运站（新站）（0873-3720829）位于天马路西段的新城区，有往返红河州各地和昆明的车。蒙自至个旧城际公交（10元，6:30—21:00，每20—30分钟1班）也在这里始发。

蒙自汽车客运北站（老站）（0873-3650531）在南湖北边的老城区，有往返蒙自各乡镇和文山的车。去草坝的城乡公交途经碧色寨（7元），返程需提前打电话，司机才会绕到景区门口接人。

河口汽车客运站（0873-3425859）位于城西5公里的北山路西段，往返蒙自的车最多，也可到昆明、建水、元阳。

弥勒汽车客运站 往返泸西滚动发车，也可到罗平、丘北、石林、蒙自、建水、昆明等地。

自驾

自驾游览元阳梯田虽然方便，但旺季观景台附近堵车是常事，各村寨的停车场也必定爆满，最好提前与店家确认。

碧色寨游客中心停车场距离景区较远，需花20元乘坐观光车，自驾不妨绕到景区北口的私人停车场，下车步行200米即到景点。

✈ 抵离文山

飞机

文山砚山机场（见343页地图；0876—3896069）文山机场位于砚山县，距普者黑所在的丘北县80多公里，距文山市区30多公里，并不方便。除昆明外，还与重庆、广州、深圳通航。

火车

南昆高铁在文山州设普者黑、广南县、富宁三站，与昆明、大理、弥

红河建水古城双龙桥

文山八宝镇金色稻田

勒及广西壮族自治区和广东省多地均有动车直达。文山至蒙自的铁路已于2024年1月开工建设。

普者黑站 火车是抵达普者黑最便捷的方式，从昆明南站出发最快仅需1小时。

广南县站 与普者黑站相邻，两站之间仅需半小时车程，去坝美可先坐动车抵达广南县。

长途汽车

文山州内乘坐客运班车都可通过微信公众号"文交行"查询购票。

丘北汽车客运站 （0876—4127176）位于丘北县城，有密集班次往返文山市，也有车到红河州的蒙自、开远、弥勒、泸西等地。

普者黑铁路汽车客运站 在丘北县城以南10多公里的普者黑高铁站旁。大部分车从丘北汽车站开出后会在这里经停，两站票价相同。

文山北桥汽车客运站（总站） （0876—2140115）文山往返丘北、砚山的车在此停靠。

文山城北客运站 （0876—2123698）有开往红河州的蒙自、建水、河口等地的车。

自驾

自驾可从昆明经石林、弥勒，或从红河州各地经开远抵普者黑，省外可从贵州方向经罗平、从广西方向经广南抵达。

普者黑景区大门禁止自驾车通行，不必理会守在那里索要带路费的当地人，直接选择住宿所在的仙人洞村或普者黑村导航即可，各有一条路可绕进村子。旺季最好提前与店家确认是否方便停车。

红河州内交通

公交车

建水 的公交系统对旅行者最友好，连接起火车站、汽车站、古城、团山，可在公众号"建水公交"查询实时动态。

河口 仅有1班从火车站开往口岸的单向公交，且每趟火车抵达时只有1辆公交接客，想坐公交出站要迅速。

弥勒、石屏 等小城公交站牌上的线路和首末班时间可能不准，最好多向当地人打听确认。

出租车和网约车

红河州大多城市打车都很方便，只有在河口网约车是行不通的，好在出租车已改为规范打表，7元起步，火车站往返国门口岸15—16元。

自行车和电动车

建水古城至团山一线 很适合边骑边玩，可在古城附近的客栈或租车行租电动车和自行车。

石屏异龙湖环湖一周 铺有自行车道，可在湿地公园入口处租自行车。

共享电动车在红河比较普及，很多火车站和景区门前都有停放点，行李不多时非常方便。

包车

元阳梯田各景点较为分散，多靠本地面包车解决，人多时包车游览更为高效划算，每家客栈都能帮忙联络。当地司机对取景点和拍摄时段的信息了如指掌，说不定能提供靠谱的摄影建议。

文山州内交通

公交车

丘北8路 连接起普者黑高铁站和景区，普通车5元，空调车10元，途经游客中心、猫猫冲村、双甲山码头、天鹅湖南口、白脸山村、景区大门、仙人洞村口，终到普者黑村口的普兴桥，全程30—40分钟。

丘北3路 在手机地图上查不到，但非常实用，往返于丘北县汽车客运站和普兴桥之间，在景区内的路线与8路车相同，只需3元。

两趟公交车都是8:00—18:00每半小时1班，旺季可能不准，如需赶火车最好多留些时间。

文山市有多条公交线路，票价2元。

出租车和网约车

从普者黑高铁站去景区的普者黑村或仙人洞村，出租车一般不打表，要价70—80元，和包车基本相同，网约车通常要便宜些。

景区内是观光车（92元/天，10元/次）和马车（5—10元/人，记得讲价）的天下，出租车和网约车都不容易打到。

文山市内打车很方便，去机场需80—100元。

自行车和电动车
普者黑景区适合骑行，普者黑村和仙人洞村有多家租车行，提供不同车型的电动车，按小时/半天/全天计费，自行车则不多见。

机场大巴
文山市区固定站点为交通宾馆，也可上门接送，票价20元，班次较少，可在"文交行"公众号预约。

包车
在普者黑包车游览是更舒适便捷的选择，旺季时有很多到处拉人的司机，往往漫天要价，最好找客栈老板推荐，提前确认好线路、时间、门票等细节。

从普者黑包车往返舍得草原需500—600元。

旅行信息

微信公众号
文山文旅 发布关于文山州的旅游信息，包括美食、景点、住宿。

红河文旅 提供关于红河州的旅行信息。

天气
不要被元阳天气预报的高温误导，那是海拔仅300米的县城南沙的气温，梯田景区海拔在1900米左右，温度低至少10℃，且昼夜温差大，保暖衣物是必需的。

靠近越南的河口气候更像东南亚，闷热潮湿，需要比红河州其他城市穿得更清凉。

普者黑的有轨电车
普者黑拥有全国首条县级有轨电车，从高铁站出发，一条线路开往游客中心，另一条进入丘北县城。原定票价15元，执行3折优惠只需4.5元。

乘坐宽敞明亮的有轨电车一路观光，20分钟就能到景区，听起来很不错，但终点站游客中心距离核心景区还有10余公里，不想坐昂贵的观光车或私家车，可在有轨电车售票处直接买含接驳车的联票（15元，在游客中心换乘到普者黑村或仙人洞村村口的接驳车），或在游客中心门口的公交车站乘坐由高铁站或县城开往普兴桥的公交车，但不是所有车都会绕到这里接人，可能需要等待很久。如果不是非要体验有轨电车，从火车站直接坐8路公交到村口是更好的选择。

节假日
红河会在哈尼族矻扎扎节和彝族火把节时放假，文山则在壮族"三月三"和"闹兜阳"民族节期间放假，两个州还都会在"州庆"（红河为11月18日，文山为4月1日）公休2天。想要参加热闹的庆典活动，建议提前规划好行程。

建水古城

- 景点
- 餐饮
- 住宿

至供销记忆(200m);
建水站(6.4km)

建水小火车临安站

至紫陶街、碗窑村(1km);
蚁工坊(3km)

朝阳楼

小桂湖

朱家花园

建水文庙

学海

学政考棚

临安府署

曾记板井豆腐坊

大板井

至双龙桥(3.5km);
乡会桥(6.5km)

南环路

滇东南地图

滇东南地图 **367**

蒙自城区

- 玉皇阁
- 望云传统文化博物馆
- 西南联大蒙自分校纪念馆
- 蒙自西南联大先锋书店
- 法国花园
- 蒙自海关旧址历史陈列室
- 法国驻蒙自领事府旧址
- 瀛洲亭

南湖
南湖公园

至蒙自汽车客运北站(300m);
碧色寨(11km);
红河站(17km)

至红河州博物馆(2.5km)

至蒙自站(3km)

弥勒周边

- 可邑小镇
- 锦屏山
- 太平湖森林小镇
- 弥勒
- 湖泉生态园
- 城子古村
- 东风韵

昆明市　泸西
红河哈尼族彝族自治州

开远个旧

滇东南地图

| 景点 | 餐饮 | 住宿 |

- 开远 — 南正街
- 沙甸大清真寺
- 红河站
- 个旧 — 个碧石铁路陈列馆
- 蒙自

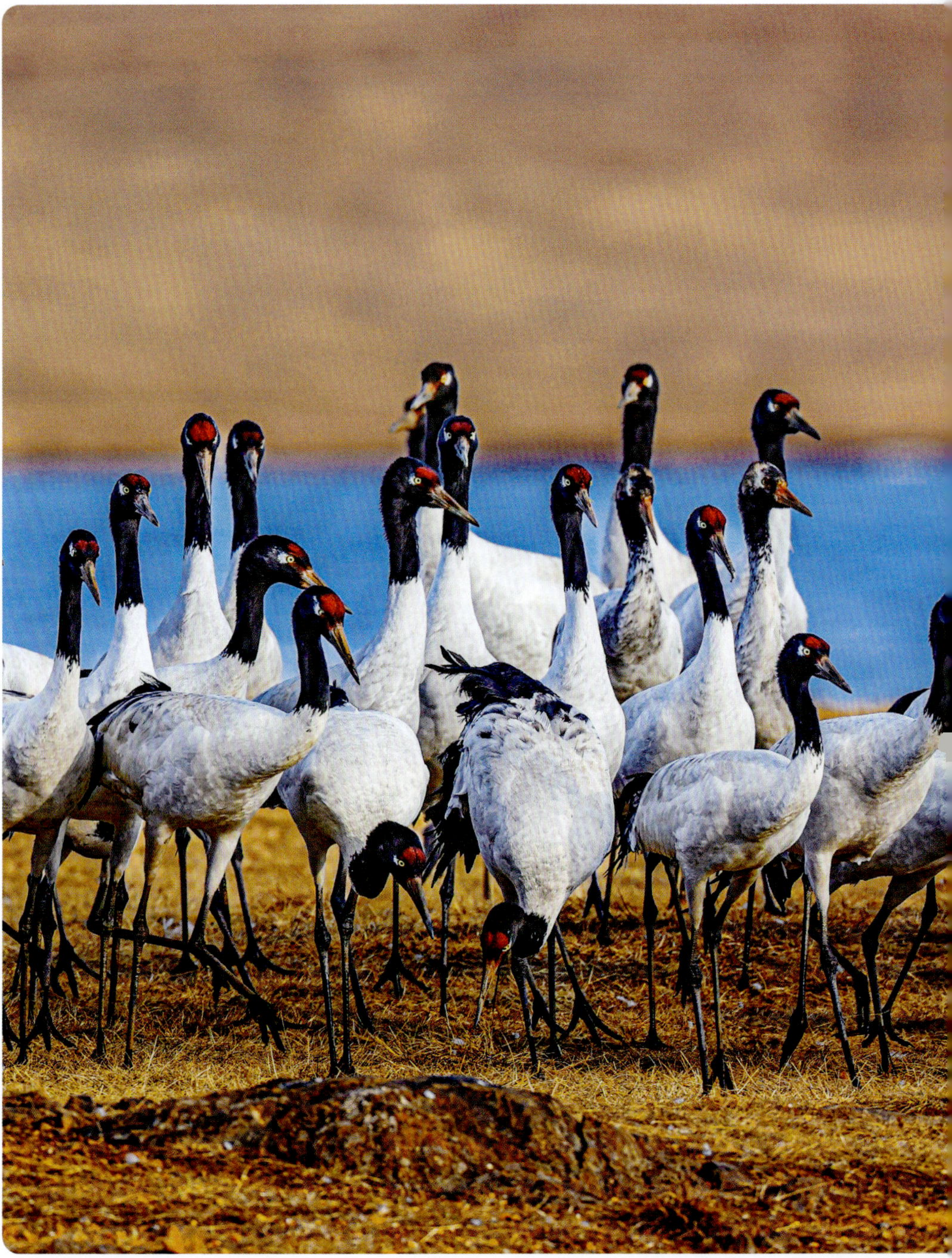

滇东北

电话区号：昭通 0870　曲靖 0874

若把云南地图比作孔雀，滇东北就占据了重要的头胸部。旅行鼻祖徐霞客从这里开始穿越滇地，写下千古名篇，与川黔桂交界，更是带来了颇具混血气质的地形地貌和风土人情。只是到了今日，这里反而成了云南隐秘的角落，自然也是"慢生活"福地。对不走寻常路的旅行者来说，无论是在关隘探古访幽，还是观赏花海、追寻黑颈鹤，踩准季节，都能在这里找到意外之喜。

数说滇东北

485.4万
昭通常住人口
≈爱尔兰总人口数

2.3万平方公里
昭通面积

568.8万
曲靖常住人口
≈丹麦总人口数

2.89万平方公里
曲靖面积

24个
少数民族

1个
国家级自然保护区

100+平方公里
油菜花田

2300+只
大山包黑颈鹤数量

在滇东北，你可以这样玩

3天 罗平追逐花海之行（见34页）

3天 黑颈鹤精华之旅（见112页）

何时去

2月至3月
初春时节，罗平100多万亩的油菜花竞相绽放，黑颈鹤也到了最佳观赏时期。

4月至5月
农历三月三是本地少数民族规模最大的节日，以壮族为代表的少数民族都投入到狂欢中。

6月至8月
曲靖和昭通已然成为宜居的避暑之地，当然去哪里游山玩水都是最好的季节。

9月至11月
昭通苹果和天麻是秋收季节的明星，山间也逐渐有彩林装点，秋色最出片。

12月至次年1月
大山包和会泽念湖迎来了黑颈鹤，大海草山的滑雪场也准备好了。

昭通大山包的黑颈鹤

滇东北亮点

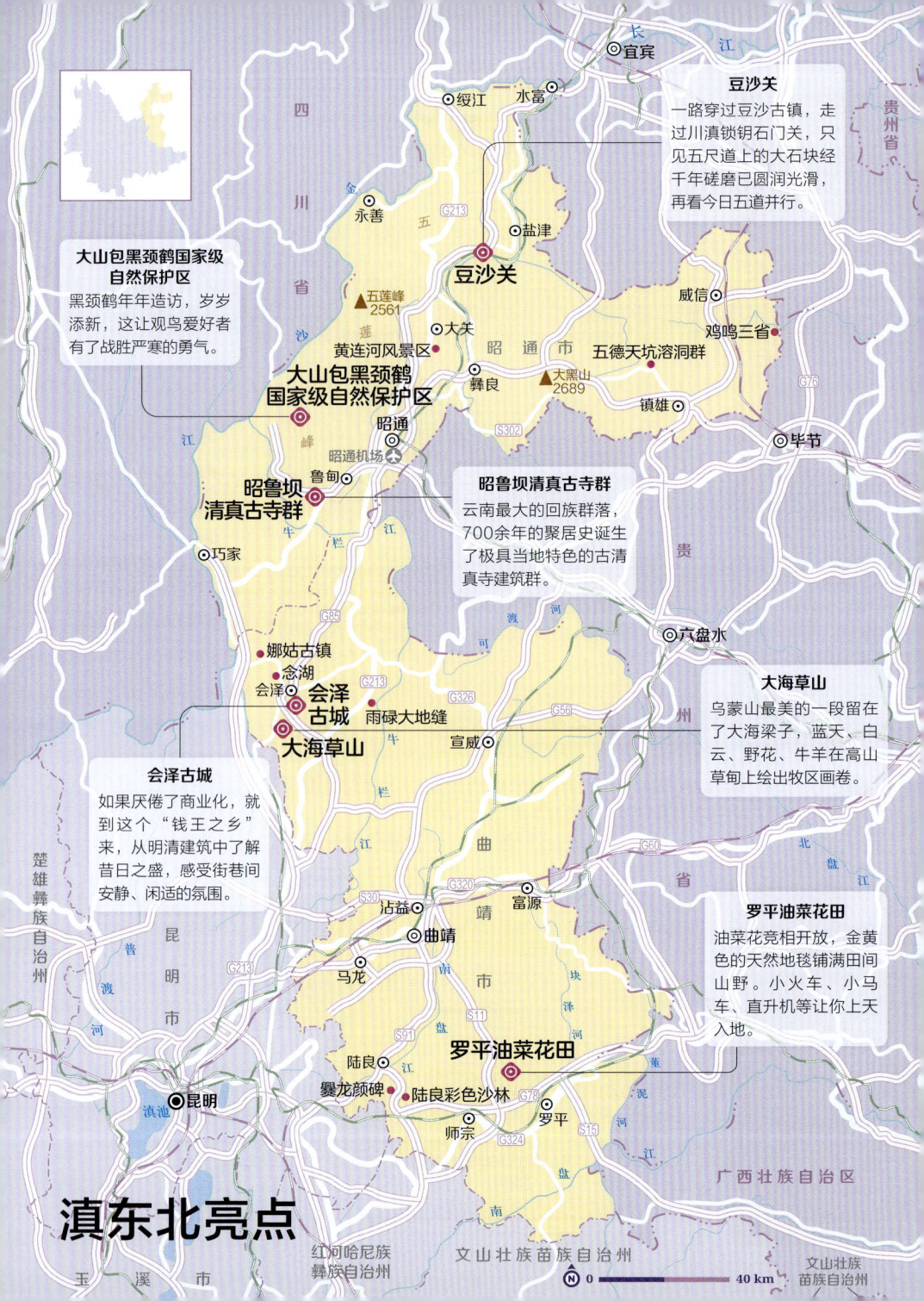

豆沙关
一路穿过豆沙古镇，走过川滇锁钥石门关，只见五尺道上的大石块经千年磋磨已圆润光滑，再看今日五道并行。

大山包黑颈鹤国家级自然保护区
黑颈鹤年年造访，岁岁添新，这让观鸟爱好者有了战胜严寒的勇气。

昭鲁坝清真古寺群
云南最大的回族群落，700余年的聚居史诞生了极具当地特色的古清真寺建筑群。

大海草山
乌蒙山最美的一段留在了大海梁子，蓝天、白云、野花、牛羊在高山草甸上绘出牧区画卷。

会泽古城
如果厌倦了商业化，就到这个"钱王之乡"来，从明清建筑中了解昔日之盛，感受街巷间安静、闲适的氛围。

罗平油菜花田
油菜花竞相开放，金黄色的天然地毯铺满田间山野。小火车、小马车、直升机等让你上天入地。

罗平螺丝田油菜花海

自然

罗平油菜花田

云南有许多浑然天成的"大地艺术",超过100万亩的罗平油菜花田已经获得不少殊荣。每年早春,尤其是2月20日至3月10日的核心时段,整个罗平的景点和非景点都被油菜花包围,旅人们徜徉在这片金黄色的海洋,恋恋不舍。

金鸡峰丛 罗平除了油菜花美,更是位列"中国最美五大喀斯特地貌",于是这片以金鸡岭为首的喀斯特孤峰丛总是成为罗平经典广告。登上老尖山观景台观日出日落可能是人人必做的事,如果有体力的话,不妨在下午试攀登大黑山观景台。

油菜花艺术节主会场 虽然听起来很官方,景色却超出预期,想看一望无垠的油菜花田原野的可以直接来这里。在这里还可以乘坐小火车游览花田,周边的航天露营地提供直升机观赏花田服务。

螺丝田 牛街乡的梯田不少,但最有趣的是螺丝田,属于喀斯特地形发育的漏斗地貌,一圈圈神似螺丝和漩涡的旋纹,在众多梯田里脱颖而出。不过,这里的油菜花开花稍晚。

除了以上几处著名地标,整个罗平还有许多可以观赏油菜花的地方。**湾子水库**有碧蓝水色映衬下的油菜花,马街镇各村、**九龙腊庄村**等小众之地也渐受青睐。当然,周边著名景点在花季更是美不胜收,可以一并游玩。如果你想一路追油菜花,可以继续深入贵州兴义。

拍摄油菜花时切记不要踩踏农作物,拍摄当地人也请先征得同意。

陆良一瞥

罗平隔壁的陆良如今平平无奇,却拥有悠久历史,滇东盛极一时的"爨"(cuàn)文化就发端于此。爨氏家族是汉武帝开滇后,从中原迁到云南的移民中最有实力的大姓之一。爨氏家族从蜀汉时期开始兴起,强盛于晋代,长期影响和控制云南的地方政权,直至唐朝天宝年间被南诏国所灭,前后大约兴盛了700年。传说中,陆良还是三国故事中被诸葛亮七擒七纵的孟获的故乡。

如今存世三块"国保"石碑都与爨氏家族有关。段氏与三十七部会盟碑和爨宝子碑都珍藏在曲靖一中的校园里,不对外开放。位于陆良县马街镇薛官堡村的爨龙颜碑(门票10元)和爨宝子碑并称"二爨",且因碑体更大、字数更多而获称"大爨"。这些石碑不仅是研究云南地方和中央政权关系的重要史料,1500多年前的爨体书法更是南朝石刻的代表,也展现了隶书向楷书的过渡。笔画刚劲,又显古拙,爨体字也出现在如今的许多店招和海报上,昆明火车站、招商银行、《我和我的祖国》电影海报都使用了这款字体。

论自然风景,陆良彩色沙林(门票70元;9:00—17:00)与路南石林、元谋土林合称为"云南三林"。这里的沙林因矿物质含量不同,呈现出黄、白、红、灰、黑等多色,还随着日照光线变幻出不同的色调。

◆见372页地图 ◆地址：曲靖市罗平县 ◆门票：金鸡峰丛观景台30元，观光车往返30元；花田小火车30元/环线50元 ◆营业时间：全天

大山包黑颈鹤国家级自然保护区

"大山包"这个朴实无华的名字跟这里的自然美景形成了强烈对比，虽然景区建设可能不尽如人意，但日出、云海、高山牧歌以及与高原精灵黑颈鹤的一期一会，都会让人不由哼出一曲"向云端——"。

"来不过九月九，去不过三月三"，每年11月至次年4月，大山包都会迎来国家一级保护动物黑颈鹤。自1990年建立保护区以来，这里逐渐成为黑颈鹤在云贵高原上最重要的越冬栖息地和迁徙中转站。虽然大山包海拔高达3000米，冬季十分寒冷，每年仍有不少发烧友扛着"长枪短炮"来到这里，拍摄和观赏"鸟类大熊猫"的曼妙身姿。除了黑颈鹤，同时还能在这里看到数十种鸟类。

其他三季，大山包的峡谷草原、万仞群山也是秀丽与壮美并存，同时也是一方避暑胜地——甚至很冷。

大山包分为大海子、玻璃跳台和鸡公山三个收费景点，为避免游客涉足保护区的其他区域，在大山包镇购票后必须搭乘观光车（价格包含在门票内）进入游玩，每半小时一班，也可拨打票上电话联系车辆。

大海子专为观赏黑颈鹤而开放，这里是黑颈鹤最多、观察距离最近且角度最好的地方。水库、湿地和草场构成的生态环境

一同守护高原精灵

黑颈鹤是世界上唯一一种高原鹤类，也是世界15种鹤中最晚记录到的一种。1876年，俄国探险家尼古拉·普尔热瓦尔斯基（Nikolay Przhevalsky）在中国青海发现黑颈鹤，将其命名为"Grus nigricollis"，意为"颈部黑色的鹤"。

每年9月开始，黑颈鹤就开始南迁越冬，于10月中旬后陆续到达越冬地，次年3月中下旬开始飞回繁殖地。在我国境内观测到大致三条路线：第一条是由四川若尔盖至乌蒙山脉湖泊，大山包就位于这条路线上；第二条由青海隆宝滩至云南纳帕海；第三条从新疆东南部、青海西部、西藏北部迁徙至低海拔的雅鲁藏布江中游河谷。

大山包黑颈鹤国家级自然保护区自1990年成立以来，从昔日"人鹤争地"到今天"人退鹤来"，保护区面积从初时的31.5平方公里增加到近60平方公里，每年越冬的黑颈鹤数量也从1990年的200余只，到2023年11月的2300多只，并在近年每创新高。

即便如此，一批批国内外人士每年追寻黑颈鹤足迹到此进行科考、摄影和旅游，也让大山包生态环境保护工作始终面临严峻挑战。

请你做到： 严格按照制定的线路和地点观鹤；穿大地色系衣服，动作轻缓，与鹤群保持至少60米的距离，尽量隐蔽自己；严禁高声喧哗、携带宠物，以及投喂、追逐、惊扰黑颈鹤和其他鸟类；严禁放飞无人机；严禁私自进入核心区；严禁乱扔垃圾；严禁带走任何保护区内的野生动植物；遇到需要救助的野生动物，请立即通知保护区管理部门。

为黑颈鹤出力： 可通过保护区管理局官网（http://www.dsbbhq.com）了解基础知识和讯息，也可通过中国昭通黑颈鹤保护志愿者协会（微信公众号"黑颈鹤"）参加与保护黑颈鹤和助力当地相关的公益活动。

其他观鹤处： 会泽黑颈鹤国家级自然保护区同样位于昭通，在会泽念湖；在贵州草海国家级自然保护区也可以观赏到冬天来此迁徙的黑颈鹤。

上图：昭通大山包的黑颈鹤

自然 375

为黑颈鹤提供了充足的食物，也吸引了灰鹤、绿头鸭、斑头雁等野生种群来此越冬。岸边设有地下观鹤长廊，也让游客可以近距离观赏黑颈鹤行为。开放季每天11:00、15:00整都有投食。

鸡公山大峡谷落差2600余米，这座玄武岩大峡谷被称为"中国的科罗拉多大峡谷"。不过这里比科罗拉多绿得多，云雾之间的绿色草甸、峡谷和栈道壮阔而遗世独立，构成了大山包旅游标准照。站在悬崖边的观景平台，远近群山宛如水墨，牛栏江蜿蜒而去，滇东北最高峰巧家药山（4041米）也在西南方入镜。日出、日落、云海、佛光、冰瀑，收获一二就很完美。从跳墩河水库（黑颈鹤重要夜宿地和觅食地）开始，可以沿着栈道前往鸡公山顶，也可以骑马（40元）走另一边，栈道和马道恰好组成一个环线。

玻璃跳台海拔3200多米，不仅让人双腿打战的的高空玻璃平台，也能从另一个角度欣赏峡谷和山水。这里还是国内翼装飞行落差最大的跳点，也举办过国际翼装飞行赛事，"跳台"因此得名。在前往玻璃跳台途中，会经过仙人田草原，顾名思义，这片高山草甸也是一处迷人的仙境。

大山包地处高原，一年四季都需要做好防寒、防晒、防风、防高原反应的准备。

◆见372页地图◆地址：昭通市西约65公里处◆门票：大海子68元，鸡公山大峡谷和玻璃跳台98元，3个景点联票128元◆营业时间：8:30—18:00◆微信公众号；大山包环线景区、大山包文旅

九龙瀑布

九龙瀑布群风景区

从空中看这个多级的"中国最大瀑布群"最为赏心悦目，甚至令人联想起九寨沟的瀑布群。在长约4公里的河道上，九龙河由西向东流淌，并顺着地势跌落，形成了形态各异的十级瀑布，或雄伟，或险峻，或秀美，或舒缓。最大一级的神龙瀑宽112米、高56米，气势最为磅礴。夏秋雨季，瀑布水量最大，景色也更壮观。

想省力的话，可以从高处的景区西门开始一路下坡游览，山上建有观景台，景区也设有地轨缆车，但步行并不难，在水流比较平稳的河段也可以乘坐竹筏游玩。虽然半天完全可以游完瀑布，但如果有机会在景区里住一个晚上，也会有不同收获。

农历二月初二，这里会举办布依族对歌节，青年男女都会盛装来此对歌择偶。此时也是油菜花盛放季节，可以将人、花、景悉数收入镜头。

◆见388页地图◆地址：曲靖市罗平县长底乡发达村◆门票：60元，人工竹筏25元，飞天魔毯20元◆营业时间：8:30—17:30

大海草山

云南省内最高的高山草甸并非在滇西北，而是在大海草山。这里的海拔为3500—4017米，高山草甸绵延20万亩，其中牦牛

376　滇东北

探索

大海草山

寨顶峰海拔4017.3米，是滇东北乌蒙山的主峰。

春天，山坡上的杜鹃花掀起粉色浪潮。夏季，茵茵绿草铺成起伏的草毯，潺潺溪流千回百转，各色山花烂漫，牛羊成群点缀其中，一片牧区风情，能媲美新西兰和瑞士。观光车（必须乘坐）加上小段徒步最是惬意，也可以环山十几公里走得更长。在景区里能参加骑射等活动，甚至可以预订露营。冬季，这里的大海草山国际滑雪场是西南地区规模最大的滑雪旅游度假区。

地处高原，这里的气温比会泽县城要低15℃左右，需做好御寒防风措施。冬季，景区化身为大海草山国际滑雪场，成为全国纬度最低的大型室外滑雪场。

◆见372页地图◆地址：曲靖市会泽县大海乡南10公里◆门票：35元，观光车20元◆营业时间：8:00—18:00

那色峰海

站在大补懂村的云盘山上，一眼可见云南、广西、贵州三省区相连的无尽峰丛，一座座喀斯特山峰拔地而起。由于周边水汽滋养，早上这里常常可以见到云海，幻如仙境，变化莫测，傍晚的日落也很迷人，野生猕猴还会为美景添上几分灵动。

山上有两处观景台，低处的小观景台十来分钟就能到达，也被称为"起步"观景台；高处的大观景台需要攀登232级"之"字形阶梯，更耗体力，但能到达"峰林之巅"，从大补懂村的牌坊处攀登更容易。

若想拍到日出和日落，需在村里住上一晚。大补董村是彝族寨子，配备了干净整洁的住处。如果驾车从高速路过，记得在那色峰海服务区停一停，必有惊喜。

◆见388页地图◆地址：曲靖市罗平县旧屋基乡大补懂村◆门票：30元◆营业时间：8:00—17:00，周末和节假日可能延长

多依河风景区

漫步在多依河畔，一路钙华漫滩，错落有致，瀑布层层叠叠，盘根错节的千年古树时而横亘于前，时而缠绕于岸，翠竹掩映间，布依族村寨若隐若现，河边大大小小的水车徐徐转动，正是一幅灵秀清朗的风情画卷。如果想见到蓝绿水色，记得避开雨季前来，油菜花季更是出彩。

这里与贵州兴义的马岭河峡谷山水相连，橡皮艇漂流成为夏日一绝，一个多小时的行程中会经过7个落差较大的险滩。当然也可以选择乘坐人工竹筏泛舟一段，或是乘观光电瓶车游览全程，途中的水车博物馆很受孩子们喜爱。

景区外不远的小广场每周四会有布依族集市，民族服饰和特产都不错。每年农历三月初三，这里会举办布依族泼水节，游客也能参与其中，感受布依族的风土人情。

◆见388页地图◆地址：曲靖市罗平县鲁布革乡多依村◆门票：45元；漂流155元/人（含保险），人工竹筏15元，观光车单/双程25/45元◆营业时间：8:30—17:30 微信公众号：多依河那色峰海景区

十万大山观景区

云南、贵州、广西都有自己的"十万大山"，均拜喀斯特地貌所赐。同样是峰丛，与那色峰海相比，这里的峰丛更具耸立之感，连绵起伏的峰林在远处勾勒出天际线，让人感觉"十万"也并不足以描述山峰数量，内心也会随着峰丛波澜起伏。日出云海是标配，若是在油菜花季前来，日间的黄花、翠峰、蓝天、白云更是美不胜收。

这里的观景台和玻璃栈道一

个不少，苗寨棠梨凹村也已因这处景点焕发新颜。

◆见388页地图◆地址：曲靖市罗平县大水井乡棠梨凹村◆门票：20元◆营业时间：6:00—17:00

鲁布革小三峡

"鲁布革"是布依语，意为山清水秀的布依族村寨。小三峡是鲁布革电站大坝截流蓄水形成的观光区域，自是一番"高峡出平湖"。可以乘坐游船，一路游览雄狮峡、滴灵峡、双象峡和飞龙瀑布等景点，两岸峭壁千仞，莺啼鸟鸣，非常秀美。游人较少时，景区会安排游客乘坐快艇。

◆见388页地图◆地址：曲靖市罗平县鲁布革乡鲁布革村◆门票：大游船100元，快艇120元◆营业时间：8:00—17:30 微信公众号：鲁布革三峡景区

雨碌大地缝

大自然的鬼斧神工在这里体现得淋漓尽致，云贵高原从海湾到地壳不断抬升形成高原，河流下切，出现了"山"字形，岩层间孔隙和裂缝绵延约10公里，最窄处仅1.6米。河流从600多米的高处陡然跌落，形成一个深邃的峡谷，俗称大地缝。这里瀑布成群，曲径通幽，抬头仰望，天成一线，美丽与危险兼具。目前游览时需沿栈道步行，最好避开雨季前往，景区内还提供滑道等游乐设施。

◆见372页地图◆地址：曲靖市会泽县雨碌乡西南2公里◆门票：35元，摆渡车15元◆营业时间：8:00—17:30

云南到底有几条"美腿"？

据说在800多年前，宣威人就开始制作火腿了。这里地处乌蒙山脉，日照强而气温低，特别适合腌制火腿。火腿在宋元时期已被列为"熟品"，在清代更以"身穿绿袍，肉质厚，精肉多，蛋白丰富，鲜嫩可口，咸淡相宜"而久负盛名，并一跃成为贡品。

1915年，宣威火腿在巴拿马万国博览会上获得金奖。1923年，云南著名实业家浦在廷将宣威火腿及火腿罐头拿到"全国地方名特产品赛会"上参赛，获得交口称赞，孙中山先生还欣然题词"饮和食德"。从此，宣威火腿更是名声大震，独占"云腿"鳌头。

形似琵琶，只大骨小，切开断面，香味浓郁，瘦肉呈鲜红色或玫瑰色，肥肉呈乳白色，骨头略显桃红色。最好的中筒部分瘦多肥少，可以生食；边刀肥瘦各半，适合炒菜或是清蒸；肘把和火腿蹄因皮和骨居多，一般用来炖汤。在外流传最广的可能是云腿月饼，咸派月饼的代表作之一。

云南乡间向来有借隆冬宰杀肥猪腌腊的习惯，而云贵高原多处都有适合腌制火腿的气候，随着人们对云南的探索，各地名腿纷纷崭露头角。大理鹤庆、云龙诺邓两地的火腿与宣威火腿并称三大，然而丽江三川、怒江老窝、哀牢山、无量山以及滇东北的鲁甸、巧家、师宗也都有很不错的火腿。越是在深山农家，越能发掘到陈年火腿。可见，云南处处有美腿，走过路过，千万别错过。

上图：宣威火腿

雨碌大地缝

五德天坑溶洞群

　　可能连云南人都不知道，云南有天坑。

　　镇雄西北的五德天坑群在2015年才被发现，由6个大小不一的天坑组成，形成巨大的天坑溶洞群。其中，俯瞰形似水珠的"大锅圈"是最大的天坑，坑口直径近600米，平均深度约120米。最神奇的是，坑底的溶洞口还住着8户人家，他们将坑底土地耕作成田，蓄养牲畜，也会到附近集市采购生活用品。房屋背后是一处天然溶洞，需缴纳10元进入，里面一汪泉水加上丛生的钟乳石，完全是未开发的天然状态。大锅圈附近还有小锅圈和三锅圈两处主要天坑，可以一并探访。

　　目前，五德天坑溶洞群已经在建造各类旅游设施，大锅圈周边也在进行升级改造，预计2025年会投入使用。

◆见372页地图 ◆地址：昭通市镇雄县五德镇大锅圈 ◆门票：免费 ◆营业时间：全天

黄连河风景区

　　大关县离昭通市区不远，若是夏天来到昭通，不妨去大关城边的黄连河风景区看看。这里以方圆5平方公里内的47道瀑布取胜，沿游道而上，一路都有瀑布随行，阳光下时时可见彩虹。其中最有趣的一处是大滑板，水流顺一面大石板而下，在尽头汇成一个不足1米深的小水潭，游人可以顺着天然滑道滑下，体验一下与人造乐园不同的野趣。景区绿意盎然，还生长着珍稀植物珙桐。

◆见372页地图 ◆地址：昭通市大关县城南约5公里 ◆门票：35元 ◆营业时间：8:30—17:00 ◆微信公众号：黄连河风景区

古镇村寨

会泽古城

　　巨大的铜钱广场上立着一枚孔方雕塑，高22.6米，重达77,777公斤，会泽这样公然"拜金"自然有其底气。3000多年的铜矿开采和冶炼史形成了会泽深厚的铜商文化。明清时期，会泽每年都要向京城供应数百万斤滇铜，被称为"钱王之乡"。当年一枚直径57.8厘米、厚3.5厘米、重达43公斤的嘉靖通宝，就是云南初次铸币的纪念款。

　　会泽因铜而兴，各地商贾涌入，兴建了许多同乡会馆，保存至今的8座组成了"会泽会馆建筑群"。江西会馆又称"万寿宫"，虽然规模不大，但建筑工艺非常精巧，是会泽古建筑中最著名的一处。大门楼上的古戏台尤为惊人，具有密集型斗拱檐和繁复的彩绘工艺，富丽堂皇，美不胜收。除此以外，湖广会馆、江南会馆、川陕会馆、福建会馆、贵州会馆、云南会馆和四川会馆也各有特色，但大多用作别途。

　　除此之外，古城还有不少故居、寺庙等古建筑，朴素的唐继尧故居、西来寺、大佛寺等都可一观。在许多古城过于商业化的今天，或许会泽这样古朴鲜活的古城才更吸引人。

◆见372页地图 ◆地址：曲靖市会泽县城 ◆门票：古城免费；江西会馆20元 ◆营业时间：9:00—17:00

娜姑古镇

　　娜姑古镇又称白雾村，如果对会泽古城的明清建筑意犹未尽，可以来这座始建于西汉年间的小镇看看。漫步街头，尝尝百年凉粉，度过更为悠闲的怀旧时光。这里曾是南铜北运的重要站点，被誉为"万里京运第一

盐津县城

站"。如今的白雾街上仍然保留了24座明清建筑，除了会馆，寺庙、道观和天主教堂并存，也展现了古镇的多元文化。

◆见372页地图◆地址：曲靖市会泽县娜姑镇白雾村◆门票：免费◆营业时间：全天

昭阳古城

昭阳古城似乎与"锁钥南滇""咽喉西蜀"这样厚重的词汇完全不沾边。在古代，这里是通往中原之路的咽喉要地，如今却可能是云南交通最不便的城市之一，或许，这反而能成为你来到此地的理由。

古称"乌蒙"的昭通在清代一度商贾云集，被誉为"会馆之都"，也因此在城中形成了不少古建筑群落。虽然2008年曾经复建过，但它依然是"活的"古城，这一边古色古香，那一边纯粹市井，还能找到不少你儿时见过的古早之物，以及当地人的热心肠。

古城以辕门口为中心，东南西北分别为抚镇门、敉宁门（已不存）、济川门和趣马门，64条街道分布其中，随心所欲地走街串巷才是惬意，若是夜游就更能体会到复古的气氛。别错过西边石板路铺就的陡街，居然是一派法式风情。

◆见389页地图◆地址：昭通市中心◆门票：免费◆营业时间：全天

盐津县城

来到悬崖峭壁之间的盐津，才知道什么是真正的"一线城市"。最窄30米，最宽300米，河道两岸五颜六色的楼房都是吊脚楼，高处山崖上也有不少悬空建造的民房。县城内的道路勉

向三省去

昭通如同深入四川的一条臂膀，从市区出发，向东北行车3小时就能到达宜宾，顺路可将川东南的宜宾、泸州、自贡的美景一网打尽，宜宾燃面、泸州老窖、川菜中的盐帮一派，都是美食加持。从昭通最东的镇雄县向东1个多小时车程就到了贵州毕节，继续向东2个多小时就到贵阳；从昭通经威宁草海、六盘水、安顺也可以一路来到贵阳。

曲靖的罗平隔壁就是兴义，这里的马岭河漂流和万峰林是喀斯特山水的延续，也可以从这里继续探访黔西南的秘境，最终到达贵阳。若是从宣威前往六盘水，那就一定要在世界最高的北盘江大桥看看天堑变通途。

曲靖与广西的桂西地区相交，可以到被称为"活的少数民族博物馆"的隆林赶个集，然后前往百色，继续深入广西游玩。

昭鲁坝清真古寺群中的唤醒楼

昭通小肉串为何火爆？

在云南各地的烧烤街，昭通小肉串都有一席之地。这种南方酱派烤串需要先蘸酱料再上炉，然后撒料。看看眼前的肉串，实在是小，一根签上肉很少，但只要见到小伙子将一把串攥在手里，在街边烤炉上翻转，烟火顿生，就已经被馋到了。

吃到嘴里，才发现"小"的奥秘。因为小，肉容易入味也能更快烤熟，一口一串的吃法不但相当过瘾，也能让味蕾深度体会牛里脊的柔嫩肉质和香辣口感。一大把小肉串上桌，独属于烧烤的那份"荡气回肠"立时显现，怎能不叫人食欲大开？天气凉时，考究的店家还会提供小炭炉保温。

2023年，海内外的昭通小肉串经营店家已经超过8000家，年综合产值达到了130多亿元。所以，千万别小看这把小肉串，要是来到昭通，就别忘了好好大吃几顿吧！

上图：昭通小肉串

强可算两车道，房屋也是紧密贴排。从无人机视角，更能感受到崇山峻岭中的人们如何用智慧开辟出这样"一条"天地。东风桥上可观看两岸吊脚楼，附近有一家最窄的梁四面馆仅仅6平方米，城北还有一座铁索桥供人步行。

想要拍摄盐津全景，可沿着文兴街盘山而上，驾车可导航至盐津县农产品质量安全检验检测站，继续向上500米左右，半山就有观景台可俯瞰县城；也可以到一些楼房高处，比如东风桥西侧不远的津沙壹品顶层。

◆见372页地图 ◆地址：昭通市盐津县 ◆门票：免费 ◆营业时间：全天

古迹

昭鲁坝清真古寺群

在云南第四大的坝子——昭鲁坝上，居住着在昭通留驻了700多年的回族人。经历了元代屯田驻军和清代改土归流之后，昭通回族的人口大幅增加，直至今日已超过20万，是省内最大的回族群体。昭通也随之拥有了众多具有深厚历史和文化价值的宗教建筑群。它们大多建于18世纪，飞檐斗拱、雕栏画栋的中式传统建筑风格，可能会打破你对清真寺的固有感观。

八仙清真大寺

始建于清雍正八年（1730年），是昭通最著名的清真寺，是一处完整的四合院式中国古建筑群落，同时也是当地回族社区的文化中心。

宋家山清真寺

始建于清雍正八年（1730年），规模比八仙大寺略小，从乾隆二十七年（1762年）开始历经70年绘成的大殿天花板彩画堪称一绝。

拖姑清真大寺

始建于清雍正八年（1730年），鲁甸最有名的清真寺，三层六角攒尖顶的唤醒楼（指用于召唤或提醒人们进行某种活动或仪式的建筑）十分醒目，大殿中书写着"快乐天堂"，外面石柱上还有古生物化石。

龙头山清真寺

始建于清乾隆十一年（1746年），遵循云南传统清真寺建筑风格，另修的全木结构大殿十分壮观。

岔冲清真寺

始建于清雍正十二年（1734年），虽然规模不大，但唤醒楼却做到了三层六角攒尖顶的形制。

铁家湾清真寺

始建于清乾隆三年（1738年），由迁来此处定居的铁氏家族修建，方形唤醒楼十分质朴，大殿上的匾额都是清代昭通官员所题。

◆见372页地图◆地址：昭通市昭阳区和鲁甸县◆门票：免费◆营业时间：随时，征得同意即可进入

豆沙关

在公路四通八达的今天，很难想象古时"一夫当关，万夫莫开"的关隘有多重要。来到豆沙古镇俯瞰峡谷，仰视石门峭壁，仿佛穿越千年，也会让你立刻明白雄关的战略地位。

盐津县豆沙镇是南方丝绸之路蜀身毒道的重要关口，据传在战国时期，秦国蜀郡太守李冰用积薪烧岩的土法开路通云南，因路宽五尺而得名五尺道。从蜀南到滇池，狭窄的五尺道是古代川滇贸易的重要商道，豆沙关便是入滇的第一道险关。

"南有和顺，北有豆沙"，豆沙古镇虽是2006年地震后重建的，但抹不去的是2200年历史堆积的怀旧氛围。

五尺道景区汇集了周围的古迹，首先可在观景台前眺望对面绝壁缝隙中的僰人悬棺，僰人是先秦至明朝生活在云贵川交界处的少数民族。继续向前可到著名

豆沙关

的袁滋题摩崖石刻，唐贞元年间，御史中丞袁滋赴云南册封南诏国王，途经石门关有感而发，刻石记事于此，尤以"袁滋题"三字篆书为奇。这块珍贵的唐碑曾在崖壁上几进几出，现藏在碑亭之中，属于全国重点文物保护单位，可请售票处联系导游开门讲解（100元），亭外也有拓本可看。

石门关的关楼不大，然而昔日一关此门，就意味着隔断川滇。在观景平台上可见"五道并行"——关河水道、内昆铁路、213国道、水麻高速公路与脚下的五尺道齐头并进，真正体会一眼三千年。

五尺道就在脚下，也是国内保存最完好的一段，至今仍是村民下山的捷径。数百个清晰的马蹄印见证了昔日马帮的来来

龙氏家祠

往往,每一级台阶都是历史的一环。

每年农历二月、六月和九月的十九日是观音会,景区可能免收门票。

◆见372页地图◆地址:昭通市盐津县豆沙镇◆门票:豆沙古镇免费,五尺道景区60元◆营业时间:豆沙古镇全天,五尺道景区8:00—17:00

龙氏家祠

这里是民国时期云南省主席龙云为祭祖而修建的家祠,从1930年开始,历时12年才建成,包括祠堂和宅院两大建筑群,以及门楼、粮仓、碉楼、城墙和护城河等附属设施,兼具苏州园林的雅致和欧洲建筑的情调,处处可见龙腾其中。正殿中悬挂着蒋介石题写的匾额"封鲊丸熊",意为教子有方,同时还有不少名家撰题的作品,均为歌颂龙云母亲的品格。

除却家祠本身,身为"云南王"的龙云一生始终以国家大局为重,在抗日战争和解放战争中做出了贡献,也为建设昭通劳心劳力,值得敬仰。

◆见389页地图◆地址:昭通市永丰镇簸箕湾村◆门票:春节、劳动节、国庆节15元◆营业时间:9:00—17:00

☆ 文化与展演

昭通市博物馆

既像一艘船,又似一方印,昭通市博物馆可能是你见过的最小的博物馆,但也让你有机会跟一级文物更贴近。五尺道,朱提(shū shí)银,乌蒙路,昭通府,直到大名鼎鼎的"云南王",在深入昭通之前,不妨先到这里了解一下它有趣的过往。

2011年建成的博物馆共设有五个主题展厅,分别是"远古足音·悠久历史""革命老区·红色记忆""民国昭通·喋血抗战""团结家园·民族风姿"和"文光溢彩·人才辈出",涵盖了从历史、少数民族到战争故事、名人轶事,其中以第一个主题最为吸引人。

当参观者达到10人时,就可以组团预约免费讲解服务(9:00—11:30,14:30—17:00)。

◆见389页地图◆地址:昭通市昭通大道中段,近彝良路◆门票:免费◆营业时间:9:00—17:00,周一闭馆◆微信公众号:昭通市博物馆

纪念地

鸡鸣三省

我国"鸡鸣三省"之地实在不少,但因为1935年红军长征途中的"鸡鸣三省"会议,这里的名声最为显赫,直接把四字用作了地名。具体来说,景区位于云南镇雄坡头镇白车彝寨、贵州毕节林口镇苗寨和四川叙永水潦彝族乡岔河村交界处,一看这些地名,便知当地自然景色壮美,风土人情交融。三省曾经为了会议旧址争夺不休,最终确定了四川省泸州市叙永县石坝彝族乡(石厢子)。

鸡鸣三省大桥从提议到建设走过了38年,2020年1月建成通车。全长不到300米的大桥让四川到云南只需步行5分钟,谷底赤水河与渭河劈崖而过,四周群山绵延,成了网红打卡点。

贵州:鸡鸣三省景区位于贵州一侧高耸的峭壁之上,这里不仅有鸡鸣三省会议纪念碑,还有专门打造的观景台,无疑是最为成熟的景区,但并无直达路线。

纪念地 **383**

四川：岔河大堰是四川一侧的岔河村民们在50年前靠人工在峭壁上凿出的长达850米的引水工程和人行通道，从这里可以看到大桥、峡谷和贵州的纪念碑，也被《中国国家地理》列入"四川省100个最美景观拍摄点之一"。

云南：这一侧并无景区，但桥头也有向下的公路可观赏绝壁和大桥。如果能再逗留一天，最好请当地人带路，从3公里外的德隆村出发，沿着悬崖小路下到谷底，再沿着铁索桥到达威信县，而后循着山路最终到达岔河大堰来到四川桥头。

◆见372页地图◆地址：昭通市镇雄县坡头镇白车村◆门票：免费◆营业时间：全天

鸡鸣三省

昭通

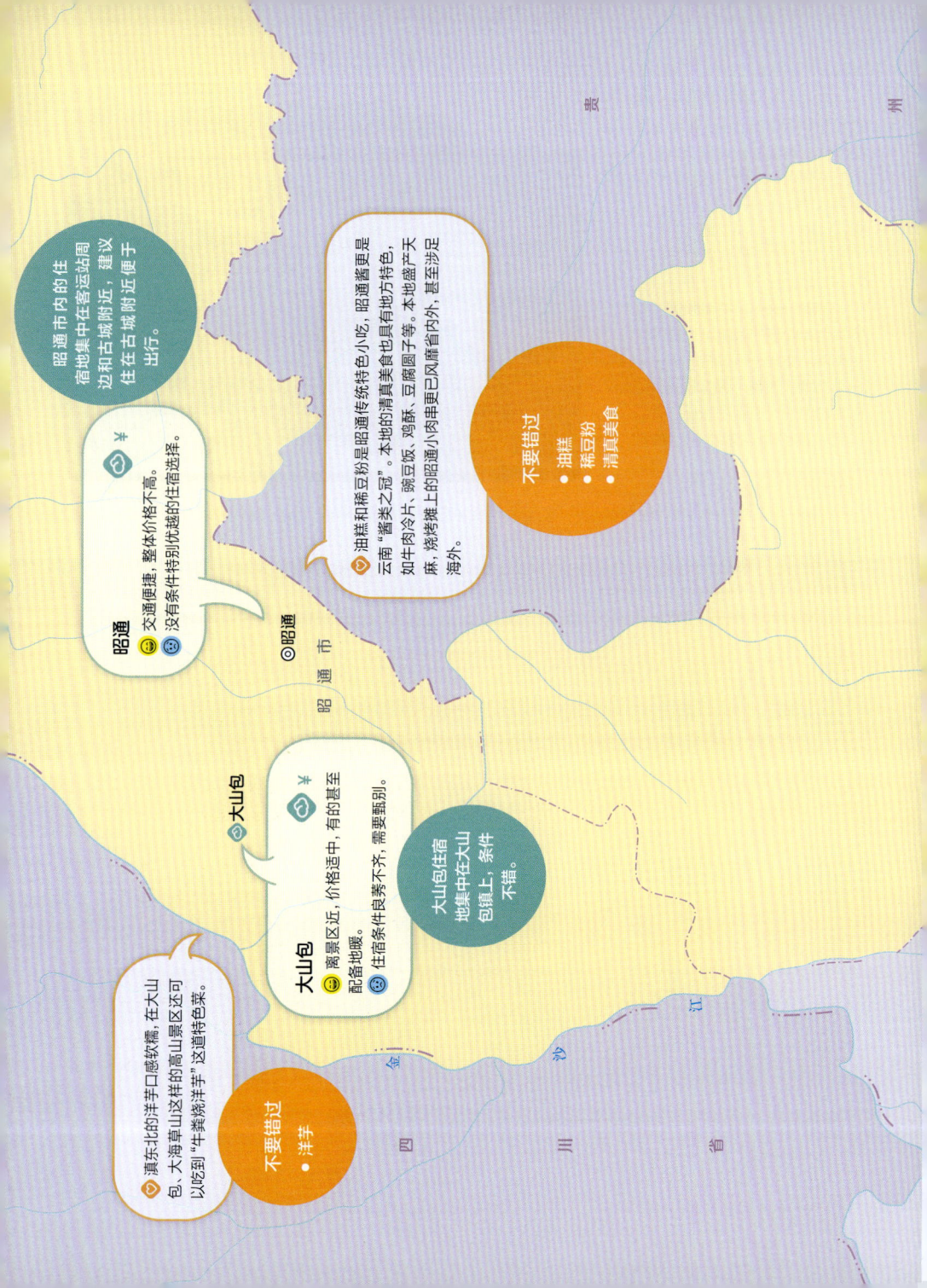

- 🙂 交通便捷，整体价格不高。
- 🙁 没有条件特别优越的住宿选择。

昭通市内的住宿地集中在客运站站周边和古城附近，建议住在古城附近便于出行。

油糕和稀豆粉是昭通传统特色小吃，昭酱更是云南"酱类之冠"。本地的清真美食也具有地方特色，如牛肉冷片、鸡酥、豌豆饭、豆腐圆子等。本地盛产天麻，烧烤摊上的昭通小肉串更已风靡省内外，甚至涉足海外。

不要错过
- 油糕
- 稀豆粉
- 清真美食

大山包

- 🙂 离景区远，价格适中，有的甚至配备地暖。
- 🙁 住宿条件良莠不齐，需要甄别。

大山包住宿地集中在大山包镇上，条件不错。

滇东北的洋芋口感软糯，在大山包、大草山这样的高山景区还可以吃到"牛美烧洋芋"这道特色菜。

不要错过
- 洋芋

热门食宿区域

虽然没有国际知名品牌酒店入驻，滇东北的住宿选择也还算丰富，涵盖了民宿、客栈和一些连锁商务酒店。大山包、罗平等著名景区住宿条件尚可，其他在村寨之中的景区条件有限，建议返回市内住宿。由于本地区气候普遍偏冷，夏天也会配备电热毯。住宿价格标准见171页。

昭通和曲靖两地的美食除了自身的滇味特色，还因与川、黔、桂相接而兼容了周边特色，并融入少数民族风味，可谓独树一帜。餐厅、夜市烧烤、小吃街都是美食集散地。曲靖街还有一些供应东南亚菜和西餐的餐厅。

曲靖

- 😊 选择多，旺季价格也不会涨幅太大。
- ☹ 高档酒店可选范围小。

曲靖的很多景点未必须经过曲靖市区，但这里是一个不错的中转站，住宿的可选范围比昭通更广。

不要错过
- 蒸饵丝
- 小粑粑

这是被低估的美食地，也有跟川渝不太一样的沾益辣子鸡，经蜂蜜和白酒加持的五花肉"黑皮子"，以及周边的方美味。宣威火腿成名已经数百年，生吃入馔皆宜。

罗平

- 😊 近两三年新建的酒店条件不错，更智能化。
- ☹ 遇到油菜花季节，价格涨幅巨大，春节至少要提前一个月预订。

罗平县城的住宿选择比较多，价格也适中，集中在县城和金鸡村等地。

不要错过
- "三黄三白"

"三黄三白"很有名，"三黄"即菜籽油、蜂蜜和小黄姜，"三白"即白果、百合和白薯（山药）。布依族美食也不少，包括五色米饭、酸笋鱼、火烧干巴、竹筒粑粑等。

旅行者推荐 INSIDERS' LIST

📓 场 所

昭通画苑宾馆
- 0870-2238888
- 昭通市昭阳区凤霞路50号

曲靖官房大酒店
- 0874-3226666
- 曲靖市南城门外沿江南路32号

罗平金花玉湖广场酒店
- 0874-8756888
- 罗平县腊山街道金花玉湖三期江召公路旁

罗平九龙瀑布湖畔山院
- 0874-8745777
- 罗平九龙瀑布风景区游客中心西北侧300米

马思烧烤
- 13408819693
- 昭通市海楼路与通贸街交叉口西北30米

清真·回想小食堂
- 0870-2395577
- 昭通市昭阳区省耕山水商业街A58

半路咖啡
- 18887056642
- 昭通市昭阳区昭阳大道与雅苑街交叉口东南80米

酱壹老三饵丝
- 15924773449
- 曲靖市食品巷21号

源一咖啡馆
- 0874-3125766
- 曲靖市麒麟巷步行街A-29号

正宗沾益辣子鸡老字号
- 13987675579
- 曲靖市彩云路中花柯2组79号

彼岸庭院私房菜
- 18887473469
- 罗平县云贵路下西关13号

💬 学几句布依话

- 你好：Nibo
- 早上好：Mo xiang
- 晚上好：Mo chien
- 再见：Nga sao
- 谢谢：si lu
- 对不起：nda nga
- 好：ha
- 不好：ba ha
- 是的：si di
- 我叫……：Ngen me……

实用信息

✈ 抵离滇东北

飞机
昭通机场（见372页地图；0870-2830039）离市中心只有4公里左右。不仅有飞往省内昆明、丽江、大理、普洱、西双版纳的航班，还有飞往北京、上海、广州、成都、重庆等城市的航班。

火车
昭通站（见389页地图；0870-2838600）距离市区比机场还要远至少一倍，乘坐火车请合理安排时间。这里有往返昆明、贵阳、内江、成都的客车，也有开往上海南站的长途火车。发往贵阳的火车途经盐津、威宁草海、六盘水、安顺等地。

高铁站昭通东站正在建设当中，预计2025年完工。

镇雄站 虽地处偏远，随着成贵高速铁路乐山至贵阳段的开通运营而投入使用，从这里往返成都、贵阳、乐山、宜宾都很方便，每天也有几趟车去昆明，还有到桂西地区的班次。这里也是重要的交通枢纽，许多大巴集中于此继续接驳。

曲靖站（0874-6129958）曲靖站位于曲靖市北部，作为一个重要站点，不仅有多趟城际列车发往昆明，从昆明出发前往省外的列车也会经过曲靖。这里有火车前往贵州、广东、湖北、福建、江西、浙江、江苏、北京，甚至有班次发往呼和浩特和乌鲁木齐。

位于城北十几公里处的曲靖北站是高铁站，从这里到昆明南站不到40分钟，也有通往全国各地的高铁列车。

罗平站（见388页地图）这是南昆铁路上的一站，有发往昆明、兴义、南宁、桂林、广州、杭州、上海等地的普通列车。这里到昆明需要4.5—6小时。

长途汽车
昭通客运站（见389页地图；0870-2237056）位于昭通市西南，也被称为"新汽车站"，有发往除鲁甸外昭通市内所有县城的班车，跨省市的长途大巴也从本站开出，可到达东川、会泽、威宁等地。可通过微信小程序"昭交约车"查询班次，前往昆明、巧家等地还有商务车可选。

昭通汽车西站（0870-2224024）比昭通客运站更靠近市内，可在这里乘车前往大山包，但班次不多。冬季可能会因积雪而临时封闭公路，客运班车停发的情况也时有发生。

罗平汽车客运北站（0874-8268099）离火车站很近，主要发车方向是县内北部乡镇和富源县，也有去昆明长水机场的专线。长途车票可在微信公众号"曲交出行"购买。

会泽汽车客运站（0874-5685385）离会泽古城很近，有发往昆明、昭通等地的长途班车，冬季可能会因积雪而停运。可在微信公众号"曲交出行"购买车票。

自驾
滇东北的公共交通不算便利，自驾游是一个不错的选择，可以欣赏喀斯特、峡谷、草原等不同的地形地貌。高速路不多，但很多服务区本身也是很好的观景点。盘山路段不少，需要谨慎驾驶，注意安全。

昭通大山包湿地公园

🚗 区内交通

公交车
滇东北各市、区、县的公交车系统比较发达，大部分可以在百度、高德等地图上查到，也基本可以使用手机支付。

出租车和网约车
滇东北的出租车价格都不贵，起步价6—8元，但在节假日，某些地区会涨价。城市的网约车很容易打到，偏远景区就有难度。

包车
在滇东北，阶段性包车是一个灵活省时的选择。可以包车去大山包，也可以包车在罗平打卡各种油菜花景点。包车时可直接跟出租司机谈价，也可通过住宿地或旅游平台来预订车辆。

🔍 旅行信息

微信公众号
除了"昭通文旅"和"曲靖文旅"之外，许多县也有自己的文旅公众号，有些内容比较官方，有些也可以代行订票之职。不少景区也已经推出自己的公众号或购票小程序。

"昭交出行"和"曲交出行"是两大交通公众号，可订购各种车票，甚至定制车辆。

388　滇东北

罗平及周边

0 ————— 13 km

探索

景点
餐饮
住宿

- 九龙瀑布群风景区
- 螺丝田
- 金鸡峰丛
- 鲁布革小三峡
- 九龙腊庄村
- 油菜花艺术节主会场
- 那色峰海
- 十万大山观景区
- 湾子水库
- 多依河风景区

贵州省
广西壮族自治区
红河哈尼族彝族自治州
文山壮族苗族自治州

墨红、富乐、富村、黄泥河、东山、老厂、马街、老厂、十八连山、活水、阿岗、曲靖市、块泽河、长底、板桥、钟山、竹基、九龙、罗平站、罗平、腊山、旧屋基、丹凤、师宗、大同、大水井、鲁布革、天生桥水库、五龙、南盘江、高良

滇东北地图

滇东北地图 **389**

昭通城区

0 —— 2.3 km

至昭通站(3km)

- 昭通市博物馆
- 清真·回想小食堂
- 昭阳古城
- 正宇农村客运站
- 半路咖啡
- 马思烧烤
- 昭通画苑宾馆
- 昭通机场
- 昭通客运站

至 龙氏家祠(3km)

探索

景点　餐饮　住宿

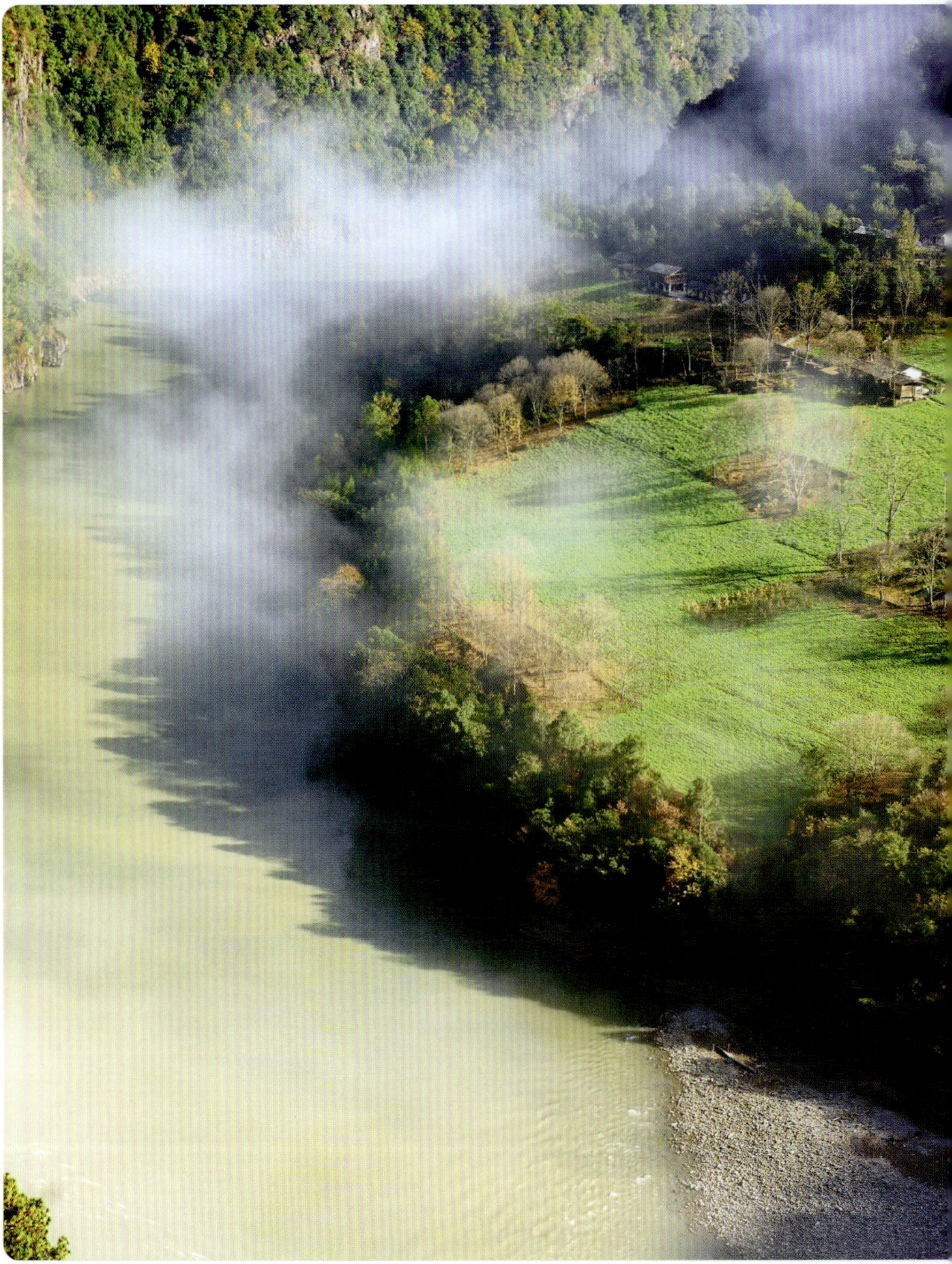

怒 江

探索

电话区号：0886

高黎贡山和碧罗雪山夹出了云南最窄的一个州，一条怒江美丽公路沿怒江贯穿全州，沿途处处是景，却无一处被圈起来收门票。这里有横断山腹地唯一没建大坝的大江，有不同山地民族同唱教堂里的圣歌，有被时间凝固的"记忆之城"，有躺平就能看的风景，也有需徒步才能抵达的秘境，它已经变得越来越便利，但依然保持着原生态的风貌风物。

数说怒江

14703 平方公里
面积

4385米
州内海拔落差

40+座
海拔4000米以上山峰

98%
高山峡谷面积占比

5128米
最高峰嘎娃嘎普峰海拔

2条
州内知名公路：
美丽公路和贡独公路

在怒江，你可以这样玩

3天 碧罗雪山徒步路线
（见80页）

何时去

3月至4月
高黎贡山和碧罗雪山上的积雪还未融化，高山杜鹃已悄然绽放。

6月至9月
充沛的降雨将怒江搅黄，随雨季到来的还有美味的野生菌。丙察察公路和贡独公路可能会发生泥石流。

5月和10月
徒步碧罗雪山和自驾丙察察的最佳季节。

11月中至次年2月
一年中最寒冷的3个月，也是怒江最出片的季节，春节前后江水最蓝。圣诞节可以和山地民族一起去教堂过，听一听傈僳族语、藏语版本的无伴奏唱诗。自驾去独龙江需准备防滑链。

怒江第一湾

怒江亮点

丙中洛
丙中洛是怒江在中国境内2000多公里征途中最美的一站，江水拐了两个姿态优美的弯，两岸山谷四季常绿。

重丁天主教堂
100多年前，西方传教士来此布道，在怒江沿岸建起一座座天主教堂和基督教堂，其中重丁天主教堂就是典型的一座。

碧罗雪山
怒江峡谷的两座大山野性十足、自由不羁，对徒步爱好者来说，线路之多根本走不完。

独龙江
独龙江在云南小小拐了个弯，与"三江并流"并驾齐驱了80公里后，便流入了缅甸。

老姆登
身处碧罗雪山之腰，面朝高黎贡山的皇冠峰，头顶常有云雾缭绕。

美丽公路
从六库到丙中洛，全程与怒江并行的公路有一个美丽的名字，它全长将近300公里，在峡谷中一路南下。

温泉

登埂澡塘

说州府泸水没什么可玩的，那一定是你没在怒江边泡过温泉。在县城北边的怒江西岸，有十来个露天温泉池，紧挨着怒江，与江水齐平。汤池修葺得很漂亮，但泉眼是十足野生的，泡汤免费，不分隔男女，周围无人出售泳衣，本地老人仍习惯裸泡，如果你觉得尴尬，就避开人气最旺的傍晚。

这里也是一年一度举办傈僳族澡塘会的地方，正月初二至初六，附近的傈僳族举家前来，用一场大规模的洗澡辞旧迎新，这是延续了400多年的传统。如果你打算参与这场盛会，请收起相机，文明观看。

◆见405页地图◆地址：泸水北边12公里的跃进桥北边，有明显的指示牌◆门票：免费◆营业时间：全天

自然

怒江第一湾

如果没有这一脚马蹄形拐弯，怒江的魅力会大大减分；若给怒江所有景点排个名次，它将赢得毫无悬念。沿着美丽公路北上，在距离丙中洛4公里处就有一处观景台，但并不是最佳视角。想要拍出同款宣传照，得去地势更高的贡当神山。

秋冬季的清晨，浓雾深锁的丙中洛常给人阴天的错觉，但当你往高处走，才发现那是大自然的障眼法，云海之上阳光耀眼。穿过养鸡场，站在贡当神山观景台上，眼皮底下那层浓度超标的"棉花毯"，在阳光的照射下，随地表温度上升、湿度下降，谷雾逐渐变薄、变散，直至一哄而散，露出第一湾碧绿的江水。

◆见404页地图◆地址：贡山独龙族怒族自治县丙中洛镇◆门票：免费◆营业时间：全天

哈滂瀑布

哈滂瀑布位于独龙江乡以南的钦朗当村，它更通俗的名字叫月亮瀑布。瀑布落差超过100米，飞流直下的气势取决于此时是否为雨季。

从哈滂瀑布再往前3公里是中缅边境的国门和41号界碑，如果有向导，到了界碑后你可以再往前小走一段，这一带的森林里栖息着众多、妖艳美丽的小型鸣禽。

怒江第一湾

溜索：看着惊险，玩着刺激

没有公路以前，人们靠翻山进入怒江，没有修桥之前，人们通过一根钢索、靠几根带子就能飞过对岸。溜索就是过去三江并流区人们过江的方式，不但溜人，牛羊马也是这么溜过去的，想去对岸盖房子，也得先把木材溜过去。

各条江溜索的方式略有不同，怒江为斜溜索，即钢索有倾斜度，去和回用的是两根不同倾斜角度的钢索，保证溜者能不费吹灰之力丝滑溜到对岸，但也可能让不懂技巧的人直接撞上对岸。你可以在登埂澡塘附近或石月亮观景台体验溜索，一定要让专业的师傅带着溜，切勿私溜。

美丽公路沿线的风景

美丽公路是中国2万里景观大道——219国道怒江段的名字，它全长288.68公里，一路与怒江并行，沿途设有多个观景台和停车区，除了石月亮和怒江第一湾，还有不少值得留意的景观。

从六库北上，会先经过集住宿、咖啡馆、旅游厕所等功能于一体的小沙坝服务区；过登埂澡塘（见393页）后，会路过维拉坝伟人峰观景台；过称杆乡后不久，怒江突然收紧，江中一块巨石被称为老虎跳；之后还有一处同样江中多巨石的金满银滩；快到匹河乡时，当公路切换到怒江东侧后，公路上有一块天然磐石，上面立着一块巨石，背后是福贡民族实验中学的校舍。1983年的某个深夜，这块飞来石从山上滚落，戛然而止于磐石上，而没有造成人员伤亡；在石月亮乡有个远征军回国渡口；接下来到马吉乡前，请向左看齐，这一段的高黎贡山非常美；当江面再度收窄，是与老虎跳类似的怒江第一啸；再往前5公里，看向江面，江中心有一株看上去弱小无助，实则已屹立百年、坚不可摧的江中松；最后一个亮点是在进入丙中洛之前的怒江第一湾（见393页），景色之美将这趟公路之旅推至最高潮。

哈滂瀑布

◆见404页地图◆地址：贡山独龙族怒族自治县独龙江乡◆门票：免费◆营业时间：全天

普卡旺

"旺"在独龙族语中是河的意思，普卡旺是独龙江的一条支流，沿着峡谷修了一圈环形步道，两岸各有一处亲水平台。普卡旺比独龙江还要绿，翡翠般的通透，清澈见底，如此无敌水色面前，再用滤镜就显得画蛇添足了。

◆见404页地图◆地址：贡山独龙族怒族自治县独龙江乡◆门票：免费◆营业时间：全天

石月亮

沿着美丽公路往北，过福贡县后约35公里，就会看到远处高黎贡山上的一个大窟窿，这是由大理石溶蚀形成的天然石拱，高踞于3300米的山巅，形似圆月，所以得名石月亮。它还是傈僳族的重要图腾。如果想停车拍照，在进隧道前有一条小路通往观景台，过隧道后公路边也有一个观景台。

◆见404页地图◆地址：福贡县石月亮乡◆门票：免费◆营业时间：全天

那恰洛峡谷

如果你不打算走丙察察，至少也从秋那桶（见398页）再往北深入30公里，看一看那恰洛峡谷的风光。越靠近滇藏界，峡谷越险峻，江水越湍急，怒江是真的在发怒，公路上方的崖壁还有飞瀑溅落。

◆见404页地图◆地址：贡山独龙族怒族自治县丙中洛镇◆门票：免费◆营业时间：全天

七莲湖

七莲湖是可以媲美南极洛的高山湖泊，它是老姆登怒族心中的圣湖。要抵达七莲湖并不轻松，你只能靠徒步（老姆登村里可以找到向导），这是一条往返路线，需要翻越海拔4090米的垭口，并露营一晚，最美的风景在沿途，春夏两季满眼尽是各色野花和几十种杜鹃。

◆见405页地图 ◆地址：福贡县碧罗雪山 ◆门票：免费 ◆营业时间：全天

古镇村寨

老姆登

这是一座信仰基督教的怒族村落，它处在碧罗雪山的腰际线上，1800米的高度令它既与高黎贡山形成对望，又能若隐若现看到怒江河谷。对面山巅海拔2900米的皇冠峰，常有云雾缠绕，落雪后更是峰如其名。村里有观景台，但不如各家客栈阳台赏景惬意，泡杯老姆登高山茶，坐看云卷云舒，从晨雾到日落，每一帧画面都美到犯规。

老姆登也是深入体验怒族文化的不二之选，村里遍布自家房子改建的客栈，怒族人热情豪爽，个个自来熟，常常酒过三巡就直接开嗓，大方向来客展现"怒江好声音"。

◆见392页地图 ◆地址：福贡县匹河怒族乡东边 ◆门票：免费 ◆营业时间：全天

知子罗

知子罗

位于老姆登上方4公里盘山路的知子罗，在傈僳族语中意为"好地方"，历史上是串联三江并流区的茶盐古道（或称盐马古道）上的繁华枢纽——1962年之前，进入怒江的唯一通道是从澜沧江边的营盘翻越碧罗雪山到知子罗。如此重要的知子罗，曾做过怒江州的州府。

深入怒江峡谷的公路开通后，进出怒江不再走古道，知子罗也随之没落，先是1974年州府迁往江边的六库，知子罗降级为碧江县，之后地质专家发现此地有发生大面积山体滑坡的危险，1986年碧江县撤县，村民全部迁走。

40年过去了，知子罗没有毁于地质灾害，时间却在这里按下了暂停键，村里近60栋旧建筑，不似其他古城古街的修旧如

老姆登高山茶场

从知子罗继续往上，是一片片茶园，这里种植着20世纪60年代从云南其他地方引种过来的大叶茶。高山上的村民多为茶农，有些还住在原汁原味的竹篾吊脚楼里——如今老姆登的房子都是水泥墙套了个竹篾外衣。

自驾者从老姆登往上开4公里，是知子罗，再继续开3—4公里就是茶场，接近茶场前的一个弯道，拥有将知子罗与高黎贡山、碧罗雪山同框的全景。你若没有座驾，也可以从老姆登沿登山步道走1个小时到达，但下雨天路很湿滑，一定要多加小心。

顶级公路狂想曲

贡独公路 从贡山至独龙江的公路，开凿在高黎贡山上，3个小时的车程几乎一直在绕弯，车窗外是原始森林风光，沿途有多个观景台，可停车看看几百年树龄的参天古树。途中有一段6.7公里长的隧道，隧道前后的高山草甸间镶嵌着无数袖珍的碧湖，被当地人称为神田。如遇极端天气或滑坡、塌方等，常会实行临时封闭的交通管制，务必提前关注路况。

德贡公路 这条公路走的就是以前穿越碧罗雪山的北驿道，2022年孔雀山隧道贯通后，不再需要翻越孔雀山垭口，可实现全年畅行。起点在贡山县与丙中洛之间的捧当乡，过捧当大桥后便是德贡公路，全长98公里，最快3小时就能从绿意盎然的怒江峡谷切换到干热贫瘠的澜沧江峡谷。

丙察察公路 在三江并流区，属怒江大峡谷的下切程度最深，而最大深度就在丙察察公路沿线。这条公路以险著称，是骨灰级自驾玩家心中的"此生必驾"。从丙中洛沿219国道向北行驶，过滇藏界后，沿途会有落石的泥沙，你会在干燥的察瓦龙看到高大的仙人掌，第二天开到察隅。丙察察全程280公里，其中200多公里是搓板路，近100公里在峭壁和深渊的夹缝中前行，好在，路况正逐渐变好，只要避开雨季和冬季，多年驾龄的老司机都能顺利通过。如果你并非自虐型越野自驾者，也可以等它几年，待公路全面修好，再来体验。

上图：贡独公路；下图：丙中洛

旧，它真实如旧，如幽灵般渐渐成了一座废城。徒留空壳子的医院、银行、学校、新华书店、工人俱乐部等，保持着20世纪六七十年代的模样，墙上的"毛主席语录"还鲜艳如新。村口气派的八角楼，是撤县那年建成的县图书馆，尚未放进去一本书，便已作废。

不过，"废城"并非彻底的空城。多年后，眼见滑坡预言并未应验，部分迁走的村民就又搬了回来，在旧屋里升起炊烟、晾晒衣服、种上绿植，2005年还新建了一座小小的基督教堂，而那些无人料理的废墟则成了鸡犬相闻的安乐窝。

◆见405页地图◆地址：福贡县匹河怒族乡◆门票：免费◆营业时间：全天

雾里村

雾里村的入口是横跨在怒江上的南北两座桥，北桥是新修的钢架桥，南桥是废弃的朝红桥旁的一座吊桥，过江后，还要沿着临江悬崖开凿出来的挂壁小道走上1.5公里才到村里——你走在一条古老的茶马古道，迎面仍有铃儿响叮当的马帮驮货而来。

有一条盘山土路可以带你上山，俯瞰雾里村和怒江，留意对岸大坡度的梯田，你将理解为何怒江坝子不如丽江坝子富饶，因为本地人只能世代在陡峭的山崖上利用有限的土地耕种。

雾里村往大山深处还有一条更原始的茶马古道，要沿怒江支流雾里河峡谷走2个小时到碧汪村，但可能全程无人作伴，连当地人也不见一个，因为碧汪村几乎已经搬空了。

古镇村寨 **397**

雾里村

◆见404页地图 ◆地址：贡山独龙族怒族自治县丙察察公路 ◆门票：免费 ◆营业时间：全天

迪麻洛

只有不走寻常路的人——徒步者和自驾德贡公路者——才会来迪麻洛，注定了这是属于小众的秘境。迪麻洛河是怒江的一条支流，它在碧罗雪山深处切出一条峡谷，峡谷里的居民有一半是康巴藏族，他们和怒江州的怒族、傈僳族一样，也信仰天主教，因为迪麻洛就处在当年西方传教士从澜沧江翻越碧罗雪山而来的通道上。峡谷内共有7座教堂，周日，几乎全村人都会去教堂做弥撒。

沿美丽公路而行，穿过贡山与丙中洛之间的捧当大桥，再沿德贡公路抵达迪麻洛村。这里是徒步碧罗雪山的起点，你可以花3—4天徒步到山那边的澜沧江峡谷。轻量徒步者也可以从丙中洛徒步到迪麻洛，丙中洛双拉吊桥附近的村子与迪麻洛之间隔了一个山头，山顶是阿鲁腊卡，用脚步丈量这座山头需6—8小时。

◆见404页地图 ◆地址：贡山独龙族怒族自治县 ◆门票：免费 ◆营业时间：全天

龙元村和雄当村

来独龙江乡北部这两个村子的人，多半是冲着独龙族文面女而来。独龙族是云南25个少数民族中人口最少的一个，也属它最神秘，直到20世纪，他们都一直过着相对封闭的生活。过去，独龙族妇女有文面的习俗，据说在吐蕃南征时，此地受察隅土司管辖，年轻女子为了不被藏族人掳走，就用文面的方式给自己"毁容"。20世纪中叶开始独龙族妇女就不再文面，2014

翻越高黎贡山去片马

如果你是自然地理爱好者，光是前往片马的沿途景色就够你欢呼了。从六库沿美丽公路向北，快到跃进桥时左转，进入高黎贡山的盘山公路，无数个之字形弯道后，攀升至海拔3000米出头的风雪垭口，附近有座抗日战争期间日军修建的碉堡，翻过垭口接着往下盘旋至片马。这一上一下将让你充分感受2135米高度落差带来的气象万千和植被变化，沿途有观景台可停车拍照。

片马在1910年被英军侵占，之后片马人齐力将英军赶出，并成为1961年中缅划界划分的依据。镇上有记录那段历史的抗英胜利纪念碑和纪念馆。片马还"收藏"了一段"二战"中驼峰航线的历史，驼峰航线纪念馆内介绍了这条空中运输线和美军"飞虎队"的故事，还陈列了一架战争中折翼的C-53运输机。

口岸距离片马镇还有3公里，如果你是国门打卡爱好者，这个怒江州唯一的省级口岸可能会令你失望，2020年后国门不再对游客开放，你只能遥望它一眼，界碑就更不要想了。

探索

漆油鸡与霞拉酒

漆油鸡是傈僳族的特色，漆油是用漆树籽榨的油，鸡先经漆油炒过，再入火锅，而锅底便是一块凝练的漆油——相当于重庆火锅里的那块牛油。不过，对漆树、花粉过敏的人很容易中招。霞拉酒是用漆油鸡的汤与度数很高的白酒混煮而成。而在藏族聚居区迪麻洛，霞拉酒又有不同演绎，酥油会代替漆油登场。

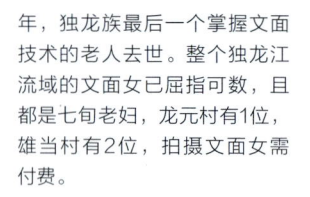

秋那桶

年，独龙族最后一个掌握文面技术的老人去世。整个独龙江流域的文面女已屈指可数，且都是七旬老妇，龙元村有1位，雄当村有2位，拍摄文面女需付费。

◆见404页地图◆地址：贡山独龙族怒族自治县◆门票：免费◆营业时间：全天

桃花岛

桃花岛与丙中洛镇隔着怒江面对面，是一座三面环水的半岛，春天岛上桃花盛开，一派人间四月芳菲尽。站在丙中洛镇看桃花岛，它与第一湾异曲同工，同样是一个急转弯，但桃花岛本身视野也极佳。岛背后的山腰上有观景台，走1个小时就能到，你可以换个角度看看丙中洛、重丁村，天气好的时候还能远眺到石门关。

◆见404页地图◆地址：贡山独龙族怒族自治县丙中洛镇◆门票：免费◆营业时间：全天

秋那桶

不要搞错了，"秋那桶怒族文化街"不在秋那桶村，而在尼大当村内，这个村里有座藏式风格的天主教堂，参观完则掉头，从尼大当往前2公里，经过一座大桥，然后沿着上山的小路前行3公里，才是名副其实的秋那桶。"桶"在怒族语中是"和平、平安"之意，这是怒江州最后一个村落，村里有座木结构的天主教堂。

◆见404页地图◆地址：贡山独龙族怒族自治县丙中洛镇◆门票：免费◆营业时间：全天

阿鲁腊卡

阿鲁腊卡海拔2800米，位于迪麻洛村的上方，徒步上来需要3—4小时，也可以包车上来。阿鲁腊卡所在的山峰正是怒江和迪麻洛河的分水岭，这里视野极佳，四周被雪山环抱，可同时饱览碧罗雪山和高黎贡山。这里已有野奢风的帐篷营地，你也可以自带帐篷露营。总之，你不该看一眼风景就走，而应该感受一次日升月落，在晨雾浸润中醒来，才不枉如此费时费力前来。

◆见404页地图◆地址：贡山独龙族怒族自治县捧当乡◆门票：免费◆营业时间：全天

建筑与古迹

老姆登基督教堂

这是怒江峡谷中最大、最漂亮的一座教堂，美的不是教堂本身，而是它与周边环境产生了

秋那桶

1+1大于2的审美效果。它的背景是皇冠山，前景是一汪倒映教堂的水塘，上方常有氤氲云雾飘荡，老姆登村不少客栈都能揽此美景入户。

1927年，美国传教士夫妇来此传播福音，次年就地取材，以草、木、竹盖起一座简陋的教堂。1958年教堂被拆除，1981年重建成土墙教堂，1996年改为青砖墙、铁皮屋顶、红漆木窗的结构，也就是今天的样子。老姆登虽为怒族村落，但无伴奏唱诗用的是傈僳族语，因为他们使用的是傈僳族语版本的《圣经》。

◆见405页地图 ◆地址: 福贡县老姆登村内 ◆门票: 免费 ◆礼拜时间: 周三、周六晚，周日早中晚

重丁天主教堂

19世纪末，法国传教士任安守从康定出发，大致沿着如今的318国道和丙察察公路，先向西再向南进入怒江布道，并最终长眠于重丁村。任安守建这座教堂时，从剑川请来工匠，用了10年时间才完工。1737年，也就是教堂建成2年后，任安守去世，村民们把他安葬在了教堂旁的板栗树下。

重丁天主教堂带有哥特式建筑的影子，高耸的塔楼和洁白的墙面在村里十分瞩目，周日弥撒时可以听到汉语、藏语、傈僳族语三种版本的唱诗。重丁村就在丙中洛斜下方，步行半个小时就到，从重丁村继续北上走1.5公里，是怒江上的石门关，此处峡谷仅宽20多米，两岸崖壁似两扇门板，垂直削入江中。

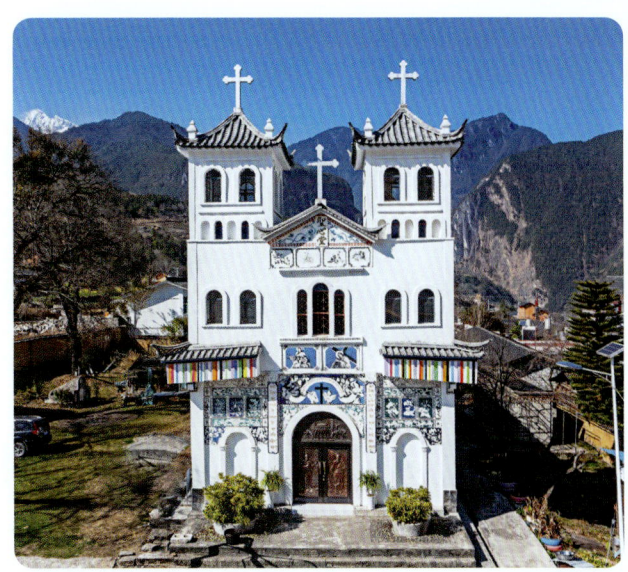

重丁天主教堂

◆见404页地图 ◆地址: 贡山独龙族怒族自治县丙中洛镇重丁村内 ◆门票: 免费 ◆礼拜时间: 周日10:00, 周末19:00—20:00

白汉洛教堂

怒江州最早建的教堂，也藏得最深，你得从迪麻洛（见397页）向上攀爬2小时。教堂建于1898年，为滇西大理风格，建造者就是那位后来修建重丁教堂的任安守。

这座教堂是百年前白汉洛教案的发生地: 1905年，本地佛教徒与天主教徒发生冲突，普化寺的一名喇嘛带领村民一把火烧了洋教堂，之后采用了当时清政府处理外交事件的惯用套路，靠赔偿5万两白银息事宁人。风波过后，任安守用赔款重修了教堂。如今，他的墓就在附近。

◆见404页地图 ◆地址: 贡山独龙族怒族自治县迪麻洛峡谷白汉洛村内 ◆门票: 免费 ◆营业时间: 不固定

普化寺

普化寺是丙中洛唯一的藏传佛教噶举派寺庙，大约建于清雍正年间，据说是由维西纳西族女土司所建，差不多就是藏传佛教传入怒江的时候。

寺庙所在的东风村，层层叠叠的梯田如扇形展开，种植着红米水稻，寺庙背后就是高黎贡山的最高峰——海拔5128米的嘎瓦嘎普峰。

◆见404页地图 ◆地址: 贡山独龙族怒族自治县丙中洛镇东风村内 ◆门票: 免费 ◆营业时间: 不固定

丙中洛

😊 从百元以内到到千元以上，丙中洛由人、200元以上的住宿地硬件设施都能找到。

☹ 节假日涨价明显。

😋 旅游热度带动了这里的餐饮，火锅、川菜、丽江腊排骨、饵丝、米线和内地东南西北的菜肴都能找到。早餐可以尝尝酥油茶和石板粑粑的组合。

作为怒江州最受欢迎的旅游目的地，丙中洛拥有全州最好、最有特色的住宿地，酒店、民宿遍布各个村子。

独龙江

😊 由于独龙江会进行游客限流，旺季不至于一床难求，价格也相对稳定。

☹ 好酒店屈指可数，潮湿、隔音差是大多数客栈的通病，临江的房间会听到江水的轰鸣声。

独龙江乡（即孔当村）是吃住大本营，中村里仅3条平行的主街，街最安静，只有一家四星级标准的酒店，其余都很简陋。

大理白族自治州

老姆登

☺ 村子干净，风景一流，看得见风景的房间或带观景露合台的客栈，住宿体验很棒。

☹ 山里湿气很重，便宜的客栈房间湿气也相对较重。

老姆登

几乎家家都改建为客栈，住宿条件参差不齐，较新、较贵的客栈条件要好很多，更高处的知子罗和茶厂也有客栈。

老姆登

基本遵循住哪家吃哪家的原则，腊肉、火腿、土鸡、野菜都是来自山里的原生态健康食物，家家都能现做手抓饭。

条件好的酒店集中在怒江西岸，登更好的酒店，可能会令泥塘附近的温泉酒店，则可以让你实现温泉自由。

泸水

☺ 酒店多，价格跨度大，住价比为全州最高。

☹ 好的酒店距离东岸老城区都不近，可能会令勿匆赶路的旅人错失体验市井风俗的好机会。

不要错过
- 老窝火腿
- 漆油鸡

☺ 城市化的泸水，餐饮选择最多，除了本地特色的老窝火腿，漆油鸡和来自怒江的鱼火锅，傈僳、东南亚菜、西餐、肯德基、奶茶店、咖啡啫、酒吧等应有尽有，而需要团队合力解决的手抓饭，也只有这里的餐馆能提供大份。

怒江

泸水◎

保山市

开江

国

热门食宿区域

丙中洛、老姆登、独龙江、泸水是州内主要的落脚点，丙中洛有很多精品酒店和特色民宿，老姆登以偏农家乐式的客栈为主，独龙江客栈的数量和质量普遍不高，沪府沪水能找到一些连锁品牌和快捷连锁酒店，青旅风格的床位间仅存在于偏远的迪麻洛。住宿价格标准见171页。

怒族与傈僳族的特色都是手抓饭，圆圆的竹篮内摆满了烤乳猪、土鸡、火腿和各种蔬菜。好吃是好吃，只不过，一份就是至少7个人的量。总体来说，美食绝不是怒江州值得称道的。

旅行者推荐 INSIDERS' LIST

📒 场所

松赞丙中洛山居
- 0886-3588585
- 贡山县丙中洛镇东风村二组普化寺东北方向170米

云野·见江度假屋
- 13988696490
- 贡山县丙中洛镇日当二组78号

老姆登假老外客栈
- 15987316797
- 福贡县匹河乡老姆登村红旗组50号

知子罗云上官房酒店
- 0886-3055555
- 福贡县匹河乡知子罗村老姆登茶厂东南方向800米

怒江独龙江天境酒店
- 0886-3059888
- 贡山县独龙江乡腊配村独龙江桥东南60米

泸水佐岸酒店
- 0886-6664777
- 泸水市六库镇怒江西岸15栋3号院

怒江怒姆美客来
- 13988668190
- 泸水市鲁掌镇登埂村麻布河怒江缘

跃进桥火烧鸡
- 0886-3628166
- 泸水市怒江西岸8栋105

📄 书籍

《怒江印象》高舜礼 著 作者八次深入怒江大峡谷，以生动风趣的见闻实感、以有稽可考的方志史料揭示了怒江峡谷作为三江并流世界遗产地的神秘和魅力。

《钟摆上的怒江》周伟 著 怒江数百年间生活着傈僳族、怒族、独龙族、藏族等数个民族的人们，作者多次走访怒江，见证怒江流域基督教、天主教、藏传佛教和谐相处，以及当地人随着自然环境的变迁和社会生活的流转而面临千百年来最为迅速的转变。

🎬 影视

《最后的马帮》1997 1999年之前，独龙江人沟通外界只能靠一条翻越高黎贡山的人马驿道，这部纪录片拍摄于独龙江公路修通前，讲述了最后一支马帮的故事。

《德拉姆》2004 由田壮壮执导，忠实记录了怒江流域和茶马古道沿途原住民的生活，雾里村、重丁村、丙察察等在镜头里都有呈现。

《落地生根》2023 电影把镜头对准碧罗雪山里的沙瓦村，记录了这个不通公路的怒族村落"一步千年"的生活转变，虽是扶贫主题，但同样是部不错的风光片。

实用信息

✈ 抵离怒江

2024年6月1日起，怒江交运集团已暂停所有线路运营，怒江州的交通枢纽——六库一级汽车客运站也同时关闭，暂时由保山交通集团临时负责进入六库、贡山、兰坪的客运服务。

怒江州没有机场和铁路，公路是唯一的选择。目前最方便的是从相邻的保山市（离六库最近的机场所在）、德宏州坐班车进出怒江。保山客运站有班车发往六库、福贡、贡山三县；腾冲旅游客运站、芒市客运北站有班车发往六库。

大理和丽江有班车发往怒江州内的兰坪县，但兰坪不在观光沿线上，你需要从兰坪再坐班车前往六库。

长途汽车

福贡客运站 （0886-3411983）

贡山客运站 （0886-3511496）

兰坪客运站 （0886-3211250）

自驾

自驾是在怒江州旅行的最佳方案，南北向的美丽公路贯穿全州，切入这条主干道前，你可以通过G56杭瑞高速、丙察察公路、德贡公路衔接上怒江，取决于你从哪个方向驶来。

从大理、腾冲及东西方向的云贵高原前来，可经杭瑞高速、保泸高速抵达怒江；从迪庆及北边的四川甘孜州前来，可走德贡公路；若从西藏前来，就始终沿着219国道经丙察察，自北向南贯穿怒江州。

🚌 区内交通

六库

开往州内和周边乡镇的农村客运集中在向阳桥头，有发往片马、贡山、福贡等地的班车，都是坐满发车。

老姆登

可从六库搭乘发往福贡、贡山的任一趟车，在匹河乡下，再搭乘匹河乡与老姆登之间接送村民的三轮车，车次不固定，如果没有车，就只能从匹河乡拼车或包车了。

贡山

贡山是怒江州北段的交通枢纽，你可以在此找到发往独龙江和丙中洛的农村客运或私人拼车面的，坐满发车，淡季等齐一车人可能要很久，去独龙江的人尤其少。

丙中洛

进出丙中洛的农村客运都在镇上的十字路口揽客，你可以包车去周边一日游，或拼车去重丁村、雾里村口的吊桥、秋那桶。

独龙江

独龙江的看点沿着一条南北向的沿江公路展开，南、北各40公里左右，往南可去普卡旺、巴坡、哈滂瀑布，往北去龙元村、迪政当、雄当村，都需要在独龙江乡包车或拼车。

迪麻洛

位于德贡公路沿线，没有公共交通前往这里，最近的包车和拼车点在丙中洛或贡山县，拼车成功率微乎其微。

🔍 旅行信息

微信公众号

怒江交运：可查询、购买前往怒江和怒江州内的长途汽车班次。

独龙江旅游区：进入独龙江需提前在公众号实名登记预约，也有贡独公路的最新路况信息发布。

手机信号

联通用户在老姆登和独龙江可能会间歇性失联，建议安排好行程，有需要的话提前告知亲友。

节假日

在傈僳族最隆重的"新年"阔时节（基本在农历十二月初五至次年正月初十之间），怒江全州放假，在自治州建州纪念日（8月23日）也有假期，在此期间前往，建议提前做好出行规划。

怒江车轨

404 怒江

怒江北部

0 — 18 km

西藏自治区

龙元村和雄当村
那恰洛峡谷
秋那桶
雾里村
桃花岛
普化寺
重丁天主教堂
丙中洛
怒江第一湾
白汉洛教堂
迪麻洛
捧当
阿鲁腊卡

怒江傈僳族自治州

独龙江

普卡旺

独龙江

贡山

迪庆藏族自治州

澜沧江

哈滂瀑布

普拉底

缅甸

G219

石月亮

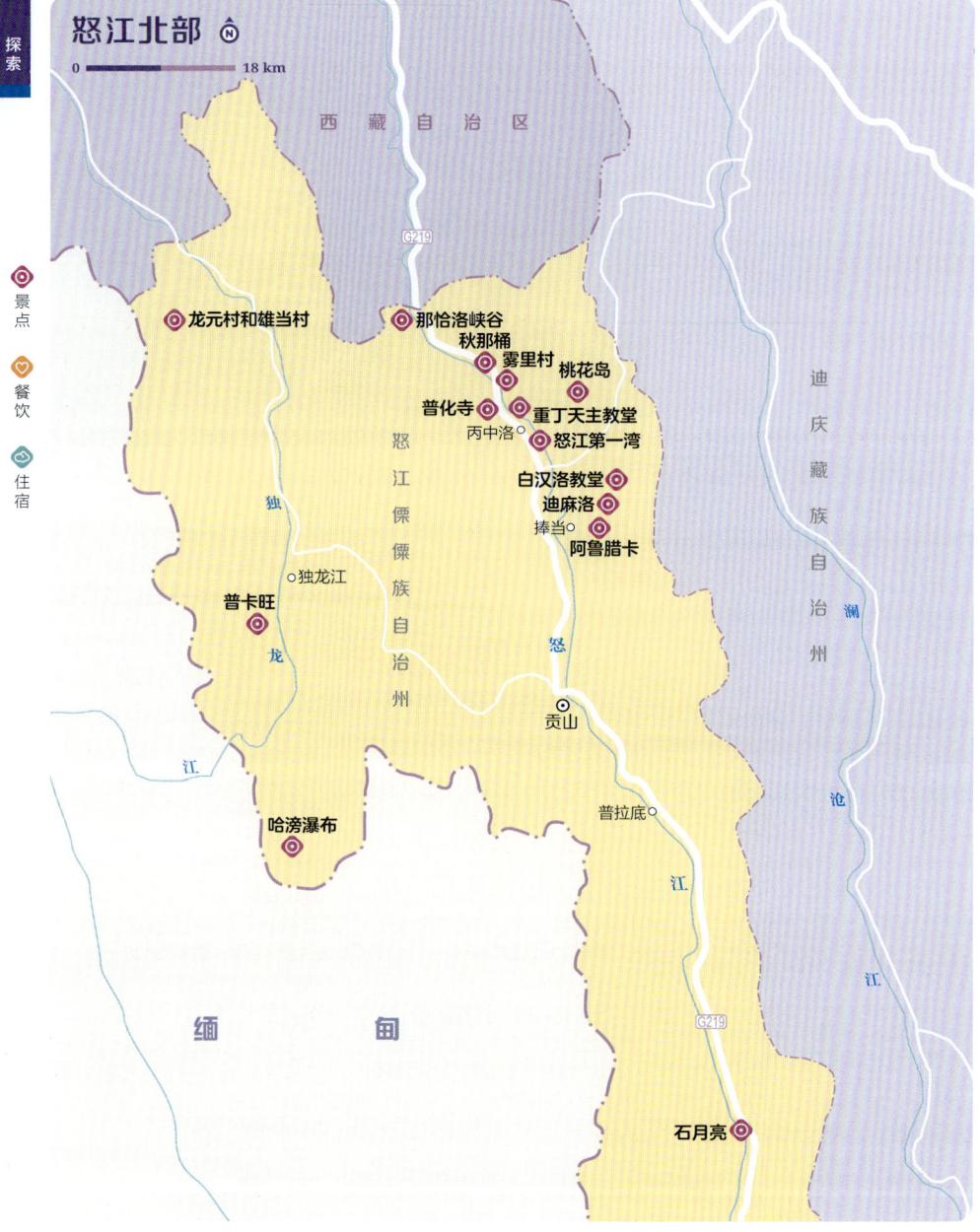

怒江地图

景点　餐饮　住宿

怒江南部

怒江地图 **405**

0 — 15 km

景点
- 知子罗
- 七莲湖
- 老姆登基督教堂
- 登埂澡塘

缅甸

高黎贡山

怒江傈僳族自治州

大理白族自治州

保山市

子里甲
匹河
洛本卓
古登
称杆
大兴地
片马
鲁掌
泸水（六库）
上江
营盘
拉井
兰坪
金顶
兔峨

G219　S311　S327　G5613　G215　G357

云南索引

昆明市

安宁温泉 201
翠湖 185
滇池 185
东川红土地 188
飞虎队纪念馆 194
官渡古镇 199
轿子山风景区 189
金殿 198
金马碧鸡坊 199
九乡风景区 188
抗战胜利纪念堂 194
昆明市博物馆 194
昆明文庙 198
昆明植物园 187
路南石林 187
马家大院 198
南屏街 199
筇竹寺 198
圆通寺 197
云南大学 191
云南考古体验馆 193
云南省博物馆 193
云南师范大学 192
云南铁路博物馆 194
云南映象 195

玉溪市

澄江化石地世界自然遗产博物馆 195
抚仙湖 189
那诺梯田 191
聂耳故居 199
通海古城 200

楚雄彝族自治州

楚雄彝族自治州博物馆 196
黑井古镇 200
己衣大裂谷 191
世界恐龙谷 195
彝人古镇 200
元谋人博物馆 196
元谋土林 190

丽江市

白沙古镇 222
白沙壁画 225
宝山石头城 223
北岳庙 228
长江第一湾 219
程海 219
大研古城 219
飞越丽江新奇博物馆 229
福国寺 226
格拉丹 218
黑龙潭公园 220
虎跳峡 215
九十九龙潭 217
拉市海湿地公园 218
黎明 224
丽江市博物院 229
灵源菁观音阁 229
泸沽湖 215
摩梭博物馆 231
摩梭人博物馆 230
木府 225
普济寺 227
千龟山 217
清水古镇 225
束河古镇 221
他留坟林 226
文峰寺 227
文海 218
玉峰寺 228
玉湖村 222
玉龙雪山 214
云南边屯文化博物馆 229
扎美寺 228
指云寺 227

西双版纳傣族自治州

傣族园 247
告庄西双景 248
基诺山寨 251
曼听公园 247
曼远村 253
勐景来 251
勐泐文化旅游区（勐泐大佛寺） 256
勐远仙境 246
磨憨 254
南糯山 245
热带花卉园 246
望天树 244
西双版纳民族博物馆 248
西双版纳总佛寺 250
野象谷 245
易武古镇 251
原始森林公园 246
中国科学院西双版纳热带植物园 244

普洱市

碧溪古镇 253
戴家巷 249
景迈山 245
老达保 248
勐梭龙潭 246
磨黑古镇 253
那柯里茶马驿站 253
娜允古镇 252
普洱茶马古道景区 251
普洱市博物馆（普洱茶博物馆） 248

迪庆藏族自治州

阿布吉措 271
巴拉格宗 272
白水台 268
白塔寺 278
百鸡寺 277
碧沽天池 271
茨中教堂 275
达摩祖师洞 277
大宝寺 278
独克宗古城 273
飞来寺 277
飞来寺观景台 267
噶丹·东竹林寺 275
噶丹·松赞林寺 274
哈巴雪山 273
红坡寺 278
金沙江大湾 272
明永冰川 268
纳帕海 269
南极洛 269
尼汝七彩瀑布 272
普达措国家公园 269
千湖山 270
曲登阁 277
石卡雪山 270
寿国寺 276
塔巴林寺 276

塔城滇金丝猴国家公园 278
天生桥温泉 273
同乐傈僳族山寨 274
无底湖 271
香格里拉高山植物园 279
叶枝土司衙署 277
雨崩 267

大理白族自治州

变压工厂创意园区 299
苍山 290
苍逸图书馆 296
崇圣寺三塔 294
大城村 294
大理床单厂艺术区 299
大理大学 299
大理非物质文化遗产博物馆 300
大理古城墙 295
大理农村电影历史博物馆 300
大理市博物馆 300
东莲花村 294
洱海 290
凤阳邑茶马古道 302
观音塘 298
蝴蝶泉 292
鸡足山 291
寂照庵 297
稼穑集喜洲农耕文化艺术馆 301
剑川古城 293
龙泉巷 299
满贤林千狮山 297
南诏博物馆 301
南诏风情岛 292
诺邓古村 293
三月街 298
沙溪古镇 293
石宝山 292
双廊古镇 293
四方街 299
寺登街 300
天龙八部影视城 302
天主教堂 295
巍宝山 291
巍山古城 294
文庙 297
喜洲稻田 291
喜洲古镇 292
喜洲庆洞神都 296

先锋沙溪白族书局 301
兴教寺 297
严家大院 295
洋人街 299
玉洱园 291
玉津桥 297
元世祖平云南碑 302

保山市

百花岭 315
板桥镇 324
保山市博物馆 325
北海湿地 315
滇西抗战纪念馆和国殇墓园 324
和顺古镇 319
界头镇 316
梨花坞 328
热海 318
松山战役旧址 328
太保山公园 328
腾冲博物馆和腾越历史建筑群 325
腾冲火山地热国家地质公园 315
下绮罗 321
银杏村 320
樱花谷 319

德宏傣族景颇族自治州

黑河老坡 317
姐勒金塔 326
勐巴娜西珍奇园 329
勐焕大金塔 326
莫里雨林 318
树包塔 326

临沧市

沧源崖画 327
古墨村 322
广允缅寺 326
鲁史古镇 322
孟定坝子 323
翁丁佤寨 322

红河哈尼族彝族自治州

阿者科古村 349
碧色寨 355
朝阳楼 357

城子古村 352
东风韵 349
个碧石铁路陈列馆 354
供销记忆 358
河口 359
红河梯田 345
红河州博物馆 354
湖泉生态园 348
建水古城 350
建水文庙 357
锦屏山 348
可邑小镇 349
临安府署 357
蒙自西南联大先锋书店 353
南正街 359
沙甸大清真寺 355
石屏古城 350
太平湖森林小镇 348
团山民居 356
望云传统文化博物馆 353
西南联大蒙自分校纪念馆 352
学政考棚 357
燕子洞 348
蚁工坊 350
异龙湖 348
元阳梯田 344
郑营村 352
朱家花园 356
紫陶街 358

文山壮族苗族自治州

坝美 347
普者黑 346
舍得草场 347
文山州博物馆 354

昭通市

大山包黑颈鹤国家级自然保护区 374
豆沙关 381
黄连河风景区 378
鸡鸣三省 382
龙氏家祠 382
五德天坑溶洞群 378
盐津县城 379
昭鲁坝清真古寺群 380
昭通市博物馆 382
昭阳古城 379

曲靖市

大海草山 375
多依河风景区 376
会泽古城 378
九龙瀑布群风景区 375
鲁布革小三峡 377
罗平油菜花田 373
那色峰海 376
娜姑古镇 378
十万大山观景区 376
雨碌大地缝 377

怒江傈僳族自治州

阿鲁腊卡 398
白汉洛教堂 399
登埂澡塘 393
迪麻洛 397
哈滂瀑布 393
老姆登 395
老姆登基督教堂 398
龙元村和雄当村 397
那恰洛峡谷 394
怒江第一湾 393

普化寺 399
普卡旺 394
七莲湖 395
秋那桶 398
石月亮 394
桃花岛 398
雾里村 396
知子罗 395
重丁天主教堂 399

地图图例

旅行体验
- 景点和活动
- 餐饮
- 住宿
- 一般景点

居民点
- 国家首都
- 省级行政中心
- 地级市行政中心
- 自治州行政中心
- 县级行政中心
- 乡镇、村庄

交通
- 机场
- 火车站
- 汽车站
- 自行车、骑行租赁
- 网约车、出租车、汽车租赁
- 港口、渡轮、坐船处
- 索道缆车
- 地铁站

实用信息
- 旅游信息
- 快递、邮局、物流、快递站
- 公安（局）、检查站、过境处、边防站
- 停车场
- 加油站、服务区、充电桩

水系
- 运河
- 河流、小溪
- 时令河
- 湖泊、水库

道路
- G21 高速公路及编号
- G213 国道及编号
- S203 省道及编号
- X013 县乡道及编号
- 高速铁路
- 铁路
- 环线、快速路、高架路
- 一级公路
- 二级公路
- 小路
- 未封闭道路
- 地铁、轻轨
- 徒步和骑行线路
- 隧道
- 桥

境界
- 国界
- 未定国界
- 省界
- 未定省界
- 地级界
- 县级界
- 自然保护区界

地理和其他
- 关隘、山口
- 观景台
- 贡嘎山 7508.9 山峰及高程
- 长城、城墙
- 公园、绿地
- 人文景区

笔记页

本书作者

何望若
自由撰稿人，孤独星球旅行指南中文版作者，马蜂窝北极星攻略作者，撰写过40多本旅行指南和旅行读物，为《孤独星球》《地道风物》等杂志和澎湃新闻、星行客等公众号撰稿。独自旅行15年，热衷探索东西方文明古国、文化交汇带的人文风物。

袁亮
曾在《华西都市报》《四川画报》等多家媒体任职，后作为孤独星球旅行指南中文版作者，十余年来参与过《丝绸之路》《四川和重庆》《青海》《内蒙古》《山西》等旅行指南写作，近期为中国地图出版社撰写过三江源国家公园自然教育系列丛书中的《行走澜沧江源》和《行走黄河源》。

丁子凌
自由撰稿人，移居滇南几年，时常流连于民族村寨、雨林茶山，逐渐成了深爱云南的"家乡宝"。

钱晓艳
自2009年起就参与孤独星球旅行指南的调研和写作，贡献了超过30本旅行指南和旅行读物。虽然游历过国内所有省份，但云南依然是她访问次数最多的目的地，对她而言，在喧闹的当下，滇东北的安逸小城更似沧海遗珠般珍贵。

你的反馈

如果你对本书有任何批评、指正和评价，欢迎把想法发送至：
- 微信公众号后台：星行客PlanetSeeker
- 小红书后台：星行客PlanetSeeker
- 邮箱：tourist@sinomaps.com

读者的想法将对我们的后续出版带来莫大帮助，我们也会将您的反馈意见传达给相关作者。

星行客
PLANET SEEKER

星行客Planet Seeker是中国地图出版社旗下旅行·生活·文化品牌，拥有雄厚的旅行内容资源和权威的地图编制经验。我们致力于记录当下新鲜、特别的生活方式，推广积极乐观的生活态度，分享花样百出的旅行方式。

过去十年，本团队与Lonely Planet（孤独星球）公司深入合作，出版了内容覆盖全球主要国家和国内各省份的300多种中文指南书和旅行读物，并制作和出版了《孤独星球》杂志中国版，陪伴读者走过一段难忘的旅程，成为旅行者联结世界的桥梁。

未来星行客Planet Seeker全平台将继续聚焦旅行和生活方式，记录有趣的旅途故事，出版高品质旅行图书，打造覆盖全域的优质旅行产品。

中国旅行体验指南系列

以省级行政区划分，挖掘在地精彩风物，策划灵活体验线路，潜心设计独家靠谱实用地图，打造沉浸体验式中国旅行指南。目前已出版《云南》《四川》，《河南》《北京》《山西》《黑龙江》等目的地即将上市。

每本指南主要分为初印象、灵感和探索三部分，其中初印象为读者提供关于目的地的关键信息，包括气候、交通、安全、省钱窍门、最新资讯等内容；灵感部分则从丰富多样的旅行主题出发，策划长短不一的旅行线路和旅行安排，适合国内旅行者的出行需求和习惯；探索部分则将目的地划分为不同区域，介绍本区域自然、建筑、文化展演等类别的重磅景点。

本套丛书作者团队均为有多年经验的LP中文版原创指南作者，策划与制作团队有着将近十年的LP中文版图书与杂志制作经验。

项目负责	马 珊
总　　编	朱 萌
项目统筹	李偲涵
项目策划	李偲涵　叶思婧　戴 舒　周 琳
责任编辑	戴 舒
编　　辑	叶思婧　李偲涵　周 琳　李潇楠 喻 乐　刘 煜
地图编辑	刘红艳　张晓棠
地图制作	王宏亮　杨翊梵
视觉设计	李小棠　庹桢珍
插　　画	王愔嫕　多 闻　贾滋彬
责任印制	苑志强
排　　版	北京梧桐影电脑科技有限公司

感谢谢滢、王雪绯为本书提供的帮助。

图书在版编目（CIP）数据

云南 / 星行客编辑部著. -- 北京：中国地图出版社, 2025.2. -- (中国旅行体验指南). -- ISBN 978-7-5204-4572-6

Ⅰ.K928.974

中国国家版本馆CIP数据核字第2025108R28号

声明

本书内容版权归中国地图出版社所有。未经许可，不得擅自将本书用于商业目的。

本书图片来自视觉中国。

本书作者、信息及图片提供者，以及出版者在写作和出版过程中尽力保证内容质量，但无法对内容准确性、完整性做任何声明或保证，并只在法律规定范围内承担责任。

中国旅行体验指南·云南
ZHONGGUO LÜXING TIYAN ZHINAN · YUNNAN

出版发行	中国地图出版社
社　　址	北京市西城区白纸坊西街3号
邮政编码	100054
网　　址	www.sinomaps.com
印　　刷	北京华联印刷有限公司
经　　销	新华书店
成品规格	147mm×200mm
印　　张	13
字　　数	385千字
版　　次	2025年2月第1版
印　　次	2025年2月第1次印刷
定　　价	89.00元
书　　号	978-7-5204-4572-6
审 图 号	GS京（2025）0216号

如果有印装质量问题，请与我社发行公司（010-83543958）联系